Dictionnaire *amoureux* des cathédrales

Du même auteur

Une saison au Thoronet, carnets spirituels, Seuil, 2015.

L'Or du chemin, roman, Albin Michel, 2019.

Jeanne d'Arc, sur la terre comme au ciel, Presses de la Renaissance, 2020.

Sous l'œil du dragon, Corlevour, 2022.

Pauline de Préval

Dictionnaire *amoureux* des cathédrales

Dessins d'Alain Bouldouyre

PLON
www.plon.fr

Collection créée par Jean-Claude Simoën
et
dirigée par Grégory Berthier-Saudrais

92, avenue de France
75013 Paris
Tél. : 01 45 87 50 01
www.plon.fr
www.lisez.com

Mise en pages : Nord Compo
Dépôt légal : novembre 2024
ISBN : 978-2-259-27918-5

#lisez! engagé
www.lisez.com
Pour plus d'information :
Imprimé sur du papier issu de forêts gérées durablement.

Pour Éléonore.

« Quiconque porte dans le cœur une cathédrale à bâtir est déjà vainqueur. »

Antoine de SAINT-EXUPÉRY

Toutes les citations de la Bible reproduites dans cet ouvrage sont extraites de la traduction officielle liturgique de 2013.

Avant-propos

Les cathédrales sont au cœur de nos villes comme des mères dont nous savons qu'elles nous aiment d'un amour inconditionnel. Elles nous accompagnent d'une présence si familière qu'elle s'en oublierait presque. Or, l'incendie de Notre-Dame de Paris, en 2019, a montré qu'elles avaient besoin de notre amour autant que nous avions besoin du leur pour survivre. Pendant des siècles, elles ont élevé les hommes à mesure qu'ils les élevaient et donné visage à la somme de leurs souvenirs et de leurs espérances.

Personnellement, que ne m'ont-elles pas apporté ? Quand j'ai voulu partager les richesses spirituelles qu'il m'avait été donné de découvrir, au terme d'une longue quête qui m'avait éloignée de l'Église avant de m'y ramener, je me suis tournée vers les monastères où j'avais puisé à la source la plus pure de la foi. J'ai publié *Une saison au Thoronet* aux éditions du Seuil. Puis me sont réapparues toutes les cathédrales qui m'avaient façonnée depuis ma naissance. Ne m'avaient-elles pas nourrie de leur musique, de leur peinture et de leur sculpture ? Ne m'avaient-elles pas reliée à mon passé à travers les mains de ceux qui les avaient faites et à mon avenir par leur liturgie, aussi moderne soit-elle ? Surtout, elles m'avaient convaincue, quand tout semblait le démentir autour d'elles, que nous n'étions pas que des atomes assemblés par hasard voués à consommer avant d'être consommés par les vers.

Je me rappellerai toujours ma première visite à Saint-Étienne de Bourges. J'avais dix ans, un âge incertain où l'on quitte l'enfance, son enchantement et son insouciance, pour chercher sa voie dans un monde d'adultes. Celui-ci m'évoquait une immense machine dont chacun devait se faire le rouage pour gagner plus d'argent et consommer plus de biens, dans une déperdition complète de son être. Pour rompre l'angoisse diffuse qu'elle sentait monter en moi, ma grand-mère, chez qui je passais des vacances dans le Berry, m'emmena visiter la cathédrale.

Dès que je vis son vaisseau de pierre et de verre s'élever sur un océan de lumière, je fus fascinée. Devant les statues farouches et longilignes de son portail sud, j'eus enfin le sentiment qu'une aventure m'attendait. Je me laissai guider par les coulées de lumière versicolore qui éclaboussaient les colonnes et le pavement du chœur jusqu'au déambulatoire, puis, dans l'aube rougie des chapelles rayonnantes, je me sentis plongée dans un autre monde. Un monde où tout était fait de la matière de celui-ci, mais transfigurée et transfigurante.

Ce vaisseau semblait venu du fond des temps pour me parler de ce qui était au-delà : de mystères, de poèmes et de légendes. Une présence m'y faisait signe à travers chaque pierre, chaque morceau de verre : pourquoi ce regard tourné vers le lointain d'un prophète, ce sourire d'un ange, cette tendresse douloureuse d'un saint ? Leur beauté s'imprima en moi comme le sceau d'une beauté plus grande qui contiendrait le secret de ma destinée, et quand bien même je cessai d'aller à l'église, n'y trouvant rien qui transcende mon quotidien, elle ne cessa d'agir en moi comme un appel.

Je vis ensuite bien d'autres cathédrales : Notre-Dame d'Amiens, à la pureté lustrale, Saint-Lazare d'Autun, épique et visionnaire, Notre-Dame de Reims, angélique et courtoise, Notre-Dame de Chartres, qui présente sur l'autel de la Beauce son perpétuel offertoire, Saint-Front de Périgueux, dont la silhouette byzantine fait confondre les eaux de l'Isle avec celles du Bosphore, et Saint-Marc de Venise, la parvenue magnifique transformée en cathédrale à son corps défendant sous le règne de Napoléon, Sainte-Marie-des-Anges, avec ses lions gardiens, à Salerne, et Saint-Étienne de Sens, avec toute sa ménagerie embarquée, Saint-Brendan d'Ardfert, dont les portails n'accueillent plus que le soleil, la pluie, la lune et les étoiles, et la cathédrale de Bosra, dont on a oublié le dédicataire, envahie par les herbes et les troupeaux de chèvres.

Chacune a sa physionomie propre qui fait corps avec la terre et les hommes qui l'ont engendrée : Notre-Dame de Clermont-Ferrand est noire comme les Vierges et les volcans d'Auvergne, Notre-Dame de Pise blanche comme un mirage de marbre au milieu d'une prairie d'émeraude. Sainte-Marie de Nagasaki est rouge comme le sang des martyrs, Sainte-Marie de Sienne vert et blanc comme une épouse parée pour son époux. Chacune m'a donné à voir une facette du visage du Christ, tel que l'amour, la foi et le génie humains ont su le refléter. Par petites touches, ce sont elles qui m'ont préparée à faire la rencontre qui transfigura ma vie.

J'aurais aimé pouvoir les décrire toutes, mais comment évoquer les près de quatre mille cathédrales, co-cathédrales et anciennes cathédrales élevées dans le monde, pour ne parler que des catholiques ? J'ai commencé par rassembler celles qui m'avaient le plus saisie, aux quatre coins de l'horizon, puis, pour ne pas m'éparpiller et faire ressortir les traits plus particuliers que leur donna notre civilisation, j'ai choisi de me concentrer sur les cathédrales européennes, avec une dominante gothique. Mon cœur a beau aller au roman ou au byzantin, dès qu'on parle de cathédrale à un Français, il pense à une cathédrale gothique. Non seulement elles dominent le paysage – « les gothiques ont détruit plus d'œuvres romanes que les révolutionnaires », écrit André Malraux –, mais chacun pressent que quelque chose d'unique et de grand s'y est incarné. Il s'agit de savoir quoi, tout en s'inscrivant dans une perspective plus large, ouverte par l'édit de tolérance de Constantin et qui se prolonge jusqu'à nos jours.

Que chacun n'aille donc pas chercher ici *sa* cathédrale : si j'en brosse quelques portraits, je retrace plus largement, de la lettre A comme « Adam et Ève » à la lettre Z comme « Zodiaque », en passant par la lettre L comme « Labyrinthe », l'histoire d'amour entre Dieu et les hommes qu'elles racontent, à travers les personnalités qui les ont faites, l'esprit qui les anime, les formes architecturales qu'elles revêtent et les trésors qu'elles recèlent.

Le projet de ce livre est né quelques mois avant l'incendie de Notre-Dame de Paris. Ce drame n'a fait que renforcer ma détermination à l'écrire : certains événements ne surviennent que pour réveiller les cœurs endormis, et comment ne pas voir dans la croix ardente qui s'éleva cette nuit-là, dans la capitale, à l'orée de la Semaine sainte, un signe de la Passion dans laquelle étaient entrées bien des cathédrales ? « Nous sommes un peuple de bâtisseurs », disait un anonyme. S'il revenait à d'autres de la restaurer, je me devais de mieux la donner à aimer, avec ses sœurs.

À mesure que ses pierres et ses poutres calcinées étaient déblayées de la nef, que des sarcophages et des statues étaient exhumés de ses fondations, que de nouvelles pierres étaient extraites des carrières et des arbres sélectionnés dans des forêts de la France entière, à mesure que ses échafaudages s'élevaient, dans un ballet de grues et de cordistes, comme une cathédrale de métal, que ses murs retrouvaient leur épiderme, et ses baies leurs visions incandescentes, à mesure que ses voûtes se refermaient, que sa forêt repoussait sur son toit et que son coq revenait se percher sur sa flèche, j'ai été portée par l'énergie des deux mille artisans qui ont contribué à lui redonner son air de jeunesse éternelle. Au-delà, j'ai toujours eu à l'esprit ceux qui, avant eux, ont apporté leur pierre à l'édifice, tout en sachant qu'ils ne le verraient pas achevé.

Comme l'écrit Herman Melville à propos de *Moby Dick* : « Je laisse mon système cétologique inachevé, comme est demeurée inachevée la grande cathédrale de Cologne, avec sa grue oisive au sommet de la tour incomplète. [...] Dieu me garde de jamais rien parfaire. Ce livre tout entier n'est qu'une esquisse... même pas : l'esquisse d'une esquisse. » Saint-Pierre de Cologne a finalement été achevée, mais par d'autres, et, comme la plupart des cathédrales, elle demeure en chantier. Dans de telles entreprises, les échafaudages ne disparaissent pas : ils ne font que changer de place, mais c'est par là qu'ils font signe vers une réalité qui nous dépasse.

A

Adam et Ève

C'est avec Adam et Ève que l'histoire commence, celle de l'humanité et celle que nous content les cathédrales qui s'en veulent, à travers la matière de ce monde, le miroir divin. Debout sur des lions, splendides dans leur nudité, mais songeurs, à l'entrée de Saint-Laurent de Trogir, ils nous interpellent sur le mystère de notre destinée : qu'avons-nous fait de notre vocation divine ? Créés si grands, pourquoi sommes-nous si faillibles ? Et cette Création qui nous a été confiée, en quoi l'avons-nous transformée ?

Aux piédroits du portail de la cathédrale de Lodi, tous deux se penchent avec une nostalgie infinie vers les portes, comme si elles renfermaient le paradis. Closes, elles semblent gardées par l'ange à l'épée flamboyante. Ouvertes, elles montrent le chemin de sa reconquête. Le miroir le plus fidèle n'est pas celui qui nous flatte, ni celui qui nous rabaisse, mais celui qui nous donne la nostalgie la plus parfaite de notre image divine. Tel est celui que nous tendent les cathédrales avant de nous indiquer le moyen de la faire resplendir.

Avez-vous vu les bas-reliefs de la Genèse qui ornent la façade de Saint-Étienne d'Auxerre ? Leurs formes semblent émerger à peine de la main du Créateur et s'animer sous la caresse des rayons du soleil. Avez-vous remarqué la tendresse du visage de Dieu lorsqu'il imagine l'homme, d'une beauté égale à la sienne, dans les voussures du portail nord de Notre-Dame de Chartres ? Au voûtain suivant, Adam, fraîchement façonné, repose sur ses genoux. Ses yeux sont encore fermés, mais il respire déjà du même souffle. À Notre-Dame d'Amiens, au trumeau du portail de la Mère-Dieu, tous deux regardent vers la lumière, comme méditant le dessein commun qui les attend.

« Quand Dieu considéra l'homme, il lui plut beaucoup, dit Hildegarde de Bingen : ne l'avait-il pas créé à sa ressemblance et selon la texture de son image ? À l'homme de proclamer par sa raison la totalité des merveilles divines. » Ces mots comme ces sculptures expriment tout l'humanisme du Moyen Âge. Un humanisme qui n'est pas né à la Renaissance, mais avec le Dieu fait homme pour que l'homme devienne Dieu.

Dante pensait que, le jour de sa création, Adam avait reçu la lumière directe de Dieu. D'où sa beauté incomparable. Outre ce qui était essentiel à sa nature, son Créateur l'avait doté d'une science éminente qui n'était le fruit ni de l'étude ni de l'expérience, de l'immortalité du corps et de l'absence de souffrance. Transparent à sa lumière, sa vocation était de faire resplendir son image sur la terre. « Ta gloire, ô Dieu, c'est l'homme dont tu as fait le chantre de ton propre rayonnement », s'émerveille saint Grégoire de Nazianze. En retour, Dieu lui permettait de jouir de ses biens. *Éden* ne signifiait-il pas « jouissance », comme le rappelle saint Grégoire de Nysse ? Sa vie consistait à en jouir de plus en plus à mesure de sa progression dans la vie divine.

L'art du vitrail traduit à merveille cette transparence du premier homme à la lumière et la joie qu'il éprouvait à évoluer en elle. Voyez comme il danse parmi les fleurs et les étoiles de la rose nord de Notre-Dame de Reims.

Marc Chagall retrouva quelque chose de cette joie dans son vitrail du transept nord de Saint-Étienne de Metz : quelle explosion de lumière dans ses jaunes, et comme le vert de la chevelure d'Ève, vif comme celui des premières pousses de printemps, s'accorde bien avec celui du jardin d'Éden ! L'art de la mosaïque n'est pas en reste pour célébrer cette fête : même or et même vert sur la coupole de la Création de Saint-Marc de Venise. Même joie quand Ève s'élance de la côte d'Adam vers son Créateur. Et quelle gloire dans leurs tesselles de chair !

Sur cette coupole, mais aussi sur une tapisserie de Sainte-Marie de Gérone, on assiste à la nomination des animaux par Adam. Un épisode rarement représenté, mais qui mérite qu'on s'y arrête, car il fonde le pouvoir de l'homme sur la Création en même temps qu'il le conditionne. Seule créature douée de parole, il participe par elle au processus de création divine : comme Dieu a créé le monde par son Verbe, Adam amène les animaux à l'existence en leur donnant un nom, mais il ne peut le faire que sous le regard de Dieu, sans quoi sa parole perd son pouvoir. C'est d'ailleurs ce qui arriva après la chute, lorsqu'il voulut régner par et pour lui-même : coupée du Verbe de Dieu, sa parole se condamna à l'imposture et l'impuissance. L'harmonie dans laquelle il vivait avec la Création fut rompue.

Très vite, les choses se gâtèrent. Vous connaissez la scène où Adam et Ève cueillent le fruit défendu. Surplombant la place Saint-Marc, à l'angle du palais des Doges, ils semblent se désoler que leur péché se perpétue à travers ceux-là mêmes de leurs descendants qui les prennent en photo. Et que dire de leurs statues déposées dans le cloître de Notre-Dame de Verdun ? Autrefois situées sur le chevet, elles comptent parmi les rares rescapées du déluge d'obus qui s'abattit sur la ville pendant la Première Guerre mondiale, mais que doivent-elles penser avec leurs gueules cassées ?

Nos esprits se cabrent à l'idée d'une faute qui se perpétuerait de génération en génération et ferait de chacun de nous, y compris du nouveau-né qui ouvre pour la première fois les yeux sur le monde, des êtres entachés. Beaucoup se moquent d'un péché dont on leur dit bien souvent qu'il est d'ordre sexuel. Mais il suffit de regarder l'Ève d'Autun, sculptée par Gislebertus au XIIe siècle, pour pressentir qu'il en va de tout autre chose que d'une simple poussée de phéromones et comprendre qu'aussi mystérieuse soit-elle, la tragédie qui s'est jouée en elle nous concerne.

Elle évolue dans un décor végétal animé d'une vie surnaturelle. Le corps ondulant comme celui d'un serpent, la main tendue derrière elle vers le fruit défendu, elle s'avance vers un Adam aujourd'hui disparu, mais qui lui faisait face sur le linteau de l'entrée des pèlerins. Quel désir la meut, elle encore si pure dans sa nudité, et pourquoi, alors qu'elle vient à peine de cueillir le fruit défendu, semble-t-elle déjà nostalgique de l'état édénique qu'elle perdra en y goûtant ? Souvent comparée à *La Joconde*, elle la surpasse dans l'ordre des réalités spirituelles comme le mystère surpasse l'énigme.

Les yeux grands ouverts sur l'abîme, elle nous interroge plus qu'elle ne nous apporte de réponse, mais, ce faisant, elle creuse en nous un vide qui déjà nous comble. Qui n'a jamais ressenti, en s'arrêtant un instant dans l'agitation de sa vie, un sentiment d'incomplétude, d'insatisfaction ou de nostalgie lui indiquant qu'il n'est pas pleinement en lui-même ? Qui n'a jamais éprouvé qu'il devait sans cesse remonter une pente pour réintégrer, de manière toujours partielle et précaire, sa propre destinée ? Qui n'a pas aspiré à transcender la maladie et la mort, comme s'il était voué à l'éternité ? N'est-ce pas le propos des transhumanistes que de les abolir et de dépasser l'homme dans la machine ? Mais c'est là, précisément, que pointe l'ombre du péché originel.

Ce péché n'est pas d'ordre charnel, mais spirituel. Alors qu'ils étaient destinés à devenir des dieux par grâce, Adam et Ève voulurent l'être par leurs propres moyens. En cueillant le fruit défendu, ils cédèrent à la fausse promesse du serpent : « Vous ne mourrez pas ! Mais Dieu sait que, le jour où vous en mangerez, vos yeux s'ouvriront, et vous serez comme des dieux, connaissant le bien et le mal. » (Gen., III, 4-5.) Lorenzo Maitani, au XIVe siècle, a bien saisi l'enjeu de cette scène, sur un bas-relief de la cathédrale d'Orvieto. En tendant le fruit défendu à Adam, Ève arbore un air grave et plein de défi : oui, elle veut s'émanciper de Dieu en bravant le seul interdit qu'il leur a posé dans le jardin d'Éden. D'avance, elle assume les conséquences de son acte. Son corps fier brûle d'une flamme qui n'est pas celle du désir sensuel, mais de l'orgueil spirituel. Où l'on voit qu'en sexualisant le péché de nos premiers parents et en le rendant désirable sous couvert de mise en garde, les peintres de la Renaissance pouvaient plaire à des commanditaires érotomanes, mais passaient à côté de l'essentiel.

C'est seulement parce que Adam et Ève rompirent leur lien spirituel avec Dieu qu'ils se tournèrent vers les réalités sensibles et firent du plaisir et de la souffrance leurs principaux critères de jugement. Les créatures, ne renvoyant plus à leur Créateur, furent perçues comme des objets de jouissance personnelle, et le corps devint l'instrument privilégié de cette jouissance. En sont-ils plus heureux pour autant ? Cachant son sexe d'une main et tenant le fruit défendu de l'autre, l'Adam de la tour de Beurre de Notre-Dame de Rouen affiche un air dégoûté : « Et dire que j'ai tout perdu pour si peu de chose... », semble-t-il regretter. D'une jouissance illimitée en Dieu, il est passé à des jouissances bornées à travers les créatures, qu'il faut sans cesse renouveler pour retrouver l'ivresse perdue. Don Juan ne devait pas avoir un autre air en se promenant dans les rues de Séville avant de devenir pénitent.

Chassés du paradis, Adam et Ève se virent condamnés à enfanter dans la peine et gagner leur pain à la sueur de leur front, puis, s'étant voués à des biens périssables, à périr en connaissant la souffrance, la maladie et la mort. Toujours à Notre-Dame de Rouen, mais sur un médaillon du portail des Libraires, Ève file la laine et Adam bêche la terre. Sur la porte en bronze de la cathédrale de Monreale, Ève apporte son repas aux champs à Adam. Plus paritairement, sur la façade de la cathédrale de Modène, tous deux travaillent la terre, courbés sous le poids de leur peine. Mais leur vie n'est pas toujours figurée comme une vallée de larmes : depuis le XIIe siècle, sous l'influence des cisterciens notamment, on assistait à une revalorisation du travail, qui n'était plus seulement tenu pour une punition divine, mais pour un instrument de salut. Vincent de Beauvais n'estime-t-il pas que « l'homme peut se relever de sa chute par la science », et saint Thomas d'Aquin qu'« il ne peut y avoir de joie de vivre sans joie de travailler » ? Surtout, Dieu n'abandonna pas Adam et Ève à leur sort.

Ce qui frappe, dans leurs représentations après la chute, c'est qu'ils n'ont rien perdu de leur beauté. Dieu ne pouvait laisser leur péché effacer son image en eux sans se renier. Ils restaient capables d'élans vers Dieu, et leurs corps demeuraient potentiellement des « corps de beauté », des « temples de l'Esprit saint », des « corps de gloire », pour reprendre les mots de saint Paul. « Dieu nous a donné d'être et d'être beaux, écrit Hugues de Saint-Victor. Comme l'or a son éclat, la chair a sa beauté. » Les sculpteurs gothiques furent particulièrement sensibles à cette idée.

À Notre-Dame de Reims, l'Ève du portail nord tient à la main le serpent qu'elle a dompté, mais plus que par l'avertissement qu'elle nous lance de ne pas succomber au péché, c'est par sa beauté qu'elle nous touche. Comme l'Adam de Notre-Dame de Paris conservé au musée de Cluny. Attribué à Pierre de Montreuil, il est beau comme un nu grec, mais là où le plus beau nu grec n'incarne qu'une beauté anonyme, une perfection impersonnelle qu'un esprit pur pourrait goûter dans une formule mathématique, il incarne la beauté d'un Dieu qui l'a élu pour demeure, mais dont il déplore la perte. Avec son corps idéal et sa tristesse infinie, il exprime la tragédie humaine qui consiste à abriter un Dieu qu'on trahit sans cesse. Comment une telle tristesse, digne de donner des remords au serpent, n'eût-elle pas ému Dieu ?

Là où l'histoire d'Adam et Ève eût pu se terminer lamentablement, il la reprend pour lui donner de s'écrire plus glorieusement. L'Église honora longtemps Adam et Ève le 24 décembre, soit la veille de la naissance du Sauveur. Une stèle de la cathédrale de Brême les représente au pied de l'arbre de la connaissance, qui se changea par leur faute en arbre de la Croix. À sa cime apparaît le Christ en gloire. Lors de la veillée pascale, on chante l'*Exultet* : « Bienheureuse faute qui nous valut un tel Rédempteur... » Pour effacer leur péché et donner à leurs descendants de contempler l'accomplissement parfait de son image en eux, Dieu leur envoya son fils, le « nouvel Adam », et comme si l'ancien n'eût été qu'un brouillon, il prit chair de la Vierge Marie, la « nouvelle Ève ».

C'est cette folle histoire que racontent les cathédrales et que je tenterai de retracer, avec sa cohorte d'anges, de prophètes, d'apôtres et de saints. Mais il faut savoir que, quand bien même vous en dévoilerais-je la fin, je ne vous en aurais encore rien dit. La fin ? On peut la lire sur le tympan de la Passion de Notre-Dame de Strasbourg. Adam y figure sous la forme d'un squelette allongé au pied de la Croix. Juste au-dessus, Jésus sort des limbes et l'en libère avec Ève. À l'orgueil et à l'égoïsme qui les rendaient prisonniers d'eux-mêmes et les vouaient à la mort, Jésus opposa l'amour qui se donne jusqu'à la mort et s'en affranchit. Premier-né d'une création nouvelle qui vivra à nouveau sous le signe de l'esprit, sa résurrection préfigure la nôtre. Sur l'ancien jubé de Saint-Étienne de Bourges, Adam et Ève ressuscités foulent aux pieds le dragon. La même fin est écrite en lettres incandescentes sur la rose dite « des deux Adam » à Saint-Jean-Baptiste de Lyon. Mais si nous la connaissons, son dernier mot n'en sera pas écrit tant que nous ne l'aurons pas vécue personnellement. Un miroir change-t-il par sa seule grâce celui qui le contemple ? À chacun d'incarner l'image qu'il lui renvoie selon sa vocation.

Albi

Avec ses contreforts hémicylindriques qui reposent sur d'épais talus, ses murs sans aspérités dominés par un donjon-clocher, ses fenêtres étroites comme des meurtrières et son porche défendu par une barbacane, Sainte-Cécile d'Albi s'élève au-dessus de la ville comme une forteresse. Est-elle surgie de terre ou tombée tout armée du ciel ? Sa masse « frappe l'âme comme une massue », écrit Rudyard Kipling, et quand sa silhouette en briques rouges se reflète dans les eaux rougeâtres du Tarn, sa puissance se dédouble pour évoquer la pourpre et le sang.

À l'approche, son baldaquin en dentelles blanches ferait pourtant presque oublier son allure de moine-soldat pour faire miroiter des splendeurs d'une sensualité follement immatérielle. À peine en a-t-on franchi le seuil, elle s'ouvre comme « un fruit merveilleux, grenade dont la pulpe se transforme en cristaux et en mousselines pétrifiées », écrit Francis Jammes. Le contraste est si fort avec l'extérieur qu'on se croirait presque dans un autre univers, alors qu'il s'agit, à deux siècles et demi d'intervalle, de l'affirmation d'une même foi.

Il y eut maintes cathédrales-forteresses dans l'histoire. Ne serait-ce que dans la région, nous pourrions citer Saint-Pierre-et-Saint-Paul de Maguelone, construite aux avant-postes de la lagune languedocienne pour résister aux vents marins comme aux Sarrasins. Le cube en basalte crénelé surmonté d'un donjon à mâchicoulis de Saint-Étienne d'Agde faisait partie intégrante des remparts de la ville. Saint-Pons-de-Cimiez fut surnommée « le fort » jusqu'à la Révolution, et elle conserve le chemin de ronde et les tours avec ouvertures de tir dont elle fut dotée, après son pillage par le vicomte de Béziers. Saint-Nazaire-et-Saint-Celse de Béziers, incendiée en 1209 lors de la prise de la ville par Simon de Montfort, fut reconstruite avec une tour de guet.

C'est la seule avec laquelle Sainte-Cécile d'Albi puisse être comparée, mais si cette dernière reste associée dans les esprits à la croisade contre les Albigeois, la ville ne fut jamais un grand centre d'hérésie et sa cathédrale n'eut à subir aucun assaut. Tout au plus ses habitants manifestaient-ils des poussées anticléricales quand leur seigneur-évêque s'opposait à leurs revendications d'autonomie municipale. Quand Bernard de Castanet monta sur son siège épiscopal, en 1276, celui-ci était vacant depuis cinq ans. Sa cathédrale était délabrée, et les bourgeois en avaient profité pour prendre leurs aises en s'appuyant sur la juridiction royale. Nommé par le pape Grégoire X pour restaurer le pouvoir épiscopal et papal, dans la lignée de la réforme grégorienne, il décida de faire du chantier de sa cathédrale une démonstration de force, non seulement vis-à-vis des hérétiques, mais aussi des bourgeois et du pouvoir royal.

Homme à poigne, cumulant les fonctions d'évêque et d'inquisiteur, il fit accoler à sa résidence de la Berbie un donjon inexpugnable, puis il s'attaqua à la reconstruction de Sainte-Cécile. Non content de lui abandonner le vingtième de ses revenus et d'imposer le même sacrifice aux chanoines, il fit pression sur les laïcs pour récupérer les dîmes qui lui revenaient. La rapacité dont il accompagna son zèle d'inquisiteur le fit haïr comme aucun autre : combien de condamnés à la prison perpétuelle virent leurs biens confisqués pour grossir le fonds de l'œuvre ?

Sa reprise en main fut si vigoureuse qu'un groupe de bourgeois, accompagnés de notables de Castres, Cordes, Carcassonne et Limoux, menés par un franciscain nommé Bernard Délicieux, appelèrent le roi de France Philippe le Bel à intervenir. Ce dernier lui imposa une amende de 20 000 livres, en 1302, mais comme il ne désarmait pas, deux chanoines le déclarèrent « mal famé » et demandèrent au pape Clément V, successeur de Grégoire X, l'ouverture d'une enquête, en 1307. L'ampleur et la gravité des chefs d'accusation : incontinence sexuelle, simonie, dilapidation, cruauté, homicides et j'en passe lui valurent une légende noire qui le poursuit jusqu'à nos jours. Si aucun ne fut finalement retenu contre lui, Bernard de Castanet n'était plus en mesure de gouverner son diocèse. Muté au Puy-en-Velay en 1308, il finit sa carrière à Porto en 1316.

Ralenti, le chantier n'en fut pas modifié pour autant : les plans qu'il conçut avec son maître d'œuvre, probablement le Catalan Pons Descoll, artisan de la cathédrale de Palma et des citadelles des rois de Majorque, étaient si puissants qu'ils furent suivis, sans en dévier, par ses successeurs. Quand ses voisines de Toulouse et Rodez s'inscrivaient dans une filiation française en adoptant le style gothique, qui s'était épanoui dans le domaine capétien, Sainte-Cécile d'Albi conjuguait l'art roman et l'art gothique méridional pour élever une nef unique et sans transept, sobre, altière, indépendante. Ses murs sans aspérités et son abside sans chapelles rayonnantes n'offraient aucune prise à l'assaillant : hérétique ou soleil écrasant. Plus encore : ils retournaient ses armes contre lui.

Ses formes reprenaient en les magnifiant celles des églises mendiantes. Délaissant la pierre de taille pour la brique en terre cuite locale, sa silhouette couleur terre, chair, sang et feu, sans autre ornement que le reflet à l'infini des variations du ciel, s'élevait comme une profession de foi au-dessus de la ville. Quand les Albigeois jugeaient scandaleux qu'un être aussi pur que Dieu ait pu se commettre dans la chair et prêchaient une Église pauvre et immatérielle, sans bâtiments et sans sacrements, Sainte-Cécile d'Albi se présentait dans le plus simple appareil, dépouillée, mais superbement incarnée.

À l'intérieur, même nudité. Le IVe concile du Latran venait de proclamer, en 1215, le dogme de la présence réelle du Christ dans l'eucharistie. Le pape Urbain IV avait institué, en 1264, la solennité du *Corpus Christi*. L'exaltation de cette présence fut l'épopée du XIIIe siècle, mais quand les cathédrales gothiques usaient de tous les moyens possibles pour la suggérer, Sainte-Cécile d'Albi opta pour la nudité. Une telle austérité pouvait-elle convenir à d'autres que des moines ? Rien n'est moins sûr. Et à la veille de la Réforme protestante, la réponse apportée fut toute autre.

C'est à Louis Ier d'Amboise qu'il revint de consacrer la cathédrale, en 1480. Mais s'il paracheva sa silhouette belliqueuse en posant la dernière pierre de son donjon-clocher, la situation avait bien changé depuis la pose de la première par Bernard de Castanet : après une période de peste, de guerre et de dépression économique, la ville avait retrouvé la prospérité grâce à la culture du pastel et du safran. Le semis de fleurs de lys des rois de France figurait sur l'avant-dernière clef de voûte de la nef, et Louis Ier d'Amboise conseillait le roi Louis XI. Exemple brillant du prélat fastueux de l'Église gallicane, il commença par faire réaménager son palais épiscopal sur le modèle des châteaux de la Loire, sa région natale. Il fit percer des fenêtres basses sous les meurtrières de la cathédrale, puis il l'orna à la gloire de Dieu et du roi, sans oublier ses propres armes.

J'évoque ailleurs le Jugement dernier dont il dota le revers de la façade occidentale. Du côté du soleil levant, le chœur se dresse comme une église dans l'église ou une Jérusalem céleste qui aurait emprunté à la terre tout ce qu'elle a d'enchanteur. Le marteau des révolutionnaires tomba en arrêt devant la sculpture de sa clôture et son jubé. Son raffinement est tel que Richelieu ne put s'empêcher de la toucher, pour vérifier qu'il ne s'agissait pas de formes stuquées. Lors d'une tournée d'inspection, Prosper Mérimée, pourtant peu adepte des jubés et du gothique flamboyant, écrit : « On passerait des heures entières à considérer ces gracieux détails et toujours nouveaux, à se demander avec un étonnement sans cesse renaissant comment on a pu trouver tant de formes élégantes sans les répéter, comment on a pu faire avec une pierre dure et cassante ce que de nos jours on oserait à peine tenter avec du fer et du bronze. »

Deux cent quatre-vingt-treize statues y racontent l'histoire du salut depuis Adam et Ève jusqu'à Jésus. À l'extérieur, prophètes, rois et femmes fortes de l'Ancien Testament expriment leur attente messianique avec une ardeur et un réalisme saisissants. Leur variété d'expression est éblouissante, mais jamais outrée, et ô combien intérieure. Si l'on a pu les comparer à des acteurs de théâtre, c'est d'un théâtre de l'âme, intimant à chacun les sentiments qu'il peut éprouver dans l'attente du Sauveur. Face à la Vierge à l'Enfant de la chapelle axiale, Syméon exprime cette attente enfin comblée. Son visage, ému et apaisé, rayonne de la lumière qu'il s'apprête à recevoir dans ses bras.

La même lumière éclaire le visage des apôtres, à l'intérieur de la clôture. Leur vivacité d'expression, accentuée par le mouvement de leurs vêtements, évoque la vie houleuse des statues baroques, à ceci près que loin de s'épuiser à dire que la réalité qu'ils veulent signifier se trouve au-delà de leurs moyens d'expression, ils la manifestent par une transfiguration de l'être tout entier. « Celui que vous cherchez n'est pas ailleurs. Il est là, présent, sur l'autel et dans vos cœurs, semblent-ils dire, comme il l'était avec nous le jour de la Cène. »

Les artistes qui les sculptèrent étaient-ils des Tourangeaux ou des Bourguignons appelés à Albi par Louis Ier d'Amboise ? Des historiens avancent les noms d'Antoine Le Moiturier et de Michel Colombe, mais d'autres soulignent leur parenté avec les œuvres de sculpteurs actifs dans le Sud-Ouest à la même époque. Quoi qu'il en soit, on mesure en les voyant ce que la France perdit en intériorité en important d'Italie les artistes de la Renaissance.

À Sainte-Cécile même, il suffit de lever les yeux pour en juger. En 1509, Louis II d'Amboise, neveu et successeur de Louis Ier, fit venir d'Émilie, où il avait participé aux campagnes de Louis XII et exercé des activités diplomatiques auprès de Jules II, le peintre Giovanni Francesco Donella. Les fresques dont il orna les murs et les voûtes avec son atelier complètent, sur le plan thématique, l'histoire du salut racontée par la clôture et le jubé : au-dessus du maître-autel figure un Christ en gloire ; à l'entrée du chœur, une Annonciation, une allégorie de l'Église, un couronnement de la Vierge, la parabole des vierges folles et des vierges sages ; au-dessus de la nef, une Transfiguration et une apparition de Jésus à ses disciples, après sa résurrection.

Le message est clair : voilà la gloire qui vous attend si vous accueillez Jésus comme l'a fait Marie. Pour cela, il faut passer par l'Église, dispensatrice de la Parole et de l'eucharistie. Mais comme le style est fade ! Il aurait condamné l'ensemble à l'insignifiance si les éléments décoratifs ne l'avaient emporté sur les scènes bibliques. Leur détail est trop petit pour être vu de loin, mais il crée un effet illusionniste qui est le vrai génie de ces peintres. Les motifs en trompe-l'œil des chapelles et des tribunes auréolent d'une lumière vibrante et chatoyante la muraille du chœur. Les candélabres et les rinceaux peuplés de putti ouvrent les voûtes sur un ciel d'azur.

Comme pour nous préparer à ces merveilles, Louis Ier d'Amboise commanda un baldaquin à l'entrée de la cathédrale. Réalisé entre 1520 et 1530, il évoquait à Prosper Mérimée un rideau d'Opéra. Sous le ciseau des sculpteurs, la matière s'y prête à tous les jeux de l'esprit, dans une flamboyance de formes qui dévoile sa présence cachée et manifeste sa gloire. La luxuriance de son décor, son raffinement et sa légèreté dématérialisent ses masses pour laisser paraître un autre ordre de réalité. Le clergé d'Albi répondait ainsi, dès avant le concile de Trente, à l'austérité et au pessimisme protestants par une glorification du monde sensible.

L'art baroque n'aura rien à ajouter à cette fête, sinon peut-être un orgue capable de transposer ses accents sur le plan sonore et d'honorer avec plus de coffre la sainte patronne de la cathédrale. En 1736, un orgue de Christophe Moucherel remplaça le vieil orgue gothique au-dessus du Jugement dernier. Refait par Bartolomeo Formentelli en 1981, il conserve ses sonorités baroques, et sainte Cécile continue de s'y percher avec son orgue portatif. La prière qu'elle inspira est une des plus belles qui soient : « Sainte Cécile, pensée musicale de Dieu qui nous a donné la voix des anges pour mieux révéler notre âme, veillez sur tous ceux dont vous êtes la voie vers lui. »

Ange au sourire

Qui ne connaît pas l'Ange au sourire de Notre-Dame de Reims ? Suspendant ses ailes au-dessus de nos têtes, il esquisse un pas gracieux, depuis l'ébrasement du portail nord, et incline son visage vers nous avec un sourire auquel font écho des yeux en amande et des boucles cascadantes. Contemporain des poètes courtois du règne de Saint Louis, qui avaient le bon goût de naître à Reims, Provins ou Troyes, il en a la grâce raffinée jusque dans les plis de son vêtement, mais sans maniérisme ni mondanité. Son sourire s'imprime dans l'âme comme un baiser. Sans rien de commun avec celui, impersonnel, du Bouddha ni celui, énigmatique, de *La Joconde*, la tendresse divine s'y épanche avec une familiarité confondante.

On l'a dit malicieux, mais enjoué conviendrait mieux : il y a en lui une candeur et une simplicité qui excluent toute pensée maline, même par jeu. Il est joie pure d'être dans la lumière et de la communiquer. À son contact, toute pensée sombre se dissipe pour ne laisser place qu'à celles qui ont des ailes pour rejoindre le soleil. C'est en fin de journée qu'il faut le voir, quand sa pierre rose s'enflamme aux lueurs du couchant. « La nuit va bientôt tomber, semble-t-il dire, mais le grand matin est proche. C'est un peu de la lumière de ce jour sans déclin qui se reflète sur mon visage. Ne voyez qu'elle, car elle seule existe, au fond. Si puissante soit-elle en apparence, l'obscurité de ce monde n'est rien. Elle se dissipera comme une ombre dans l'aurore qui vient. »

En attendant, ce qu'il nous communique, c'est surtout la force de surmonter nos épreuves. Ne s'adresse-t-il pas, en premier lieu, à un saint décapité : saint Nicaise ou saint Denis ? Et à combien de tragédies assista-t-il avant de subir à son tour le martyre ? Comme le rappelle Patrick Demouy, c'est au moment où il faillit perdre son sourire qu'il acquit la célébrité. Avant la Première Guerre mondiale, il n'était qu'un anonyme, un soldat inconnu de la milice céleste se déployant à Reims. Quand Eugène Viollet-le-Duc évoquait des anges à la « sérénité brillante et glorieuse », il voulait parler de ceux des contreforts et des chapelles absidiales. Quand André Michel mentionnait un ange au « sourire léger, aigu et presque malicieux », il se référait à celui de l'Annonciation du portail central. Sorti des mains du même sculpteur et encadrant le même saint, il arborait le même sourire, mais sa beauté l'avait fait préférer à « l'ange de saint Nicaise » pour adresser la demande de Dieu à Marie.

Notre-Dame de Reims n'était pas la seule cathédrale à avoir des anges souriants. Songeons à ceux du croisillon sud de Notre-Dame de Paris, aux anges dits « d'Humbert » du trésor de Saint-Vaast d'Arras et à ceux de la châsse de saint Taurin à Notre-Dame d'Évreux. Leur sourire n'était pas le fait de sculpteurs isolés particulièrement inspirés, mais la plus haute expression de toute une époque habitée par une foi sereine et une joie confiante en Dieu. Il fallut le malheur d'une autre époque et l'outrage subi par « l'ange de saint Nicaise » en particulier pour qu'il devienne un emblème.

Le 19 septembre 1914, un obus allemand déclencha un incendie sur un échafaudage dressé sur la tour nord. Relayé par les bottes de paille entreposées dans la nef, les flammes se communiquèrent à la charpente. La toiture fondit. Les gargouilles vomirent du plomb. Un aviateur décrivit la cathédrale comme « une énorme croix ardente dans une auréole flamboyante ». Ses voûtes de pierre résistèrent, mais sa grande rose éclata. Son mobilier en bois flamba. Sa statuaire fut rongée par les flammes. Dans son ébrasement, notre ange eût pu leur résister, mais une poutre le décapita.

Dans l'urgence, qui s'en souciait ? Personne, sauf l'abbé Thinot. Chapelain et aumônier volontaire, il en recueillit les morceaux et les entreposa dans les caves de l'archevêché, mais il mourut au front l'année suivante sans que personne s'en fût enquis. Dans un article du 15 décembre 1914, Émile Mâle évoquait « le sourire, cet éclair de sympathie, [qui] apparaît pour la première fois à Reims », mais c'était pour désigner l'ensemble de sa statuaire : « Quoi ! les Barbares avaient tourné leurs canons sur ces belles statues qui répandent la paix autour d'elles, qui ne parlent que de charité, de douceur, d'oubli de soi ! Ils avaient visé ces apôtres, ces saints qui se présentaient désarmés comme le christianisme lui-même, et qui, aujourd'hui, sont mutilés comme des soldats ! »

Il fallut attendre la une du *New York Times* du 6 novembre 1915 pour que les projecteurs se braquent sur lui : une tête d'ange de Notre-Dame de Reims allait être achetée par un riche industriel américain. *L'Illustration* s'empara du scandale, puis toute la presse française, anglaise et italienne. Ce que la barbarie allemande n'avait pas réussi à détruire, de vulgaires marchands le feraient-ils avec la complicité de Français ? Le 30 novembre 1915, l'architecte Max Sainsaulieu retrouva le plus gros fragment de sa tête dans les caves de l'archevêché. C'était donc une fausse alerte, mais désormais tout le monde connaissait « l'ange au sourire », et le fait de l'avoir vu avec la gueule cassée en fit un emblème du génie français détruit par l'armée allemande.

Un moulage de son visage fut envoyé en tournée aux États-Unis, en Argentine et au Chili. La Société des amis de la cathédrale de Reims employa son image pour récolter des fonds, puis en 1918, le propriétaire d'une grande maison de champagne, Henri Abelé, déposa la marque Sourire de Reims. C'est à partir de ce moment-là que son image se diffusa sur tous les supports possibles : cartes postales, médailles, vignettes, porte-clefs... En 1930, un timbre à son effigie fut émis. Il servit à l'amortissement de la dette. Il avait alors retrouvé son sourire, ce qui n'était pas gagné d'avance.

Beaucoup s'opposaient à la restauration de la cathédrale, tels Auguste Rodin ou Camille Pelletan : « Il sortira de cet amas de pierres une glorification éternelle du génie du Moyen Âge et une éternelle exécration des monstres dont la rage s'est acharnée sur cette merveille. Le cri d'horreur qui s'est élevé du monde entier sera perpétuel. » Il fallut le travail patient et clandestin du sculpteur Rémi Havot, qui le reconstitua dans le secret de son atelier avec la complicité de l'architecte Henri Deneux, pour qu'il rayonnât de nouveau sur la cathédrale, le 13 février 1926.

Aujourd'hui, il représente également cela : une victoire de l'amour sur la haine, et sur un ressentiment qui nous enfermerait dans une dialectique mortifère avec elle, l'affirmation d'une joie infrangible, supérieure à toutes les souffrances qu'on pourrait subir, le signe d'une tendresse infinie qu'il nous revient de sauver sans cesse de la barbarie.

Anges

Dans leur mouvement ascensionnel, les cathédrales gothiques nous entraînent irrésistiblement de prophètes en saints, de fleurs en animaux, à hauteur d'anges. À Notre-Dame de Reims, toute une milice céleste veille, l'arme au pied ou plutôt le sourire aux lèvres, car si elle combat, c'est pour l'amour de Dieu, sur les contreforts : « Dans votre bonté, Seigneur, vous ne pouvez vous contenter de la fragile protection de nos murs, et voici qu'aux hommes chargés de veiller sur les hommes vous préposez une garde supplémentaire : les anges eux-mêmes », écrit saint Bernard.

Maxime le Confesseur considérait les églises comme des figures « du cosmos tout entier, constitué d'essences visibles et invisibles ». Pour lui, comme pour les Pères de l'Église, le monde terrestre était doublé d'un monde céleste qui portait en lui sa sainteté projetée. Les anges avaient été créés par Dieu avec l'idée d'une Création continuée par les hommes, dont ils sont les gardiens et les serviteurs. Serviteurs, ces êtres supérieurs ? Oui, n'en déplaise à Lucifer, dont saint Bernard disait qu'il s'était révolté à l'annonce de l'incarnation du Fils de Dieu. Étant le couronnement de la Création, les hommes n'avaient pas à les servir, mais à agir en synergie avec eux.

Chacun disposait d'un double angélique, à commencer par l'évêque. Origène en voyait deux dans chaque diocèse – un homme et un ange. Palladio raconte comment, avant de partir en exil, saint Jean Chrysostome prit congé de son homologue céleste, à Constantinople. À Notre-Dame de Reims, sur les verrières hautes du chœur, un ange surmonte chaque représentation de l'église métropolitaine et de ses suffragantes. À Notre-Dame de Chartres, l'ange posé sur le toit de l'abside, au niveau où officie l'évêque, semble un timonier à la barre de son navire.

Sur les verrières hautes du chœur, des anges immenses forment la cour de Marie et Jésus. Par leur splendeur et leur extranéité, ils suscitent l'étonnement, voire la crainte que tous devraient ressentir à la pensée de leur présence invisible. Deux d'entre eux sont cachés par les voûtes, quand on marche dans la nef, mais surgissent au débouché du chœur. Ils ont six ailes : deux dont ils se servent pour voler, deux dont ils se couvrent la face pour se protéger de la lumière divine et deux dont ils se couvrent le corps pour protéger ceux qui les suivent de celle qu'ils reflètent. Ce sont des séraphins ou des « ardents » en hébreu, placés au sommet des hiérarchies célestes.

Notre-Dame de Chartres compte une représentation complète de ces hiérarchies célestes dans les voussures du portail sud. Exposées de l'aube au crépuscule aux rayons du soleil, elles diffusent la lumière par ondes concentriques en partant du Christ. Denys l'Aréopagite les répartit en conseillers : séraphins, chérubins et trônes ; en gouverneurs : dominations, vertus et puissances ; et en ministres : principautés, archanges et anges. Ces catégories peuvent nous sembler bien mystérieuses, mais nous aurions tort de les ranger au placard des accessoires folkloriques.

Que reflètent-elles ? Une relation circulaire qui prolonge la relation d'amour entre les trois personnes divines, où les différents ordres s'entraînent mutuellement à l'amour, dans la présence unifiante du Dieu unique. Au plus loin des réseaux sociaux, qui ne sont la plupart du temps que le reflet démultiplié du narcissisme de chacun et le lieu d'expression de la rivalité mimétique de tous, toute communication y est communion, et le terme de *hiérarchie* ne signifie pas que certains en imposent aux autres : aucun ne trouve sa raison d'être en lui-même, mais en celui qui donne l'être, et aucun ne peut embrasser Dieu à lui seul ni dans sa totalité, mais chacun élève et est élevé simultanément, dans un mouvement ascendant et descendant.

Du monde invisible, cette relation d'amour s'étend au monde visible. En tant qu'incarnations de la pensée aimante de Dieu que les « fils de l'aurore » contemplent dans le ciel, les hommes ont pour vocation de la faire rayonner sur la terre. Les anges sont pour eux des modèles d'amour et de louange. « Je chante à mon Dieu tant que je vis », dit le psalmiste, et si chanter sera la principale activité des bienheureux, d'ores et déjà ici-bas, il nous est donné de participer à la liturgie céleste.

En écrivant mes carnets spirituels à l'abbaye du Thoronet, j'ai rencontré un chantre grégorien, Damien Poisblaud, qui faisait résonner son chant sous ses voûtes. Comme saint Bernard hier et comme n'importe quel chantre oriental aujourd'hui encore, il avait le sentiment de « conduire les chœurs de louange avec les chantres du ciel ». « Ce regard pointé vers la liturgie céleste est un regard extatique en ce qu'il déplace le centre de gravité de l'homme. Mais ce dé-placement du centre n'est pas à proprement parler une sortie de soi, puisqu'au contraire il re-place l'homme à sa vraie place, c'est-à-dire face à Dieu, explique-t-il. S'associer au chant des anges n'est pas s'évader dans un ailleurs hasardeux, mais entrer déjà dans la demeure éternelle. »

C'est aussi ce que rappellent les anges sculptés dans les chœurs des cathédrales, au-dessus des stalles de Sainte-Cécile d'Albi ou dans les écoinçons de Sainte-Marie de Lincoln. « Là-haut, des légions d'anges récitent l'invocation liturgique ; ici-bas, formant des chœurs dans les églises, les hommes récitent à leur imitation la même invocation. Là-haut, les séraphins font retentir l'hymne trois fois saint ; ici-bas, de la foule monte le même hymne : c'est ensemble que les êtres célestes et les êtres terrestres forment une assemblée de fête : c'est une seule action de grâces, une seule allégresse, un seul chœur joyeux », dit saint Jean Chrysostome. Au-dessus des chapelles absidiales de Notre-Dame de Reims, des anges en aube portent les Écritures et un encensoir, le pain, le vin et une croix, c'est-à-dire tout le nécessaire pour servir le Christ qui célèbre la messe, tourné vers l'orient, comme le prêtre, en contrebas.

Au XIVe siècle, des anges musiciens prirent leur essor dans les voussures du portail central de Saint-Jean-Baptiste de Lyon, des portails nord et sud de Saint-Maurice de Vienne. Ils se déployèrent dans la rose ouest de Notre-Dame de Reims et la rose nord de Saint-Julien du Mans, comme pour chanter : « Louez Dieu dans son temple saint, louez-le au ciel de sa puissance, louez-le pour ses actions éclatantes, louez-le selon sa grandeur ! Louez-le en sonnant du cor, louez-le sur la harpe et la cithare, louez-le par les cordes et les flûtes, louez-le par la danse et le tambour ! Louez-le par les cymbales sonores, louez-le par les cymbales triomphantes ! Et que tout être vivant chante louange au Seigneur ! » (Ps., CL, 1-6.)

Une restauration récente a rendu leur richesse chromatique à ceux de la chapelle axiale de Saint-Julien du Mans. Commandés par l'évêque Gontier de Baigneux vers 1370, sont-ils l'œuvre de Jean de Bruges, peintre de Charles V et Louis Ier d'Anjou, célèbre pour ses cartons de la tenture de l'Apocalypse d'Angers ? Le même souffle les anime, les mêmes mouvements d'ailes, les mêmes drapés volumétriques donnant l'impression qu'ils évoluent en apesanteur. Leurs formes et leurs couleurs sont à elles seules une polyphonie, mais comme si elles ne suffisaient pas, on discerne entre leurs mains un *instrumentarium* complet et autant de variétés d'expression sur leurs visages. Ces derniers ont tant de naturel, de fraîcheur et de candeur qu'ils semblent le reflet idéalisé de ceux des enfants de la psallette qui chantaient dans cette chapelle. Comme saint Grégoire de Nysse, ils rappellent que tout homme « est une ordonnance musicale, un hymne merveilleusement composé à la force toute-puissante ».

Pourtant, dès qu'on quitte ces visions glorieuses, la louange est un combat. Combat contre les ténèbres qui nous entourent et celles qui nous habitent. À Notre-Dame de Reims, des masques surgissent aux chambranles des fenêtres hautes du chœur, et avec eux, ce sont toutes les passions humaines qui nous sautent au visage. Dans le combat que nous avons à mener, les anges n'ont pas le pouvoir d'agir à notre place, mais ils peuvent nous indiquer la marche à suivre. Sur la façade occidentale, ils sont présents à chaque étape de la vie de Jésus, de l'Annonciation au couronnement de la Vierge. Ils assistent les martyrs et les saints, et sur le portail nord, ils portent les instruments de la Passion : en même temps qu'ils nous indiquent comment nous conformer au Christ, ils portent le sens supérieur de nos souffrances.

Ceux que je préfère n'apparaissent qu'après avoir gravi les marches des tours et emprunté un chemin de ronde. « Peut-être me direz-vous, si tout le reste est évident, où est celui qui a vu ici les anges monter leur garde vigilante ? Si vous ne les voyez pas, celui du moins qui les envoie à ce poste les voit », écrit saint Bernard. Connus de Dieu seul, à qui ils présentent leurs offrandes, et de ceux qui les façonnèrent, ils nous font entrer dans la prière en actes des bâtisseurs de cathédrales et nous apprennent que leurs auteurs ne visaient pas seulement à tendre à l'homme un miroir à travers lequel se contempler dans le regard de Dieu, mais aussi à présenter à Dieu une image extatique de sa Création.

Animaux

Ce qui me touche le plus, dans les cathédrales gothiques, c'est qu'anges et bêtes de trait baignent dans une même lumière. À Notre-Dame de Reims, où veille une milice d'anges, plus de sept cents animaux grimpent le long des murs, se perchent sur les tours et les gâbles, se faufilent entre les frises, se tapissent dans les écoinçons, d'où ils nous font signe. Tous sont conviés à louer leur Créateur par la bouche des hommes. Chacun leur révèle quelque chose de lui et d'eux-mêmes dans un jeu de miroirs visant à rétablir la Création dans sa vocation édénique.

Les premiers chrétiens évoquaient Jésus à travers le poisson, l'agneau et la colombe. Le poisson, qui se disait *ichthus* en grec, était l'acronyme de « Jésus-Christ Fils de Dieu Sauveur ». Pur et innocent, l'agneau avait été substitué par Dieu à Isaac lors du sacrifice d'Abraham, puis assimilé à Jésus par Jean-Baptiste et par Jean. Humble et douce, la colombe avait été messagère de paix pour Noé comme Jésus pour l'humanité.

Peintres et mosaïstes n'hésitaient pas, pour enrichir leur répertoire, à emprunter aux cultures païennes certains de leurs symboles, tels le dauphin, ami et conducteur des hommes chez les Grecs et les Romains, l'ibis destructeur de serpents, guide des âmes et image du Verbe divin chez les Égyptiens ou le phénix, dont une légende racontait qu'au terme de sa vie il s'immolait par le feu pour renaître de ses cendres. L'homme ayant été fait à l'image de Dieu, ils pouvaient désigner le Christ comme ses disciples.

Un tel symbolisme pouvait correspondre au besoin de se transmettre des choses cachées au temps des persécutions, mais il obéissait aussi, plus profondément, à une conception du monde où les réalités visibles participaient de réalités invisibles dont elles étaient l'image et le signe : « Depuis la création du monde, on peut voir avec l'intelligence, à travers les œuvres de Dieu, ce qui de lui est invisible : sa puissance éternelle et sa divinité » (Rm., I, 20), écrit saint Paul. À sa suite, les théologiens s'attachèrent à discerner en chaque créature une ombre du drame de la chute et de la rédemption. D'où le fait que ce symbolisme survécut au temps du christianisme triomphant et s'enrichit au fil du temps.

À Aquilée, des fouilles archéologiques ont mis au jour un pavement en mosaïque de l'époque constantinienne. Son décor s'apparente à celui d'une riche villa romaine, mais ses animaux servent à désigner le Christ et ses disciples. Autour du Bon Pasteur et de ses brebis se tiennent des poissons, des colombes, un paon, un cerf et une gazelle. Ces deux derniers étaient associés dans l'Ancien Testament, et Origène, remarquant que la gazelle avait un œil perçant et que le cerf tuait les serpents en les faisant sortir de leur trou grâce à son souffle, les identifia à Jésus. Le cerf, dont les bois repoussaient plus forts chaque année, symbolisait la Résurrection. Comme le paon, dont la beauté des plumes évoquait en outre la splendeur du monde céleste. Un peu plus loin, dans une symbolique baptismale qui n'était pas sans rappeler qu'Aquilée était le patriarcat le plus important d'Occident et un port stratégique sur l'Adriatique, le prophète Jonas sort du ventre d'une baleine. Les apôtres, montés à bord d'une barque symbolisant l'Église, jettent les filets du Royaume sur des poissons de toutes tailles et toutes espèces.

À l'époque romane, les animaux proliférèrent. Il y avait « les quatre Vivants » entourant le Christ en majesté, à Maguelonne, Arles, Angers, Chartres et Le Mans. Faisant allusion aux visions d'Ézéchiel et de saint Jean, ils symbolisent les quatre évangélistes : l'homme saint Matthieu, l'aigle saint Jean, le lion saint Marc, le bœuf saint Luc. À quoi Raban Maur ajoute qu'ils évoquent les mystères du Christ : l'homme l'Incarnation, le bœuf la Passion, le lion la Résurrection, l'aigle l'Ascension. Et « puisqu'un juste est toujours homme par sa raison, bœuf par le sacrifice de sa mortification, lion par sa tranquille vaillance, aigle par sa contemplation, chaque chrétien parfait peut être avec justesse désigné par les Saints Vivants », conclut saint Grégoire le Grand.

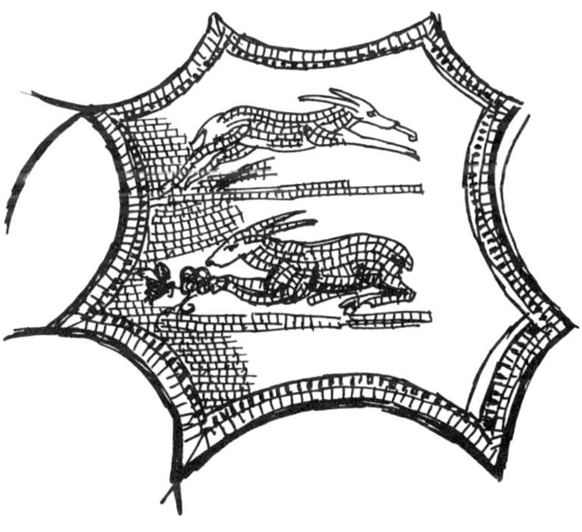

À Saint-Lazare d'Autun, un centaure et une sirène, un basilic et un oiseau tricéphale vivent d'une vie aussi réelle qu'un lion, un hibou et un coq. Un oiseau plonge dans la gueule d'un fauve. Un homme lutte contre un singe. Un autre chevauche un oiseau et un dernier enfonce son épée dans le ventre d'un hippogriffe. Dans la cathédrale de Modène, des oiseaux s'affrontent. Des serpents enserrent un lion et une lionne. Un monstre dévore la queue de sphinges ailées. Un homme à tête d'oiseau engloutit un poisson.

On a souvent expliqué leur présence par la reprise de motifs décoratifs persans ou byzantins, et combien de fois le sculpteur ne semble-t-il pas les plier et les déplier à loisir, les hybrider par pure fantaisie ? Mais si la faune sculptée par Wiligelmo et Gislebertus nous frappe tant, c'est qu'elle est plus qu'un jeu de formes décoratives : un miroir de l'âme où les passions qui se déchaînent apparaissent dans un désordre appelant l'ordre, un tumulte invoquant la paix, des déformations invitant à la réforme de soi.

Origène voyait dans la domination donnée par Dieu à Adam sur les animaux une injonction à soumettre ses instincts bestiaux : alors que l'harmonie et la paix régnaient dans le jardin d'Éden, depuis le péché originel, le lion affronte le serpent, les coqs se prennent au bec, l'homme doit combattre le singe qui est en lui et terrasser le lion pour ne pas se faire dévorer par lui. Alors que la verticalité le caractérisait, les courbes et contre-courbes qui animent cette faune traduisent une déchéance de l'âme. Ses poils, ses dents et ses grimaces, ses excroissances, ses hybridations et sa prolifération monstrueuse signent en elle l'action des forces du mal. « Tant que vous n'aurez pas rétabli l'harmonie et la paix en vous, elles ne pourront régner autour de vous », disent ces sculptures. Sur la frise extérieure du baptistère de Parme, sirènes, griffons, satyres et licornes, hydres, centaures, hippocampes et boucs ne montrent pas seulement les passions de l'homme, mais toute la Création souillée par son péché qui aspire à retrouver le salut à travers lui.

Ces images sont à mettre en regard de celles où ils réintègrent l'harmonie originelle. « Si quelqu'un a acquis la pureté, toutes choses lui sont soumises comme à Adam lorsqu'il était au Paradis », dit un aphorisme des Pères du désert ; et une prophétie d'Isaïe : « Le loup habitera avec l'agneau, le léopard se couchera près du chevreau, le veau et le lionceau seront nourris ensemble, un petit garçon les conduira. La vache et l'ourse auront même pâture, leurs petits auront même gîte. Le lion, comme le bœuf, mangera du fourrage. Le nourrisson s'amusera sur le nid du cobra ; sur le trou de la vipère, l'enfant étendra la main. Il n'y aura plus de mal ni de corruption sur toute ma montagne sainte ; car la connaissance du Seigneur remplira le pays comme les eaux recouvrent le fond de la mer. » (Is., XI, 6-9.)

Sur un chapiteau du portail nord de Saint-Lazare d'Autun, saint Jérôme retire son épine à un lion. Il priait dans le désert avec ses frères, quand le fauve s'approcha d'eux. Tous s'enfuirent, mais voyant que l'animal boitait, le saint lui dit de s'approcher. Il lui soigna la patte, et le lion le suivit jusqu'à son monastère, où il jeûna avec ses frères et lui servit d'animal de compagnie. À sa mort, il se laissa mourir sur sa tombe. Les moines l'enterrèrent à côté de son maître. Sur un chapiteau de la nef, le corps de saint Vincent, livré aux bêtes sauvages par ses bourreaux, est gardé par des anges et des oiseaux. « Un corbeau, naturellement vorace, chassa à coups d'aile d'autres oiseaux plus forts que lui, et par ses morsures et ses cris, il mit en fuite un loup qui accourait, puis il tourna la tête pour regarder fixement le saint corps, comme s'il eût été en admiration devant ses anges gardiens. Quand Dacien le sut, il dit : "Je pense que je n'aurai pas le dessus sur lui, même après sa mort" », écrit Jacques de Voragine.

Qui ne connaît pas encore l'histoire de saint Gilles, contée sur les voussures du portail sud de Notre-Dame de Chartres ? L'ermite vivait dans une forêt où une biche le nourrissait de son lait. Prise en chasse par le roi des Goths, la bête vint un jour se réfugier auprès de lui. Le roi, ne le voyant pas à travers les fourrés, décocha une flèche qui le blessa à la main. La légende de saint François et du loup de Gubbio figure sur un vitrail de Saint-Pierre-et-Saint-Paul de Troyes. Un loup terrorisait les habitants de la ville au point qu'ils n'osaient plus travailler aux champs. Saint François alla à sa rencontre. Il fit un signe de croix et lui dit : « Viens ici, frère loup, je t'ordonne au nom de Jésus-Christ de ne faire aucun mal, ni à moi ni à personne. » Le loup obtempéra et s'assit à ses pieds. Saint François lui demanda alors de ne plus s'attaquer aux créatures de Dieu en échange de quoi les habitants le nourriraient. En signe d'assentiment, le loup posa une patte dans sa main.

À l'époque gothique, les cathédrales se muèrent en bestiaires à ciel ouvert et en polyphonies à la gloire du Créateur. C'était l'époque où Philippe de Thaon, Guillaume de Normandie, Honorius d'Autun, Hugues de Saint-Victor et Vincent de Beauvais convoquaient dans leurs élucidations du monde la faune des naturalistes de l'Antiquité, du *Physiologus* et de *La Clef* de Méliton de Sardes. « Toute créature est l'ombre de la vérité et de la vie », écrit Honorius d'Autun ; et Hugues de Saint-Victor : « L'Univers sensible est un grand livre tracé par le doigt de Dieu, c'est-à-dire créé par la vertu divine et chaque créature est comme une figure, non pas produit du désir humain, mais du vouloir divin chargé de manifester la Sagesse invisible de Dieu. » Espèces réelles et fantastiques se mêlaient dans leurs traités pour donner, dans leur variété ordonnée, un reflet de la munificence divine.

Comme si ces espèces ne leur suffisaient pas, les imagiers en inventèrent d'autres, tirées de récits de voyages imaginaires. À Saint-Étienne de Sens, remarque Émile Mâle, se trouvent inscrits « dans les médaillons de la façade la ménagerie du paradis perdu que l'on croyait retrouver au royaume du prêtre Jean, dans l'empire de Gog et Magog, l'éléphant de l'Inde, chargé d'une tour, le griffon, antique gardien des trésors de l'Asie, l'autruche et le chameau montés par des cavaliers d'Afrique ». Connu pour sa sobriété, le chameau symbolisait la tempérance. Chaste et charitable, fort et courageux, l'éléphant était une image quasi parfaite du Christ. L'autruche, qui pondait les plus gros œufs et avait la réputation de les faire éclore en les enduisant de miel et de son propre sang, évoquait plus particulièrement son rôle de rédempteur.

Fruit de l'union entre un aigle et une lionne, le griffon était plus ambivalent. Rares étaient les animaux à avoir un sens univoque. D'où leur complexité d'interprétation et leur puissance poétique. L'aigle qui plonge du ciel sur la terre pour capturer ses proies ne pouvait-il pas figurer le Christ, venu ravir les hommes pour les emmener dans son Royaume, autant que le diable, qui fondait sur eux pour les perdre ? Le lion pouvait être le diable qui rôde « comme un lion rugissant » (I P., V, 8) ou la puissance du Verbe divin. C'est à ce dernier titre qu'ils figurent à la base de certaines chaires, comme à Sienne et Ravello.

À Notre-Dame-du-Réal d'Embrun, ceux qui supportent les colonnes du porche tiennent entre leurs pattes un enfant et un agneau. Une légende voulant qu'ils dorment les yeux ouverts, ils symbolisaient la vigilance. À Notre-Dame de Strasbourg, les quatorze lions qui gravissent le gâble du portail central incarnent la puissance et la royauté. Sous leurs pattes, bien cantonnés dans les écoinçons, des dragons, des singes, des porcs et des chimères figurent les forces du mal qu'ils ont terrassées. Dans le Livre de la Genèse, le lion est plus particulièrement l'emblème de la tribu de Juda et, dans le Livre de l'Apocalypse, saint Jean l'identifie au Christ. Rien ne pouvait résister à sa puissance, pas même la mort. D'autant qu'il était réputé ranimer de son souffle, au bout de trois jours, les enfants sortis mort-nés du ventre de leur mère. D'où sa présence aux pieds de nombreux gisants.

Sur une frise de la cathédrale de Strasbourg, il symbolise la Résurrection à côté du phénix et de la baleine, mais devant des hommes armés de gourdins, il figure le diable. Une licorne se réfugiant dans le sein d'une vierge évoque le mystère de l'Incarnation, et un pélican se déchirant le ventre pour nourrir ses petits, le mystère de la Passion. C'est à ce titre qu'il figure sur les tabernacles des cathédrales de Blois, Toulouse et Montpellier. Le serpent n'apparaît pas ici comme le tentateur du Livre de la Genèse : alors que les Hébreux récriminaient dans le désert, Dieu leur envoya « des serpents à la morsure brûlante », mais devant leur repentir, il dit à Moïse : « Fais-toi un serpent brûlant, et dresse-le au sommet d'un mât : tous ceux qui auront été mordus, qu'ils le regardent, alors ils vivront. » (Nb., XXI, 8.) Préfigurant le Christ en croix, il apparaît pour cette raison sur de nombreuses crosses d'évêques.

Dans ce monde où tout était signe, il n'était pas jusqu'à l'escargot qui ne méritât d'être considéré en raison des traces que le Créateur y avait laissées. Sur le portail de Notre-Dame de Lausanne, il symbolise la Résurrection. Ne s'enferme-t-il pas l'hiver dans sa coquille en se fabriquant un opercule en calcaire qu'il brise au printemps pour en sortir, comme le Christ de son tombeau ?

Impossible de passer en revue ici tout le bestiaire des cathédrales : comme Dieu, il est inépuisable. Et il ne faudrait pas croire que les hommes de l'âge gothique n'y voyaient que des hiéroglyphes. Comme l'écrit Henri Focillon : « Cet art excède toute mesure qui tendrait à le limiter à l'interprétation de la scolastique, de la liturgie et de la symbolique. Il est encore trop près de la découverte du monde, trop émerveillé. Le surnaturel est le principe même du naturel, mais la nature est, et elle est belle comme Dieu l'a trouvée belle au jour de sa création. »

Dans son carnet de dessins, Villard de Honnecourt n'omet pas la libellule, la pie, le cygne et le porc-épic. Les sculpteurs représentent leurs compagnons de tous les jours : sur les soubassements de Saint-Jean-Baptiste de Lyon, un écureuil sautille entre les branches d'un noisetier, un martin-pêcheur porte une anguille dans son bec. À Notre-Dame de Chartres, dans les voussures de la Création, on sent le même amour dans les sculptures de poissons, d'oiseaux et de quadrupèdes que Dieu en éprouva à leur insuffler la vie selon le Livre de la Genèse. C'est là la plus grande merveille de ces œuvres : elles incitent à embrasser le monde dans l'amour qui l'a créé et à révéler sa gloire en poursuivant le geste du Créateur.

Comme le résume Lucas de Tuy, chanoine de Saint-Isidore de León et évêque de Tuy : « On peint et on sculpte des images dans l'église du Christ, certaines pour servir à la défense (de la foi), à l'enseignement, à l'imitation et l'ornementation, d'autres pour l'ornementation seule. [...] Il y a peintes dans l'église des figures de bêtes, de volatiles et de serpents et d'autres choses, qui servent seulement à l'ornement et à la beauté. Il est juste, en effet, que toute chose soit figurée dans le culte qui est rendu dans l'église, et que le Créateur de toutes choses soit célébré dans toutes ses œuvres. »

Annonciation

Il y a au musée des Offices de Florence une Annonciation de Simone Martini, peinte pour la cathédrale de Sienne en 1333. Quand je la vis pour la première fois, elle éclipsa tout autour d'elle, les touristes autant que les chefs-d'œuvre, pour me laisser aussi interdite que Marie devant l'ange Gabriel.

Son fond d'or avait-il donc le pouvoir de dissiper toute contingence susceptible de me distraire de la scène ? Non seulement cela, mais l'ange qui s'en détachait comme une lumière seconde était si intempestif qu'il imprima en moi quelque chose de la surprise ou de la crainte de Marie lorsqu'il surgit. Je croyais entendre le bruissement de ses ailes et le claquement de sa cape, qui dessinait dans l'air des arabesques. Le rameau d'olivier qu'il tenait à la main était signe de paix, mais celle-ci ne devait pas être de tout repos : le corps de Marie était tout en courbes et contre-courbes, et son visage exprimait plus de réticences que de joie à l'écoute de sa parole.

Je n'avais pas la foi que j'ai à présent, mais si un retable put m'y prédisposer, c'est bien celui-ci : pendant des années, je gardai inscrit en moi ce sentiment de surprise ou de crainte, comme dans l'attente de l'événement qui l'avait causé. À quoi pouvait-il correspondre ? En ouvrant l'Évangile de Luc, on lit qu'à la salutation de l'ange, Marie « fut toute bouleversée ». L'ange lui dit : « Sois sans crainte, Marie, car tu as trouvé grâce auprès de Dieu. Voici que tu vas concevoir et enfanter un fils ; tu lui donneras le nom de Jésus. Il sera grand, il sera appelé Fils du Très-Haut. » (Lc, I, 30-32.)

L'événement était inouï et, en coulant la puissance de l'art byzantin dans les manières sensibles des peintres gothiques, Simone Martini le traduisit avec une expressivité aussi inouïe. Comment Dieu, le Tout-Puissant, le Créateur du ciel et de la terre, pouvait-il demander son assentiment à une femme pour renaître de sa chair ? Après la chute d'Adam et Ève, il eût pu se désintéresser de l'humanité ou la sauver d'autorité, mais il préféra s'en remettre à la liberté et l'amour d'une femme pour susciter en elle un homme capable de la sauver. Son respect transparaît dans l'agenouillement de l'ange, et il faut imaginer son attitude redoublée par le fond d'or qui palpitait, dans la cathédrale, à la lueur des cierges : la lumière intemporelle se soumettant à la flamme vacillante de la lumière temporelle, quelle merveilleuse image de la puissance et de la délicatesse de l'amour divin !

On peut dès lors comprendre le mouvement de recul de Marie. Sa réponse ne fait déjà pas de doute : le bleu et le rouge de ses vêtements unissent la nature céleste et la nature terrestre, mais son visage demeure empreint de gravité. Elle a beau s'être assimilé les Écritures qu'elle tient à la main, l'incarnation en elle du Verbe divin la dépasse de si loin. Saura-t-elle jamais pleinement à quoi elle va dire oui ? De la naissance de son fils à sa mort sur la Croix, en passant par le moment où il la repoussera au motif qu'il doit être aux affaires de son Père, elle devra élargir ce oui à la mesure du mystère qui aura pris chair en elle. Si Dieu a choisi d'épouser son humanité, ce n'est pas pour s'y complaire, mais pour l'élever jusqu'à sa divinité.

Arche de Noé

Après Eugène Viollet-le-Duc, on a souvent comparé les cathédrales gothiques à des sommes théologiques. Erwin Panofsky décela le même souci des articulations et des subdivisions dans l'architecture gothique et la pensée scolastique. Mais pourquoi auraient-elles masqué de si beaux raisonnements par la polychromie ?

À l'époque où elles prenaient leur essor, les statuts synodaux établis par les évêques du royaume de France, avant de servir de modèle jusqu'en Angleterre et en Grèce, précisaient qu'il ne fallait « pas trop rechercher la raison des sacrements et des articles de la foi ». Le penseur le plus influent n'était pas saint Thomas d'Aquin ni même son maître, saint Albert le Grand, mais Hugues de Saint-Victor. Premier à intégrer l'architecture parmi les arts libéraux susceptibles d'aider à entrer dans la sagesse divine, il consacra un traité, en 1126, à l'arche de Noé. À la fin, un schéma décrit cette arche comme une pyramide tronquée, située au centre d'une mappemonde entourée d'une « figure en majesté » : Christ en gloire ou image de la Sagesse divine voilée par des ailes de séraphins.

« Dans ses deux bras grands ouverts, elle semble embrasser tout ce qui précède », écrit Hugues de Saint-Victor. Espace et temps, terre et ciel, saisons, constellations, vents et directions cardinales, sens, âges de la vie, amour, orgueil, chaleur et froid s'ordonnent sous sa loi « en une véritable et suprême unité ». « Une ligne représentant l'ordre de la Création jusqu'à Adam monte depuis l'arche à travers l'angle supérieur du monde jusqu'au plus haut du ciel. » L'arche est orientée à l'est, où se trouve le paradis, tandis qu'à l'ouest se tient le Jugement dernier. Les vertus s'y échelonnent de la base au sommet, où se tient l'Agneau. Ne reconnaît-on pas là la disposition des cathédrales gothiques ?

Elles avaient leur rationalité, comme toute construction qui se tient, mais elles ne visaient nullement à mettre en valeur la rationalité d'une pensée. Comme la mappemonde d'Hugues de Saint-Victor, elles étaient des lieux de mémoire donnant à voir tout ce que l'homme pouvait savoir et devait croire. Plus encore, « disposition sacrée, image de la divine beauté », elles étaient un chemin initiatique. Dans la lignée de Denys l'Aréopagite, auteur platonicien de la fin du ve siècle, dont il contribua à diffuser la pensée, Hugues de Saint-Victor voulait suggérer « à travers la longueur, la largeur et la profondeur de l'espace » la puissance divine, à travers la polarisation du temps le plan de Dieu pour l'humanité et à travers la variété harmonieuse de la Création la beauté du Créateur. « Votre œil verra cela au-dehors, afin que votre âme soit façonnée à son image intérieurement. »

De Suger à Maurice de Sully, en passant par Pierre de Senlis, Geoffroy de Lèves, Arnoul de Lisieux, Norman de Doué et Hugues d'Amiens, la plupart des abbés et des évêques du nord de la France communiaient dans cette pensée. C'est seulement ensuite que l'aristotélisme s'imposa dans les universités. Même alors, on oublie trop souvent que l'auteur le plus cité par saint Thomas d'Aquin n'est pas Aristote, mais Denys l'Aréopagite et qu'à la fin de sa vie il compara sa somme à une « paille » en regard du « grain » de la réalité divine.

Architectes

« Le Moyen Âge seul a bien compris l'enfantillage des gloires qui sont des glorioles. À Sens, dans la cour du vieux palais synodal, contre la muraille, est sculptée la figure d'un moine tenant entre ses mains jointes un compas. Les érudits prétendent que cette statuette est l'emblème de la géométrie. La légende veut y reconnaître Guillaume de

Sens, l'architecte de la cathédrale, et la légende me semble symboliquement vraie. Ce Guillaume n'a pas même inscrit son nom sur une pierre de l'église avec la pointe de son compas ; il n'exige point qu'on dise : c'est son œuvre. Mais il joint ses mains en oraison, comme pour signifier au passant : "Prie avec moi pour moi que tu n'as jamais connu." Telle est la réclame que devrait admettre un auteur chrétien. Telle est l'humilité d'où surgissent des grandes œuvres. Aimez la gloire, convoitez-la éperdument, puisque nous sommes nés pour elle, "pour un poids de gloire incommensurable", mais cherchez-la où elle repose, dans la splendeur du Christ visible dès ici-bas ; et alors, sur tout ce que vous créerez, quelque chose de sa glorieuse présence descendra. Quels transports de l'art profane ont pu valoir l'inspiration d'un psaume, d'un hymne liturgique, d'un vaisseau de cathédrale ? »

Comme nous aimerions croire à ces mots d'Émile Baumann, ami de Maurice Barrès, Léon Bloy et Joris-Karl Huysmans, surtout à une époque où les architectes sont devenus des stars à qui l'on confie la mission de créer le sacré, dans les cathédrales comme dans les musées. Mais si le silence des archives jusqu'au XIIIe siècle a pu alimenter l'idée que les cathédrales gothiques avaient été construites par des anonymes, force est de constater qu'elle ne correspond pas à la réalité. Certes nous ne connaîtrons probablement jamais les noms des premiers maîtres d'œuvre des cathédrales de Sens, Noyon, Laon, Senlis, Paris et Bourges, mais l'âge gothique fut un point de bascule où, après avoir vu leur statut se dégrader en même temps que leur art, les architectes sortirent de l'anonymat à mesure que cet art se complexifiait.

Dès 1135, Gislebertus apposait sa signature sur le portail de Saint-Lazare d'Autun. Niccolo fit de même, cinq ans plus tard, sur celui de Sainte-Marie-Matricolare de Vérone. À Notre-Dame de Verdun, Garin le Lorrain, en 1147, fut comparé à Hiram de Tyr, l'architecte du roi Salomon, rien de moins. L'humilité n'était donc pas toujours de mise, comme le montre égalcment une inscription de la façade de Saint-Laurent de Trogir : « Ce portail fut construit en l'an 1240 après l'enfantement de la glorieuse Vierge par Radovan, le meilleur dans cet art, comme il appert des statues et reliefs, sous l'évêque Treguan le Toscan, de la Ville des fleurs. » Affirmer la grandeur d'un architecte était un moyen de vanter celle de l'édifice et de ses commanditaires, mais aussi le signe d'une prise de conscience nouvelle de leur valeur et d'une reconnaissance sociale à la hauteur.

Le premier maître d'œuvre gothique dont le nom nous ait été transmis par une chronique est Guillaume de Sens. Artisan du chœur de la cathédrale de Canterbury, après avoir œuvré à Saint-Étienne de Sens, à partir de 1174, il est décrit comme un « artisan extrêmement fin », « aussi habile en charpenterie qu'en architecture ». On comprend en lisant cette chronique que ce sont ses connaissances poussées sur le plan théorique et pratique qui le rendirent capable de traiter d'égal à égal avec ses commanditaires.

Le temps n'était plus où l'abbé Guillaume de Volpiano pouvait diriger seul le chantier de Saint-Bénigne de Dijon, « dictant leur tâche à ceux qui n'épargnèrent point leur peine pour construire un temple digne du culte divin », et où Gondulf, l'évêque de Rochester, pouvait être qualifié de « très savant et efficace dans le travail du bâtisseur ». L'évêque du Mans et de Tours Hildebert de Lavardin fut un des derniers, au début du XIIe siècle, à déterminer les plans, mesurer les fondations et élever les nefs de ses cathédrales avec l'aide d'un moine de la Trinité de Vendôme. L'apparition de structures complexes, projetées à des échelles inédites et dotées de programmes iconographiques d'une richesse sans précédent, induisait une spécialisation croissante, qui fit passer les maîtres d'œuvre au premier plan.

De tels hommes étaient rares. Les chapitres se les disputaient et tentaient de les retenir par tous les moyens : logement, robes, fourrures, boisson et nourriture, exemptions d'impôts et, bien sûr, rémunérations conséquentes. En échange, ils exigeaient qu'ils ne travaillent pas pour d'autres commanditaires. À Meaux, Gautier de Varinfroy, en 1253, se vit imposer, contre un salaire de 10 livres par an et 10 sous par jour de présence, de ne pas accepter de nouvelles propositions ni de se rendre sans autorisation sur d'autres chantiers, dont celui de Notre-Dame d'Évreux qu'il dirigeait également. Très vite, cependant, les chanoines ne furent plus en mesure d'imposer leurs conditions. À Gérone, en 1312, le contrat de Jacques de Fauran, qui œuvrait en même temps à Narbonne et Perpignan, stipulait qu'il toucherait 1 000 sous barcelonais s'il se rendait une fois tous les deux mois sur le chantier.

Nicolas de Biard raillait déjà, en 1267, ces personnages hautains, gantés et armés de leur bâton gradué commandant des ouvriers avec lesquels ils n'avaient plus rien en commun. Loin d'être des anonymes, ils jouissaient d'une réputation immense et leurs ouvrages en portaient de plus en plus fréquemment la marque. À Notre-Dame d'Amiens, on peut lire au centre du labyrinthe : « En l'an de grâce 1220, l'œuvre de cette église fut commencée. L'évêque de ce diocèse était alors Évrard, le roi de France Louis, fils de Philippe le Sage. Celui qui fut le maître d'œuvre s'appelait maître Robert de Luzarches, après lui vint Thomas de Cormont, et après celui-ci, son fils Renaud qui fit placer cette inscription l'an de l'incarnation 1288. » À Notre-Dame de Reims, l'inscription située au même endroit indique que le chevet fut commencé par Jean d'Orbais en 1211, que la nef et le transept furent bâtis par Jean le Loup et Gaucher de Reims, et la façade avec sa grande rose achevée par Bernard de Soissons.

Les plus réputés étaient appelés à travers l'Europe. On trouve Étienne de Bonneuil à Uppsala en 1287, Mathieu d'Arras à Prague vers 1342, Jean Mignot à Milan en 1404 et Charles Gaultier de Rouen à Barcelone, Lérida et Séville, quelques années plus tard.

Ce changement de statut se reflète dans leur appellation : c'est à cette époque que le mot *architecte* commença à désigner le maître d'œuvre plutôt que le maître d'ouvrage. À Notre-Dame de Paris, une inscription de huit mètres de long, gravée sur le transept sud, désigne Jean de Chelles comme « maître ès pierres » et, à Saint-Germain-des-Prés, Pierre de Montreuil est qualifié, sur sa pierre tombale, de « docteur ès-pierre ». « Que le Roi des Cieux le conduise aux hauteurs des pôles ! », ajoutent les bénédictins dont il construisit le réfectoire et la chapelle de la Vierge, avant d'œuvrer à la basilique Saint-Denis et à Notre-Dame de Paris.

Dans la Bible moralisée de Vienne et sur un manuscrit de la cathédrale de Tolède, Dieu est peint comme le grand architecte de l'Univers. S'il ne créait pas, comme lui, *ex nihilo*, l'architecte poursuivait son œuvre en transfigurant la matière pour offrir une vision ordonnée du cosmos. Sur une baie de la façade occidentale de Notre-Dame de Laon, son art n'est plus classé parmi les arts mécaniques, mais parmi les arts libéraux.

Du bâtisseur générique qui se fait épouiller par un singe, sur un pilier de Saint-Pierre de Worms, à la fin du XIIe siècle, à l'autoportrait d'Anton Pilgram qui nous toise depuis la chaire de Saint-Étienne de Vienne, au XVIe, en passant par les bustes aux traits individualisés, sinon personnalisés, de Mathieu d'Arras et de Peter Parler, sur le triforium du chœur de Saint-Guy de Prague, les représentations d'architectes se multiplièrent. Certains eurent l'honneur d'être inhumés dans les cathédrales où ils avaient œuvré. Ainsi maître Erwin à Notre-Dame de Strasbourg, en 1318, et Hermann de Münster à Saint-Étienne de Metz, en 1392. À Notre-Dame de Reims, Hugues Libergier, architecte de l'église Saint-Nicaise, figure sur sa pierre tombale avec les instruments de sa profession, un costume et un modèle réduit de son église, tel un grand seigneur ou un fondateur.

L'émulation créée par la multiplication des chantiers ne cessa d'accroître leur rôle dans la définition du langage architectural, et l'apparition du dessin d'architecture consacra leur prééminence. Les dessins conservés à Strasbourg, Ulm et Vienne sont d'artistes hors pair, mais ces titans trouvaient encore normal d'œuvrer sous la direction des clercs. Pour les plus orgueilleux, la durée des chantiers induisait que leur génie fût tributaire de celui de leurs prédécesseurs et rabattu par celui de leurs successeurs. Tout en imprimant leur marque sur un édifice, ils savaient qu'ils n'étaient que les maillons d'une chaîne, de sorte que leur orgueil, en se fondant dans celui de leurs successeurs, finissait par ne faire plus qu'un avec la gloire de Dieu.

C'est seulement à partir de la Renaissance que l'émergence du primat de l'individu autorisa chacun à imposer ses vues, dans une autonomie croissante par rapport à ses commanditaires. La trajectoire de Filippo Brunelleschi est à cet égard emblématique : d'orfèvre et sculpteur, membre du comité de construction de Santa Maria del Fiore, à Florence, il passa à « inventeur et directeur en chef de la coupole », entre 1404 et 1423.

Arcs, voûtes et ogives

Il y a quelque chose de si exceptionnel dans l'essor de l'architecture gothique qu'on serait tenté de parler de « miracle gothique », comme Ernest Renan le fit de « miracle grec ». N'y a-t-il pas en elle « une chose qui n'a existé qu'une fois, qui ne s'était jamais vue, qui ne se reverra plus, mais dont l'effet durera éternellement » ? Elle est la seule architecture originale qui soit apparue depuis l'architecture grecque, en même temps qu'elle forme avec elle un contraste absolu : quand cette dernière se voulait, par la mesure et l'horizontalité de ses lignes, l'expression d'une forme éternelle, une arithmétique sensible au diapason du soleil, l'architecture gothique articulait ses membres, les ajourait et les tendait jusqu'à la limite de leurs possibilités matérielles pour traduire un mouvement ascensionnel. Mais si cette originalité éclate aux yeux de tous, dès qu'il s'agit de l'expliquer, les interprétations divergent.

Longtemps, l'explication dominante fut celle d'Eugène Viollet-le-Duc. Quand les romantiques se berçaient d'idées vagues sur ses formes ogivales et les classiques la réduisaient à un caprice d'origine barbare ou orientale, l'auteur du *Dictionnaire raisonné de l'architecture française du XIe au XVIe siècle* (1854-1868) entreprit de montrer qu'elle obéissait à une logique formelle « d'une rigueur impérieuse ». À la suite de Ludovic Vitet, premier inspecteur des Monuments historiques avant Prosper Mérimée, il en fit une architecture rationnelle, issue d'un milieu de bourgeois alliés aux évêques et aux rois contre les abbés et les seigneurs féodaux pour conquérir leurs libertés dans les villes du nord de la France.

« Elle est souple, libre et chercheuse comme l'esprit moderne, ses principes permettent d'appliquer tous les matériaux livrés par la nature ou l'industrie en raison de leurs qualités propres ; elle n'est jamais arrêtée par une difficulté, elle est ingénieuse : ce mot dit tout. Les constructeurs gothiques sont subtils, travailleurs ardents et infatigables, raisonneurs, pleins de ressources, ne s'arrêtant jamais, libres dans leurs procédés, avides de s'emparer des nouveautés, toutes qualités ou défauts qui les rangent en tête de la civilisation moderne. Ces constructeurs ne sont plus des moines assujettis à la règle ou à la tradition : ce sont des laïques qui analysent toute chose, et ne reconnaissent d'autre loi que le raisonnement. »

Tout en reconnaissant aux évêques d'avoir su en user pour « donner plus de pompe et d'éclat aux cérémonies du culte » et aux rois d'en avoir fait un vecteur de leur puissance, Eugène Viollet-le-Duc en fit un instrument d'émancipation de la raison, qui reposait sur des principes pouvant se développer de façon autonome.

Techniquement, le défi des bâtisseurs du XIIe siècle était de voûter des églises larges et hautes, claires et résistantes aux incendies. Pour cela, ils disposaient de deux méthodes traditionnelles : la voûte romaine en concrétion de broyage noyé dans le ciment et la coupole byzantine. La première, massive et chère, ne permettait de couvrir que de courtes distances, de huit à neuf mètres. La seconde, plus légère, ne pouvait convenir qu'à des églises à plan centré ou à la croisée de transepts d'églises à plan basilical. La grande invention aurait alors été la voûte sur croisée d'ogives.

« Dès le milieu du XIIe siècle, les constructeurs avaient reconnu que l'arc plein cintre avait une force de poussée trop considérable pour pouvoir être élevé à une grande hauteur sur des murs minces ou des piles isolées, surtout dans de larges vaisseaux, à moins d'être maintenu par des culées énormes ; ils remplacèrent l'arc plein cintre par l'arc en tiers-point, conservant seulement l'arc plein cintre pour les fenêtres et les portées de peu de largeur ; ils renoncèrent complètement à la voûte en berceau dont la poussée continue devait être maintenue par une butée continue. Réduisant les points résistants de leurs constructions à des piles, ils s'ingénièrent à faire tomber tout le poids et la poussée de leurs voûtes sur ces piles, n'ayant plus alors qu'à les maintenir par des arcs-boutants indépendants et reportant toutes les pesanteurs en dehors des grands édifices. Pour donner plus d'assiette à ces piles ou contreforts isolés, ils les chargèrent d'un supplément de poids dont ils firent bientôt un des motifs les plus riches de décoration. »

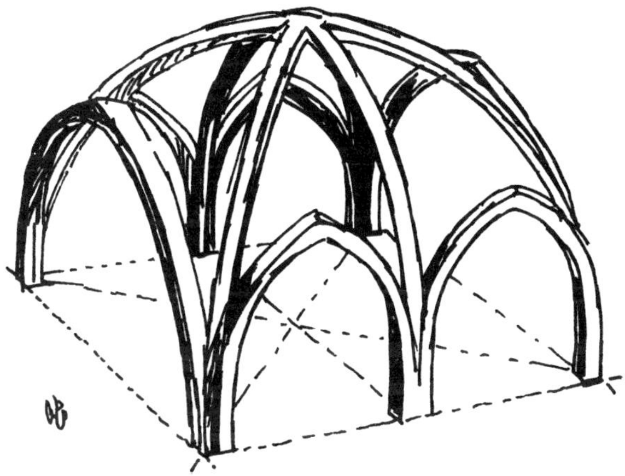

Ces voûtes seraient devenues le principal générateur de toutes les parties de l'édifice et des formes qu'elles adoptent. « Les piles destinées à porter plusieurs arcs se divisent en autant de colonnes qu'il y a d'arcs, ces colonnes sont d'un diamètre plus ou moins fort, suivant la charge qui doit peser sur elles, s'élevant chacune de leur côté jusqu'aux voûtes qu'elles doivent soutenir, leurs chapiteaux prennent une importance proportionnée à cette charge. Les arcs sont minces ou larges, composés d'un ou de plusieurs rangs de claveaux, en raison de leur fonction. Les murs devenus inutiles disparaissent complètement dans les grands édifices et sont remplacés par des claires-voies, décorées de vitraux colorés. Toute nécessité est un motif de décoration : les combles, l'écoulement des eaux, l'introduction de la lumière du jour, les moyens d'accès et de circulation aux différents étages des bâtiments, jusqu'aux menus objets tels que les ferrures, la plomberie, les scellements, les supports, les moyens de chauffage, d'aération, non seulement ne sont point dissimulés, comme on le fait si souvent depuis le XVIe siècle dans nos édifices, mais sont au contraire franchement accusés, et contribuent par leur ingénieuse combinaison et le goût qui préside toujours à leur exécution, à la richesse de l'architecture. »

Quand l'architecture grecque était le chef-d'œuvre de l'architecture statique, l'architecture gothique était celui de l'architecture dynamique. « Tout édifice, à la fin du XIIe siècle, se compose d'une ossature rendue solide par la combinaison de résistances obliques ou de pesanteurs verticales opposées aux poussées, et d'une enveloppe, d'une chemise qui revêt cette ossature. Tout édifice possède son squelette et ses membranes ; il n'est plus qu'une charpente de pierre indépendante du vêtement qui la couvre. Ce squelette est rigide ou flexible, suivant le besoin et la place ; il cède ou résiste ; il semble posséder une vie, car il obéit à des forces contraires, et son immobilité n'est obtenue qu'au moyen de l'équilibre de ces forces, non point passives, mais agissantes. »

Plus qu'à un raisonnement mathématique, les cathédrales obéiraient donc à des lois organiques. Eugène Viollet-le-Duc invitait à les étudier « comme on étudie le développement et la vie d'un être animé ». Transposant dans l'architecture les principes de la paléontologie établis par Georges Cuvier, il décrit chacun de leurs membres en les illustrant de séries de vues partielles, en perspective, qui en décomposent les ressorts internes, pour montrer comment ils contribuent à une action d'ensemble dans un environnement donné. Comme

Georges Cuvier dut postuler un organisme idéal à partir duquel juger du perfectionnement d'un organisme animal, il dessine une cathédrale idéale vers laquelle auraient tendu tous les efforts des architectes. Avec ses sept flèches et son articulation d'arcs-boutants, de contreforts et de pinacles dont l'ornement fait partie intégrante, elle semble obéir à la même force mystérieuse qui préside à l'organisation d'un animal ou à la croissance d'un végétal.

Son *Dictionnaire raisonné de l'architecture* se lit d'ailleurs comme un traité d'anatomie où l'on découvre, édifice après édifice, comment, partant d'un germe, les cathédrales se complétèrent, se diversifièrent, réalisèrent les données de leur espèce, se desséchèrent et moururent. Page après page, Eugène Viollet-le-Duc y atteint à l'épopée, mais à l'épopée de formes dont les architectes ne sont que les instruments. C'est là son plus grand paradoxe : alors qu'il se proposait de magnifier des maîtres d'œuvre trop souvent restés dans l'ombre, comparés à leurs homologues italiens de la Renaissance, il réduit leur rôle à la découverte et la poursuite d'un principe constructif neuf jusqu'à ses ultimes conséquences. Au terme de sa démonstration, c'est moins eux qui insufflent leur vie aux cathédrales que l'antagonisme plus vaste entre l'esprit et la matière : « l'état permanent de révolte contre la matière, la prépondérance de la science et la victoire du spiritualisme » seraient ce qui distingue l'architecture gothique de l'architecture classique caractérisée par « le culte de la matière et la soumission à ses lois ».

On comprend dès lors la séduction que put exercer une telle théorie sur des esprits positivistes : en décrivant avec une rigueur apparente et la séduction d'une écriture romanesque la construction des cathédrales gothiques comme un processus autonome, elle permettait d'expliquer leur essor sans avoir recours à d'autres facteurs que ses lois internes. De là la kyrielle de livres d'histoire, aussi ennuyeux que vains, qui ne parlent que de formes engendrant des formes, sans évoquer les hommes qui les créent, de romans qui mettent en scène des bâtisseurs héroïques dont on ne comprend pas le mobile, d'autant qu'ils œuvrent contre un clergé obscurantiste et corrompu.

En 1933, l'architecte Pol Abraham qualifia cette théorie de « mécanique romancée ». Selon lui, la croisée d'ogives n'aurait eu aucun rôle porteur, mais aurait été choisie pour ses qualités esthétiques. Aucune architecture « n'a porté plus loin l'illusion d'une structure idéalisée, à la base d'éléments linéaires adventices dépourvus de toute utilité matérielle. L'architecture gothique est donc essentiellement une plastique ». C'était certes passer d'un extrême à l'autre. Aujourd'hui, après maints retours de balanciers, la plupart des historiens s'accordent à dire que si la croisée d'ogives fut bien un progrès technique, elle n'eut pas l'importance qu'Eugène Viollet-le-Duc lui accordait. Tels des cintres permanents, ses arcs facilitaient la réalisation des voûtes et les renforçaient sur la durée, tout en contribuant à augmenter visuellement l'élan des colonnes qu'ils prolongeaient et à accentuer la progression rythmique qui conduit le regard jusqu'à l'autel.

Quant aux origines laïques des cathédrales gothiques, si elles permirent de justifier leur annexion, pendant la Révolution, par un État laïc dont elles auraient été le creuset, contre le clergé même qui les occupait, elles sont indéfendables sur le plan historique. N'est-ce pas dans des abbatiales, à Morienval, Beauvais, Cambronne, Angy, Thierry-sur-Clermont et Burg, que ses rudiments apparurent, et encore dans une abbatiale, à Saint-Martin-des-Champs, à Paris, qu'elle se perfectionna, avant de s'épanouir dans la basilique Saint-Denis et la cathédrale de Sens ? Ces deux églises, comme plus tard celles de Bourges et Chartres, montrent que les solutions techniques mises en œuvre ne suivirent pas une voie unique, mais répondirent à des impératifs différents, où visées théologiques, considérations économiques, respect de la topographie, intégration de l'histoire et personnalité des architectes eurent des parts variables.

C'est à partir du cas de Notre-Dame de Laon qu'Eugène Viollet-le-Duc échafauda sa théorie de l'alliance des évêques, des bourgeois et des rois contre les abbés et les seigneurs féodaux, qui persistaient à construire des églises romanes. Son chevet plat en faisait, à ses yeux, une ancêtre de la salle du Jeu de paume, issue d'un « sentiment instinctif poussant le peuple vers la construction d'un monument où il pouvait se réunir et jouir d'un spectacle plus ou moins profane ». Mais les chevets plats étaient surtout caractéristiques des abbatiales cisterciennes, et les évêques de Laon étaient des seigneurs féodaux qui vivaient en aussi bonne entente avec les abbés qu'en mauvaise avec les bourgeois. En 1112, ceux-ci frappèrent à mort l'évêque Gaudry et incendièrent sa cathédrale au cri de « Commune ! Commune ! ».

Gautier de Mortagne, maître d'ouvrage de la cathédrale qui lui succéda, à partir de 1155, était un prélat issu de la réforme grégorienne. Aussi indépendant du roi que des bourgeois, il entendait illustrer la grandeur et la sainteté de l'Église en la soustrayant à l'emprise des laïcs, comme ses amis saint Thomas Becket et Jean de Salisbury. Ancien maître de l'école de Laon, il accordait une grande importance à l'éducation des fidèles et des prêtres. « Par la science on avance vers la lumière », affirmait-il comme la rose nord de sa cathédrale, mais ce n'était pas alors une science close sur elle-même.

Ascension

Saint-Pierre d'Angoulême est tout entière marquée par le sceau visionnaire de l'art roman. Sur sa façade sculptée vers 1120, la Vierge Marie, les apôtres et des anges gravissent les fenêtres jusqu'au pignon. Emportés dans un mouvement ascensionnel, ils nous invitent, de leurs bras et de leurs ailes, de leurs regards tournés vers nous et vers le ciel, à contempler une scène grandiose. S'agit-il de l'Ascension du Christ ou de son retour à la fin des temps ? On en discute encore, mais dans un sermon dont cette façade semble être l'illustration, saint Bernard explique qu'il en va d'une même espérance.

« Mon âme aurait repoussé toute espèce de consolations si les anges n'étaient venus à moi avec des paroles de jubilation sur les lèvres pour me dire : "Hommes de Galilée, pourquoi demeurez-vous ainsi immobiles les yeux attachés au ciel ? Ce Jésus qui, en se séparant de vous, s'est élevé dans les cieux, en reviendra un jour de la même manière que vous l'y avez vu monter." (Ac., I, 11.) Il reviendra, disent-ils, de la même manière. Viendra-t-il donc nous chercher dans ce cortège unique et universel, ou descendra-t-il précédé de tous les anges et suivi de tous les hommes pour juger les vivants et les morts ? Il est bien certain qu'il reviendra sur la terre, mais il y reviendra de la même manière qu'il s'en éloigne aujourd'hui, non pas comme il y descendit la première fois. En effet, lorsqu'il vint pour sauver nos âmes, il se fit humble ; mais quand il reviendra pour tirer ce cadavre de son sommeil de mort pour le rendre semblable à son corps glorieux et remplir d'une gloire abondante ce vase si faible aujourd'hui, il se montrera dans toute sa splendeur. Aussi, reverrons-nous alors avec une grande puissance et une grande majesté celui qui la première fois s'était caché sous les infirmités de notre chair. Non content de diriger mes regards vers lui, je pourrai le contempler, mais non point encore de près, et cette seconde apparition, pleine de gloire et d'éclat, dépassera manifestement l'éclat et la gloire de sa première glorification.

Mais en attendant celui qui est les prémices des hommes, le Christ, s'est offert en sacrifice, il est monté à la droite de son Père, et il se tient maintenant devant sa face pour nous. Il est assis là (Ps., CII, 8), sa main droite pleine de miséricorde et sa gauche de justice ; miséricorde et justice en lui sont infinies, dans sa main droite est l'eau, et dans la gauche est le feu. Quant à sa miséricorde, il l'a rendue égale à la distance qui sépare la terre des cieux, pour ceux qui le craignent ; le trésor de ses miséricordes remplit pour eux l'intervalle de la terre aux cieux. »

Assomption

Sur le tympan du transept sud de Notre-Dame de Strasbourg, vers 1230, les sculpteurs gothiques retrouvèrent le naturalisme idéalisant de l'Antiquité pour représenter l'Assomption de la Vierge avec une intensité émotionnelle inégalée. Sur les visages des apôtres, la tristesse le dispute à l'espérance, avec une vivacité d'expression que renforcent les plis de leurs vêtements. Jésus lui-même semble partager leur peine de voir Marie quitter sa vie terrestre, en même temps qu'il leur communique sa joie de partager avec elle sa vie céleste. Quelle tendresse sur son visage penché sur celui de sa mère, tourné avec confiance vers le ciel qu'il désigne du doigt ! Et je ne connais pas de plus belle image de la nouvelle naissance qui nous attend tous là-haut que cette petite enfant qu'elle redevient entre ses bras.

Celle-ci ne représente encore que son âme, dans une tradition iconographique héritée des Égyptiens, des Grecs et des Romains, mais sur le linteau, martelé pendant la Révolution, les anges venaient chercher aussi son corps. Sur le deuxième tympan, Jésus la couronne corps et âme. Gage d'espérance pour tous, l'Assomption était fêtée le 15 août, en Orient, depuis la fin du IIe siècle, et en Occident depuis la fin du VIIe. Elle connut un développement iconographique extraordinaire avec l'essor du culte marial et l'insistance des clercs sur la dignité de la chair, à partir du XIIe siècle.

Attendre cent sept ans

Vous connaissez l'expression « attendre cent sept ans », qui signifie attendre interminablement, mais savez-vous d'où elle provient ? Elle est née aux abords du chantier de Notre-Dame de Paris et fait allusion au nombre d'années nécessaires à son achèvement.

Pour être plus exact, il faudrait dire que son gros œuvre – le chœur, le transept, la nef et la partie inférieure de la façade occidentale – fut construit entre 1163 et 1220. On procéda ensuite à certains réaménagements : agrandissement des fenêtres hautes du vaisseau central, rehaussement des murs gouttereaux, remaniement des arcs-boutants et construction de chapelles entre les contreforts de la nef. Ces dernières furent achevées en même temps que les tours, au milieu des années 1240. Entre 1258 et 1270, Jean de Chelles et Pierre de Montreuil élevèrent les façades du transept. Mais c'est seulement en 1320 que Jean Ravy donna à la cathédrale la silhouette que nous lui connaissons, après avoir repris son système de contrebutement du chœur et construit ses chapelles rayonnantes.

Les ouvriers travaillant sur de tels chantiers s'attendaient rarement à les voir achevés. À Notre-Dame de Reims, combien de fois ne dut-on pas déblayer la nef de ses pierres et de ses outils pour faire place aux cortèges royaux ? C'est seulement à la veille du sacre de Charles VII, en 1427, que la cathédrale, commencée en 1211, fut achevée, et encore, elle ne reçut jamais ses flèches. Certains chantiers pouvaient durer moins longtemps. Tout dépendait de leurs moyens de financement. À Notre-Dame de Chartres, où l'argent ne manqua jamais, le gros œuvre fut achevé en vingt-cinq ans, de 1195 à 1220, et à Notre-Dame d'Amiens en cinquante ans, de 1220 à 1269.

À l'inverse, quand il visita le chantier du dôme de Milan, en 1739, le président de Brosses écrivit : « Depuis plus de trois cents ans qu'on y travaille, et quoiqu'il y ait tous les jours des ouvriers, il ne sera probablement pas fini dans dix siècles, c'est-à-dire qu'il ne le sera jamais. » La cathédrale fut finalement achevée en 1887, au bout de cinq cents ans, comme celle de Cologne en 1880, au bout de six cent trente-deux ans. Saint-Pierre de Beauvais n'eut pas la même chance : on peut encore voir sous sa charpente la cage à écureuil qui servait à y lever des matériaux. Mais n'est-ce pas dans cette façon de nous faire miroiter les plus hautes destinées, tout en sachant que nous ne pourrons les atteindre dans le cadre de nos limites charnelles, que réside le plus grand attrait des cathédrales gothiques ?

Autel

Félicité de Lamennais a bien formulé ce que chacun peut ressentir, à peine franchi le seuil d'une cathédrale : « Une secrète pensée vous attire vers le point où convergent les longues nefs, là où réside le Verbe de Dieu, rédempteur de l'homme et réparateur de la création, et d'où émane la vertu plastique qui donne sa forme au temple. » Depuis l'époque paléochrétienne, les pierres semblent s'ordonner en un acte d'adoration autour de l'autel. Dans les basiliques romaines, les colonnes et le chemin de lumière tracé par les fenêtres hautes de la nef acheminent le regard vers lui, tandis qu'un ciborium figure le ciel qu'il fait descendre sur la terre. Les cathédrales romanes aimantent plus sûrement encore le regard vers lui, en accentuant le contraste entre la nef, plongée dans la pénombre, et l'abside, rayonnante de lumière.

Retrouvant, avec des moyens différents, la luminosité des cathédrales paléochrétiennes, les cathédrales gothiques renforcent l'effet perspectif des supports de la nef en jouant sur leur rythme, leur taille et leur couleur. À Notre-Dame de Reims, les piliers diminuent de section et se resserrent, à chaque travée, jusqu'à l'autel. À Notre-Dame de Noyon, ils sont peints alternativement en ocre et blanc, tandis que les lignes horizontales sont rehaussées de rouge. À Notre-Dame de Chartres, une déclivité de plus d'un mètre entre la première et la dernière travée surélève le sanctuaire. L'espace qu'elles ouvrent ne fuit pas vers l'infini, comme celui des artistes de la Renaissance, mais débouche sur une présence qui le dilate de l'intérieur. Cette présence est si sacralisée qu'on érige autour d'elle des clôtures et des jubés. Il faut attendre la Contre-Réforme pour que sa vue soit offerte à tous et théâtralisée à grand renfort de ciboriums, de retables et de gloires.

Tout se passe comme si chaque époque avait voulu la manifester avec plus de force, jusqu'à la nôtre qui préfère la rendre à sa nudité : à la Résurrection-Saint-Corbinien d'Évry et Notre-Dame de Créteil, l'autel prend place dans un sanctuaire nu ou presque.

Cette présence, Padre Pio ne pouvait la dispenser et Jeanne d'Arc l'accueillir sans pleurer, puisqu'il s'agissait de celle du Christ mort et ressuscité. Si son sacrifice eut lieu une fois pour toutes, il ne sera pas complet tant que chacun n'y aura pas participé non seulement spirituellement, mais corporellement en communiant à son corps et à son sang. Ceux-ci ne sont pas des substances mortes, mais déjà entrées dans la vie éternelle. D'où le fait qu'elles nous transforment selon des modalités qui nous dépassent. « Je suis l'aliment des forts ; grandis et tu me mangeras. Tu ne me transmueras pas en toi, comme la nourriture de ton corps, mais c'est toi qui seras transmué en moi », écrit saint Augustin.

Une prière prononcée lors de sa consécration résume bien ce qu'est un autel pour un chrétien : « Que cet autel soit pour nous le symbole du Christ, car c'est de son côté transpercé qu'il laissa couler l'eau et le sang, source des sacrements de l'Église. Que cet autel soit la table de la fête où les convives afflueront dans la joie en se déchargeant sur toi, Père, de leurs soucis et de leurs fardeaux. Qu'ils reprennent ici courage pour une étape nouvelle. Que cet autel soit un lieu de paix et de profonde communion avec toi pour que tes enfants, nourris du corps et du sang de ton Fils, et abreuvés de son Esprit, grandissent dans ton amour. Que cet autel soit une source d'unité pour l'Église et d'union entre frères : que tes fidèles rassemblés autour de lui y puisent un esprit de vraie charité. Que cet autel soit le centre de notre louange et de notre action de grâces jusqu'au jour où nous parviendrons, exultant de joie, dans les demeures du ciel, là où nous t'offrirons sans fin le sacrifice de louange avec le Christ, souverain prêtre et vivant Autel. »

Pour se différencier des païens, les premiers chrétiens ne désignèrent pas leurs autels par le mot *ara*, d'usage courant, mais *altaria*. Dérivant de l'adjectif *altus*, « haut » et « profond », *altaria* permettait d'évoquer la hauteur de la Croix et la profondeur du sacrifice du Christ. Cet adjectif étant la forme participiale du verbe *alo*, *alere*, « nourrir », « sustenter », il rappelait aussi la dernière Cène. Sa double nature de pierre sacrificielle et de table de repas se retrouve dans ses formes dérivées des tables en bois, utilisées par les premiers chrétiens à la suite de Jésus, et des tombeaux en pierre, sur lesquels ils célébraient l'eucharistie, le jour anniversaire de la mort ou de la naissance au ciel de leurs martyrs.

Après l'officialisation du christianisme, en 313, ils cherchèrent à magnifier le mystère qui y était célébré à travers les matériaux dont ils étaient faits. À Saint-Jean-de-Latran, une table en bois sur laquelle aurait officié saint Pierre et une partie de celle sur laquelle Jésus aurait célébré la Cène sont enchâssées dans le maître-autel et l'autel du Saint-Sacrement. Mais avec le terrain destiné à sa construction, Constantin offrit à l'évêque de Rome un autel d'argent. Dès lors, ils cessèrent d'être amovibles et en matériaux périssables pour être fixes et en matières nobles. La pierre, renvoyant au Christ, « pierre rejetée des bâtisseurs » devenue la « pierre d'angle », fut même rendue obligatoire par le concile d'Épaone, en 517. Les métaux précieux qui l'ornaient reflétaient sa gloire et celle qui nous attendait.

Comme l'écrit Guillaume Durand de Mende, « si nous sommes le temple de Dieu, nous avons un autel. Notre autel, c'est notre cœur. Car le cœur est dans l'homme ce que l'autel est dans le temple. Sur cet autel on offre un sacrifice de louange et de jubilation ».

Autun

Franchir le porche de Saint-Lazare d'Autun est déjà entrer dans un autre monde. Un monde où tout est souvenir de l'avenir et chacun est appelé à renaître à une vie nouvelle dans le sillage de Lazare de Béthanie. C'est pour servir d'écrin aux reliques de cet ami si cher à Jésus qu'il pleura sa mort, avant de le ressusciter en signe avant-coureur de la résurrection finale, que l'église fut construite, sous l'épiscopat d'Étienne Ier de Baugé, entre 1120 et 1146. Ses reliques venaient d'arriver de Marseille, où il avait débarqué avec ses sœurs Marthe et Marie, selon la légende – et qu'importe s'il s'agissait des reliques d'un évêque homonyme d'Aix du ve siècle : elles devaient permettre à Autun de rivaliser avec Vézelay, où les reliques de Marie-Madeleine faisaient l'objet d'un pèlerinage réputé.

« Gislebertus a fait ceci », dit une inscription aux pieds du Christ-juge, sur le tympan du portail nord. Espérant que son travail lui serait compté par Dieu autant que par les hommes, il se représenta également parmi les ressuscités. Hormis ces marques destinées à lui assurer la vie éternelle, nous ne savons rien de ce génie visionnaire. Apparu sur le chantier en 1125, contribua-t-il à la construction de l'église ? C'est possible, mais ce qui est certain, c'est que l'ensemble de ses sculptures porte la marque de son atelier et que, par leur vie profonde, elles évoquent le pouvoir vivifiant du Christ avec une puissance inégalée.

Pour en faire l'expérience, il ne faut pas entrer par le portail nord, qu'on admire tant de nos jours, mais par le portail est, autrefois emprunté par les pèlerins. Il faut s'imaginer l'Ève ondulante du musée Rolin et l'Adam qui lui faisait face sur le linteau jusqu'à sa destruction, Marie, élevée corps et âme au ciel, sur le tympan, et Lazare nous accueillant sur le trumeau. Nous avons là la feuille de route de chaque pèlerin – et quel chrétien n'en est pas un ? –, appelé à passer de l'état de mort vivant dans le péché à celui de ressuscité vivant dans l'amour du Christ.

À l'intérieur, comme à Paray-le-Monial et Cluny avec qui Autun voulait rivaliser, l'église est en blocs de pierre de grand appareil. Dotée de moulurations en forme de doucines, listels, denticules, cavets et rais d'oves, elle se pare de la solennité de l'architecture romaine, tandis que ses pilastres, au nombre de huit de chaque côté, reprennent une symbolique résurrectionnelle. Les pèlerins commençaient par entrer dans une chapelle consacrée à Marie-Madeleine, puis ils découvraient une reproduction du tombeau de Lazare, adossée au maître-autel.

Le moine Martin avait été chargé de concevoir une scénographie destinée à les émouvoir. Ils traversaient à genoux un monument en forme de basilique à échelle réduite et arrivaient devant une statue, quasi grandeur nature, de Lazare dans un sarcophage. Autour de lui, Pierre, André et Marie-Madeleine déploraient sa mort. Marthe se bouchait le nez pour marquer son état de décomposition avancée. Mais Jésus levait la main au-dessus de lui en disant : « Lazare, sors ! »

La même scène était jouée sur la place du Terreau les jours de foire, et avec Lazare, c'était tout un chacun qui était appelé à sortir de son tombeau. Sa mort ne figurait-elle pas celle de l'âme tuée par le péché, selon saint Augustin ? Et n'était-ce pas sur elle que Jésus avait pleuré comme sur une amie chère ? À Paris, Maurice de Sully exhortait dans un sermon : « Bonnes gens, regardez vous-mêmes si vous êtes vif ou mort par le péché. » La Résurrection commence dès ici-bas, et le premier pas sur cette voie est la reconnaissance de son état de pécheur.

Tout le décor de l'église invitait ensuite au combat spirituel. En sortant du tombeau de Lazare, les pèlerins passaient par une seconde chapelle, dédiée à Marthe, puis traversaient la nef où flottaient entre terre et ciel les chapiteaux de Gislebertus. Une vingtaine d'entre eux a été déposée dans l'ancienne bibliothèque du chapitre, où l'on peut les voir de plus près, et remplacés par des copies dans la nef. À travers eux, c'est toute la vie de l'âme qui défile comme sur des écrans.

Animaux affrontés et créatures hybrides s'y succèdent : « Comme devant le serpent, fuis devant le péché, semblent-elles dire, car si tu approches, il te mordra. Ses dents sont les dents d'un lion : elles arrachent la vie des hommes. » (Si., XXI, 2-3.) Près de la sortie, un diable armé d'une hache saisit un innocent par les cheveux, un quadrupède tourmente un damné, un homme à terre enfonce son épée dans le ventre d'un griffon. Le combat est rude et incessant, mais des exemples sont là pour nous fortifier : Moïse détruit le veau d'or dont sort un diable au nez épaté, Samson terrasse un lion, Jacob lutte avec un ange, Jésus résiste aux tentations du diable.

On a souvent dit l'âge roman obsédé par le diable, mais c'est surtout qu'il savait jusqu'où l'homme était capable d'aller dans le mal. Pas plus qu'il ne se voilait la face, il ne lui dorait la pilule, pour reprendre une expression de Louis-Ferdinand Céline, mais il était prêt à affronter les forces obscures qui se tapissaient en lui, certain qu'il était, à la fin, comme le Christ de ses tympans, d'en triompher. Ses plongées dans l'abîme ne sont d'ailleurs rien en comparaison de ses échappées vers la lumière. Ce qui me frappe le plus à Saint-Lazare d'Autun, ce sont ces dernières : aucun âge ni peut-être aucun lieu n'a produit d'images d'une sérénité aussi radieuse, d'une tendresse aussi souveraine.

Il faut voir Joseph et Marie méditer sur le mystère qui vient d'entrer dans leur vie pendant que Jésus prend son premier bain avec les sages-femmes, les Rois mages, dont les yeux et la bouche s'ouvrent comme pour boire la lumière qui ruisselle de l'Enfant-Dieu. Un peu plus loin, tous trois dorment sous la même couverture, avec leurs couronnes sur la tête, tandis qu'un ange les avertit en songe de ne pas rendre compte de ce qu'ils ont vu à Hérode. Gislebertus a le sens du geste juste et du raccourci symbolique. Ses visions les plus grandioses sont toujours empreintes de candeur et de fraîcheur. On sourirait presque en voyant Joseph, essoufflé, mener Jésus et Marie sur leur âne en Égypte. La mère et l'enfant sont la douceur même. Ils ont la puissance des âmes pures qu'aucune persécution ne peut réduire ni aucune faiblesse rebuter.

Je ne connais pas de plus belle expression de la tendresse divine que celle qui rayonne sur le visage de Jésus, lavant les pieds de ses disciples avant la Cène, ou empêchant Marie-Madeleine de le retenir après sa résurrection. Celle qui se reflète sur le visage des saints m'évoque ces mots de Gustave Thibon : « Rien au monde n'est plus mortel et aussi mourant que Dieu dans les hommes ; le moindre choc de la passion ou de l'intérêt, la moindre pression du conformisme suffisent à le tuer : ici la suprême réalité s'est faite timide et balayable comme un rêve, et c'est pourquoi l'amour des saints est si tendre, si transpercé de pitié, si tremblant de crainte en même temps que d'espoir. Chaque jour, ils disputent Dieu à la mort. »

Un peu plus loin, c'est à peine si les flammes effleurent les trois Hébreux dans la fournaise. Des lions s'inclinent devant Daniel abîmé dans la prière. Noé libère un de ses fils de l'arche. Un ange arrête la main d'Abraham sur le point de sacrifier Isaac. Avec saint Pierre délivré de prison par un ange, ils figurent l'âme que les pèlerins priaient Dieu de sauver de la mort et de l'enfer. D'autres personnages anticipent si bien les joies du paradis qu'on en oublierait presque les tribulations du monde présent : quelle grâce dans l'envol de Marie-Madeleine, ravie sept fois par jour au ciel par des anges, depuis son lieu de pénitence !

À l'entrée du chœur, l'eau des quatre fleuves du paradis et la lumière qui s'écoule de la tunique du Christ en gloire ruissellent sur nous comme une onde bienfaisante. Mais ce sont plus largement toutes ces silhouettes qui se meuvent dans la lumière qui nous plongent dans une vie nouvelle, libre, aérienne. Elles ignorent certes les canons de la beauté grecque, mais je troquerais pour elles toutes les statues de Praxitèle. Plantes, étoiles et animaux sont animés du même mouvement, et il n'est pas jusqu'aux monstres qui ne semblent obéir à la force invisible qui les fait graviter autour d'un même centre. Les bourreaux qui lapident saint Étienne forment avec lui une chorégraphie si harmonieuse qu'ils ne semblent déchaîner leur haine que pour faire éclater l'amour supérieur du saint. Tous entraînent la cathédrale dans leur ronde avec un naturel si grandiose et si simple que les saints baroques font figure d'histrions, à côté.

Sur ces chapiteaux, c'est tout un monde dont on sent palpiter la vie latente, dont on perçoit la lumière éclatante comme à travers une membrane protectrice. Un monde en perpétuelle genèse, sinon comme aux premiers jours de la Création, comme aux derniers quand Dieu sera tout en tous. « Nous le savons bien, la création tout entière gémit, elle passe par les douleurs d'un enfantement qui dure encore. Et elle n'est pas seule. Nous aussi, en nous-mêmes, nous gémissons. Nous avons commencé à recevoir l'Esprit saint, mais nous attendons notre adoption et la rédemption de notre corps. » (Rm., VIII, 22-23.)

En quittant l'église, on se retourne sur une vision du Jugement dernier. L'évêque qui ressuscite, en bas à gauche, semble songeur, tant ce qu'il découvre dépasse ce qu'il avait pu croire et enseigner. Il n'y a rien de plus difficile que d'imaginer le paradis : « L'œil n'a point vu, l'oreille n'a point entendu, le cœur de l'homme n'a jamais conçu ce que Dieu a préparé pour ceux qu'il aime. » (I Co., II, 9.) Raison pour laquelle les imagiers se cantonnaient généralement à des représentations symboliques : le sein d'Abraham ou la Jérusalem céleste. Mais si les murailles d'une ville se dessinent bien ici, c'est surtout dans le regard des élus que le ciel se reflète.

Chaque fois que je les vois, je songe à ces mots d'Arthur Rimbaud : « Le combat spirituel est aussi brutal que la bataille d'hommes ; mais la vision de la justice est le plaisir de Dieu seul. Cependant c'est la veille. Recevons tous les influx de vigueur et de tendresse réelle. Et à l'aurore, armés d'une ardente patience, nous entrerons aux splendides villes. » De ces villes, saint Pierre seul détient la clef, rappelle Gislebertus par sa sculpture surdimensionnée, mais un enfant nous la donne à sa manière en se saisissant d'un ange qui lui montre le chemin le plus court pour aller à la lumière.

Une telle vision fut jugée rétrograde à l'époque des Lumières. Sans attendre la Révolution, les chanoines scièrent la tête du Christ et enduisirent le tympan de plâtre en 1776. Ils déposèrent les statues d'Adam et Ève, détruisirent l'Assomption de la Vierge et remplacèrent le tombeau de Lazare par un décor classique surmonté d'une gloire. Ainsi parée, la cathédrale était prête à accueillir Talleyrand, « le diable boiteux », nommé évêque d'Autun en 1788. Son successeur, Victor de Lanneau, démissionna en 1793 et se vanta de détruire son escalier pour ériger un autel de la patrie : « Ce moment, l'un des plus beaux qu'il y ait dans la république, nous le devons à la dépouille d'un édifice d'une architecture grotesquement barbare, que le mauvais goût a levé, et que le bon goût laissera tomber au moins en l'abandonnant au temps. »

Notre époque est certes revenue de tels excès. La statue d'Ève, dégagée en 1866 de la maçonnerie d'une pharmacie, est devenue une pièce maîtresse du musée Rolin. La tête du Christ, redécouverte dans un dépôt du même musée en 1948, a retrouvé ses épaules sur le tympan du Jugement dernier.

Mais si nous restaurons bien les monuments du passé, ne vivons-nous pas dans la même illusion qui les fit détruire ? Je veux parler de l'illusion d'autonomie qui nous fait croire que nous pouvons être des dieux sans l'aide de Dieu.

Plus que jamais, il faut se souvenir que *Lazare* veut dire en hébreu « Dieu a aidé » et que, quelle que soit la puissance de la raison humaine, augmentée au besoin par celle des machines, elle ne pourra abolir la mort, ni pour soi ni pour les autres. « Nul n'a jamais assez d'amour pour sauver de la mort ce qu'il aime. Donner sa vie ne suffit pas à sauver une autre vie. Tu meurs en vain : tu ne peux davantage. Nul, si ce n'est Jésus. Son triomphe chez Lazare : je vous le dis, quand Lazare sort du sépulcre, c'est que Jésus y entre et s'y couche à sa place : Lazare droit debout et vertical, Jésus en large sur la terre, voilà naître la Croix », écrit André Suarès.

Auxerre

« S'il pleut aujourd'hui, s'il pleut demain, allez donc vous mettre à l'abri dans la Cathédrale. Là, regardez, lisez. La Cathédrale est le plus beau livre écrit de main d'homme. Elle contient science, art et histoire. Apprenez de sa hauteur folle et raisonnée, de ses voûtes, de ses arcs boutants, de ses contreforts, la plus hardie et surprenante solution qu'ait donné l'esprit constructeur aux problèmes de l'équilibre.

« Apprenez de ses figures sculptées, la multiple richesse des animaux et des plantes, l'intelligence des visages, la majesté des vêtements, la grâce des mouvements et des plis, la noblesse des attitudes.

« Apprenez de ses verrières, les symboles, les Testaments, les Histoires, les Légendes, les Actes, les Miracles.

« Regardez, lisez... Et si la pluie cesse, si tout à coup le soleil éclate, éblouissant, dans la pourpre, l'azur et l'or de la grande Rosace, joignez les mains et admirez la brusque et sublime rencontre de la haute magnificence de l'homme et de la splendeur des cieux. » (Marie Noël.)

B

Balzac, Honoré de (1799-1850)

Fils d'un père athée et franc-maçon, disciple de Voltaire et de Rousseau, Balzac manifeste dans ses premiers écrits un anticléricalisme virulent. Dans *Zéro*, en 1830, il met en scène une vieille prostituée qui représente l'Église : « Cela est rond comme une calotte », dit un passant. « Oui, c'est noir et vide », lui répond-on. « C'était une religion dominante, qui remuait encore », conclut le narrateur.

Un an plus tard, le ton change. Les 14 et 15 février 1831, il assiste au sac de l'archevêché de Paris. Écœuré par les désordres qui accompagnent la révolution de Juillet, il cherche à en identifier les causes et les remèdes. Correspondant avec Charles de Montalembert et Félicité de Lamennais, il découvre un autre visage du catholicisme que celui des prélats mondains qu'il critiquait. Dans *L'Église*, nouvelle fantastique dont il situe l'action à Tours, sa ville natale, il met en dialogue ses pensées :

« J'errais en pensant à un avenir douteux, à mes espérances déchues. En proie à ces idées funèbres, j'entrai machinalement dans la sombre cathédrale de Saint-Gatien, dont les tours grises m'apparaissaient alors comme des fantômes à travers la brume. Je regardai sans enthousiasme cette forêt de colonnes assemblées dont les chapiteaux feuillus soutiennent des arcades légères ! Labyrinthe élégant !... Je marchais, insouciant, dans les nefs latérales qui se déroulaient devant moi comme des portiques sans fin. La lumière incertaine d'un jour d'automne permettait à peine de voir, en haut des voûtes, les clefs sculptées, les nervures délicates qui dessinaient si purement les angles de mille cintres gracieux. Les orgues étaient muettes. Le bruit seul de mes pas réveillait les graves échos cachés dans les chapelles noires. Je m'assis auprès d'un des quatre piliers qui soutiennent la grande nef, près du chœur. De là, je pouvais saisir l'ensemble de ce monument... Je le contemplais sans y attacher aucune idée, presque sans le voir ; et c'était, pour ainsi dire, par l'effet mécanique de mes yeux que j'embrassais, et le dédale imposant de tous les piliers, et les roses immenses, miraculeusement attachées – comme des réseaux – au-dessus des portes latérales ou du grand portail, et les galeries aériennes, riches d'ogives, garnies de petites colonnes menues qui séparaient les vitraux enchâssés par des arcs, par des trèfles ou par des fleurs – espèce de filigrane en pierre... Du côté du chœur, le dôme de verre étincelait comme s'il était bâti de pierres précieuses habilement serties... À droite et à gauche, les deux nefs profondes formaient un contraste puissant, en opposant à cette voûte, tour à tour blanche et coloriée, l'ombre noire au sein de laquelle se dessinaient faiblement des arceaux hardiment élancés et les fûts indistincts de cent colonnes grisâtres... À force de regarder ces arcades merveilleuses, ces arabesques de marbre, ces festons, ces spirales, ces fantaisies sarrasines qui s'entrelaçaient les unes dans les autres, capricieusement éclairées, tour à tour sombres et brillantes, mes perceptions devinrent confuses ; et je me trouvai, comme sur la limite des illusions et de la réalité, pris dans les pièges de l'optique et presque étourdi par la multitude des aspects… Insensiblement, ces pierres découpées devinrent moins vivantes, moins vraies, et se voilèrent imparfaitement.

« Je ne les vis plus qu'à travers un brouillard diaphane, au sein d'un nuage formé par une poussière d'or, semblable à celle qui voltige dans les bandes lumineuses tracées par un rayon de soleil dans une chambre… Puis, au sein de cette atmosphère vaporeuse qui rendit toutes les formes indistinctes, la dentelle des roses resplendit tout à coup. Chaque nervure, chaque arête sculptée, le moindre trait devint d'argent. Le soleil alluma des feux dans tous les vitraux dont les riches couleurs scintillèrent comme des étoiles. Les colonnes s'agitèrent, et leurs chapiteaux s'ébranlèrent doucement. Un tremblement caressant disloqua l'édifice, et les frises se remuèrent avec de gracieuses précautions… Il y eut de gros piliers dont les mouvements furent graves comme la danse d'une douairière qui, sur la fin d'un bal, figure par complaisance pour compléter les quadrilles. Mais il y eut aussi de petites colonnes minces et droites qui se mirent à rire et à sauter, parées de leurs couronnes de trèfles… Quelques cintres pointus se heurtèrent avec les hautes fenêtres, longues et grêles, semblables à ces dames du Moyen Âge qui portaient les armoiries de leurs maisons peintes sur leurs robes dorées. La danse de ces arcades mitrées avec ces élégantes croisées ressemblait aux luttes d'un tournoi… Enfin, bientôt chaque pierre vibra dans l'église, mais sans changer de place. Les orgues parlèrent, et me firent entendre une harmonie divine à laquelle se mêlèrent des voix d'anges. Cette musique était accompagnée par la sourde basse-taille des cloches, dont les tintements annonçaient que les deux tours colossales se balançaient aussi gravement sur leurs bases carrées… Ce sabbat étrange me semblait la chose du monde la plus naturelle, et je ne m'en étonnais pas, parce que j'étais moi-même doucement agité comme sur une escarpolette. Je ressentais une sorte de déplaisir nerveux dont il me serait impossible de donner une idée. Le chœur était froid comme si l'hiver y eût régné, et j'y vis une multitude de femmes vêtues de blanc, mais immobiles... Elles ne faisaient aucun bruit. C'étaient comme des ombres. Quelques encensoirs répandaient une odeur douce qui pénétrait jusqu'à mon âme et la réjouissait. Les cierges flamboyaient. Le lutrin, aussi gai qu'un chantre pris de vin, sautait comme un chapeau chinois !... À force de contempler ce merveilleux spectacle, je compris que la cathédrale tournait sur elle-même avec tant de rapidité que chaque objet semblait y rester à sa place... Le Christ colossal fixé sur l'autel, rayonnait et me souriait avec une malicieuse bienveillance qui me rendit craintif. Alors, je cessai de le regarder pour admirer, dans le lointain, une bleuâtre vapeur qui, en se glissant à travers les piliers blancs, leur imprimait une grâce indescriptible. Il y avait de ravissantes figures de femmes qui souriaient dans toutes les frises, des enfants qui criaient et battaient des ailes en soutenant de grosses colonnes. Je me sentais soulevé par une puissance divine, j'étais plongé dans une joie infinie, dans une extase molle, douce ; et, pour en prolonger la durée, j'aurais, je crois, donné ma vie, quand tout à coup, une voix criarde me dit à l'oreille :

« — Réveille-toi, suis-moi !...

« C'était une femme desséchée qui me prit la main et me communiqua le froid le plus horrible à tous les nerfs. »

Nous reconnaîtrons ici la vieille prostituée de *Zéro*. Après l'avoir suivie jusqu'à une chambre tendue de tapisseries trouées, le narrateur l'accable d'un violent réquisitoire : « Après les jeunes gens, sont venus à tes pieds des vieillards, des impuissants, qui t'ont rendue hideuse, et cependant quelques hommes à coup d'œil d'aigle te disaient d'un regard : "Tu périras sans gloire, parce que tu as trompé, parce que tu as manqué à tes promesses de jeune fille. Au lieu d'être un ange au front de paix, et de semer la vie et le bonheur sur ton passage, tu as été une Messaline aimant le cirque et les débauches, abusant de ton pouvoir... Tu ne peux plus redevenir vierge, il te faudrait un maître. Ton temps arrive... Tu sens déjà la mort... Tes héritiers te croient riche ; ils te tueront et ne recueilleront rien. Essaie au moins de jeter tes hardes qui ne sont plus de mode, redeviens ce que tu étais jadis." »

La vieille prostituée, qui l'avait écouté sans rien dire, se métamorphose en une jeune femme à la beauté virginale. Défilent alors sous ses yeux les bienfaits de l'Église médiévale : les cathédrales qu'elle construisit, les manuscrits qu'elle sauva, la charité qu'elle exerça... Jusqu'à ce qu'une voix le tire de son rêve : « "Réveillez-vous, Monsieur, on va fermer les portes." »

Dans cette nouvelle, Balzac se demande comment l'Église a pu se compromettre à ce point avec l'esprit du monde et laisser sombrer avec elle la société dans le matérialisme et l'anomie. Mais loin de se perdre en lamentations stériles, il abandonne son héros au froid, à l'humidité et aux ténèbres de Saint-Gatien de Tours pour annoncer la résurrection prochaine du catholicisme grâce à ses défenseurs véritables. Trois ans plus tard, il ébauche *La Comédie humaine*, dont le titre dit sa volonté d'en faire le pendant de *La Divine Comédie* de Dante.

Dans son avant-propos de 1842, il proclame : « J'écris à la lueur de deux Vérités éternelles : la Religion et la Monarchie, deux nécessités que les événements contemporains proclament et vers lesquelles tout écrivain de bon sens doit ramener notre pays. » Mais il ne faut pas s'y tromper : son adhésion au catholicisme est d'abord politique. Il voit en lui « la seule force qui puisse relier les Espèces sociales et leur donner une forme durable », un agent « puissant d'amélioration morale », une institution charitable opposée à « la peste philanthropique ». Sur le plan spirituel, le considère-t-il autrement que comme « la plus belle, la plus vaste, la plus vraie, la plus féconde de toutes les idées humaines » ? Fils d'une mère qui faisait tourner les tables, il fut tour à tour, et parfois simultanément, rationaliste, sceptique, féru de sociologie et d'illuminisme. S'il eut jamais un dessein constant, c'est d'être le prêtre d'une religion nouvelle, tout intérieure et personnelle, et de parfaire l'œuvre de Napoléon en établissant son règne sur l'Europe.

« Vous ne vous figurez pas ce que c'est que *La Comédie humaine* ; c'est plus vaste, littérairement parlant, que la cathédrale de Bourges architecturalement, écrit-il à Zulma Carraud. Aujourd'hui l'écrivain a remplacé le prêtre, il a revêtu la chlamyde des martyrs, il souffre mille maux, il prend la lumière sur l'autel et la répand au sein des peuples. Il est prince, il est mendiant. Il console, il maudit, il prophétise. Sa voix ne parcourt pas seulement la nef d'une cathédrale, elle peut quelquefois tonner d'un bout du monde à l'autre. » Sans suivre sa prétention à remplacer le prêtre qui courra jusqu'à Rimbaud, rares sont les écrivains qui eurent comme lui le don de clairvoyance et celui d'empathie qui lui permettent d'épouser tous les points de vue, de se fondre dans toutes les vies, avec un amour si détaché de soi qu'il confine à l'amour divin.

Baptistère

À l'origine, l'Église prescrivait d'administrer le baptême dans l'eau vive, afin qu'il soit pleinement vécu comme l'aube d'une vie nouvelle. Pendant la nuit de Pâques, au chant du coq et à la lumière des cierges, les catéchumènes étaient immergés dans l'eau d'une source, d'un lac ou d'une rivière, au nom du Père, du Fils et du Saint-Esprit. Par trois fois, ils proclamaient leur foi et, alors qu'ils s'étaient tenus, jusque-là, pieds nus sur des tuniques de peau, pour signifier qu'ils foulaient le vêtement de la chute, ils étaient revêtus d'un habit blanc : « Vous tous que le baptême a unis au Christ, vous avez revêtu le Christ » (Ga., III, 27), affirme saint Paul.

L'eau vive renvoyait à celle du Jourdain où Jésus avait été baptisé et à celle qui jaillit de son côté transpercé, en même temps que le sang, sur la Croix. Lui-même n'avait-il pas prédit que son baptême dans le Jourdain en préfigurait un autre, qu'il recevrait sur le Golgotha ? D'où le fait qu'il était administré pendant la nuit de Pâques. « Si donc, par le baptême qui nous unit à sa mort, nous avons été mis au tombeau avec lui, c'est pour que nous menions une vie nouvelle, nous aussi, comme le Christ qui, par la toute-puissance du Père, est ressuscité d'entre les morts » (Rm., VI, 4), écrit encore saint Paul.

Après l'édit de tolérance du christianisme, les baptistères se multiplièrent en terres romaines. Beaucoup furent alimentés par une source naturelle, et parfois même par une source tenue pour sacrée par les païens. À Strasbourg, saint Remi convertit un puits où ceux-ci lavaient les victimes de leurs sacrifices. On peut encore le voir à l'angle de la chapelle Sainte-Catherine. Sur le plan formel, les architectes s'inspirèrent des mausolées et des thermes pour concevoir des édifices centrés, couverts d'une coupole et percés de nombreuses baies. En forme de cercle, symbole de perfection divine, ou d'octogone, figure de transition entre le carré et le cercle, la terre et le ciel, ses formes se répercutaient sur celles des fonts baptismaux. On pouvait aussi réemployer des sarcophages antiques, comme à Saint-Trophime d'Arles, ou des baignoires, comme celle en porphyre de Saint-Étienne de Metz que Joséphine de Beauharnais voulut racheter pour la placer dans son jardin.

Le baptistère de Saint-Jean-de-Latran fut construit sur d'anciens thermes. Quand le pape Sixte III le remania, après des intrusions barbares, au ve siècle, il fit entourer ses fonts baptismaux de huit colonnes en porphyre faisant écho à ses formes octogonales et d'une architrave portant cette inscription : « C'est ici que jaillit ce peuple de noble lignée voué au Ciel que l'Esprit engendre en ces eaux fécondées. C'est dans l'eau que Notre Mère l'Église, dans un accouchement virginal, met au monde ceux qu'elle a conçus par l'œuvre de l'Esprit divin. Vous qui êtes nés à cette source, vivez dans l'espérance du royaume des cieux. Il faut renaître pour avoir la vie éternelle. Voici la source de vie qui lave toute la terre, et prend sa source aux plaies du Christ. Ô pécheur, viens te plonger dans ce flot sacré et purificateur dont les ondes rajeuniront tout vieil homme qui s'y plonge. Si sous le poids du péché hérité ou de ton péché personnel, tu tiens à l'innocence, lave-toi dans ces eaux. Plus rien ne sépare ceux qui y sont renés. Ils sont devenus un, grâce à une seule source baptismale, à un seul Esprit, à une seule Foi. Que personne ne craigne le nombre et la gravité de ses péchés : celui qui est né de nouveau de cette eau vive deviendra saint. »

Il ne subsiste en France que quelques baptistères paléochrétiens, à Fréjus, Aix-en-Provence, Riez et Poitiers. Ils ont perdu l'essentiel du décor peint ou en mosaïque qui en faisait des bains de lumière, mais leurs colonnes disposées en cercle autour des fonts baptismaux suggèrent encore une belle plongée vers le ciel, et comment ne pas être ému à la vue de leur pavement usé par les premiers pas dans la vie divine de générations de catéchumènes ? À Aix-en-Provence, le fait qu'il remplaça un ancien temple dédié à Apollon rappelle que le baptême était également appelé « illumination ».

La coutume de construire des édifices à part se prolongea longtemps en Italie. À Florence, le *bel Giovanni* de Dante, qui y fut baptisé, est celui qui anticipe le mieux sur la vie nouvelle à laquelle nous sommes appelés par le baptême. Construit au XIIe siècle et orné au cours des siècles suivants par les plus grands artistes, de Gaddo Gaddi à Cimabue, pour les mosaïques, et d'Andrea Pisano à Lorenzo Ghiberti, pour les portes – les fameuses « portes du paradis » –, il nous immerge dans l'or. « Le siècle futur forme tout entier un seul jour, écrit saint Grégoire de Nysse. Ce n'est plus le soleil visible qui éclaire ce jour, mais la vraie lumière, le soleil de justice, appelé Orient par le prophète, parce qu'il n'est plus caché par le couchant. »

La lumière, qui se répand par ondes concentriques depuis la coupole, semble s'écouler des plaies du Christ en gloire. Elle pénètre l'histoire du salut racontée par les mosaïques selon un dispositif qui évoque les cercles de l'enfer et du paradis de Dante. Sur son pavement figure une inscription circulaire qui peut se lire de gauche à droite ou de droite à gauche : « Je suis le soleil, je suis la roue mue par le feu dont la torsion fait virer les sphères. » N'a-t-on pas là la source d'inspiration des derniers vers de *La Divine Comédie* : « Mais déjà, comme une roue mue également, tournait mon désir et mon vouloir, l'Amour qui meut le Soleil et les autres étoiles » ?

Avec son marbre blanc qui semble taillé à même la carrière du soleil, le baptistère de Pise est plus éblouissant à l'extérieur qu'à l'intérieur, mais comme celui de Florence, il se situe dans l'axe d'une cathédrale à plan basilical. L'ensemble qu'il forme avec elle s'inspire du Saint-Sépulcre de Jérusalem, composé d'une rotonde avec le tombeau vide du Christ et d'une basilique axiale dédiée aux apôtres l'ayant suivi jusqu'au martyre. Quand on passe du baptistère à la cathédrale, on marche donc comme les catéchumènes des premiers siècles du Jourdain au Calvaire. Comment mieux traduire l'idée que la vie est une initiation sans cesse renouvelée ? Car l'homme n'est pas sauvé par la seule grâce du baptême : il doit sans cesse l'actualiser.

Hors d'Italie, la construction de baptistères fut abandonnée à partir du IXe siècle. Pour faire face à l'ampleur de la demande, les baptêmes, célébrés exclusivement, à l'origine, par les évêques, furent délégués aux prêtres. Pour répondre au désir croissant des parents de faire baptiser leurs enfants dès leur naissance plutôt qu'à l'âge de trente ans, comme le Christ, les piscines destinées à l'immersion d'adultes furent remplacées par des cuves de taille réduite. Charlemagne entérina cette évolution par un capitulaire qui entraîna l'abandon progressif des baptistères et le transfert des cuves baptismales à l'intérieur des cathédrales.

Dès lors, leur symbolique ne pouvait plus être reprise qu'en mode mineur, mais certaines le firent en splendeur. Sur la cuve en belle pierre bleue de Tournai sculptée au XIIe siècle pour Saint-Étienne de Châlons-en-Champagne, des anges sonnent de la trompette tandis que des hommes sortent de leurs tombeaux. Avec leurs yeux grands ouverts sur la lumière et leurs corps en apesanteur, ils semblent apprendre à se mouvoir dans une réalité nouvelle.

À Notre-Dame de Chartres, Goudji créa en 2021 une cuve baptismale en argent et pierres dures destinée à s'insérer dans l'ancienne cuve en pierre romane. Les poissons qui tournent sur ses bordures, dans un chatoiement de couleurs translucides, suggèrent à merveille l'ondoiement des baptisés en Christ, et il suffit que la lueur des cierges se reflète à la surface de l'eau et sur les parois, dont le martèlement de l'artiste a multiplié les facettes, pour que la lumière ruisselle sur leur front avec l'eau et la grâce.

Barbe, sainte

Les architectes ont très tôt pratiqué la parité, du moins s'agissant de leurs saints patrons : sur la flèche de Notre-Dame de Strasbourg, ce n'est pas saint Thomas, mais sainte Barbe qui veille sur leur ouvrage. Un dessin de Jan Van Eyck la montre avec une tour en construction en arrière-plan – probablement celle du clocher de Saint-Pierre de Cologne. Des dizaines de silhouettes s'activent autour d'elle. Sciant des pierres, taillant des statues, roulant des brouettes ou gâchant du ciment, elles semblent tracer dans l'espace le fruit de ses calculs. La douceur de son visage, penché sur le livre ouvert qu'elle tient dans les plis de sa robe, déployés eux-mêmes comme une architecture, m'évoque ces mots d'André Suarès : « Il n'y a pas de plus pur sacrifice à la bonté, où toute la nature aspire, qu'une œuvre harmonieuse. Le cœur qui la produit, en sa parfaite complaisance, fait écho au cœur du monde : il y va, il le trouve, même s'il ignore qu'il le cherche. » La palme qu'elle tient à la main dit toutefois qu'elle connut une fin sanglante.

Vivant à Nicomédie, sous le règne de l'empereur Maximien, son père, Dioscore, était un riche édile païen. Il voulait la marier, mais comme elle refusait ses prétendants, il la fit enfermer dans une tour qui comptait deux fenêtres. Lorsqu'il revint, après une longue absence, il la trouva devant une troisième fenêtre qu'elle avait fait percer en l'honneur de la Trinité. Un prêtre, déguisé en médecin, avait réussi à s'introduire chez elle et à la baptiser. Furieux, Dioscore mit le feu à la tour. Sainte Barbe tenta de s'en échapper, mais un berger la dénonça. Elle fut traînée devant le gouverneur qui lui fit brûler les côtes, couper les seins et frapper la tête avec un marteau. Puis comme elle refusait d'apostasier, son père la décapita. Quand des chrétiens vinrent demander son corps, pour n'avoir pas à employer son prénom païen ni à se dévoiler en prononçant son prénom chrétien, ils demandèrent « la jeune femme barbare », d'où son nom de Barbe ou Barbara.

Baroque

Je me suis souvent demandé ce que ressentiraient les saints s'ils se réveillaient dans les églises baroques qui leur sont dédiées. Se croiraient-ils dans un rêve ou dans un cauchemar ? Éclateraient-ils de rire ou exulteraient-ils de joie ? Comment réagiraient Jésus soulevant son linceul dans la chapelle de Guarino Guarini, à Saint-Jean-Baptiste de Turin, et Marie prise dans le tourbillon d'anges fessus peints par Rubens, à Notre-Dame d'Anvers ?

J'ai beau faire, devant les rideaux qui s'ouvrent sur l'autel de la basilique Santa Restituta de Naples, j'attends plus l'arrivée d'un prestidigitateur que l'avènement du

Christ qu'on tente de me suggérer à grand renfort d'anges et de nuages stuqués. Je reconnais toutefois à ce style d'avoir tenté de faire voler en éclats le carcan d'un réel réduit à ce que la raison peut en concevoir et l'œil en percevoir, hérité des artistes de la Renaissance.

À la fin du XVIe siècle, l'Église relevait la tête après le concile de Trente et la bataille de Lépante. Les menaces protestante et ottomane repoussées, l'art baroque lui permit de réaffirmer avec éclat ses principaux dogmes : la primauté de saint Pierre et des papes, l'utilité des sacrements et des œuvres dans l'obtention du salut, la présence réelle du Christ dans l'eucharistie et la validité du culte de la Vierge et des saints. Balayant le vent de pessimisme qu'avaient fait souffler Luther et Calvin sur la nature humaine, il refaisait du salut une fête et opposait à l'austérité et l'intellectualisme protestants des formes sensuelles et exubérantes.

Le concile de Trente ne dit rien en matière d'architecture et de décoration d'églises, mais de retour dans son diocèse, en 1564, l'évêque de Milan, Charles Borromée, eut un geste fondateur : pour rendre le Saint-Sacrement visible de tous, il le sortit de la chapelle où il était gardé pour le placer au-dessus du maître-autel, dans un tabernacle offert par son oncle, le pape Pie IV. Dans ses *Instructions*, il prôna des cathédrales adaptées à la prédication et au culte eucharistique, dont le chœur serait disposé derrière le maître-autel, la nef dégagée et le décor émouvant et instructif.

À Saint-Jean-de-Latran, le pape Clément VIII commanda à Curzio Vanni, en 1598, un tabernacle en pierres dures et métaux précieux imitant la structure d'une église. De part et d'autre de sa façade, deux apôtres désignaient le Christ ressuscité, qui surgissait en haut du dôme. C'est ce tabernacle qui servit de modèle au Bernin pour celui de la chapelle du Saint-Sacrement de la basilique

Saint-Pierre et, à travers lui, à tous ceux du monde chrétien. L'Église ne pouvait rêver meilleur interprète de sa pensée que ce maître dans l'art d'exprimer des vérités profondes sous le masque de l'illusion. S'il n'œuvra pas directement pour les cathédrales – son Beau Dieu de Sées fut sculpté pour la reine Christine de Suède et offert à la cathédrale par Mgr du Plessis d'Argentré en 1780 –, ses œuvres devinrent si archétypales qu'elles furent copiées partout.

Le baldaquin qu'il créa, en 1663, pour le maître-autel de la basilique Saint-Pierre se retrouve de Foligno à Verdun. Avec ses quatre colonnes en bronze torsadées, ornées de rameaux d'olivier et de laurier, qui supportent un dais orné de chérubins, il rappelle la grandeur de l'Église romaine, le Temple de Jérusalem et la Tente de la Rencontre, au cœur de l'Ancienne Alliance. La Gloire qu'il conçut, deux ans plus tard, pour la chaire de saint Pierre se retrouve à Sarzana, Béziers et Amiens. Elle pourrait, à elle seule, résumer l'esprit de l'art baroque : à la lumière naturelle qui manifestait la présence divine en passant par les vitraux des cathédrales gothiques, elle substitue une lumière matérialisée comme jamais, à l'aide de rayons de bois dorés, de nuages et d'anges stuqués, mais la colombe qui se perd en son centre indique, par le moyen même de la vision, que Dieu se trouve au-delà.

L'opposition est encore plus manifeste dans la cathédrale de Tolède, où le *Transparente* de Narciso Tomé donne l'impression que les anciennes voûtes gothiques sont éventrées par une déflagration qui part du tabernacle. Il faut le voir à midi, quand le soleil le touche directement. La lumière semble alors émaner de lui et exploser avec une puissance telle qu'elle souffle tout autour d'elle. C'est le moment de l'Annonciation-Incarnation, et tout, dans cette œuvre, souligne la présence divine dans les espèces eucharistiques, depuis la Vierge à l'Enfant sculptée au-dessus de l'autel, sur un retable en marbres polychromes, jaspe et paillettes de bronze doré, jusqu'au tourbillon d'anges et de saints peints sur les voûtes, en passant par la Cène sculptée qui s'élève dans les airs. Lors de son inauguration, en 1732, les habitants de la ville s'en firent le prolongement vivant : non seulement il y eut une procession d'une magnificence extraordinaire, mais les rues se parèrent d'illuminations, d'arcs de triomphe, de statues allégoriques et de jardins fantastiques financés par les confréries, les couvents et la municipalité.

Le ciel formé par des nuées d'anges et de saints de Narciso Tomé est une des plus belles idées de l'art baroque. Illustrée avant lui par les plus grands peintres, du Corrège dans la coupole de Parme à Giovanni Lanfranco dans celle de Naples, elle use du trompe-l'œil pour faire éclater les structures et mettre l'espace en mouvement. Elle estompe les limites et dissout les formes pour donner l'impression d'une architecture à ciel ouvert, où le spectateur se sent pousser des ailes.

« Le baroque n'est pas un trompe-l'œil, mais une expérience de l'être par l'illusion et son éloquence désigne cette illusion au moment même où elle la crée – rejoignant ainsi l'invisible », avertit cependant Yves Bonnefoy. « Car comment dire plus purement que l'apparence n'est rien et que pourtant elle est habitée par une présence secrète ? » Alors que l'art byzantin, l'art roman et l'art gothique avaient cherché à traduire positivement une présence invisible, l'art baroque voulut le faire négativement en détruisant de l'intérieur les emprunts à l'apparence sensible. Que nous dit la peinture d'Antonio Manuele da Messina, qui donne l'illusion d'une coupole absente, à Gozo, sinon que le vrai ciel est ailleurs ?

Il ne faudrait pas prendre non plus au premier degré le côté théâtral des saints qui nous accueillent sur les façades et les retables : « Par son excès, il est censé signifier la présence du divin dans la personne ; mais cet excès se marque avec des signes si extérieurs qu'il se dénonce aussitôt – comme ces architectures là-haut qui oscillent et se renversent – comme simplement une image, et notre joie est de pressentir que l'apparence n'est qu'un mensonge, tout en sachant désormais le sacré tout proche », dit encore Yves Bonnefoy. Modifiant à loisir les formes classiques, usant du contraste, du contournement et de la rupture, de la prolifération et du mouvement qui battent en brèche l'unicité du connu et du connaissant, l'art baroque voulut briser la prétention rationaliste des hommes de la Renaissance à pénétrer intégralement la pensée divine qui régit le monde et à la reproduire en des séries harmonieuses.

Personnellement, ce n'est pas dans les cathédrales qui mettent en place toute une machinerie de théâtre pour nous émouvoir, comme à Salzbourg ou à Passau, que cet art me touche le plus, mais dans les petites églises où les hommes se contentaient d'exprimer leur foi avec les moyens de leur temps. Car alors elles ont un air de fête champêtre, loin de la pompe des grandes villes. Se souvenant des églises de sa Bavière natale et de la cathédrale de Freising, en Souabe, où il fut ordonné prêtre, Benoît XVI compara l'art baroque à « un *fortissimo* de joie, un *alleluia* devenu image ». Partout, cet art refit du salut une fête et rappela que c'était à un festin de noces que nous étions conviés.

Après le tremblement de terre de 1693, une marée de courbes et de contre-courbes submergea la Sicile. À Noto, les escaliers ondulent et les évangélistes s'élancent de leurs niches, dans un élan où la gloire assume le tragique de l'existence et où la mort est engloutie dans la passion de la vie. À Lecce, dans les Pouilles, sous domination espagnole, la cathédrale fait le lien entre l'art plateresque et l'art baroque.

Ces deux styles se succédèrent naturellement en Espagne, après la parenthèse du classicisme herrérien promu par Philippe II à l'Escorial et à Valladolid. Trois frères : Joaquín, José Benito et Alberto de Churriguera donnèrent leur nom à une variante échevelée du baroque à Placencia, Salamanque et Ségovie. Illustré aussi par Peña et Fernando de Casas y Novoa à Compostelle, Francisco Hurtado Izquierdo à Cordoue et à Grenade, ce style embarqua à Séville pour le Nouveau Monde. Espagnols et Indiens purent y communier dans leur goût pour la monumentalité et le foisonnement décoratif. À Córdoba, en Argentine, la cathédrale construite en 1574 par un jésuite sur le modèle de l'église du Gesù, à Rome, fut ornée par des Indiens des missions intérieures. En levant la tête vers le sommet des tours, vous pourrez voir des anges indigènes revêtus de robes à plumes qui jouent de la trompette.

Les artistes de Nouvelle-Espagne en créèrent une variante plus frénétique encore, à échelle réduite, si l'on peut parler ainsi du retable qui atteint le plafond de la cathédrale de Puebla, et à plus grande échelle sur les façades de la cathédrale de Tepotzotlánen et du tabernacle de Mexico. Conjurant l'horreur du vide dans une exaltation folle de l'eucharistie, elles se couvrent de draperies, de fleurs et de fruits, de nuages, de masques, de pilastres contorsionnés et de candélabres tourmentés. La cathédrale en pierre rose chair tendant au rouge sang de Zacatecas apparaît comme un retable à ciel ouvert, où une profusion de saints, de grappes de raisin et de putti aux silhouettes aztèques, suspendus à une végétation luxuriante, entourent un oculus en forme d'ostensoir.

L'ostensoir : voilà la plus grande invention de l'art baroque. Au XVIIe siècle, la monstrance dans laquelle on plaçait l'hostie pour l'adoration eucharistique prit la forme d'un soleil. Ce qui se dérobait aux yeux de la chair se trouvait ainsi matérialisé : au centre de son écrin radié, le pain transsubstantié devenait l'image véritable du Christ plus encore que la peinture qui, tout en étant à sa ressemblance, ne partageait pas son essence.

Pour le reste, cet art pouvait-il délivrer l'invisible pris dans les rets du visible ? Symptomatiquement, les représentations de théophanies furent quasi absentes pendant cette période. Celles de la Vierge et des saints tendirent à supplanter celles du Christ dont la dimension divine ne pouvait se plier aux lois de la perspective. Et pour un Bernin capable de suggérer les élans les plus intimes de la foi, combien y eut-il de rhéteurs impénitents, qui épuisèrent le regard à force de démonstrations vaines ? C'est en grande partie pour se purifier des images équivoques de cette époque que l'art sacré chercha à se ressourcer aux mouvements d'avant-garde, au XXe siècle, avant de plonger dans l'abstraction.

Bauhaus

En tête du manifeste du Bauhaus, rédigé en 1919 à Weimar, une gravure de Lyonel Feininger représente une cathédrale gothique aux formes prismatiques. Criblée de rayons de lumière provenant de sources différentes, cette *Cathédrale du socialisme* illustre le projet de Walter Gropius de construire un « nouvel édifice de l'avenir qui sera tout à la fois en une seule forme, architecture, sculpture et peinture, qui s'élèvera vers le ciel à partir des mains de millions d'ouvriers, telle l'allégorie cristalline d'une foi nouvelle ».

Dans l'exaltation de l'après-guerre et de l'avènement de la république de Weimar, certains rêvaient de faire advenir la Jérusalem céleste sur la terre et d'engendrer un homme nouveau, délivré de ses pesanteurs et de ses opacités. Walter Gropius voyait dans les cathédrales gothiques l'expression d'une collectivité d'hommes soudés par un idéal social et un métier. C'est pour étendre leurs méthodes de production, qui unissaient l'art et l'artisanat, à tous les secteurs de la vie qu'il ouvrit le Bauhaus, pouvant se traduire par « maison de la construction » ou « maison de l'œuvre », dans la tradition des loges médiévales.

Il dut cependant prendre acte, en 1923, du fait que les méthodes de production avaient changé depuis la révolution industrielle et que, dans un pays rongé par l'inflation, il n'y avait plus de place pour un artisanat sophistiqué, sauf pour une élite. Se rapprochant des techniques de production industrielles, il réorienta le Bauhaus vers la conception d'architectures et d'objets fonctionnels, économiques et standardisés, mieux à même de répondre aux besoins d'une société démocratique et égalitaire. Son enseignement, qui faisait table rase des formes du passé, refusait l'ornement et prônait l'usage de matériaux nouveaux, comme le béton et l'acier, posa les bases du style international qui s'imposa partout dans le monde après la Seconde Guerre mondiale.

La fermeture du Bauhaus par les nazis, en 1933, amena certains de ses membres à émigrer aux États-Unis, et c'est finalement dans la construction des gratte-ciel emblématiques de la société capitaliste qu'ils s'illustrèrent. Le plus influent d'entre eux, Ludwig Mies van der Rohe, ancien membre du Groupe Novembre et directeur du Bauhaus de 1930 à 1933, construisit les tours 860 et 880 de Chicago, le Crown Hall de l'Illinois Institute of Technology et le Seagram Building de New York. Du fait qu'il était le fils d'un tailleur de pierre d'Aix-la-Chapelle, on insista souvent sur ce que ses constructions décloisonnées, translucides et ouvertes sur l'extérieur devaient aux murs-rideaux du chœur de la cathédrale d'Aix, construit au XVe siècle sur le modèle de la Sainte-Chapelle, mais elles doivent plus encore au classicisme prussien de Karl Friedrich Schinkel et au constructivisme et à l'abstraction de ses amis El Lissitzky et Theo Van Doesburg.

En 1949, l'évêque de Chicago, Wallace E. Conkling, voulait rapprocher la future élite de la technologie de la foi chrétienne. Il commanda à Ludwig Mies van der Rohe une chapelle pour l'Illinois Institute of Technology. Sa « God Box », comme la nommèrent les étudiants, devait servir à tous les cultes. Elle était si dépouillée qu'il fallut y suspendre un panneau qui en indiquât l'usage. À un tel degré d'abstraction, on peut se demander ce que peut dire ce style de la religion chrétienne, qui est par essence une religion de l'incarnation. C'est pourtant aux descendants des maîtres du Bauhaus qu'on confie aujourd'hui la construction des cathédrales, de Brasilia à Tokyo, en passant par Oakland, Liverpool, Évry et Accra.

Beauté

« Avec la Beauté resplendit la lumière. Au ciel, nous contemplerons la Beauté en face, nous n'aurons plus besoin de l'art. Mais sur terre, nous ne pourrons jamais nous en passer. » Gervais de Canterbury.

Beauvais

« Cette bande de croquants, voyons, qu'est-ce qui leur a pris ? », demande Paul Claudel à propos des bâtisseurs de Notre-Dame de Chartres. Quel besoin avaient les paysans de la Beauce de voir flotter au-dessus de leurs champs de blé une nef de plus de trente-six mètres de haut ? Trente-six mètres, c'était trois de plus que Notre-Dame de Paris, douze de plus que Notre-Dame de Laon et dix-huit de plus que Saint-Étienne de Sens, construites quelques années avant. Une course effrénée vers le ciel semblait s'être engagée entre les plus grandes villes de France. Quelques années plus tard, la nef de Saint-Étienne de Bourges atteignit trente-sept mètres, celle de Notre-Dame de Reims trente-huit, et celle de Notre-Dame d'Amiens quarante-deux.

À Beauvais, le comte-évêque Milon de Nanteuil ne voulait pas être à la traîne. Profitant de l'incendie de sa cathédrale, en 1225, il fit dresser les plans d'une église devant surpasser toutes les autres. Son conflit avec la commune et avec le roi ralentit les travaux sous son épiscopat, mais ils se poursuivirent et gagnèrent en ampleur sous celui de ses successeurs. Le 3 octobre 1272, les vêpres furent célébrées dans un chœur de quarante-huit mètres, mais à une telle altitude, la prise au vent est forte et, en 1284, une tempête provoqua son effondrement.

On considère cette date comme marquant la fin des grands chantiers gothiques, mais si aucun autre ne visa de telles hauteurs sous voûtes, beaucoup s'ouvrirent qui ne manquaient pas d'ambition, à commencer par celui de Sainte-Croix d'Orléans, en 1287. Loin de s'arrêter, la course au ciel se poursuivit sur un autre terrain : celui des tours et des flèches, justifiant cette autre phrase de Paul Claudel : « Les cathédrales s'achèvent dans le vent. » La course à l'innovation se reporta sur celui des structures, toujours plus ajourées, et des modénatures, plus graphiques et plus raffinées.

À Beauvais, les évêques ne cessèrent de vouloir courir en tête. Enguerrand le Riche, Guillaume de Roye et Aubert d'Aubigny renforcèrent les culées du chœur et doublèrent ses piliers intérieurs pour substituer aux voûtes quadripartites des voûtes sexpartites. Quasiment achevé en 1332, le chantier eut à souffrir d'une épidémie, d'une famine et de la guerre de Cent Ans, mais lorsqu'il reprit, en 1500, sous l'épiscopat de Louis de Villiers de L'Isle-Adam, ce fut pour opposer un démenti flamboyant à ceux qui croyaient le génie des bâtisseurs gothiques éteint au XIVe siècle.

Martin Chambiges, l'architecte le plus courtisé de son temps, stabilisa le chœur, éleva un transept qui le contrebutait efficacement et imagina la façade de son bras sud. Sa seule vue fait aujourd'hui rêver à ce qu'eût pu être la cathédrale achevée : un colosse de légèreté. D'un dessin virtuose, ses ornements ne sont que pour compenser la nécessaire lourdeur de ses contreforts. Même sans statues de saints pour favoriser son ascension – elles furent décapitées pendant la Révolution –, ses tourelles, ses ogives et ses colonnettes lui donnent une allure fuselée. L'ensemble ressemble à une couronne venue du ciel pour y retourner : argenté par temps gris, il rutile de toutes ses pierreries dès que le soleil brille. Peut-être le chœur ne nous eût-il pas paru si disproportionné s'il eût été flanqué d'une nef à sa hauteur, au lieu de la Basse-Œuvre carolingienne restée à ses côtés comme un témoin de sa déroute.

Hélas, Martin Chambiges mourut en 1532. Son fils Pierre lui succéda, puis Michel Lalye et Jean de Vast. Ils achevèrent la façade et le couvrement du transept, mais quand le chantier eût dû se poursuivre par la nef, l'évêque Odet de Coligny préféra élever une tour-clocher à la croisée du transept. Celle-ci pourrait-elle en supporter le poids ? Jean de Vast voulut le croire et se lança dans la construction de la plus haute tour de la chrétienté. Le record à battre était celui de la flèche de Notre-Dame de Strasbourg, propulsée par Jean Hültz à cent quarante-deux mètres en 1439. En 1311, Sainte-Marie de Lincoln s'était dotée d'une flèche de cent cinquante-neuf mètres, mais un orage l'avait abattue en 1549. En 1567, Saint-Pierre de Beauvais put s'enorgueillir d'une tour-clocher de cent cinquante-trois mètres, mais à peine achevée, elle montra des signes de faiblesse et, cinq ans plus tard, ce fut la catastrophe.

Écoutons Godefroy Hermant, chanoine de la cathédrale : « Deux jours avant la fête de l'Ascension de l'an 1573, la chute de quelques petites pierres qui s'étaient détachées du corps de la voûte et du clocher fut un avis que Dieu donna par sa providence de se précautionner contre le péril dont on était menacé. On différa néanmoins d'y pourvoir jusqu'au jour de cette grande fête, où on a accoutumé depuis plusieurs siècles de faire une procession fort solennelle autour de l'église, et d'y porter les châsses des trois saints patrons que l'on y conserve comme un précieux dépôt. La procession marchait déjà lorsqu'un maçon qui était monté au clocher pour s'informer du péril, s'étant aperçu d'une ruine imminente, et étant descendu avec toute la diligence possible, pour pourvoir lui-même à la conservation de sa vie, cria de haute voix que chacun se hâtât de se sauver comme il pourrait.

« Dans cet instant même, il s'éleva dans l'église un vent si impétueux qu'il en ferma les portes et obligea ceux dont les épaules étaient chargées des châsses de saint Just, de saint Germer et de saint Evrost de doubler le pas pour se sauver avec ces saintes reliques. Quelques moments de retardement auraient accablé le clergé et le peuple sous une ruine générale, mais Dieu permit que l'on fût déjà sorti lorsque deux piliers du chœur se lâchèrent et firent tomber le clocher sur la voûte, laquelle étant écrasée succomba elle-même sous ce fardeau. Et fit autour de l'église une si grande masse de pierres et de poussière qu'elle se déroba longtemps à la vue de ceux qui en étaient sortis. Il n'y était resté qu'un seul prêtre qui célébrait la messe à l'autel du saint sacrement dans le temps de ce fracas si horrible et celui qui servait à l'autel.

« [...] Autant le peuple de Beauvais eut de sujet de rendre grâces à Dieu dans sa conservation dans un accident capable de dépeupler la ville en un seul instant, autant fut-il affligé de la ruine d'un si excellent ouvrage qu'il était comme impossible de réparer. Sa chute ne fit pas seulement trembler l'église et les maisons des environs, mais la consternation qu'elle causa dans le cœur de tant de personnes dura longtemps, et s'accrut encore lorsque la maçonnerie qui était restée menaçait d'une seconde ruine que personne n'avait la hardiesse d'empêcher. On s'avisa enfin de demander à un criminel s'il voulait bien l'entreprendre. Il le fit parce que la mort lui était méritable, et dès qu'il eut mis le pied sur ce reste de maçonnerie elle tomba sans aucun effort, et il sauva sa vie en se jetant sur une corde qui était suspendue le long de l'échafaudage. Ainsi la corde qui devait être le supplice de ce misérable fut son salut. »

La chute – c'est le cas de le dire – de ce récit est savoureuse, mais que cet effondrement fût survenu le jour de l'Ascension, comment mieux signifier l'opposition entre course à la hauteur matérielle dans laquelle s'étaient lancés les bâtisseurs et ascension spirituelle, qui eût dû être leur visée essentielle ? Saint Bernard, au XIIe siècle, en avait déjà appelé à plus d'humilité dans la pensée comme dans l'ordre architectural, et Pierre le Chantre, à Paris, avait lancé aux bâtisseurs qui semblaient vouloir atteindre le ciel avec leurs cathédrales : « Croyez-vous que le diable ne puisse les escalader ? »

Pour Eugène Viollet-le-Duc, « Saint-Pierre de Beauvais est le Parthénon de l'architecture française. Il ne lui a manqué que d'être achevé ». Elle eût pu l'être avec des ouvriers mieux qualifiés : la travée du chœur qui s'était effondrée en 1248 avait vu la jonction de deux campagnes de travaux et en avait été fragilisée. Sa tour-clocher eût pu tenir debout avec des fondations plus solides et une nef pour contrebuter le transept. Il n'en reste pas moins que les architectes atteignaient là les limites non seulement de leurs connaissances en matière de statique, mais aussi de ce qu'on pouvait bâtir avec les techniques héritées des Romains. Le Washington Monument, obélisque de cent soixante-neuf mètres élevé à la gloire des pères de la nation américaine, en 1884, passe pour le plus haut édifice constructible en pierre maçonnée. Quand Gaudí imagina les tours de la Sagrada Familia, dont la plus haute devait culminer à cent soixante-douze mètres, il dut concevoir des formes inédites et entériner l'usage du béton armé.

Qu'est-ce qui incita donc les architectes gothiques à pousser la matière jusqu'à l'extrême limite de ses possibilités ? Jean Gimpel parla d'« esprit record du monde » : dans un contexte de paix et de prospérité retrouvées, de remontée en puissance des évêques, d'affirmation du pouvoir royal et de conquête des libertés municipales, chaque ville voulait dépasser sa voisine, et chaque pouvoir surpasser son rival. Où commençait l'orgueil et où finissait la prière ? Impossible de le dire : tous deux se fondaient dans un élan unique.

Suger, vers 1140, n'entendait-il pas, à travers une mise en œuvre inédite de la pensée platonicienne transmise par Denys l'Aréopagite, élever les esprits du matériel à l'immatériel suivant une hiérarchie ouverte sur le ciel ? Le nouveau chœur de la basilique Saint-Denis, « projetait l'édifice à une grande hauteur. Comme l'Apôtre qui construisit spirituellement sur la pierre angulaire qui est le Christ, en qui tout l'édifice, spirituel et matériel, grandit, nous aussi, nous nous appliquons à construire matériellement d'autant plus haut et avec d'autant plus de convenance que nous sommes instruits pour être édifiés ensemble, spirituellement, pour devenir la demeure de Dieu ».

Roland Recht rappelle qu'au XIIIe siècle Eudes de Sully, à Paris, promouvait l'élévation de l'hostie, le IVe concile du Latran affirmait la présence réelle du Christ dans l'eucharistie et le pape Urbain IV instituait la solennité du

Corpus Christi. Les cathédrales manifestaient cette présence réelle au cœur des villes.

Mais comment ne pas voir aussi dans cet élan de plus en plus effréné, la sortie d'un monde habité où la présence divine était si immanente que l'homme ne ressentait pas le besoin d'aller la chercher ailleurs, plus haut ou plus loin ? On ne trouve pas dans les cathédrales romanes la même virtuosité technique, mais la plénitude de leurs volumes traduit une présence qui assume si bien la matière qu'elle la pénètre de toutes parts. Elles incitent à chercher le ciel à l'intérieur plutôt qu'à l'extérieur, et leurs mouvements ascendants et descendants s'harmonisent pour traduire une rencontre. À Saint-Pierre de Beauvais, on a le sentiment de courir après un Dieu qui aurait déserté la terre après l'avoir créée. On se brise le cou à poursuivre ses lignes jusqu'aux voûtes, et on finit écrasé par le sentiment de son néant.

L'âge gothique fut un âge charnière où on quittait une vision platonicienne du monde pour entrer dans une vision aristotélicienne. À la fin du XIIIe siècle, des théologiens comme saint Albert le Grand et saint Thomas d'Aquin pensaient pouvoir user de la philosophie d'Aristote pour expliciter les mystères de la foi. Or cette philosophie ne tenait plus le monde pour un lieu de théophanies, mais pour une réalité autonome que la raison pouvait suffire à comprendre. Dieu en étant absent, la foi devait le chercher au-delà. D'où le fait que les romantiques purent voir dans l'élan des cathédrales gothiques l'expression de la foi de tout un peuple, et Eugène Viollet-le-Duc celle de son intelligence en marche vers son émancipation.

Simone Weil n'avait pas tort de voir « quelque souillure de force et d'orgueil dans la force ascensionnelle, l'élan des flèches gothiques et la hauteur des voûtes ogivales ». Mais cet orgueil se fondait dans une munificence plus grande : le premier maître d'œuvre de Saint-Pierre de

Beauvais savait qu'il ne verrait pas sa cathédrale achevée, mais il ne doutait pas que d'autres l'admireraient et que tous continueraient d'avoir foi en elle. Nulle époque ne fut aussi prodigue en espérance, et il est déjà immense qu'elle ait persévéré pendant plus de trois siècles. Les instants sont rares, dans l'histoire, où toutes les composantes d'une société parviennent à fédérer leurs forces sur le plan intellectuel, technique, artistique, religieux et financier pour se dire à travers une œuvre qui les unit et les transcende. L'énergie dépensée alors est telle qu'elle ne peut que s'épuiser sur la durée.

À Beauvais, le chantier débuta à une époque où l'élan qui soulevait toujours plus haut les cathédrales commençait déjà à s'essouffler. Avant même l'effondrement des voûtes du chœur, les travaux durent s'arrêter faute de financements, et ce fut ensuite un problème récurrent, d'autant que l'évêque s'entendait mal avec les bourgeois. La cathédrale eut ensuite à souffrir d'une récession économique, mais c'est surtout la Renaissance, la Réforme et la Contre-Réforme qui eurent raison d'elle. Une nouvelle civilisation était en train de naître qui faisait de l'individu la mesure de toute chose et jugeait démesuré tout élan vers ce qui le dépassait. Molière rit de « ces monstres odieux des siècles ignorants ». Saint-Pierre de Beauvais ne s'en releva pas. Même en l'état pourtant, avec son allure de grande blessée du ciel, son chœur à béquilles et son transept titanesque, elle est la seule à avoir survécu aux bombardements allemands de juin 1940. La moitié des maisons du centre-ville furent rasées pendant cette guerre d'une barbarie inouïe, menée au nom d'une idéologie athée, mais elle resta debout, comme pour témoigner d'une autre dimension de l'homme, indestructible puisqu'elle est en Dieu, au milieu de bâtiments sans âme.

Bernanos, Georges (1888-1948)

« La cathédrale de Chartres est beaucoup plus jeune, en réalité, c'est-à-dire beaucoup plus accordée à de jeunes cœurs, à de jeunes esprits, que tant de monuments qui paraissaient aux milliardaires, il y a cinquante ans, le dernier mot du modernisme. »

Bible des illettrés

On dit souvent que les cathédrales gothiques sont des Bibles pour les illettrés, mais les fidèles du Moyen Âge faisaient-ils vraiment leur catéchisme en déchiffrant leurs sculptures et leurs vitraux, et ces derniers se réduisaient-ils à leur fonction didactique ?

L'idée en remonte au pape Grégoire le Grand dans une lettre adressée en 604 à l'évêque de Marseille qui venait de faire retirer les images des églises de son diocèse pour éviter tout risque d'idolâtrie. « Les images doivent être placées dans les églises afin que ceux qui ne savent pas les lettres lisent sur les parois ce qu'ils ne peuvent lire dans les livres. » Reprise par les *Livres carolins* rédigés sous le règne de Charlemagne, sa position fixa la doctrine de l'Église d'Occident face aux images. Walafrid Strabon, au IXe siècle, témoigne de son entrée dans les mœurs :

« Nous voyons des simples et des idiots, qu'on a de la peine à mener par les mots à croire les faits, être à ce point touchés par la peinture de la Passion du Seigneur ou d'autres choses admirables que, comme l'attestent leurs larmes, les images extérieures s'impriment comme des lettres dans leur cœur. »

Au XIIe siècle, les prélats issus de la réforme grégorienne firent sortir les images de l'intérieur des cathédrales, où elles se cantonnaient depuis l'époque paléochrétienne, pour éduquer les fidèles et les clercs. Elles se répandirent d'autant plus sur les façades qu'il s'agissait de réaffirmer les dogmes remis en cause par les Albigeois. « Tout ce qui était utile à l'homme de connaître : l'histoire du monde depuis sa création, les dogmes de la religion, les exemples des saints, la hiérarchie des vertus, la variété des sciences, des arts et des métiers, lui était enseigné par les vitraux de l'église ou par les statues du porche. La cathédrale eût mérité d'être appelée de ce nom touchant, qui fut donné par les imprimeurs à un de leurs premiers livres : la "Bible des pauvres" », écrit Émile Mâle.

L'historien faisait écho à la célèbre phrase de Victor Hugo : « Au Moyen Âge, le genre humain n'a rien pensé d'important qu'il ne l'ait écrit dans la pierre », mais c'était pour mieux réfuter l'idée, reprise par Eugène Viollet-le-Duc, d'un art laïc dans lequel il eût fallu voir « un sentiment démocratique, le dégagement de l'intelligence des langes théocratiques et féodaux ». De fait, la bonne femme de François Villon affirmait, au XVe siècle :

Femme je suis povrette et ancienne
Qui rien ne scay, oncques lettres ne lus.
Au moûtier vois dont je suis paroissienne
Paradis peint où sont harpes et luths
Et un enfer où damnés sont boullus.
L'un me fait peur, l'autre joie et liesse.

Il est difficile de juger de l'existence de programmes iconographiques dans les cathédrales, tant il y eut d'ajouts, de suppressions et de modifications au fil du temps, mais pour prendre l'exemple de Notre-Dame d'Amiens, où subsiste un des ensembles sculptés les plus complets du XIIIe siècle, les fidèles avaient pour s'éclairer le Jugement dernier du portail central, où se trouvaient un évêque et un roi parmi les réprouvés, et un gueux parmi les élus. En haut du tympan, le Christ en majesté leur montrait les plaies par lesquelles ils pouvaient prendre la mesure de leur péché et celle, plus grande encore, de sa miséricorde. En Marie et Jean-Baptiste qui se tenaient à ses côtés, ils savaient avoir une mère et un frère qui intercédaient pour eux.

Au trumeau, Jésus venait les accueillir, escorté des prophètes, des apôtres et des saints. Pour qui n'osait prétendre égaler de tels exemples, les vices et les vertus des médaillons sculptés à leurs pieds incitaient à rire de ses défauts, ce qui était le premier pas vers le salut. Sur le portail de gauche, les travaux des mois, placés sous les pieds des saints locaux, montraient que la rédemption passait aussi, très simplement, par le travail. Sur le portail de droite, le couronnement de la Vierge était gage d'espérance pour tous.

L'ensemble de ces personnages respiraient une grandeur et une bonhomie qui leur permettaient de s'adresser à tous, comme le Christ des Évangiles. S'ils répondaient à une volonté d'expliciter les mystères de la foi, il suffit cependant de regarder les scènes sculptées dans les médaillons du portail de droite pour voir qu'ils ne se cantonnaient pas à ce rôle. Dans la lignée des cycles typologiques inaugurés par Suger à Saint-Denis, le songe de Nabuchodonosor, Moïse devant le buisson ardent, la toison de Gédéon et la verge fleurie d'Aaron préfigurent la mise au monde virginale de Jésus sous la scène de l'Annonciation. Mais quel fidèle eût pu faire son miel de telles images ? Et quel clerc eût pu dire ce que signifiait la femme portée dans une jarre par deux autres, qui correspond à la vision de Zacharie ?

Si nous regardons longuement une cathédrale, vient toujours un moment où le vertige nous gagne. Vous avez sûrement fait l'expérience de lever les yeux vers les voussures d'un portail. Des cohortes d'anges et de rois forment autour du Christ une cour céleste qui se déploie par cercles concentriques. Plantes, animaux, prophètes et saints gravitent autour d'eux dans un ordre qu'on peut comprendre jusqu'à un certain point, mais qui nous dépasse infiniment. Sept cents statues s'étagent des soubassements au sommet des tours de Notre-Dame d'Amiens, et elles sont deux mille trois cents à Notre-Dame de Reims. À Saint-Jacques de Compostelle, l'auteur du *Codex Calixtinus* décrit « des figures d'hommes, de femmes, d'animaux, d'oiseaux, de saints, d'anges, de fleurs et d'œuvres d'une si grande variété qu'elles ne pourraient entrer dans nos récits ».

Il ne s'agissait pas seulement d'ajouts erratiques au fil de campagnes et de commanditaires successifs, mais d'un effet de sidération recherché. Par-delà ce qu'elles avaient à enseigner, les sculptures devaient ravir les sens et l'intelligence. Hugues de Saint-Victor appelait à ne pas les apprécier individuellement, mais dans l'ensemble qu'elles formaient, où l'infini se donnait à contempler à travers la variété, qui se déployait dans l'unité. Si nous voulons comparer les cathédrales gothiques à des Bibles, c'est donc à la manière de Denys l'Aréopagite qu'il convient de le faire : « La manifestation divine qu'incarnent les Écritures saintes constitue une sorte de transmission de puissance à l'homme non pas afin qu'il connaisse l'essence divine, domaine qui lui demeure inaccessible, mais afin qu'il mesure son incapacité à la connaître, c'est-à-dire son inconnaissance. »

Bleu de Chartres

La Belle Verrière de Notre-Dame de Chartres l'a rendu célèbre en 1180, mais il pourrait s'appeler aussi bien « bleu du Mans », « de Chalons », « de Poitiers » ou « de Saint-Denis », tant les maîtres verriers des églises de ces villes l'employèrent au même moment, voire avant : l'Ascension de Saint-Julien du Mans date de 1120, l'arbre de Jessé de la basilique Saint-Denis de 1140, la Crucifixion de Saint-Étienne de Châlons-en-Champagne de 1155, celle de Saint-Pierre de Poitiers de 1160.

Ce bleu d'une diaphanéité inouïe émouvait Émile Mâle « comme la révélation d'un autre monde ». Tel était l'effet recherché. Suger prétendit que ses vitraux avaient été faits avec des saphirs pulvérisés fondus dans le verre, ce qui fit rêver, mais aussi couler beaucoup d'encre. Car si le saphir pouvait renvoyer au firmament, lieu intermédiaire entre la terre et le ciel où se tiennent les prophètes pour contempler Dieu, il est tellement translucide qu'il ne peut donner de couleur au verre. Charles Percier et Alexandre Lenoir en conclurent que l'abbé s'était fait gruger par des ouvriers lui ayant vendu au prix de la pierre précieuse le pigment en poudre, mais Louis Grodecki fit remarquer qu'une confusion était possible entre le nom médiéval du cobalt, le safre, et le mot latin *saphirum* employé par Suger. Dans un traité de la même époque, le moine Théophile désigne ainsi n'importe quel minéral bleu : lapis-lazuli, sulfate de cuivre ou de cobalt, et c'est effectivement le cobalt, importé à grands frais d'Europe centrale, qui donna sa luminosité au bleu de Chartres.

S'il frappa tant les esprits, c'est également en raison de son état de conservation exceptionnel. Contrairement aux verts et aux rouges de la même époque, et aux bleus plus profonds des siècles suivants, faits de sels de cuivre ou de manganèse, il ne subit aucune altération. Il traversa les siècles comme une coulée de ciel saisie par un souffleur de verre, et j'aime penser que si la Belle Verrière contribua plus particulièrement à lui attacher le nom de Chartres, c'est qu'elle représente la personne la plus translucide : la Vierge Marie en qui le ciel que nous connaissons et celui que nous attendons se rencontrèrent.

Bœufs de Laon

Que font seize bœufs grandeur nature perchés sur les tours de Notre-Dame de Laon, à hauteur d'anges ? Une légende rapportée par Guibert de Nogent, au XIIe siècle, raconte qu'un bœuf tirant un chariot de matériaux depuis la plaine jusqu'en haut de la colline où l'on construisait la cathédrale tomba de fatigue sur la pente. Le chanoine qui menait l'attelage se demandait comment poursuivre sa route, quand un autre bœuf se présenta à lui. « Après qu'il eut, d'un pas agile, conduit avec les autres bœufs le char jusqu'à l'église, le pauvre clerc se tourmentait de savoir à qui il devait rendre cet animal qu'il ne connaissait pas ; mais celui-ci fut à peine détaché que, sans attendre ni conducteur ni menaces, il s'en retourna promptement à l'endroit d'où il était venu. »

Sans doute les ouvriers rendirent-ils plus simplement hommage aux compagnons qui les aidèrent à accomplir leur tâche. Si leur force était animale, leur dévouement n'était-il pas angélique ? Il valait bien une légende et une place pour l'éternité parmi les nuages, d'où ils pourraient continuer à veiller sur leur ouvrage. Un tel dévouement avait déjà frappé les contemporains de la construction du Parthénon d'Athènes : une autre légende raconte qu'une mule, devenue trop vieille pour transporter des matériaux jusqu'à l'Acropole, n'en continuait pas moins de revenir chaque jour à l'endroit où ses compagnes étaient attelées. Émus par tant de constance, les Athéniens résolurent de la nourrir aux frais de la cité.

Boire à tire-larigot

Parmi les expressions nées aux abords des cathédrales, *boire à tire-larigot* viendrait des timbales de vin données aux boulangers pour qu'ils sonnent la *Rigaud*, grosse cloche très lourde à mettre en branle offerte par l'évêque Eudes Rigaud à Notre-Dame de Rouen, en 1282. Pour les grandes fêtes, il fallait quinze à vingt sonneurs pour actionner les gros bourdons ou plusieurs cloches à la fois. Certaines cathédrales, comme Saint-Pierre-et-Saint-Paul de Nantes, se dotèrent d'une cloche pour convoquer… les sonneurs. À Notre-Dame de Paris, pour n'avoir pas à débourser trop d'argent, les marguilliers recrutaient des mendiants, ce qui n'était pas sans causer de désordres dans les parties hautes. D'où la dénomination de « tour des Ribauds » donnée à la tour sud à la fin du Moyen Âge.

Bois

Le bois fut longtemps un matériau privilégié dans la construction des cathédrales. Les *stavkirker* qui subsistent en Norvège rappellent même un temps où il fut un matériau exclusif dans les régions septentrionales. À partir du XIe siècle, il tendit à être remplacé par la pierre, plus abondante, plus durable et moins sujette aux incendies. Les charpentiers durent céder la préséance aux tailleurs de pierre et se cantonner à la construction d'engins de levage, d'échafaudages et de cintres, de charpentes dissimulées entre des voûtes et des tuiles, de beffrois et de flèches gainés de pierre ou de plomb. Mais si leurs prouesses passaient plus inaperçues, elles n'en étaient pas moins considérables.

À mesure que les constructions en maçonnerie s'éloignaient des traditions romaines et devenaient plus hautes et plus légères, il fallait trouver des moyens d'alléger les charpentes, tout en leur permettant de résister aux poussées des vents. Dans les cathédrales romanes, les charges portées par une succession de fermes à entrait, toutes identiques, étaient réparties de façon uniforme et verticale sur les murs gouttereaux, mais dans les cathédrales gothiques, le report du principe de la travée sur la charpente, constituée d'une ferme principale à entrait et d'une succession de fermes secondaires sans entrait, faisait que les charges généraient des poussées latérales.

À Notre-Dame de Paris, où la charpente fut numérisée par Andrew Tallon et relevée par Rémi Fromont et Cédric Trentesaux avant son incendie, on observe que plusieurs types de fermes furent expérimentées sur le premier tiers de la nef, puis une fois un choix arrêté, reproduites sur les deux tiers restants. Les charpentiers conçurent une structure complexe, mais équilibrée, avec de nombreux dispositifs de raidissement au sein des fermes, des renforcements des entraits, un doublement de la triangulation et des systèmes de moises pour soulager les bois lourds, des travées courtes pour réduire les poussées latérales des fermes secondaires sur les murs, des reports de charges de ces dernières sur les principales par des liernes latérales et axiales, une pente forte et d'autres techniques pour rendre la structure stable et répartir de façon homogène les charges sur les murs. Ils n'hésitèrent pas à la charger de centaines de pièces secondaires qui la rendaient plus dense que la plupart des charpentes de cette époque. De là, son surnom de « forêt ».

Ce ne sont pas les hectares de chênes centenaires qu'il eût fallu abattre pour la fabriquer qui lui valurent ce surnom. Quand le débat faisait rage sur le matériau à employer pour sa reconstruction – du bois comme au XIIIe siècle, de l'acier comme à Notre-Dame de Chartres après l'incendie de 1836, du béton armé comme à Notre-Dame de Reims après les bombardements allemands de 1914 ou un autre matériau d'invention plus récente –, Frédéric Épaud rappela qu'un millier de chênes avaient suffi à la construire et qu'il ne s'agissait pas d'arbres centenaires, mais âgés d'une soixantaine d'années, taillés verts et mis en place peu après leur abattage. Leur découpe à la doloire, en veillant à respecter le fil du bois et à garder son cœur au centre des pièces, les rendait indéformables, flexibles et résistants, contrairement aux arbres sciés industriellement. Le choix d'une réfection à l'identique et dans les mêmes conditions fut une grande leçon pour notre époque : « C'est cela le vrai métier, celui qui nous donne un rapport à la matière », dit un charpentier des Ateliers Desmonts et Perrault.

Comme aux XIIIe et XIXe siècles, le morceau de bravoure de ce chantier fut la flèche. Pour reconstruire celle du Moyen Âge, détruite pendant la Révolution, Eugène Viollet-le-Duc s'inspira de celle de Notre-Dame d'Amiens, construite en 1529, via celle de Sainte-Croix d'Orléans que venait d'achever son charpentier, Auguste Bellu. Le défi consistait à élever une structure de plusieurs centaines de tonnes sur du vide ou sur une clef de voûte placée à la croisée du transept. Ils s'en tirèrent en posant les poutres en oblique de manière que le poids de l'ensemble descende en se répartissant sur les quatre piliers en pierre qui montaient du sol. Un poteau central formé par un assemblage de poutres emboîtées verticalement jusqu'en haut de la flèche sans reposer sur les voûtes permit de fixer ses différents éléments.

« Ce qui est incroyable, après avoir fait toutes sortes de modélisations par ordinateur, témoigne Rémi Fromont, c'est que nous avons découvert que nos hypothèses étaient légèrement erronées et que les modifications suggérées par les études nous rapprochaient de ce que le charpentier d'Eugène Viollet-le-Duc, Auguste Bellu, avait fait de manière empirique. Lui et ses équipes avaient une connaissance parfaite de leurs ouvrages et leurs nœuds d'assemblage étaient parfaitement positionnés, à quelques exceptions près. Il n'y avait donc rien à changer par rapport à la flèche initiale. »

La France conserve un certain nombre de charpentes gothiques à Sens, Meaux, Auxerre, Lisieux, Rouen, Bourges, Tours, Amiens, Beauvais et Bayeux, mais c'est en Angleterre qu'elles sont les plus nombreuses. Dans ce pays de constructeurs de navires, l'amour du bois conduisit les maîtres d'œuvre à construire des plafonds en bois longtemps après l'apparition des voûtes en pierre. À Ely, ceux de la nef et du transept sont des merveilles, et William Hurley, charpentier du roi Édouard III, éleva à la croisée une tour-lanterne octogonale en bois imitant la pierre. À Salisbury, la flèche en pierre cache un ouvrage en bois bien énigmatique. S'agit-il d'une armature ou d'un échafaudage ? Quoi qu'il en soit, il est clair que le chef-d'œuvre est à l'intérieur autant qu'à l'extérieur.

Le bois continua également d'être utilisé dans les pays pauvres en pierre. Qui se rend à Paramaribo, au Suriname, découvrira une façade harmonique en lames de bois peintes. À l'intérieur, une forte odeur de cèdre flotte dans sa nef néo-romano-gothique. Le pays ne comptant ni carrière de pierre ni usine à briques, lors de sa construction en 1883, l'architecte puisa dans la forêt le matériau qu'elle prodiguait. À Pereira, en Colombie, c'est du bois de cumin qui fut associé à la brique dans la nef néo-romane de Notre-Dame-de-la-Pauvreté, en 1875.

Perçu comme un matériau humble et écologique, le bois opère aujourd'hui un retour en force dans la construction des cathédrales. À Créteil, en 2015, sa structure fut faite en lames d'épicéa collées, et à Oakland, en 2008, en chêne et séquoia.

C

Cathèdre

La cathèdre est le siège de l'évêque considéré comme le successeur des apôtres, envoyés par le Christ à travers le monde avec cette mission : « Allez donc, et instruisez tous les peuples, les baptisant au nom du Père, et du Fils, et du Saint-Esprit. » (Mt., XXVIII, 19.) Installée face à l'autel au fond de l'abside, dans la tradition romaine, ou à sa gauche du côté de l'Évangile, comme on le fit par la suite, elle explicite leur mission et son caractère universel.

Kathedra, en grec, ne désignait pourtant qu'un siège à dossier ou un banc de rameurs, ce qui n'était guère reluisant. Ce n'est que dans l'Empire romain qu'elle acquit son prestige, en devenant l'emblème des sénateurs et des philosophes. Son adoption par l'Église se fit en même temps que le décalque des diocèses sur les circonscriptions administratives de l'Empire romain, sous le règne de Constantin. Elle participe de la transposition du rêve impérial d'unité politique et culturelle en idéal de communion ecclésiale ayant pour fondement l'amour entre Jésus et son Père. Sa majesté symbolise l'autorité du gouvernement des évêques et l'union harmonieuse des fidèles autour d'eux.

Ces deux traits furent amenés à prendre une importance croissante après la désintégration de l'Empire romain. Les cathédrales étaient souvent les seuls édifices urbains à porter encore quelques valeurs universelles, et les évêques se voyaient confier des fonctions de gouvernement civil. De cette époque subsiste, au Musée archidiocésain de Ravenne, la cathèdre de Maximien. Œuvre d'artisans constantinopolitains, elle est un objet éminemment onirique : faite de plaquettes en ivoire assemblées sans armature en bois, elle était trop légère pour soutenir le poids d'un homme. Était-elle purement ostentatoire ou servait-elle à porter les Écritures ? Avec sa blancheur auréifiée par le temps et son décor sculpté qui présente la feuille de route d'un évêque idéal, elle semble sculptée dans une de ces nuées qui porteront le Christ en gloire au dernier jour.

À Saint-Étienne de Metz, le siège dit « de saint Clément », du nom du premier évêque légendaire de la ville, est plus massif. Taillé dans le fût d'une colonne romaine à l'époque carolingienne, il donne une idée imposante du rôle de l'évêque, principal soutien de l'empire de Charlemagne, tout en le situant dans la lignée des apôtres, considérés depuis l'origine comme les colonnes de l'Église. Le césaro-papisme et l'emprise croissante des laïcs sur les clercs après la dislocation de cet empire firent des évêques des agents du pouvoir temporel, avec ce que cela pouvait supposer de corruption. En réaction, des aspirations à la réforme se firent jour au XIe siècle, portées par les milieux monastiques et les papes Léon IX, Nicolas II et Grégoire VII.

Ce n'est qu'à partir du XIIe siècle que l'expression *église cathédrale* s'imposa en France. Avant, on la nommait église du diocèse, église de l'évêque ou église Saint-Étienne, Saint-Jean, Sainte-Marie, selon son dédicataire. L'emploi de cette expression correspond à la remontée en puissance des évêques consécutive à la croissance des villes, favorisée par les rois capétiens, et à la réforme grégorienne, qui les dégagea de l'emprise des laïcs, qui renforça le cadre diocésain et en fit de puissants seigneurs féodaux. À Auxerre, en 1209, Guillaume de Seignelay n'hésita pas à refuser de participer à l'effort de guerre que lui demandait Philippe Auguste, dont il était le vassal, pour consacrer son argent à sa cathédrale. L'affaire remonta jusqu'au pape et se solda par une victoire de l'évêque. Mais le rapport de force n'allait pas tarder à s'inverser.

Ailleurs, les églises mères des diocèses sont nommées *sé* au Portugal, *seu* en Catalogne ou *sede* en Espagne, qui signifient « siège », et *duomo* en Italie ou *dom* en Allemagne, dérivant de *domus* : « maison ».

Chanoines

La cathédrale était d'abord l'église de l'évêque, mais à partir du IXe siècle, elle fut de plus en plus celle des chanoines. À Lyon, jusqu'à l'avènement de Philippe le Bel, l'archevêque ne dépendait ni du roi de France ni de l'empereur germanique. Il obéissait à peine au pape et tenait tête aux seigneurs féodaux, mais devait composer avec son chapitre, formé de trente-trois chanoines, portant tous le titre de comte et possédant d'immenses richesses.

Depuis l'origine, les évêques s'entouraient de prêtres et de diacres chargés de les aider dans leurs missions liturgiques, pastorales et administratives. Le nom de *chanoines* est attesté au VIe siècle, mais c'est seulement à partir du IXe qu'ils furent institués en corps. En 755, pour remédier à la déliquescence du clergé, Chrodegang, évêque de Metz proche de Pépin le Bref, rédigea une règle destinée aux clercs de sa cathédrale. Astreints à une vie quasi monastique, ils devaient renoncer à leurs biens et mener une vie commune, dans un enclos comprenant un dortoir, un réfectoire et une bibliothèque. Leur rôle consistait pour l'essentiel à chanter les heures sept fois par jour et une fois par nuit, afin de refléter sur la terre la louange perpétuelle des habitants du ciel. Ils devaient également conseiller l'évêque, éduquer les enfants et secourir les indigents.

Après le concile d'Aix-la-Chapelle, organisé par Louis le Pieux en 816, une règle semblable s'imposa dans tous les diocèses de l'Empire carolingien. En Angleterre et dans les pays méditerranéens, les évêques s'entouraient de moines soumis à leur règle. C'est cette règle, avec ses canons, qui donna leur nom aux chanoines. La dispense du vœu de pauvreté les amena toutefois à mener une vie de plus en plus indépendante. Autorisés à avoir un droit viager sur leurs biens immobiliers et à disposer de leurs biens meubles par testament, ils furent dotés, à partir du Xe siècle, d'une mense canoniale, équivalente à la mense épiscopale, qu'ils se partageaient en prébendes. Leur quartier, composé de plus en plus de maisons individuelles, était placé sous leur juridiction propre, et ils ne cessèrent d'étendre leurs droits et privilèges au détriment de ceux de l'évêque. S'ils étaient chargés de l'élire depuis la réforme grégorienne, cela ne les empêchait pas d'entrer en conflit avec lui.

Au nombre de quarante à cent dans le nord de la France, de douze à vingt dans le sud, à la fin du XIIe siècle, leur rôle accru se traduisit par le développement des chœurs et une participation croissante à la construction et l'embellissement des cathédrales. À Autun, ce n'est pas à l'évêque, mais au chapitre qu'Hugues II de Bourgogne offrit un terrain pour construire une église dédiée à saint Lazare. À Sens et à Amiens, le chantier fut décidé conjointement par l'évêque et les chanoines, et quand bien même l'évêque était-il le premier décisionnaire, comme à Paris ou à Reims, c'était aux chanoines qu'il revenait de s'en occuper sur la durée. À la tête des fabriques qui rassemblaient l'argent et recrutaient les artisans, ils étaient les gardiens de la mémoire des cathédrales et les garants de la continuité de leurs chantiers, par-delà le caractère éphémère des hommes qui se succédaient à leur tête.

À Notre-Dame de Chartres, ils financèrent des verrières, les stalles et le jubé. Certains sortirent même de l'anonymat par leurs dons ou fondations. Tels Raoul de Ferrières à Notre-Dame d'Évreux, qu'on voit présenter, vers 1325, une verrière à la Vierge sur une baie du chœur, ou Pierre Trousseau, Simon Aligret et Guillaume de Boisratier, commanditaires de chapelles destinées à abriter leurs tombeaux à Saint-Étienne de Bourges au XVe siècle.

Surtout, des ouvrages aussi complexes n'auraient jamais pu voir le jour sans l'enseignement de leurs écoles. Sur les voussures du portail royal de Notre-Dame de Chartres, figurent les travaux des champs qui permirent de financer la cathédrale, et les arts libéraux : grammaire, rhétorique, dialectique, astronomie, musique, arithmétique et géométrie qui permirent de la concevoir. Certaines écoles, comme celles de Cambrai, Tournai, Laon, Reims, Chartres, Orléans, Montpellier ou Paris, étaient si réputées qu'elles attiraient des étudiants de toute la chrétienté. D'Yves de Chartres à Anselme de Laon, on ne compte pas les maîtres qui y brillèrent, et si l'enseignement passa ensuite dans les universités, les chanoines ne cessèrent de s'illustrer dans tous les domaines du savoir. Guillaume de Machaut, qui fit tant pour la polyphonie, était chanoine de Notre-Dame de Reims, et Jean Fusoris, concepteur de l'horloge astronomique de Saint-Étienne de Bourges, chanoine de Notre-Dame de Paris.

Les chapitres furent supprimés le 12 juillet 1790. Malgré leur restauration par le concordat du 15 juillet 1801, ils ne retrouvèrent jamais leur superbe. Le transfert de leurs missions de service public à l'État et l'individualisation de la piété aidant, le concile Vatican II ne leur laissa qu'une fonction liturgique, et encore uniquement dans les diocèses qui l'estimaient utile.

Chapelle

Le mot *chapelle* vient de la moitié de la cape de saint Martin que les rois francs conservaient dans leur oratoire depuis que Clovis avait vaincu les Wisigoths sous son signe, en 496. Il se peut même que le nom de la dynastie capétienne dérive de *cappatus*, « chapé ». Par extension, le nom de « chapelle » fut donné aux édicules qui contenaient un autel et aux objets nécessaires pour y célébrer le culte.

La plus célèbre est celle de Charlemagne, à Aix. Sa structure à deux niveaux, d'inspiration byzantine, est toujours visible sous les vêtements lourds et clinquants dont la dota Guillaume II en 1902. Elle reflète le rôle d'intermédiaire entre le ciel et la terre que jouait alors l'empereur : les fidèles se tenaient au niveau du sol, tandis qu'il trônait à l'étage, face à l'autel, sous une mosaïque représentant le Christ en gloire.

À partir du XIe siècle, les chapelles se multiplièrent avec le développement du culte des reliques et la multiplication des messes pour les morts. Évêques, grandes familles et corporations : tous voulaient avoir la leur. Elles se rangèrent en couronne autour du chœur et ceinturèrent les bas-côtés de la nef, entre les contreforts. Après la vague de constructions des nefs gothiques, c'est elles qui concentrèrent les principales innovations.

À Notre-Dame de Strasbourg, vers 1340, maître Gerlach voulait poursuivre le chantier par les tours du massif occidental, quand l'évêque Berthold de Bucheck lui commanda une chapelle funéraire. Dédiée à sainte Catherine et conçue comme un reliquaire, cette chapelle est une œuvre d'art totale, où les figures de saints qui s'élèvent sur les piliers de l'entrée font écho à celles des apôtres, qui flottent dans les verrières. L'architecture de pierre se prolonge par celle de verre, où les anges et les rayons du soleil viennent jouer sous des dais peuplés d'oiseaux et de feuillages paradisiaques.

Vingt ans plus tard, Peter Parler s'inspira de ses voûtes étoilées à clefs pendantes pour construire la chapelle Saint-Venceslas de Saint-Guy de Prague. Dédiée au martyr fondateur de la nation tchèque, elle fut ornée de fresques sur le thème de la Passion et incrustée de jaspe, d'améthyste et de chrysoprase. Guillaume Apollinaire raconta comment il crut voir dans les veines de ses pierres son propre visage : « Il est là mon portrait douloureux, près de la porte de bronze, où pend l'anneau que tenait saint Wenceslas, quand il fut massacré. »

En 1450, avant de tomber en disgrâce et de terminer sa vie en combattant les Ottomans au large de l'île de Chios, Jacques Cœur, le grand argentier de Charles VII, fit construire une chapelle à Saint-Étienne de Bourges. Sa verrière de l'Annonciation, dessinée dans le style eyckien par Jacob de Listemont, présente de magnifiques remplages en forme de cœur et de lys où Dieu le Père et la colombe de l'Esprit saint sont entourés d'anges musiciens.

Chartres

Notre-Dame de Chartres s'élève au milieu de la Beauce comme un offertoire. Il faut avoir traversé ce plat pays couvert de vignes et de blés, en voyant sa silhouette s'avancer d'un mouvement quasiment immobile, pour comprendre qu'elle ne cesse d'apporter sur son autel les fruits de la terre et du travail des hommes, destinés à la consécration divine. Ses flèches les rendent visibles du plus loin possible, et dans le ciboire et le calice de son chœur, la lumière les change en corps de gloire.

Dédiée à Marie, elle est aussi un *Magnificat* où la pierre chante, de génération en génération, sa joie de recevoir l'Esprit. Tout, en elle, célèbre le mystère de l'Incarnation. Jehan le Marchant la surnomme « la maison de Notre-Dame sur terre », et l'on y dénombre pas moins de cent soixante-quinze représentations d'elle. Dans les petites choses comme dans les grandes, tout devait y mener à Jésus par elle. Les chanoines cachetaient leurs lettres avec de la cire vierge, et nul ne pouvait y être enterré pour rappeler que son corps était monté au ciel sans connaître la putréfaction.

Ses origines sont assez obscures. Sans doute fut-elle bâtie au IVe siècle sur un ancien site celtique, mais la légende selon laquelle une « Vierge devant enfanter » y était adorée, dans une grotte, avant la naissance du Christ, ne date que des XIVe et XVe siècles. C'est surtout à partir de 876, quand Charles le Chauve lui offrit la sainte Chemise portée par la Vierge, lors de l'Annonciation et de la Nativité, qu'elle devint un sanctuaire marial. Après l'incendie de 1020, l'évêque Fulbert fit construire une des premières églises de pèlerinage, avec une vaste crypte, un déambulatoire et des chapelles rayonnantes. Auteur de neuf sermons sur « celle qui a engendré le Soleil de Justice » et de trois hymnes dont le célèbre *Stirps Jesse*, qui chante la double nature humaine et divine du Christ, sa pensée trouva un écho dans les vitraux et la statuaire commandés par Geoffroy de Lèves et Jean de Salisbury, après l'incendie de 1134.

À l'attente des prophètes, des rois et des reines du portail royal, répond l'incarnation du Christ, sur le tympan du portail de droite. L'Esprit y affleure partout dans la chair, et il suffit que le soleil effleure les personnages de l'Annonciation, de la Visitation, de la Nativité, de l'Adoration des bergers et de la Présentation au temple pour qu'ils proclament : « Le Verbe s'est fait chair, il a habité parmi nous et nous avons vu sa gloire. » (Jn, I, 14.) La plupart n'ont aucun regard pour nous, mais leur consentement ébloui au mystère nous le communique mieux qu'un discours. Sourient-ils ou Dieu sourit-il en eux ? Les deux, dans un « admirable échange », et une tendresse infinie s'épanche d'eux en nous. On croirait entendre, amplifié ici, le silence habité qui s'élève des chapiteaux de Cluny, Vézelay et Autun, mais comme si les sculpteurs avaient craint de n'être pas assez éloquents, un berger nous invite à adorer l'Enfant-Dieu, et Marie à l'accueillir comme Syméon au Temple.

L'incendie dont la sainte Chemise sortit, comme par miracle, indemne, en 1194, fut interprété comme une volonté de la « douce Dame débonnaire » d'être vénérée dans un sanctuaire plus beau encore. Au portail nord, sculpté vers 1210, sous l'épiscopat de Renaud de Mousson, l'Esprit épouse les lois de l'anatomie. Sainte Anne se détache du trumeau pour nous présenter sa fille, à moins qu'il ne s'agisse de Marie et Jésus. Dans les ébrasements du portail de gauche, l'Annonciation et la Visitation se rejouent sous nos yeux avec un naturel si grandiose que l'on croirait entendre l'ange Gabriel, Marie et Élisabeth échanger leurs saintes paroles. Sur le linteau et le tympan, la Nativité, l'Annonce aux bergers et l'Adoration des mages se déroulent dans une atmosphère méditative et radieuse. Comme la Dormition et le couronnement de la Vierge, qui parachèvent le cycle, sur le tympan de la porte principale.

Avec Marie, c'est toute la vie terrestre qui est appelée à la joie céleste. Nulle part ailleurs que sur ce portail, on ne sent mieux que la Création est le fruit d'un amour infini que Dieu nous donne en partage. Sur les voussures de la Genèse, le ciel et la terre, le soleil et la lune, les quadrupèdes, les plantes et les fleuves du paradis rayonnent du même amour qu'y mit leur Créateur. Dieu imaginant Adam d'une beauté égale à la sienne est un sommet de l'art et de la foi. Même après la chute, la prévenance divine se manifeste dans l'offrande qu'il fait de sa personne.

Sa Passion n'est pas représentée, mais dans les ébrasements, plusieurs personnages l'anticipent et en font mémoire : Melchisédech portant ses offrandes, Abraham caressant la tête d'Isaac, Jérémie arborant la Croix, Jean-Baptiste désignant l'Agneau et Pierre portant un calice rappellent, au plus fort de l'hérésie albigeoise, la puissance salvifique de l'eucharistie. Par leur intensité d'expression, ils en donnent faim et soif avec une ardeur à nulle autre pareille. Saint Jean-Baptiste, avec sa douceur farouche et sa tendresse éperdue, n'est pas seulement le héraut du baptême et de l'eucharistie, mais aussi la plus belle figure qui soit du sacerdoce et l'adoration faite pierre pour en donner l'image éternelle.

Dans les voussures des portails de gauche et de droite, les modalités de la vie active et contemplative, les arts mécaniques et les arts libéraux, les signes du zodiaque et les travaux des mois indiquent à chacun le chemin du salut. Celui-ci passe par les activités les plus quotidiennes. Le tailleur de vigne et le coupeur de blé sont d'une noblesse et d'une beauté qui élèvent le travail à la sainteté.

Sainte Modeste, sur un pilier, nous bénit. Qui était-elle ? La fille d'un magistrat romain, martyrisée pour avoir visité deux missionnaires chrétiens, Savinien et Potentien, dans leur prison. Mais au-delà, sa grâce juvénile et son sourire radieux, sa pleine présence au monde et sa transparence à la lumière en font le type accompli de l'humanité habitée par Dieu. Tout, en elle, anticipe sur les béatitudes célestes représentées sur les voussures du portail central. Leurs cheveux libres et leurs lignes fluides évoquent l'harmonie nouvelle qui s'établira entre les dons du corps et ceux de l'esprit, quand la beauté, l'agilité, la force, la liberté, la santé, la volupté et la longévité s'allieront à la sagesse, l'amitié, la concorde, l'honneur, la puissance, l'assurance et la joie.

Au trumeau du portail sud, un Beau Dieu au visage tendre et grave est escorté par des soldats. Saint Georges, saint Martin, saint Eustache et saint Denis sont donnés en exemple à des chevaliers dont la vocation est de donner leur vie pour sauver celle des autres. Le saint Théodore noble et vaillant, pur et compatissant, des ébrasements, est l'archétype du soldat poli par des siècles de christianisme.

Dans les fenêtres hautes du transept et du chœur, deux cortèges de chevaliers armés et blasonnés convergent vers Marie. Thibaut VI de Blois y côtoie le prince Louis, futur Louis VIII, et ses alliés : Alphonse VIII de Castille, Philippe Hurepel, Étienne de Sancerre, Jean Clément, Bouchard de Marly et Robert de Courtenay. On y reconnaît le lion d'argent à la queue fourchée des Montfort et les lions léopardés de gueules des Beaumont. Dans la rose sud, le damier d'azur d'or au franc quartier d'hermines de Pierre de Dreux fait face aux lys d'or sur fond d'azur du roi de France et aux châteaux d'or à trois tours sur fond de gueules de Blanche de Castille qui ornent la rose nord.

Dans les fenêtres basses s'illustrent les corps de métier : bouchers, fourreurs, pelletiers et tonneliers, charrons, poissonniers, corroyeurs, maçons et tailleurs de pierre, cordonniers, merciers, maréchaux-ferrants et drapiers, charpentiers, porteurs d'eau, armuriers et même changeurs. La verrière des Apôtres, qui occupe le centre de la chapelle axiale, est un don des boulangers, vers 1210. En bas à gauche, l'un d'eux se penche sur son pétrin, et si l'on y regarde de près, le visage du Christ se dessine dans la pâte. La verrière de saint Lubin, fondateur de l'Église chartraine, est un don des vignerons. Les tons rouges y dominent, et les coupes que tiennent les douze tenanciers, sur les côtés, en font une offrande qu'un prêtre consacre, en haut de la verrière.

Tous les ordres de la société contribuent ainsi à l'offrande eucharistique et la construction de l'Église où elle se renouvelle chaque jour, dans une subordination de l'économie humaine à l'économie divine. Cette image idéale doit certes être nuancée par les accusations de trafic d'argent portées par la papauté contre l'évêque Renaud de Mousson et par la révolte de 1210 contre les chanoines, sur fond de rivalité entre pouvoir comtal et pouvoir épiscopal. Mais doit-on congédier un idéal au motif que les hommes ne sont toujours pas à sa hauteur ?

À l'intérieur, toute lumière passe par Marie. La Belle Verrière, réalisée vers 1180 pour la chapelle axiale, fut déplacée dans le déambulatoire, mais, à l'aurore, les rayons du soleil la font surgir, radieuse, avec son enfant et sa cour angélique, dans le bleu profond des baies hautes de l'abside. Ils transforment en lueurs violettes, qui se projettent sur les dalles, les épisodes de sa vie, en traversant un vitrail du déambulatoire, ils réchauffent le cœur de la rose sud, où elle trône en plein midi, et la font miroiter de toutes les couleurs de la Création, sur une lancette de la façade occidentale, au crépuscule. Au-dessus de la Belle Verrière et sur une baie du clair-étage de la nef, on voit Marie allaiter Jésus. Le thème était encore rare, mais il soulignait le caractère charnel de son lien avec son fils et avait un sens eucharistique, puisqu'il préfigurait la manière dont Jésus nourrirait l'humanité de son propre sang. Par-delà ses représentations, toute verrière que la lumière traverse sans la briser pouvait s'assimiler à Marie.

Les formes pleines qui vont s'effilant de Notre-Dame de Chartres évoquent celles des Vierges en Trône de la Sagesse qui charmaient l'aube de l'âge gothique. On n'y admire pas la richesse de son décor, comme à Notre-Dame de Reims, ou l'élasticité de la membrure, comme à Notre-Dame d'Amiens, mais on y goûte une plénitude qui dilate l'âme.

L'architecte qui la conçut n'atteint à l'esthétique gothique qu'en construisant par masses, comme à l'époque romane. L'équilibre des proportions entre ses arcades et son clair-étage est parfait. Ses piliers à pans coupés cantonnés de colonnettes circulaires donnent une impression de solidité sans paraître lourds. Ils se succèdent, en alternance avec des piliers circulaires cantonnés de colonnettes polygonales, dans une procession sage, mais variée, jusqu'à l'autel. Les lignes horizontales du triforium s'harmonisent avec les verticales qui mènent aux voûtes et, sur ses murs pleins, la simplicité du dessin des fenêtres donne aux visions qui s'y projettent une présence incomparable.

Tout cela fait qu'on ne visite pas Notre-Dame de Chartres : on la rencontre. Sa force est de ne pas faire écran à celui qui y est présent, mais de prédisposer à l'accueillir comme Marie le fit. Sa clôture de chœur, commandée par le chapitre à Jean de Beauce, en 1513, et sculptée par des artistes qui œuvraient sur les chantiers royaux jusqu'au règne de Louis XIV, est admirable par la finesse de son travail et plus anecdotique. Comment ne pas trouver le bambin qui s'y réjouit de recevoir des cadeaux des Rois mages, sous le regard d'une mère attendrie, inférieur à l'Enfant-Dieu qui les illumine au portail nord ? Comme l'Assomption de Bridan, qui surplombe le maître-autel depuis 1773, et la statue de Notre-Dame-de-Sous-Terre, placée dans la crypte en 1976, il n'en fait pas moins partie des hommages qui font de Notre-Dame de Chartres une polyphonie où toutes les générations magnifient Dieu et exultent en lui dans le sillage de Marie.

Quand j'y prie, j'y sens aussi la présence de tous ceux qui sont venus se confier à elle, dans une communion des saints où tous sont contemporains : Saint Louis, Louis XIII et Louis XIV, saint Vincent de Paul, saint François de Sales et saint Louis-Marie Grignion de Montfort, Charles Péguy, Paul Claudel, André Suarès et tant d'autres pèlerins, aujourd'hui comme hier. Une cathédrale n'est pas faite seulement de pierres minérales, mais aussi de pierres vivantes qui se modèlent sur elles pour rejoindre la cité éternelle.

Chevet

Le chevet est l'extrémité orientale d'une église. On lui préfère parfois le terme de *coiffe* pour souligner sa dimension symbolique au sommet du chœur qui est la tête de l'église. De forme assez simple dans les églises paléochrétiennes, il se complexifie à partir du xe siècle avec la multiplication des chapelles. Souvent plat en Angleterre, il présente de belles formes arrondies en France, où les absides et les absidioles s'étagent parfois comme une échelle de Jacob : à Notre-Dame de Coutances, on accède par bonds au ciel, projeté par les arcs-boutants et aiguillonné par les tourelles, en passant des toitures des chapelles à celles du chœur pour arriver à la tour-lanterne.

Chœur

C'est généralement par le chœur que débutait la construction d'une cathédrale. Pourquoi ? Parce qu'il était son espace le plus sacré, celui où la liturgie, qui était sa raison d'être, était célébrée. Afin que son cours n'en fût pas interrompu, les démolitions n'étaient engagées qu'au fur et à mesure. Les vestiges du chœur gothique, resté inachevé autour du chœur roman de Sainte-Eulalie-et-Sainte-Julie d'Elne, en 1330, témoignent de ces méthodes de construction. Mais si cette cathédrale eut à souffrir de la concurrence de celle de Perpignan, presque partout ailleurs, la tendance était à la dilatation des chœurs.

De celui de la basilique Saint-Denis en 1144 à celui de Saint-Pierre de Beauvais en 1260, ils ne cessèrent de s'élever et de s'ajourer. L'Église ressentait alors le besoin de réaffirmer la présence réelle du Christ dans l'eucharistie face aux hérétiques. Les théologiens parisiens furent à la pointe de ce travail de clarification dogmatique : c'est dans leurs écoles que naquit le terme de *transsubstantiation*, repris par le IVe concile du Latran, indiquant la transformation substantielle du pain et du vin en corps et sang du Christ lors de la consécration. Les fidèles communiaient peu, mais ressentaient le besoin de voir l'hostie pour alimenter leur foi.

Dans la basilique Saint-Denis, les chapelles rayonnantes décloisonnées couvertes de verrières par Suger et le triforium ajouré pendant la campagne de travaux suivante firent du chœur un corps ardent et translucide, à l'image du corps de gloire de Jésus. À Saint-Étienne de Bourges, les vitraux qui encadrent la chapelle d'axe évoquent sa mort et sa résurrection, et aujourd'hui encore, quand le soleil les enflamme, à l'heure de la messe, c'est comme si le sang qui jaillissait de ses plaies se répandait sur les murs et le pavement avec l'éclat du rubis. Le bain rougeoyant dans lequel nous sommes plongés donne un avant-goût de la vie débordante que nous recevons pendant l'eucharistie.

« Si vous ne vous sentez pas pris d'admiration pour le chœur et le cercle lumineux qui l'entoure, quand vous élevez vos regards vers lui du centre de la croix, vous n'avez pas besoin de continuer à voyager et à chercher à voir des cathédrales, car la salle d'attente de n'importe quelle gare du chemin de fer est un lieu qui vous convient mille fois mieux, écrit John Ruskin dans *La Bible d'Amiens*. Mais si, au contraire, il vous étonne et vous ravit d'abord, alors mieux vous le connaîtrez, plus il vous ravira, car il n'est pas possible à l'alliance de l'imagination et des mathématiques d'accomplir une chose plus puissante et plus noble que cette procession de verrières, en mariant la pierre au verre. »

Non seulement les maîtres d'œuvre en firent la partie la plus lumineuse de l'édifice, mais ils le différencièrent dans sa modénature des autres parties. À Notre-Dame de Paris, le vaisseau central est couvert de voûtes sexpartites, alors que les collatéraux et les tribunes le sont de voûtes quadripartites. La continuité visuelle créée depuis l'entrée de la nef jusqu'à l'autel est renforcée par celle des colonnes, uniformément employées dans les deux parties. Mais à partir de la croisée du transept, leur traitement est plus sobre. La planéité des murs est accentuée par le faible diamètre des colonnettes et le dessin large et simple des chapiteaux. Il en allait d'une hiérarchisation délibérée de l'espace. Guillaume Durand de Mende comparait le chœur à la tête du Christ, le transept à ses bras, et la nef au reste de son corps.

Mais il ne faudrait pas pousser trop loin le symbolisme : on a souvent affirmé, depuis la redécouverte des cathédrales gothiques, au XIXe siècle, que la déviation constatée parfois entre le chœur et la nef, légère comme à Paris ou forte comme à Quimper, était pour imiter la tête inclinée du Christ en croix. Or aucun liturgiste de l'âge gothique ne l'évoque et, à l'origine de cette déviation, on trouve, plus prosaïquement, un mauvais raccordement de la nef et du chœur ou des contraintes topographiques : accidents de terrain ou maisons impossibles à détruire.

Classique

Si dans les pays latins et les principautés de l'Empire germanique restées catholiques, l'Église opposa aux protestants les formes sensuelles et exubérantes de l'art baroque, en France, elle adopta un style qui rivalisait d'austérité et d'intellectualisme avec eux. Ce style fut en grande partie le fait du Roi-Soleil, soucieux de réunifier la France selon le principe « une foi, une loi, un roi » et de réaffirmer son statut de grande puissance sur la scène européenne. On peut dater sa naissance de 1665, quand Colbert et Louis XIV refusèrent les plans du Bernin pour la colonnade du Louvre. Alors que depuis François Ier, les rois de France n'avaient cessé de suivre les modes italiennes, en rejetant l'artiste romain le plus réputé de son époque, envoyé par le pape en personne, Colbert et Louis XIV manifestèrent leur volonté de supplanter l'Italie en tant que foyer culturel et d'imposer au monde un art qui ne doive rien qu'à lui-même.

Depuis le concordat de Bologne, en 1516, l'Église de France s'était engagée sur la voie d'un gallicanisme qui la rendait indépendante de la papauté, mais l'inféodait aux rois français. Ceux-ci avaient le droit de désigner ses évêques en supprimant les élections du chapitre. Et le clergé ayant de moins en moins d'argent pour entretenir ses cathédrales, avec la baisse des revenus agricoles, l'État y prit une part croissante. À mesure de la centralisation du pays, tous les nouveaux chantiers, soit une vingtaine au total, furent impulsés par la capitale ou transitèrent par elle, via le Service des bâtiments du roi.

Même à Sainte-Croix d'Orléans, dont la reconstruction dans le style gothique, après sa destruction par les protestants, fut décidée et financée par Henri IV, l'empreinte de Louis XIV, qui relança le chantier en 1684, est manifeste : au centre des roses du transept, il figure à la place de Dieu en Apollon avec sa devise : « *À nul autre pareil.* » Il intervint directement pour préciser certains aménagements, comme le jubé et les stalles confiés à Charles Le Brun, à Jules Hardouin-Mansart et à Jacques V Gabriel.

Cette mutation s'accéléra après la révocation de l'édit de Nantes, en 1685. À Montauban, où la cathédrale avait été pillée et incendiée par les protestants, l'évêque Jean-Baptiste Michel Colbert, petit-cousin du ministre tout-puissant et neveu du chancelier Le Tellier, se vit accorder par Louis XIV le droit de lever un impôt pour sa reconstruction. Celle-ci fut confiée à François d'Orbay, ancien collaborateur de Le Vau à Paris et Versailles et premier architecte du roi, puis à Jules Hardouin-Mansart et Robert de Cotte, qui lui succédèrent à ce poste. Aujourd'hui encore, sa silhouette austère et dépouillée, d'une blancheur éclatante, domine la ville rose sans s'y intégrer. Elle marque la reprise en main d'un pouvoir qui voulait arraisonner la société et les formes architecturales conformément à un idéal hérité de la Renaissance, où l'étude rationnelle des proportions, la symétrie des formes et des espaces parlent d'un Dieu qui triomphe du chaos, crée l'ordre et emplit l'Univers de lumière.

À Notre-Dame de Strasbourg, conquise par Louis XIV et rendue au culte catholique en 1681, le chœur fut réaménagé à la romaine, mais dans le style français. Le sculpteur Martin Frémery dressa au-dessus du maître-autel un baldaquin de dix-sept mètres, surmonté d'une couronne fleurdelisée. Le menuisier Claude Bourdy mit en place des lambris et des stalles, et le palais épiscopal fut reconstruit par Joseph Massol, d'après des dessins de Robert de Cotte. À La Rochelle, devenue le siège d'un évêché par la volonté de Louis XIII, qui voulait y effacer l'affront que lui avaient fait les protestants, la cathédrale fut construite en 1741 selon des plans de Jacques V Gabriel et de son fils Ange-Jacques, successeurs de Robert de Cotte.

Sans avoir toujours le même caractère militant, le style classique s'étendit à la plupart des cathédrales construites, reconstruites ou « embellies » au XVIIIe siècle. N'était-ce pas le temps où Fénelon, précepteur du petit-fils de Louis XIV, vivait comme un exil sa nomination à l'archevêché de Cambrai et disait préférer les « ornements majestueux et naturels » des temples grecs aux « colifichets » des églises gothiques ? « Tout est simple, tout est mesuré, tout est borné à l'usage. On n'y voit ni hardiesse, ni caprice, qui impose aux yeux. Les proportions sont si justes, que rien ne paraît fort grand, quoique tout le soit. Tout est borné à contenter la vraie raison : au contraire l'architecte gothique élève sur des piliers très minces une voûte immense, qui monte jusqu'aux nues. On croit que tout va tomber, mais tout dure pendant bien des siècles. Tout est plein de fenêtres, de roses et de pointes. La pierre semble découpée comme du carton. Tout est à jour, tout est en l'air. »

À Nancy, à peine le duché de Lorraine entré dans l'orbe du royaume de France, la construction de la cathédrale, initiée en 1700 selon des plans de Giovanni Betto en s'inspirant de ceux de l'église baroque Sant'Andrea della Valle, à Rome, se vit imposer plus de sobriété et d'équilibre par Jules Hardouin-Mansart. À Rennes, où la cathédrale était en mauvais état, l'évêque Louis-Guy de Guérapin de Vauréal, en 1762, demanda son expertise au Service des bâtiments du roi, qui lui envoya deux collaborateurs d'Ange-Jacques Gabriel : Jacques-Germain Soufflot et Nicolas Marie Potain. Un projet de ce dernier fut approuvé par Louis XV, mais ajourné faute de moyens, et c'est finalement selon des plans de Mathurin Crucy qu'elle fut achevée, en 1811.

Certaines cathédrales comme celles de Châlons-en-Champagne, entre 1628 et 1634, et Langres, entre 1761 et 1768, se dotèrent de façades classiques ou néoclassiques. À Notre-Dame de Paris, Jacques-Germain Soufflot détruisit en 1771 le linteau et le trumeau du portail central pour laisser passer le dais royal. À Saint-Étienne de Metz, en 1744, après la guérison de Louis XV, tombé malade lors d'un séjour dans la ville, Jacques-François Blondel se vit commander, pour la façade occidentale, un portique avec des colonnes cannelées supportant un entablement dorique et deux statues de la France et de la Religion. Ce portail s'harmonisait avec la nouvelle place royale, mais rompait avec le style antérieur de la cathédrale. Jacques-François Blondel avait proposé un dessin gothique, mais se l'était vu refuser pour des raisons financières.

De passage à Sainte-Croix d'Orléans, l'architecte écrit : « Ce genre gothique, poussé à un tel point de perfection, devrait peut-être rester consacré pour la structure de nos temples, de préférence à cette multitude d'ordres et de membres d'architecture, qui pour l'ordinaire range nos églises dans la classe des bâtiments destinés à l'habitation des Grands ; en effet, quelle noblesse, quelle dignité, quel repos s'offrent aux regards des connaisseurs. En entrant dans ce temple, un caractère religieux y affecte l'âme ; une admiration contemplative nous fixe et nous détermine à la piété, caractère essentiel que devraient présenter aux fidèles tous les monuments de l'espèce dont nous parlons ; de grandes hauteurs de voûtes qui, en les examinant, portent les esprits vers la divinité, une élégance ingénieuse qui satisfait la raison ; une belle simplicité qui se suffit à elle-même et fait aimer le recueillement sont les effets qu'on éprouve dans l'intérieur de cet édifice, ce que l'on sent rarement dans nos églises modernes. »

C'est surtout à l'intérieur des cathédrales que la mutation fut la plus spectaculaire. Si les chanoines persistèrent longtemps dans leurs habitudes, après le concile de Trente, ils procédèrent, au milieu du XVIIIe siècle, à une campagne de « travaux et embellissements » sans précédent, encouragés par des rois qui y mettaient en scène leur pouvoir de droit divin. Robert de Cotte achevait la chapelle royale du château de Versailles quand il se vit confier, en 1708, l'aménagement de plusieurs chœurs, dont celui de Notre-Dame de Paris, devant servir de modèle. Il s'agissait de réaliser le vœu de Louis XIII de consacrer le royaume de France à Dieu par l'intermédiaire de Marie et d'entretenir une lumière perpétuelle devant son maître-autel. Les travaux furent pris en charge par le Service des bâtiments du roi. Le jubé fut démoli, et les arcades gothiques masquées par des colonnes classiques supportant des arcs en plein cintre. Mais est-ce que les formes issues de la raison ne suffisaient plus lorsqu'il s'agissait de manifester la présence divine ? Pour le baldaquin, Robert de Cotte s'inspira de celui du Bernin à Rome, et pour la *Pietà* et les statues de Louis XIII et de Louis XIV, les frères Coustou et Antoine Coysevox s'abandonnèrent au lyrisme le plus baroque.

Après tout, Louis XIV ne revint-il pas à des formes plus exubérantes, à la fin de sa vie ? N'écrivit-il pas, dans ses *Mémoires pour l'instruction du dauphin*, que la raison humaine ne pouvait avoir le dernier mot en matière de foi ? « Pourquoi ne croirions-nous pas que le monde lui-même, qui passe si fort toutes les autres choses en grandeur, en ordre, en beauté, est aussi l'ouvrage d'une raison, sans comparaison plus élevée que la nôtre – dont, si ensuite l'on nous dit mille merveilles, il faut seulement examiner qui nous les dit, et quelle assurance il en a, sans nous étonner de ne les pouvoir comprendre. Au contraire, ce qui serait incroyable en soi, s'il est d'ailleurs appuyé de quelque bonne autorité, ne devient pas seulement croyable, mais très vraisemblable quand il s'agit de cette raison supérieure et si élevée – c'est-à-dire d'une chose très obscure pour nous, qui ne connaissons presque pas ce que c'est que notre propre raison. »

À Notre-Dame de Chartres, où les chanoines voulurent doter leur chœur d'un décor « dans le dernier goût », Victor Louis, futur artisan du Grand-Théâtre de Bordeaux, et les sculpteurs du roi revêtirent les arcades gothiques de faux marbres et masquèrent les entrecolonnements avec des panneaux en stuc modelant des rideaux à franges. Pierre-François Berruer sculpta des Vertus pour l'entrée du chœur, et Charles-Antoine Bridan six bas-reliefs et une Assomption de la Vierge. Avec son outrance qui atteint si souvent au comique, Joris-Karl Huysmans la compara à une « masse de saindoux ». Encore ignorait-il que la cathédrale avait échappé à un projet de baldaquin de Paul-Ambroise et Sébastien-Antoine Slodtz en forme de temple de l'Amour.

Les campagnes de restauration de la fin du XIXe siècle balayèrent la plupart des baldaquins, mais on peut encore voir celui de Jean Nicolas Servandoni, spécialiste des décors de théâtre et de fêtes, à Saint-Étienne de Sens, celui de Marc Arcis, ornemaniste du château d'Anet et du Grand Trianon, qui s'inspire de celui de Gilles-Marie Oppenord à Saint-Germain-des-Prés, à Notre-Dame de Tarbes, ou celui de Denis Gervais, conçu d'après celui du Val-de-Grâce créé par Gabriel Le Duc, collaborateur de François Mansart et de François Le Vau, à Saint-Maurice d'Angers. Tous sont d'inspiration berninienne, comme les gloires qui subsistent à Carpentras, Béziers et Amiens.

Parmi les retables baroques que les gloires n'éclipsèrent pas, il faut signaler celui du chœur de Saint-Étienne de Toulouse, conçu par Gervais Drouet, sculpteur formé à Rome, en 1670. L'œuvre en marbre, stuc et or de la chapelle du Saint-Suaire de Saint-Jean de Besançon, créée par Germain Boffrand entre 1733 et 1755, combine le retable et la gloire, le style classique et le style baroque, dans une dualité caractéristique des sanctuaires de cette époque.

Inutile de dire que l'art classique me laisse… de marbre. Comme toute œuvre d'une intelligence trop exclusive, le mystère y recule à mesure qu'elle s'affirme. Le dernier mot n'en revient-il pas d'ailleurs à Étienne-Louis Boullée, dans son projet de cathédrale métropolitaine destinée à remplacer Notre-Dame de Paris, en 1781 ? Cathédrale purement spéculative dans l'esprit des Lumières, une impression de grandeur froide s'en dégage. Les minuscules personnages qui s'y meuvent semblent perdus dans ses perspectives interminables, ses formes géométriques épurées et ses dimensions surhumaines éclairées par une lumière zénithale. Le symbolisme chrétien y est si peu présent que l'architecte put le dédier sans peine à l'Être suprême, en 1794.

Si les cathédrales payèrent, pendant la Révolution, d'avoir été transformées en lieux de célébration du pouvoir monarchique, le style classique devint celui de la République et de l'Empire. À l'étranger, il trouva à s'illustrer dans les États qui se réclamaient des Lumières pour s'émanciper de la tutelle coloniale. Thomas Jefferson l'adopta aux États-Unis pour les bâtiments officiels, et les évêques suivirent. En 1806, John Carroll, à Baltimore, choisit pour architecte de la première cathédrale catholique du pays Benjamin Latrobe, descendant de huguenots français réfugiés en Angleterre, lecteur d'Étienne-Louis Boullée et de Claude-Nicolas Ledoux, qui construisit le Capitole. À Buenos Aires, en 1822, ce sont deux architectes français, Prosper Catelin et Pierre Benoît, qui firent la nouvelle façade de la cathédrale, sur le modèle de celle du Palais-Bourbon.

Claudel, Paul (1868-1955)

Chaque époque voit naître des contrepoids spirituels à ses pesanteurs humaines. Au positivisme de la fin du XIXe siècle répondent, par des voies différentes, Thérèse de Lisieux, Charles de Foucauld, Joris-Karl Huysmans, Léon Bloy, Germain Nouveau, Arthur Rimbaud, Charles Péguy et Paul Claudel. Agnostique étouffant dans le « bagne matérialiste » où il fait ses études, le jeune Paul Claudel cherche une voie de salut par l'esthétique. En 1886, la lecture des *Illuminations* d'Arthur Rimbaud lui ouvre une première brèche en le mettant en contact « presque physique » avec le surnaturel.

Quelques mois plus tard, il entre à Notre-Dame de Paris pour assister à la messe de Noël. Dans *Ma conversion*, il racontera en 1913 :

« Je commençais alors à écrire et il me semblait que dans les cérémonies catholiques, considérées avec un dilettantisme supérieur, je trouverais un excitant approprié et la matière de quelques exercices décadents. C'est dans ces dispositions que, coudoyé et bousculé par la foule, j'assistai, avec un plaisir médiocre, à la grand-messe. Puis, n'ayant rien de mieux à faire, je revins aux vêpres. Les enfants de la maîtrise en robes blanches et les élèves du petit séminaire de Saint-Nicolas-du-Chardonnet qui les assistaient étaient en train de chanter ce que je sus plus tard être le *Magnificat*. J'étais moi-même debout dans la foule, près du second pilier à l'entrée du chœur à droite du côté de la sacristie. Et c'est alors que se produisit l'événement qui domine toute ma vie...

« En un instant mon cœur fut touché et je crus. Je crus, d'une telle force d'adhésion, d'un tel soulèvement de tout mon être, d'une conviction si puissante, d'une telle certitude ne laissant place à aucune espèce de doute, que, depuis, tous les livres, tous les raisonnements, tous les hasards d'une vie agitée, n'ont pu ébranler ma foi, ni, à vrai dire, la toucher. J'avais eu tout à coup le sentiment déchirant de l'innocence, de l'éternelle enfance de Dieu, une révélation ineffable.

« Un Être nouveau et formidable, avec de terribles exigences, pour le jeune homme et l'artiste que j'étais, s'était révélé que je ne savais concilier avec rien de ce qui m'entourait. L'état d'un homme qu'on arracherait d'un seul coup de sa peau pour le planter dans un corps étranger au milieu d'un monde inconnu est la seule comparaison que je puisse trouver pour exprimer cet état de désarroi complet. Ce qui était le plus répugnant, à mes opinions et à mes goûts, c'est cela pourtant qui était vrai, c'est cela dont il fallait bon gré, mal gré que je m'accommodasse. Ah ! Ce ne serait pas, du moins, sans avoir essayé tout ce qu'il m'était possible pour résister.

« L'éveil de l'âme et celui des facultés poétiques se faisaient chez moi en même temps, démentant mes préjugés et mes terreurs enfantines.

« Je passais tous mes dimanches à Notre-Dame et j'y allais le plus souvent possible en semaine. J'étais alors aussi ignorant de ma religion qu'on peut l'être du bouddhisme, et voilà que le drame sacré se déployait devant moi avec une magnificence qui surpassait toutes mes imaginations. Ah ! ce n'était plus le pauvre langage des livres de dévotion ! C'était la plus profonde et la plus grandiose poésie, les gestes les plus augustes qui aient jamais été confiés à des êtres humains. »

De ce jour, il considérera Notre-Dame de Paris comme son lieu de naissance à la vie divine : « Vous ne doutez pas que mon église soit Notre-Dame, la vieille mère vénérable dans le sein de qui j'ai été conçu une seconde fois. C'est mélangé à ses ténèbres que j'ai reçu l'étincelle séminale et la respiration essentielle. Elle a été pour moi l'asile, la chaire, la maison, le docteur et la nourrice. »

Entre une mission au Japon et un voyage en Allemagne, il visitera bien d'autres cathédrales : « Cette nef est incomparable dans sa sublime simplicité et dans son unité de composition », note-t-il à propos de Notre-Dame d'Amiens ; puis après avoir vu Saint-Julien du Mans : « J'étais loin de m'attendre à cette chose superbe... la cathédrale de pierre et de feu. » À Saint-Pierre de Beauvais, il apprécie le « suprême effort du gothique, cette merveilleuse cathédrale d'argent dans le ciel bleu », à

Notre-Dame de Verdun, l'« alliance délicieuse du gothique et du style XVIIe siècle » et, à Notre-Dame de Laon, les « quatre clochers sans cloches, entièrement perforés ». C'est en partie à la lumière de « la grande chandelle rouge » de Notre-Dame de Strasbourg qu'il écrit le *Partage de midi* (1906). Mais c'est Notre-Dame de Chartres qui représente pour lui la perfection.

« Voici le paradis retrouvé ; nous sommes enveloppés et pénétrés de son murmure latent, de ses ténèbres éclatantes, de son conseil innombrable ; à notre droite et notre gauche, nous avons conscience de lui. Car cela n'est pas en repos ; cela vit et palpite, cela dort et cela rutile, cela s'allume et brûle : éclair ou braise, rubis, émeraude et cobalt, et, sous le trait qui perce, comme le sang des poumons, vivifié par l'oxygène, dégage l'essence et l'âme, témoigne, par la combustion, de sa vertu intrinsèque.

« Toutes ces couleurs ensemble, tous ces points divers, tout cela n'est pas immobile, tout cela chauffe et chante, et du seul fait de sa variété, produit un prodigieux ramage ! Mais ce n'est pas tout ! Le soleil, qui était à droite, maintenant, ce soir, il est à gauche... ; qui était en bas : le voici qui est monté, pendant que son rayon descend ; la fleur du Midi s'éteint tandis que le lion du Nord se met à rugir et que la pourpre succède à l'hyacinthe et il y a toutes les heures de l'office qui se suivent ainsi depuis les Laudes jusqu'à Complies ! Je suis resté une heure en contemplation devant cette Vierge bleue, dans un halo de myosotis qui est intronisée en haut de ce que l'on appelle la Belle Verrière. Tout le cri splendide et pur de cette heure entre les heures qui est dix heures du matin le lendemain de Pâques, cette fraîcheur lustrale, cette joie dehors, que l'on sent comme une conscience nettoyée, l'accident du nuage qui arrive et qui s'en va, tout cela était traduit aussitôt, tout cela était comme un visage peu à peu qui s'anime et qui sourit, et puis qui est devenu sérieux, et de nouveau voici ce divin sourire qui s'apprête à reprendre au milieu des anges agenouillés !

« [...] Âme chrétienne, tel est donc ton monde intérieur, tel est ton silence, tel est le tabernacle devant Dieu où tu es invitée à te recueillir, cependant qu'à toutes tes fenêtres, monte la garde un firmament fait d'espérances, d'existences, d'impulsions de souvenirs, de paroles médicinales, de pensées tour à tour qui naissent et s'éteignent, de l'encouragement des saints et des assombrissements du repentir, un tissu sacramentel de pardons et de péchés, d'obscurcissements et d'élucidations, et cette immense fermentation de la vérité. »

Cloches

Liszt, Debussy, Ravel et d'Indy, Ropartz, Rachmaninov et Mahler en exprimaient déjà la nostalgie en transcrivant leurs sons denses et pleins d'harmoniques, leurs accents allègres, solennels, alertes ou funèbres dans leurs compositions. Que penseraient-ils dans nos villes sommées de s'adapter sans cesse au rythme effréné de la technique et des profits ? Quand on les entend encore sonner, les cloches font pulser un autre temps, vivant et élastique, appelant chacun à s'extraire des flux anonymes qui l'asservissent pour se faire artisans d'éternité.

Les hommes se servent de cloches pour communiquer entre eux et avec les dieux depuis qu'ils ont du bronze pour en fabriquer. En Asie, certaines ont plus de quatre mille ans. L'Amérique les connaissait avant l'arrivée de Christophe Colomb. En Égypte, elles sonnaient pour les fêtes d'Osiris et, en Israël, le temple de Salomon en comptait quatre cents que le vent agitait. À Rome, les gardes du temple de Jupiter en portaient sur leurs cuirasses et les bacchantes à leurs poignets. Elles n'étaient alors que des clochettes et servaient aussi à sonner les heures d'ouverture et de fermeture des marchés et des bains.

Après l'avènement du christianisme, saint Paulin de Nole, au Ve siècle, fut le premier à en installer dans les églises de son diocèse. Nole étant une ville de Campanie, cette région donna leur nom aux cloches en Italie : *campanae*. Le mot français viendrait quant à lui de l'irlandais *cloc*, imitant le son des cloches en bois battues à l'aide d'un maillet. Quand l'Écossais saint Patrick se rendit en Irlande, il emmena plusieurs fondeurs de cloches, puis les moines irlandais en répandirent l'usage sur les terres qu'ils évangélisèrent.

Elles servaient alors à sacraliser l'espace autant que le temps. On en usait pour chasser les esprits mauvais, appeler à la prière et marquer le territoire acquis à Dieu par les missionnaires. Childebert Ier ne dit-il pas à saint Lunaire, venu du pays de Galles s'établir près de l'estuaire de la Rance : « Fais tinter ta clochette sur une colline, et partout où, dans toutes les directions, son tintement sera entendu aux alentours, que cette terre soit tienne » ? Une légende raconte aussi qu'avant de partir pour l'Armorique saint Paul Aurélien demanda au roi Marc'h de Cornouailles de lui donner une des cloches avec lesquelles il chassait les esprits mauvais. Le roi la lui refusa, mais au cours d'un repas servi à la table de son cousin, sur l'île de Batz, on la retrouva dans le corps d'un poisson. On peut toujours la voir, lors des grandes processions, à Saint-Pol-de-Léon.

Ce maillage s'étendit comme un filet sonore à mesure que l'Occident s'évangélisa. Les cloches quittèrent les monastères pour se répandre dans les cathédrales, et des fondeurs itinérants relayèrent les moines dans leur fabrication. Au VIIe siècle, le pape Sabinien ordonna d'en faire sonner pour indiquer les heures des offices et de la messe. En 817, le concile d'Aix-la-Chapelle décréta que les églises paroissiales devaient en posséder au moins deux, dont une pour sonner les heures. L'Église comptait parmi les rares institutions à posséder des instruments de mesure précis du temps : sabliers, clepsydres et cadrans solaires.

Dans son *Livre des Divins Offices*, Alcuin précisait qu'on ne sonnait pas les cloches les trois derniers jours de la Semaine sainte pour accompagner Jésus dans le silence de sa mort. Elles ne se remettaient à sonner qu'au *Gloria* de la messe de la Vigile pascale, et alors les cathédrales, églises mères du diocèse, avaient le privilège de les mettre en branle en premier. C'est de cette époque que date la tradition de dire aux enfants que les cloches partent à Rome se faire bénir le Samedi saint et en reviennent le dimanche de Pâques en semant des œufs sur leur passage.

Ce n'est qu'à partir du XIIe siècle que les progrès en matière de fonderie permirent d'en fabriquer de grande taille, dans un alliage capable de produire des tonalités harmonieuses et puissantes. Chacune avait son identité propre : elle recevait un prénom le jour de son baptême en présence de son parrain ou de sa marraine et une inscription donnant à connaître sa fonction. « En l'an du Seigneur 1285, au mois de juin, maître Jean m'a faite. Les éclairs de terreur du ciel et les diverses peurs, puisse Paule les chasser quand elle répand ses sons divins », dit une cloche de Saint-Paul de Liège ; et sa voisine : « En l'an du Seigneur 1275, au mois de juillet, Jean et Gérard m'ont faite. Comme je m'accorde avec mon associée, on m'appelle à bon droit Concorde. En chassant les nuages de la tristesse, je relève le courage du peuple. »

Les liturgistes les comparaient à des prédicateurs appelant les fidèles à chercher les biens éternels. « On sonne la cloche afin que les fruits de la terre, les âmes et les corps de ceux qui croient, soient conservés et sauvés ; que les armées des ennemis et toutes les ruses du démon soient découvertes, et qu'ils soient chassés au loin ; que le fracas des orages, la tempête et les ouragans, l'impétuosité des vents et de la foudre s'apaisent et se calment, et que le tonnerre dangereux et le souffle de l'aquilon soient suspendus et arrêtés », résume Guillaume Durand de Mende. Mais si grandes soient-elles, leur taille ne justifiait pas celle des clochers que l'on construisait. « On peut donc considérer les plus anciens clochers autant comme des monuments destinés à faire reconnaître l'église au loin, comme un signe de puissance, que comme des tours bâties pour contenir des cloches », écrit Eugène Viollet-le-Duc.

Jusqu'à la Révolution et même au-delà, leurs sonneries rythmèrent si intimement les activités des hommes qu'elles ne faisaient qu'un avec la trame de leur vie. À Saint-Étienne de Metz, où subsiste un des ensembles campanaires les plus complets, les trois cloches de la tour du chapitre étaient dédiées aux sonneries religieuses. Celles de la tourelle de l'horloge sonnaient les heures. Dans le beffroi, la *Mutte* appelait les conseillers municipaux, le *Tocsin* sonnait l'alarme, et *Mademoiselle de Turmel* le couvre-feu. À Notre-Dame de Strasbourg, la « cloche des dix heures » remplissait cette fonction tandis que la « cloche des vauriens » annonçait l'exécution des condamnés. À Saint-Pierre de Beauvais, la *Poissarde* indiquait les heures d'ouverture et de fermeture du marché aux poissons. Et le *Livre des métiers* d'Étienne Boileau, à Paris, précisait que les charpentiers devaient s'arrêter de travailler après que la grosse cloche de Notre-Dame eut sonné none. À la fin du XIXe siècle, on utilisait encore, à Auxerre, la plus grosse cloche de la cathédrale pour régler le travail des vignerons et des laboureurs.

Peu ont traversé les siècles. D'abord, parce que s'en prendre à elles était un bon moyen de semer la zizanie chez l'ennemi pendant une guerre. Les Sarrasins, les Vikings et les Anglais ne manquèrent pas d'en user, d'autant qu'elles étaient dotées d'une symbolique forte. Pour faire taire les infidèles, en 997, Al-Mansur fit retirer les cloches de

Saint-Jacques de Compostelle et les fit transporter à dos de captifs jusqu'à Cordoue, où elles furent transformées en luminaires. Les Espagnols en furent si frappés que lors de la reprise de Cordoue en 1236, ils les firent rapporter à dos de captifs musulmans jusqu'à Sainte-Marie de Tolède. Dans leur entreprise de laïcisation de l'espace et du temps, les révolutionnaires détruisirent près de cent mille cloches avant de se rendre compte de la résistance des habitants et des inconvénients de l'absence de tout mode collectif de communication sonore. En 1793, une série de textes autorisa chaque commune à en conserver une pour servir de timbre à l'horloge.

Surtout, il fallait régulièrement les refondre du fait de leur fragilité. À Notre-Dame de Paris, le bourdon *Marie*, datant de 1378, fut refondu six fois en 1396, 1402, 1430, 1451, 1472 et 2012 ; *Jacqueline*, fondu en 1400, fut refondu quatre fois en 1430, 1451, 1480 et 1681. C'est alors que son poids fut augmenté et qu'il fut rebaptisé *Emmanuel*. Après une refonte en 1686 pour remédier à une erreur de conception, il fut le seul à survivre à la Révolution. Ses qualités sonores en firent l'étalon à partir duquel de nouvelles cloches furent fondues en 2012 pour rendre sa voix du XVIIIe siècle à la cathédrale. Leur mise en place attira les foules, mais partout ailleurs, la laïcisation de l'espace public et la découverte de nouveaux moyens de communication plus rapides réduisirent les cloches à la discrétion.

À la Résurrection-Saint-Corbinien d'Évry, construite en 1995, il n'y en a plus que cinq sans affectation autre que la sonnerie des temps religieux. Si l'on peut encore distinguer l'*Angelus*, la sonnerie ordinaire ou festive, le *plenum* et le glas, leur son normalisé par l'électrification n'a plus l'accent qui les reliait à la main et au cœur des humains. À Saint-Jacques de Compostelle, le dernier sonneur quitta la maison où il vivait sur le toit de la cathédrale avec sa famille, ses poules, ses chèvres et son verger en 1962, quand arriva le premier programme de sonnerie automatique. Le temps s'est depuis atomisé au sens propre comme au figuré : fixé par des horloges atomiques, il est relié à la montre de chacun et soumet l'ensemble de ses activités à la Trinité qu'il s'est lui-même créée : la raison, la technique et la finance.

Cologne

De passage à Cologne en 1331, Pétrarque décrit ainsi la cathédrale en construction : « J'ai vu dans cette ville le plus beau temple, quoiqu'il ne soit pas encore terminé ; on le nomme avec raison le suprême. » Reconstruite en 1248 pour accueillir les reliques des Rois mages rapportées de Milan par l'empereur Frédéric Barberousse, Saint-Pierre de Cologne était une version perfectionnée, grâce aux innovations de la basilique Saint-Denis et de la Sainte-Chapelle de Paris, des cathédrales d'Amiens et de Beauvais. Son influence se fit sentir de Strasbourg, où le clergé construisit une nef sur le modèle de celle de Saint-Denis pour rivaliser avec elle, jusqu'à Prague, où Peter Parler usa de son répertoire de formes jusqu'à la claire-voie.

Sans doute eût-elle été une des plus éblouissantes si son chantier n'eût été interrompu en raison de dissensions entre l'archevêque et les bourgeois, puis définitivement arrêté en 1560 faute de fonds et de goût pour l'art gothique. Seul son chœur s'élevait alors avec hardiesse. Sa nef ne dépassait pas le niveau des maisons. Sur sa façade, le provisoire s'éternisait, et la grue abandonnée sur sa tour sud n'en soulignait que plus cruellement sa flèche absente. Au début du XIXe siècle, Gérard de Nerval voyait en elle « l'image de la constitution allemande, qui n'est pas près non plus de se voir terminée, malgré tous les soins qu'y apportent les peuples et les princes ». Mais alors que plus personne ne s'y attendait, son chantier reprit sur la base d'un grand élan et d'un prodigieux malentendu. Le grand élan était celui de la nation allemande, qui prenait conscience d'elle-même après les invasions napoléoniennes ; et le grand malentendu, celui qui faisait considérer, depuis l'engouement du jeune Goethe à Strasbourg en 1770, l'art gothique comme l'art germanique par excellence.

Saint-Pierre de Cologne était donnée pour le modèle des grandes cathédrales françaises. Mais au XIIIe siècle, on ne parlait que d'*opus francigenum*. C'est même une chronique allemande qui disait que la collégiale de Wimpfen-im-Thal avait été construite par « un architecte très expérimenté, récemment arrivé de Paris en France, en pierre taillée, à la façon française ». C'est seulement à partir de la Renaissance que cet art fut qualifié de gothique dans un mémorandum au pape attribué au peintre Raphaël en 1510, puis par le théoricien de l'art Vasari, qui évoqua les « nouveaux architectes qui, venus de leurs nations barbares, mirent à la mode le genre d'édifices que nous nommons aujourd'hui gothiques » après le sac de Rome par les Goths. L'art français devint l'art grossier d'un peuple inculte ayant détruit la brillante civilisation gréco-romaine. Au XIXe siècle, les Allemands purent d'autant mieux retourner l'argument en leur faveur que les Français avaient avalisé ce jugement et adopté les formes classiques issues de la Renaissance italienne.

Après les guerres révolutionnaires, toute une génération d'artistes et d'écrivains opposait aux Lumières apportées à la pointe de leurs baïonnettes par les soldats français le souvenir de la chrétienté médiévale, de la vie mystique et du sentiment de la nature allemands. En 1811, dans *Paysage d'hiver avec église*, Caspar David Friedrich représenta une cathédrale qui s'élève au-dessus de la brume. Dans une lumière crépusculaire ou aurorale, elle soutient un homme qui prie après avoir jeté ses béquilles dans la neige. Dans *Tonnelle*, en 1818, une cathédrale apparaît dans le prolongement des arbres d'un jardin. À un couple qui la contemple sous une tonnelle couverte de vigne, elle désigne l'au-delà de la mort et de la résurrection.

La *Cathédrale* qui s'élève la même année au-dessus d'un arc-en-ciel symbolisait-elle l'union de l'âme avec Dieu, thème récurrent de sa peinture, ou figurait-elle le monument national « immortalisant toute l'histoire de la patrie dans ses principaux traits » illustré par Karl Friedrich Schinkel ? Dans *Ville médiévale au-dessus d'un fleuve*, ce dernier représenta en 1815 une cathédrale où flottait l'aigle impériale auréolée d'un arc-en-ciel. Tandis que l'orage s'éloignait, un souverain s'avançait vers elle au milieu d'un immense cortège. Napoléon venait d'être vaincu à Leipzig, et les troupes du général von Blücher avaient poursuivi son armée jusqu'à Paris. Dans toute l'Allemagne régnait une atmosphère de renouveau qui ne demandait qu'à se matérialiser dans des formes nouvelles.

Dès 1799, le poète Novalis écrivait : « On sent partout comme l'éveil d'une revanche de la liberté créatrice, la démesure, la variété infinie, la sainte originalité, le génie universel de l'homme intérieur. Réveillée du songe matinal de son enfance encore gauche, une part de l'humanité essaie ses jeunes forces contre les serpents qui enlaçaient son berceau et voulaient paralyser ses membres. Tout n'est encore qu'indication, à l'état brut et sans nulle cohérence ; mais l'œil historique y perçoit une universelle Individualité, une Histoire nouvelle, une nouvelle Humanité, l'embrassement très doux d'une jeune Église surprise et d'un Dieu plein d'amour : l'intime accueil donné à la naissance d'un nouveau Messie au sein de ses mille membres.

« Qui donc, avec une pudeur exquise, ne se sent grave de cet espoir ? Le fruit qui en naîtra sera fait à l'image et à la ressemblance de son père : un nouvel âge d'or au regard sombre et infini, un temps prophétique, riche en miracles et en guérisons, illuminé de vie éternelle et confortatrice – le temps grandiose de la réconciliation : un Sauveur ainsi qu'un pur génie présent entre les hommes, qui ne sera connu que par la seule Foi et non par le regard, paraissant aux fidèles sous des formes sans nombre : mangé dans le pain et le vin ; embrassé dans l'amante ; avec l'air, respiré ; dans la parole, et dans le chant, entendu ; reçu, enfin, en une céleste volupté, reçu avec la mort sous les douleurs suprêmes de l'amour au plus intime du corps pacifié. »

Conscient qu'il ne pourrait accroître son influence aux dépens de l'Autriche qu'en faisant valoir la culture commune des peuples germaniques, le roi de Prusse Frédéric-Guillaume III songeait à ériger un monument emblématique de leur libération à Berlin. Il en confia le projet à Karl Friedrich Schinkel. C'est de cette époque que date sa série de vues plus ou moins réalistes ou oniriques des cathédrales de Strasbourg, Cologne et Reims, considérées comme typiquement allemandes. Le monument érigé à Berlin en 1821 fut plus modeste, puisqu'il se contentait de reprendre la forme d'une flèche gothique avec des figures allégoriques, mais un autre allait bientôt le surpasser.

En 1814, l'écrivain Joseph von Görres avait fait campagne pour que la cathédrale de Cologne devînt le monument emblématique de l'unité allemande auquel tous aspiraient. Dix ans plus tôt, le philosophe Friedrich Schlegel avait milité pour son achèvement : « Si elle était achevée, l'architecture gothique disposerait d'une œuvre gigantesque que nous pourrions comparer aux plus grandes réalisations de la Rome ancienne et moderne. » Son ami le collectionneur et historien de l'art Sulpice Boisserée s'était lancé dans une campagne d'études et de sensibilisation. Un pas décisif fut franchi avec la redécouverte dans un grenier de Darmstadt d'une moitié du plan médiéval de sa façade, suivie de la seconde chez un marchand parisien l'ayant récupérée dans le butin de guerre des soldats napoléoniens. En 1831, Sulpice Boisserée les publia avec une vue idéale de la cathédrale achevée. C'est ainsi qu'il parvint à convaincre le vieux Goethe, Karl Friedrich Schinkel et le futur roi de Prusse Frédéric-Guillaume IV de l'intérêt du projet.

Il n'y avait pourtant rien d'évident à ce qu'un roi de Prusse de confession protestante s'intéressât à une église catholique située en pays rhénan et en fît un symbole d'unité nationale. La ville de Cologne, indépendante avant d'être annexée par la France, n'était revenue à la Prusse qu'après le congrès de Vienne en 1815. Les rapports entre catholiques et administration prussienne étaient exécrables. L'archevêque Clément-Auguste Droste zu Vischering fut même incarcéré pour insubordination lors d'une contestation en 1837. Mais Frédéric-Guillaume IV, surnommé le « Roi romantique », croyait à une monarchie fondée sur la religion chrétienne. Il aspirait à dessiner un horizon national qui dépassât les seuls intérêts prussiens. L'achèvement de Saint-Pierre de Cologne lui apparaissait comme un moyen de fonder son règne sur un acte de réconciliation et de libéralisme fort.

Aussitôt monté sur le trône, en 1840, il proposa d'en financer la moitié et de lancer une souscription pour financer l'autre. Cette dernière remporta un tel succès qu'il fut en mesure, deux ans plus tard, de poser sa première pierre avec le nouvel archevêque, Johannes von Geissel. Ses façades et ses voûtes furent achevées en 1863 sous la direction de l'architecte Ernst Friedrich Zwirner. En 1880, sa nef atteignait quarante-trois mètres et ses flèches cent cinquante-sept, dépassant celles de Notre-Dame de Strasbourg et de Notre-Dame de Rouen hissée à cent cinquante et un mètres par Jean-Antoine Alavoine six ans auparavant.

On pouvait lui trouver un air sec et froid, bien éloigné de l'idéal romantique qui l'avait portée. De passage à Cologne en 1903, Joris-Karl Huysmans ne manqua pas de critiquer sa « salauderie rectiligne – tout est pareil – rien que des clochetons et des crosses – pas une statue. Des tours lourdes, opaques. Ah ! nous sommes loin de la dentelle. C'est un vrai symbolisme de lourdeur et de géométrie ». Saint-Pierre de Cologne n'en était pas moins le chantier le plus ambitieux de la fin du XIXe siècle.

Pourtant, lorsqu'il posa sa dernière pierre, le 15 octobre 1880, Guillaume Ier, successeur de Frédéric-Guillaume IV, s'intéressait moins à elle qu'à la gare qui s'étendait à ses pieds. Entretemps, les travaux de Johannes Wetter et de

Franz Mertens avaient montré la vanité de la thèse de l'origine allemande de l'architecture gothique. En 1850, l'Autriche avait fait échouer le rêve fédéral de Frédéric-Guillaume IV et, en 1870, la guerre franco-prussienne avait propulsé Guillaume Ier à la tête d'un empire recentré sur la Prusse. Sept ans de politique anticatholique du chancelier Otto von Bismarck s'en étaient suivis. L'esprit qui avait présidé à l'achèvement de la cathédrale n'y était plus. Elle n'en continua pas moins de l'incarner aux pires heures de l'histoire allemande : en 1945, elle fut le seul monument à rester debout après l'incendie de Cologne – sa couleur noire n'est pas le fait de la pollution, mais de ce feu destructeur dont on voulut garder la trace. Aujourd'hui, elle est le monument le plus visité d'Allemagne.

Compostelle

« Quel est ce personnage si grand, si illustre, pour que les chrétiens aillent vers lui le prier d'au-delà des Pyrénées et de plus loin encore ? Si grande est la multitude de ceux qui vont et en reviennent qu'à peine elle laisse la chaussée libre jusqu'à l'Occident. » Ces mots sont de l'ambassadeur de l'émir Ben Yussuf auprès de la reine Urraque Ire de Castille et León au début du XIIe siècle. Saint-Jacques de Compostelle était en passe de devenir un lieu de pèlerinage majeur et l'apôtre jouait un rôle considérable dans la mobilisation des Espagnols contre l'émirat de Cordoue.

Qui était donc Jacques le Majeur ? Dès le VIIe siècle, un document apocryphe d'origine orientale affirmait que ce disciple de Jésus, frère aîné de Jean, était venu évangéliser la Béotie, c'est-à-dire l'Andalousie, en l'an 44. Devant le peu de succès de son entreprise, il s'en était retourné à Jérusalem, où il avait été décapité par le roi des Juifs Hérode Agrippa. Les martyrologes d'Adon et de Florus de Lyon admettaient au IXe siècle que son corps reposait aux confins de l'Espagne, face à la mer. En 1077, un texte rédigé par l'évêque Diego Peláez et des moines de Saint-Jacques de Compostelle racontait que ses disciples Théodore et Athanase avaient emporté son corps après sa mort. Afin qu'il fécondât la terre de son apostolat, ils l'avaient mis dans une barque qui franchit les colonnes d'Hercule et remonta le long des côtes de l'Espagne, guidée par un ange, jusqu'en Galice. À peine son corps déposé sur un rocher, celui-ci se mua en sarcophage. Il traversa les persécutions romaines, suèves et arabes, puis vers 810-813, une pluie d'étoiles en indiqua l'emplacement à l'ermite Pelayo, qui s'y rendit avec l'évêque d'Iria Flavia, Teodomiro.

Les Espagnols qui s'étaient réfugiés dans les montagnes pour fuir les invasions musulmanes venaient de fonder le royaume des Asturies. À la fin des années 780, le moine Beatus de Liebana, auteur d'un célèbre *Commentaire sur l'Apocalypse*, avait donné saint Jacques pour le « chef resplendissant de l'Espagne ». Le roi Alphonse II vit en lui un ferment spirituel capable de fédérer son peuple et de lui insuffler le courage de secouer son joug. Il proclama saint Jacques « patron de toute l'Espagne » et fit construire une église en son honneur sur le *campus stellae*, le « champ de l'étoile », vers 830. Les pèlerins y affluèrent, encouragés par l'ordre de Cluny, et beaucoup d'entre eux se muèrent en combattants. On trouve à l'intérieur de la cathédrale une statue de saint Jacques en « tueur de Maures » qu'on masque aujourd'hui avec des fleurs. Elle reprenait la légende selon laquelle l'apôtre serait apparu pour aider le roi Ramiro Ier à remporter la bataille de Clavijo en 844.

Son rôle ne se limitait cependant pas à celui de chevalier de la foi chrétienne, sans quoi il n'eût pas attiré les foules jusqu'à nos jours. Tous les sanctuaires des chemins de saint Jacques comptent une statue de lui en pèlerin. Avec sa coquille et son bourdon, il est celui qui a tout quitté pour suivre Jésus et a eu le privilège d'assister à sa transfiguration sur la montagne. Archétype du pèlerin, il est aussi celui du chrétien selon saint Augustin : « Membres de la Cité de Dieu, les chrétiens sont des pèlerins en ce monde, usant de la paix de la cité terrestre pour parvenir à la paix céleste. »

Combien de rêves d'aventure, de sainteté et de liberté suscita-t-il et combien d'hommages accumula-t-il en retour ? Si l'on suit les dalles polies par les pas des pèlerins dans la nef, on arrive devant la Chapelle Majeure, où se trouve une statue de saint Jacques derrière le maître-autel. Œuvre de maître Mateo au début du XIIIe siècle, seul son visage surnage sous les ex-voto. À son image, la cathédrale accumula tous les hommages architecturaux. Pour accéder à son tombeau, il faut passer par un couloir étroit qui mène dans la crypte. Dans une ambiance proche de celle qui devait régner au Moyen Âge, on doit faire la queue pour voir son reliquaire. Recréée en 1880 dans le style roman, c'est autour de ses ossements que la cathédrale fut construite et embellie, génération après génération, comme un reliquaire-gigogne.

Il y eut d'abord l'église élevée par Alphonse II et Alphonse III, puis détruite par le vizir du calife de Cordoue, Al-Mansur, en 997. L'évêque Diego Peláez et le comte Raymond de Bourgogne, époux de la reine Urraque Ire, lancèrent sa reconstruction en 1075. C'est alors qu'elle fut élevée au rang de cathédrale par le pape Calixte II. Le *Codex Calixtinus*, rédigé dans les milieux clunisiens vers 1140, rapporte que l'évêque, un clunisien aussi, fit venir de France Bernard le Vieux, qualifié de « maître génial », et Robert, avec cinquante tailleurs de pierre. Ils conçurent une nef à trois vaisseaux avec un transept, un déambulatoire et cinq chapelles rayonnantes, qui était l'aboutissement des grandes églises de pèlerinage à la française : Sainte-Foy de Conques, Saint-Martin de Tours, Saint-Martial de Limoges et Saint-Sernin de Toulouse.

Elle n'était pas achevée que l'évêque Diego Gelmírez décida, en 1105, de détruire ses parties hautes pour élever un chœur plus haut encore avec une coupole et un nouveau maître-autel englobant l'ancien au-dessus du tombeau du saint. Ce dernier fut doté d'un *antependium* et d'un baldaquin sur le modèle de la confession de saint Pierre.

Le dénivelé de terrain était tel qu'on ne pouvait y entrer par l'ouest. Les Compostellans empruntaient la porte des Orfèvres ouverte dans le transept sud en 1103, et les pèlerins la porte du Paradis ouverte dans le transept nord en 1122. On peut encore voir dans le cloître la Source merveilleuse, dont les quatre jets d'eau symbolisaient les quatre fleuves du paradis, à laquelle ils se désaltéraient et se purifiaient avant de visiter saint Jacques. C'est seulement à partir de 1188 que maître Mateo construisit le porche de la Gloire sur la façade occidentale, au-dessus d'une crypte qui compensait le dénivelé de terrain.

La foule d'anges, de prophètes et d'apôtres polychromes qui se dresse sur son seuil donne une belle idée de la vie qui animait la statuaire de la fin de l'âge roman et du début de l'âge gothique. Sur le tympan du portail central, le Christ en gloire montre ses plaies en signe de victoire. Il est entouré des quatre évangélistes, d'anges portant les instruments de la Passion et de vieillards accordant leurs instruments de musique. Sur le trumeau, saint Jacques, ébloui, nous bénit, et des prophètes et des apôtres nous entraînent dans une discussion animée sur les mystères du salut. Majestueux et familiers, ils ont l'ardeur épique et la candeur enjouée de l'art roman et la grandeur pleine de naturel de l'art gothique. Au revers du trumeau, maître Mateo se serait fait représenter tourné vers l'autel et le tombeau de l'apôtre.

La cathédrale, dédicacée en 1211, a si bien conservé son identité romane qu'on s'attendrait presque à y entendre résonner les chants puissants et colorés du *Codex Calixtinus*. Mais comme si elle ne suffisait pas à exalter l'apôtre, l'archevêque Alonso y Fonseca fit rénover son maître-autel et remplacer son baldaquin par une structure gothique en 1462. Le chanoine et architecte José de Vega y Verdugo réaménagea la Chapelle Majeure dans le style baroque entre 1659 et 1671. C'est alors que la statue de saint Jacques de maître Mateo fut dotée d'un trône et d'une gloire, d'un bâton, d'une cape et d'une couronne en argent, offerts par un prélat d'origine mexicaine. Le maître-autel aussi fut recouvert d'argent et surmonté d'un baldaquin pyramidal qui monte jusqu'aux voûtes, porté par trente-six colonnes torsadées, stuquées et dorées, des anges polychromes et des socles de marbre. Un retable néoclassique vint compléter l'ensemble, illustré de scènes de la vie de saint Jacques, du côté du déambulatoire.

Parmi les cinq chapelles d'origine, la plus ancienne est celle du Sauveur, qui porte aussi le nom de Chapelle du roi de France depuis que Charles V fit une donation pour qu'une messe y fût célébrée chaque jour pour la prospérité du royaume. C'est là que les pèlerins recevaient la *Compostela* attestant de leur voyage. Ses beaux volumes romans sont ornés d'un Christ gothique intégré à un retable plateresque. Comme elle, les quatre autres chapelles qui couronnent le chœur se couvrirent de retables, de fresques, de statues et de tombeaux gothiques, plateresques, Renaissance, baroques et néoclassiques. Onze autres chapelles vinrent s'y ajouter, dans une croissance organique, de part et d'autre de la nef.

Un cloître de style plateresque remplaça celui de l'évêque Diego Gelmírez à partir de 1512. En 1612, la Porte sainte ou porte du Pardon, qui ne s'ouvre que les années où le 25 juillet, jour de la fête du saint, tombe un dimanche, fut refaite dans le style classique. À partir de 1658, les portes dépareillées percées à l'est furent masquées par la façade baroque de la Quintana, et les créneaux qui lui donnaient un aspect défensif supplantés par une balustrade et des pinacles en forme de pyramides surmontées d'une boule. La petite église de Santa María la Antigua de la Corticela, confiée par Alphonse III aux bénédictins chargés de garder l'autel du saint, fut alors intégrée à la cathédrale. Elle est aujourd'hui un de ses lieux de prière les plus intimes.

En 1750, un rideau de théâtre churrigueresque vint se lever sur ces merveilles : conçue par Fernando de Casas y Novoa, la façade de l'Obradoiro double l'ancien porche de la Gloire de maître Mateo. À son sommet, saint Jacques nous accueille en pèlerin avec les rois d'Espagne à ses pieds. Lichens et mousses ajoutent leurs couleurs fauves aux lueurs cristallines du granit qui s'irise de jaune, d'orange ou de rose selon l'intensité du soleil, si bien que, vue de loin, cette façade ressemble à une montagne qui viendrait à peine d'émerger de l'océan. Elle ne fait qu'un avec celles qui l'entourent, couvertes d'ajoncs et de bruyères où s'arrêtent les nuages et courent les eaux vives.

Si l'on se promène sur les toits en empruntant les marches en pierre prévues à la place des tuiles pour mieux circuler et organiser la défense de la cathédrale, on a une vue imprenable non seulement sur la ville et les montagnes, mais aussi sur les dômes, les lanternons et les tours. Ces dernières, au nombre de neuf, poussèrent les unes à côté des autres, sinon les unes à partir des autres. La tour de l'Horloge à base gothique se prolongea dans le style baroque en 1680. Surmontée d'une lanterne qui brille la nuit et les jours de fête, elle est, dans ce Finistère qui se perd dans les brumes, le phare des pèlerins. La tour des Cloches, dont la base romane se prolonge dans le style baroque, annonce les actes religieux de la ville, et sa sœur jumelle, de l'autre côté de la façade de l'Obradoiro, fut construite dans le même style. La plus étonnante est cependant la tour du Trésor, qui s'achève en forme de pyramide aztèque : Rodrigo Gil de Hontañón la conçut en 1543, cinquante ans après la découverte de l'Amérique.

Saint-Jacques de Compostelle est aujourd'hui une des cathédrales les plus vivantes. En témoignent le nombre de messes qui y sont célébrées dans toutes les langues et les confessionnaux qui jalonnent les collatéraux. Après l'âge d'or des XIIe-XIVe siècles, le « saint voyage » ne déclina jamais complètement, même sous les assauts de la peste, de la guerre de Cent Ans, du protestantisme, de la politique anti-espagnole de Louis XIV, du rationalisme des Lumières et des guerres napoléoniennes. Il connut un renouveau à partir des années 1880, quand on redécouvrit les reliques de saint Jacques. Aussi fou que cela puisse paraître, elles avaient été si bien cachées, en 1589, pour échapper aux pirates anglais et hollandais, dont le fameux Francis Drake, que personne ne parvenait à les retrouver. Luther eut beau dire : « On ne sait pas si est enterré là Jacques, un chien ou un cheval mort... alors, n'y allez pas... », il s'élance aujourd'hui plus de monde sur ses routes qu'aux plus belles heures du Moyen Âge : quatre cent trente mille pèlerins par an.

Avec des motivations différentes ? Pas forcément. Les indulgences et les pénitences sont certes passées de mode. La foi en la communion des saints et en la puissance des reliques a souvent été remplacée par la volonté de voir du pays et d'alimenter sa *story*. Mais n'était-ce pas déjà un peu le cas au XIIe siècle ? Sinon, Honorius d'Autun n'eût pas écrit : « Si on va aux lieux saints par curiosité ou gloriole, la seule récompense qu'on en retire, c'est d'avoir vu de jolis paysages ou la gloire recherchée. » Les hommes ont toujours les mêmes raisons de quitter leur confort quotidien pour se lancer sur les routes : secouer la poussière de leur âme et rompre avec ce qui en eux et autour d'eux les empêche de rejoindre leur patrie véritable. La seule motivation nouvelle qu'ajoute peut-être notre époque est de renouer avec la terre autant qu'avec le ciel par-delà le maillage technologique qui nous enferme dans une création artificielle. Parmi les pèlerins que j'ai croisés, combien sont partis pour ne plus entendre leur téléphone sonner, nouer des relations plus authentiques avec autrui, avec eux-mêmes et avec la nature ?

Le plus difficile ensuite est de transporter partout la voie intérieure que le voyage nous a ouverte. Celui-ci ne se termine pas à Compostelle. En sortant de la cathédrale par la porte sud, on peut voir un chrisme dont les lettres *Alfa* et *Omega* sont à l'envers : la fin est un commencement et, comme l'écrit saint Grégoire de Nysse, « on va à Dieu de commencement en commencement par des commencements qui n'auront pas de fin ».

Consécration

La consécration ou dédicace d'une église est ce que le baptême est à un fidèle : une cérémonie qui la rend propre au culte en appelant sur elle la présence de l'Esprit saint. Commémorée chaque année, elle invite à contempler dans la pierre ce que chacun doit faire advenir dans son cœur et donne la clef d'un art de bâtir qui fut longtemps un art de se bâtir.

Que Dieu puisse résider dans un temple de pierre n'avait pourtant rien d'évident au départ. Ne disait-il pas dans l'Ancien Testament : « Le ciel est mon trône, et la terre, l'escabeau de mes pieds. Où donc me bâtiriez-vous une maison ? Où serait le lieu de mon repos ? Tout cela, c'est ma main qui l'a fait » (Is., LXVI, 1-2) ? Plus récemment, des voix s'élevèrent pour protester contre la sacralisation des pierres au motif que les croyants pouvaient prier n'importe où. Mais Jésus ne compara-t-il pas son corps à un temple qu'il rebâtirait en trois jours après sa mort (Jn, II, 19) ? Saint Pierre et saint Paul filèrent la métaphore en assimilant l'Église à son corps (I Co., XII, 12-30) et les fidèles à des « pierres vivantes » (Rm., VIII, 9-11 ; I Co., VI, 19-20 ; I P., II, 4-5).

Saint Augustin, au IVe siècle, prononça ce sermon lors de la dédicace de la basilique Honoriana de Carthage : « La solennité qui nous réunit est la dédicace d'une maison de prière. La maison de nos prières, nous y sommes ; la maison de Dieu, c'est nous-mêmes. Si la maison de Dieu, c'est nous-mêmes, nous sommes construits en ce monde, pour être consacrés à la fin du monde. L'édifice, ou plutôt sa construction, se fait dans la peine ; la dédicace se fait dans la joie. Ce qui se passait quand s'élevait cet édifice, c'est ce qui se passe maintenant quand se réunissent ceux qui croient au Christ. Lorsqu'on croit, c'est comme lorsqu'on coupe du bois dans la forêt et qu'on taille des pierres dans la montagne. Lorsque les croyants sont catéchisés, baptisés, formés, c'est comme s'ils étaient sciés, ajustés, rabotés par le travail des charpentiers et des bâtisseurs. Cependant, on ne fait la maison de Dieu que lorsque la charité vient tout assembler. Si ce bois et cette pierre n'étaient pas réunis selon un certain plan, s'ils ne s'entrelaçaient pas de façon pacifique, s'ils ne s'aimaient pas, en quelque sorte, par cet assemblage, personne ne pourrait entrer ici. Enfin, quand tu vois dans un édifice les pierres et le bois bien assemblés, tu entres sans crainte, tu ne redoutes pas qu'il s'écroule.

« Le Christ Seigneur, parce qu'il voulait entrer et habiter en nous, disait, comme pour former son édifice : je vous donne un commandement nouveau, c'est que vous vous aimiez les uns les autres. C'est un commandement, dit-il, que je vous donne. Vous étiez vieux, vous n'étiez pas une maison pour moi, vous étiez gisants, écroulés. Donc, pour sortir de votre ancien état, de votre ruine, aimez-vous les uns les autres. [...] Ce que nous voyons réalisé ici physiquement avec les murs doit se réaliser spirituellement avec les âmes ; ce que nous regardons ici accompli avec des pierres et du bois doit s'accomplir dans vos corps, avec la grâce de Dieu. »

L'évêque d'Hippone s'intéressait moins aux temples de pierre qu'aux temples de chair que chacun était appelé à devenir. Mais si, dans la vie future, nous n'aurons plus besoin de temples de pierre, Dieu étant tout en tous, tant que nous sommes sur cette terre, nous avons besoin de signes de sa présence, de sacrements et les uns des autres pour aller à lui. D'où l'identification progressive qui s'opéra entre l'Église-institution et l'église-bâtiment, l'assemblée des fidèles et le corps du Christ. Au XIIe siècle, cette identification était totale. C'est alors que le rituel de la dédicace se fixa.

Il se déroule toujours à peu près ainsi : le jour venu, les fidèles se réunissent autour de l'évêque, des prêtres et des diacres. Tous arrivent en procession jusqu'à l'église, dont la porte est fermée. Ils en font trois fois le tour. Chaque fois qu'il passe devant, l'évêque frappe dessus avec sa crosse : « Ouvrez-vous afin qu'entre le roi de gloire. » Un clerc placé derrière demande : « Qui est ce roi de gloire ? – C'est le Seigneur », répond l'évêque. La troisième fois, la porte s'ouvre. L'évêque trace une croix sur son seuil pour chasser les esprits mauvais et marquer les lieux de la présence divine. Il dessine en diagonale sur le sol les lettres des alphabets grec et latin. Puis comme pour un baptême, il bénit l'eau destinée à l'aspersion des fidèles, des murs et de l'autel. Après le *Gloria* et la Collecte, il élève le lectionnaire : « Que toujours résonne en cette demeure la Parole de Dieu ; qu'elle vous révèle le mystère du Christ et opère votre salut dans l'Église. »

Pour associer l'Église du ciel à celle de la terre, les prêtres et les fidèles marchent en procession dans la nef en récitant la litanie des saints. Des reliques sont placées dans l'autel en signe d'unité du Corps mystique dans le Christ. Puis la prière de dédicace développe la théologie du mystère de l'Église dont l'église de pierre est le signe. Comme pour une confirmation, l'évêque oint l'autel, assimilé au Christ, et les douze croix des murs, qui figurent les « douze fondations [de la Jérusalem céleste] portant les douze noms des douze Apôtres de l'Agneau » (Ap., XXI, 14). Il encense l'autel pour rappeler le sacrifice du Christ qui s'est offert « comme un parfum d'agréable odeur » (II Co., II, 14-16) à son Père et les fidèles appelés à renouveler son sacrifice dans leur cœur. Des cierges sont allumés sur l'autel et devant les croix de consécration pour évoquer celui qui est la Lumière du monde (Jn, VIII, 12). Et l'évêque donne sa bénédiction à l'assemblée.

Saint Bernard interprète ainsi cette cérémonie : « Il faut que s'accomplisse spirituellement dans nos âmes ce qui a commencé par se faire sous nos yeux sur les murs. Si vous me demandez de quoi je veux parler, c'est de l'aspersion, de l'inscription, de l'onction, de l'illumination et de la bénédiction, car voilà ce que les pontifes ont fait dans cette demeure visible, et c'est là ce que Jésus-Christ, le pontife des biens futurs, opère tous les jours invisiblement en nous. D'abord, il nous asperge avec de l'hysope pour nous purifier, nous laver et nous blanchir, afin qu'on puisse dire de notre âme : “Quelle est-elle celle qui monte ainsi dans sa blancheur (Ct., VIII, 5) ?” Il nous lave dans la confession, il nous lave dans la pluie de nos larmes, il nous lave dans la sueur de la pénitence, mais il nous lave surtout dans une eau bien précieuse, dans l'eau qui s'écoule d'une source de bonté, je veux dire de son cœur.

« [...] Le Seigneur trace en nous une inscription avec le doigt dont il chassait les démons, dans le Saint-Esprit. Il trace en nous sa loi, non plus sur des tables de pierre, mais sur les tables de chair de notre cœur. [...] Il faut ensuite que l'onction spirituelle de la grâce vienne aider notre faiblesse et adoucir, par sa pieuse vertu, la croix de nos observances. [...] Après l'onction de la grâce, le Christ ne va point placer son flambeau sous le boisseau, mais sur le chandelier, attendu qu'il est temps alors que notre lumière apparaisse aux yeux des hommes, qu'ils voient nos bonnes œuvres et glorifient notre Père qui est dans les cieux. [...] Il ne nous manque plus que la bénédiction que nous attendons pour la fin, alors qu'ouvrant sa main, il remplira tout être vivant de sa bénédiction. Le comble de la grâce de la sanctification se trouve, en effet, dans la bénédiction, alors que nous passerons dans une maison qui n'est point faite de main d'hommes, mais qui est éternelle et dans les cieux, une maison construite avec des pierres vivantes. »

La consécration s'achève par la célébration de l'eucharistie. C'est elle qui fait de l'église un lieu où le Christ demeure parmi les siens non seulement spirituellement, mais corporellement. Balaï, évêque syrien du ve siècle, disait lors de la consécration d'une église près d'Alep : « Cette demeure n'est pas une simple maison, mais le ciel sur la terre car elle contient le Seigneur. Si tu veux le scruter, il est tout entier dans les hauteurs, mais si tu le cherches, il est entièrement présent sur terre. Si tu t'efforces de le saisir, il t'échappe par sa transcendance, mais si tu l'aimes, il est tout près de toi. Si tu l'étudies, il est au ciel, mais si tu crois en lui, il est dans le sanctuaire. Et pour qu'il reste avec nous, les hommes de la terre, nous lui avons construit une demeure, nous avons dressé l'autel, table où l'Église mange la vie. »

Constantin

De York à Milan en passant par Chartres, Constantin est le souverain le plus représenté sur les cathédrales. On a beau discuter parfois de la question de savoir s'il s'agit de lui, de Charlemagne ou d'un autre, il est le modèle de tous par le rôle qu'il joua en mettant son glaive au service de la foi chrétienne, et il est le père de toutes les cathédrales qu'il orne. Après l'édit de tolérance qu'il promulgua en 313, les chrétiens qui priaient sinon dans les catacombes, comme voudra une légende romantique, du moins dans des maisons privées, en sortirent pour construire des lieux de culte dignes de la magnificence de leur Dieu dans l'espace public.

Certains regrettèrent cette compromission avec le pouvoir temporel. Écoutons saint Jérôme : « Depuis les apôtres jusqu'à notre époque toute souillée, l'Église s'est développée, a grandi par les persécutions, a été couronnée du martyre, et quand elle est venue aux empereurs chrétiens, sa puissance et sa richesse ont augmenté, mais ses vertus ont diminué. » Ils favorisèrent l'essor du monachisme et alimentèrent le rêve d'une Église toute spirituelle, tandis que la masse des convertis écrivit une histoire où le pur était condamné à se mêler à l'impur pour triompher. Un tel acte de naissance faisait des cathédrales les filles de la cité terrestre autant que de la cité céleste, un point de rencontre où s'expriment indissolublement la foi de leurs commanditaires, leurs ambitions politiques, leurs moyens économiques et leurs capacités technologiques.

Pour bien comprendre la révolution qui s'opéra alors, il faut comparer la situation de l'Empire romain à celle de l'Empire perse : les chrétiens y étaient aussi nombreux dans les deux cas, mais aucun souverain persan ne s'étant converti, ils restèrent toujours une minorité. Il faut aussi tordre le cou à l'idée selon laquelle la conversion de Constantin n'aurait été qu'une opération du type « Paris vaut bien une messe », comme celle de notre bon roi Henri IV. S'il ne fut pas foudroyé comme saint Paul sur le chemin de Damas par la vision du monogramme du Christ qui précéda sa victoire au pont Milvius en 312, comme le veut la légende forgée par Eusèbe de Césarée, il n'avait pas besoin du soutien des chrétiens pour conquérir l'empire, ayant la force pour lui. S'appuyer sur eux requérait même une certaine audace alors que le paganisme demeurait majoritaire, surtout dans les cercles de l'aristocratie, des intellectuels et de l'armée. Toute conversion a sa part de mystère, mais il faut croire qu'après avoir été adepte du culte solaire, Constantin vit dans le Christ le dieu unique que beaucoup cherchaient à travers des syncrétismes. Surtout, il comprit le potentiel unificateur du christianisme dans un empire fragmenté entre classes sociales violemment opposées et peuples d'origines différentes.

Sans rompre ouvertement, dans un premier temps, avec les anciens cultes, il autorisa l'Église à recevoir des dons et des legs. Il lui accorda des exemptions fiscales et même un droit de juridiction alternatif au droit romain. Il calqua son organisation sur celle de l'administration impériale et plaça à la tête de chaque diocèse un évêque généralement élu. Pouvant se prévaloir en retour de tenir son pouvoir de Dieu, il se mêla des affaires de l'Église au point d'éclipser le pape en place. Il est vrai qu'au sortir des persécutions, celui-ci n'avait pas l'autorité qu'il a acquise depuis. Monté sur le siège de saint Pierre en 314, Sylvestre Ier devait être une personnalité assez falote en dépit de la réputation qui lui fut faite pendant la réforme grégorienne : Sylvestre, le baptiseur de Constantin, qu'il aurait guéri de la lèpre, le vainqueur du dragon du paganisme, à qui il aurait soufflé à l'oreille les paroles de l'Esprit saint. L'empereur attendit d'être sur son lit de mort pour se faire baptiser afin d'être certain de se faire pardonner tous ses péchés, et c'est lui qui convoqua le concile de Nicée pour régler la question de l'arianisme, en 324.

En matière législative, il infléchit le droit romain dans un sens chrétien : il institua le repos dominical, humanisa les prisons et autorisa l'affranchissement des esclaves par déclaration dans les églises. On peut comprendre que les hommes de Dieu aient fermé les yeux sur les aspects moins reluisants de son règne, comme la cruauté dont il fit montre envers ses adversaires jusque dans sa propre famille. Sans aller jusqu'à en faire un saint comme l'Église d'Orient, l'Église d'Occident le tient pour l'archétype du souverain chrétien. Le vitrail qui lui est consacré à

Notre-Dame de Chartres, au début du XIIIe siècle, fait face à celui de Charlemagne. Tous deux incarnent le modèle du bon souverain à l'usage des rois de France.

Traduisant sa politique dans la pierre, Constantin fut le premier bâtisseur de cathédrales. À peine Rome conquise sur son rival Maxence, en 312, il octroya au pape le palais des Laterani, servant de garnison à la garde impériale, pour y élever une cathédrale. Ce sera Saint-Jean-de-Latran, « la mère de toutes les églises de Rome et du monde entier ». L'emplacement retenu, à la périphérie de la ville, traduit sa prudence face au Sénat en même temps que sa volonté de faire de la Ville éternelle la capitale du christianisme. Religion ouverte à tous, ce dernier ne pouvait se couler dans les formes des temples païens, qui abritaient une statue dans un espace restreint réservé au prêtre tandis que les fidèles se tenaient dehors. En accord avec le pape, les architectes de Constantin s'inspirèrent des basiliques civiles, vastes salles polyvalentes ayant des fonctions impériales, judiciaires ou commerciales, peu coûteuses à construire et capables d'accueillir des foules nombreuses.

Dédiée au Sauveur, la cathédrale fut construite en dix ans. Elle comptait une nef à cinq vaisseaux séparés par des colonnes et des arcades en plein cintre. Percée de nombreuses baies, elle était couverte d'une charpente et de tuiles. Sa nef qui débouchait sur une abside en cul-de-four focalisait les regards sur l'autel et traduisait l'idée d'une église pérégrinante. Un baptistère dédié à saint Jean de la Source fut construit à ses côtés sur le modèle des thermes et des mausolées. Sobres à l'extérieur, ces édifices étaient richement ornés à l'intérieur. Fresques, marbres et mosaïques y faisaient entrer dans un espace transfiguré où flottaient les principaux épisodes de l'histoire du salut et des images plus symboliques : croix dressée sur un rocher d'où s'écoulent les fleuves du paradis, Agneau mystique entouré de colombes et croix changée par le Christ en arbre de vie. L'ensemble qu'ils formaient avec le palais épiscopal servit de modèle à travers l'empire.

Constantin lança aussi à Rome la construction de basiliques dédiées à saint Pierre et saint Paul. Après la victoire qui le rendit maître de la partie orientale de l'empire, en 324, il fit construire dans sa nouvelle capitale, Constantinople, la cathédrale Sainte-Irène, suivie de Sainte-Sophie et de l'église des Saints-Apôtres. Sur les lieux de la mémoire du Christ, il fit élever le Saint-Sépulcre de Jérusalem, composé d'une rotonde et d'une basilique ; et sa mère, Hélène, les basiliques de l'Ascension, sur le mont des Oliviers, et de la Nativité, à Bethléem. Cet élan bâtisseur connut son apogée sous le règne de Justinien, que l'on voit représenté sur une mosaïque de Saint-Vital de Ravenne, au VIe siècle.

Il n'en reste presque rien aujourd'hui. C'est le privilège et la malédiction des riches de se parer toujours à la dernière mode : Saint-Jean-de-Latran accumula toutes les formes architecturales qui se succédèrent à Rome jusqu'au XIXe siècle. D'autres furent victimes des guerres et des invasions : Sainte-Sophie de Constantinople fut convertie en mosquée par les Ottomans en 1453. Sainte-Irène, sa grande sœur dédiée à la paix, leur servit d'arsenal, et l'église des Saints-Apôtres, endommagée par les croisés, fut détruite par les derviches de Mehmed II. La cathédrale de Trèves, ravagée par les Francs, puis les Normands, fut reconstruite dans le style roman, gothique et baroque. Celle de Djemila, en Algérie, tomba dans l'oubli après les invasions vandales et musulmanes. J'emporte de Jordanie la vision du portail de la cathédrale de Gerasa qui n'ouvre plus que sur un ciel vide.

Seules continuent de voguer sur l'Adriatique la cathédrale d'Aquilée, construite par l'évêque Théodore avec l'appui de Constantin – sa mosaïque représenterait des membres de sa famille –, et celle de Parenzo élevée par l'évêque Euphrasius sous le règne de Justinien. Avec sa Vierge à l'Enfant en guise de figure de proue, son équipage d'anges et de saints, ses vagues de marbre et ses nuages rougeoyant dans l'or de l'abside, cette dernière n'en finit pas de nous transporter dans un avenir glorieux en marge de l'histoire. Qui veut s'immerger dans l'atmosphère des cathédrales paléochrétiennes peut également se rendre dans la basilique Saint-Apollinaire-le-Neuf, à Ravenne, à Sainte-Sabine, à Rome, ou à Sainte-Marie-Majeure, dont la construction se poursuivit dans le même esprit.

Leurs formes servirent de matrice à celles de toutes les cathédrales jusqu'au XXe siècle. Épurées de leurs abâtardissements carolingiens et ottoniens, elles furent remises à l'honneur au XIIe siècle dans l'Italie des papes soucieux de restaurer leur grandeur passée face aux empereurs germaniques et de villes comme Venise et Pise, rivalisant pour le titre de « nouvelle Rome » sur fond de déclin de l'Empire byzantin. C'est ce qu'on appelle parfois la première Renaissance italienne, et il n'est pas jusqu'à Brunelleschi qui ne s'en inspira à l'aube de la seconde.

Coq

Vous vous souvenez de cette belle histoire : après la nuit tragique de l'incendie de Notre-Dame de Paris, un restaurateur retrouva dans les décombres, un peu cabossé mais clairement identifiable, le coq en cuivre de la flèche que l'on croyait fondu avec le plomb de sa couverture. Sa photo dans les bras de l'architecte en chef Philippe Villeneuve fit le tour du monde. Il était si emblématique. Oui, mais de quoi ? Beaucoup voyaient en lui le coq gaulois que l'on hissait jadis au sommet des églises comme on le brode aujourd'hui sur les maillots de foot de l'équipe de France. Certains, connaissant bien leur latin, rappelèrent le jeu de mots de Jules César qui jouait sur le fait que *gallus* signifiait « gaulois » autant que « coq ». Mais alors pourquoi ce fier volatile se perchait-il sur tant d'autres cathédrales d'Europe ?

Sa symbolique est en réalité bien plus profonde et plus universelle. Prophète de l'aurore, le coq était associé à Hélios chez les Grecs, à Apollon chez les Romains, à

Lug chez les Celtes. Avant eux, les Égyptiens donnaient sa forme à leurs lampes. Par son caractère fougueux et intempestif, il incarnait le courage militaire chez les Grecs et les Romains. Ces derniers sacrifiaient un coq à Mars chaque premier jour du mois qui portait son nom. En Perse, son homologue Nergal était représenté sous la forme d'un coq de combat. Dans les figurations d'Esculape, le dieu gréco-romain de la Médecine, le coq, animal de lumière et de vie, était opposé au serpent, associé aux ténèbres et à la mort. Sa voix qui retentissait quand tout dormait autour de lui en fit un emblème de la vigilance. Chez les Scandinaves, c'était lui qui était chargé d'annoncer le Ragnarök, la fin du monde et l'avènement d'un monde nouveau.

Une telle richesse symbolique ne pouvait qu'inspirer les chrétiens, toujours prompts à discerner ce qui pouvait faire signe vers Dieu dans les cultures païennes. Oiseau de lumière et de vie, il devint l'emblème du Christ lui-même. N'annonçait-il pas le jour libérateur et sa victoire sur les ténèbres ? Courageux et protecteur, il veillait sur ses fidèles. Sa voix claironnante les rassurait, la nuit, par sa présence, et les avertissait, le jour, quand l'ennemi rôdait autour d'eux. Elle rappelait leur rôle aux prédicateurs : faire entendre la voix de Dieu à temps et à contretemps, et aux fidèles que le dernier jour était proche.

Jésus fit de son chant le révélateur du reniement de saint Pierre. À travers cet épisode des Évangiles, c'est toutes nos faiblesses qui sont révélées avant que la lumière définitive ne se fasse. Chaque fois que nous l'entendons, une occasion nous est donnée de nous ressaisir avant le Jugement dernier.

Par lui, les chrétiens étaient appelés à la prière. Le premier évêque à hisser un coq au sommet de son église fut Rampert de Brescia en 820. Le pape Léon IV l'imita à Rome, après quoi l'usage s'en répandit à travers la chrétienté. Au Xe siècle, le poète Walstan évoque celui de la cathédrale de Winchester : « Seul il a aperçu le soleil à la fin de sa course se précipitant dans l'océan, et c'est à lui qu'il est donné de saluer les premiers rayons de l'aurore... »

Ils devaient être nombreux au sommet des églises, vu la quantité de récits où la foudre s'abat sur eux. La plupart étaient pourtant dotés de reliques-paratonnerres. Dans celui de Notre-Dame de Paris, on retrouva des ossements de sainte Geneviève et de saint Denis ainsi qu'un fragment de la couronne d'épines. Il faut croire que Dieu autorise certaines catastrophes, même si ses raisons nous échappent. À nous d'en faire autant d'occasions de renouveau. Voilà ce qui faisait la force de la photo de l'architecte en chef avec son coq : dans ses bras, il portait plus qu'un emblème de fierté nationale, l'espoir d'une résurrection pour la cathédrale et le peuple tout entier.

Cosmonaute

Un haut-relief de la nouvelle cathédrale de Salamanque est devenu viral sur la toile. Sur le portail des Rameaux, un cosmonaute suspendu à une frise végétale nous toise depuis l'ébrasement gauche. Comment a-t-il atterri sur cette cathédrale construite entre le XVIe et le XVIIe siècle ? Pour les adeptes de *Stargate* et autres théories alien, il a été inspiré à nos ancêtres par une créature venue des confins de l'Univers. Au risque de les décevoir, il est sorti tout droit de l'imagination d'un compagnon restaurant le portail en 1992. Dans la tradition des sculpteurs médiévaux qui laissaient des traits d'humour sur les cathédrales où ils œuvraient en profitant de la liberté qui leur était laissée dans leurs marges comme dans celles des manuscrits, il sculpta également un dragon mangeant une glace et un chien mordant dans une grappe de raisin.

La seule question valable à se poser est de savoir pourquoi il a placé son cosmonaute parmi les monstres et les chimères plutôt que dans le cortège qui escorte Jésus lors de son entrée à Jérusalem. On sait que les mots de Youri Gagarine – « J'étais dans le ciel et j'ai bien regardé partout : je n'ai pas vu Dieu » – étaient de Nikita Khrouchtchev. À l'inverse, combien de cosmonautes ont témoigné que leur séjour dans l'espace leur avait fait sentir plus vivement la présence de Dieu ? « Le plus important n'est pas qu'un homme ait marché sur la Lune, mais que Dieu ait marché sur la Terre dans le corps de Jésus-Christ », affirme James Irwin, membre de la mission Apollo 15 en 1971. Dieu est le centre omniprésent de l'Univers et son incarnation sur la Terre signifie à l'homme sa position centrale. Ce dernier se rendrait-il aux confins de l'Univers, il n'irait pas plus loin qu'à bord de la nef de Salamanque où l'infini se donne à lui dans l'eucharistie.

Coutances

« Coutances a toujours sa belle cathédrale si austère, si dépouillée et si pure. Il ne lui manque guère qu'un porche et des verrières : elle est en sabots et en robe de bure. L'abside est une merveille, ou le chœur pour mieux dire. Mais cela ne suffit pas : une façade ne doit pas donner l'idée de l'indigence. La pureté parfaite n'est jamais si lumineuse et si touchante que là où la nudité est voulue. La sobriété n'est pas la misère. Une princesse peut s'habiller en fille des champs, qu'on la sente princesse, toutefois. Le plus beau luxe est celui qui s'efface, mais on le saisit dans son ombre, et on le touche à son effacement. » (André Suarès)

Crucifixion

Coppo et Salerno di Marcovaldo peignirent en 1274 un grand crucifix, dit « de Saint-Zénon », pour la cathédrale de Pistoia. Contemporain de ceux de Cimabue dans les églises des franciscains de Florence et des dominicains d'Arezzo, il reprend le modèle byzantin du Christ résigné : les yeux fermés, la tête inclinée et le corps ployé importé en Toscane quelques décennies plus tôt, mais avec quel accent pathétique ! On n'a pas attendu le XIIe siècle pour représenter les souffrances du Christ : ce qu'il endura transparaît sur des icônes et des ivoires byzantins du IXe siècle, sur des œuvres carolingiennes comme le psautier d'Utrecht ou ottoniennes comme le crucifix de Gero. Mais c'est surtout sous l'influence des cisterciens, des franciscains et des dominicains qu'on passa de l'expression d'une grande vérité théologique – le salut obtenu par la Passion du Christ – à celle d'un fait historique : sa mort dans d'atroces souffrances.

Si saint François d'Assise se convertit, en 1205, devant un Christ aux yeux ouverts, soixante ans plus tard, c'est devant un Christ aux yeux fermés qu'on médite pour mieux l'imiter. Entretemps, il avait reçu les stigmates de la Passion et défini la joie parfaite comme le fait de souffrir avec et pour le Christ. Sur le crucifix de Saint-Zénon, les inflexions de son visage traduisent une souffrance infinie, non avec un expressionnisme qui réveille les instincts les plus bas, le voyeurisme ou la jouissance morbide, mais avec une puissance d'évocation telle, en quelques traits, qu'elle incite à se demander ce qui les a fléchis. On songe à la calomnie, la trahison, la bêtise, la lâcheté et la haine. On se souvient des insultes, des moqueries, des coups de fouet, des clous et du coup de lance qui le transperça. On l'entend crier : « Mon Père, pourquoi m'as-tu abandonné ? » Et sa tête baissée rappelle ses derniers mots : « Tout est achevé. »

Ses souffrances prennent une épaisseur humaine qui passe dans la nôtre. Mais s'il s'agit d'en prendre la mesure, ce n'est pas pour s'y complaire. « Il n'y a pas de plus grand amour que de donner sa vie pour ceux qu'on aime » (Jn, XV, 13), dit l'Évangile selon saint Jean ; et saint François ne prie-t-il pas : « Seigneur, que la force brûlante et douce de ton amour prenne possession de mon âme et l'arrache à tout ce qui est sous le ciel, afin que je meure par amour de ton amour, comme tu as daigné mourir par amour de mon amour » ? Coppo et Salerno di Marcovaldo atteignent dans leur Christ la même profondeur spirituelle. Tout en lui engage à un dialogue amoureux où on découvre le sens plénier du mot *passion* : son visage exprime les tourments d'une âme devant l'abîme du mal et l'amour infini qui l'assume. Son corps ployé dit sa douleur et le don de soi qui la transfigure. Ses bras s'ouvrent dans un geste d'offrande qui est aussi un geste d'accueil. De ses plaies jaillit un amour débordant qui nous fait comprendre que c'est pour nous infuser un amour aussi vif qu'il a souffert et est mort.

D'autres peintres exprimeront avec plus de réalisme les supplices qu'il endura : avant Matthias Grünewald et Jérôme Bosch, qu'il nous suffise de songer au « dévot Christ » de la cathédrale de Perpignan. Mais si de telles représentations pouvaient correspondre au besoin d'un amour plus actif et plus effectif, n'était-ce pas au risque du dolorisme et de la désespérance ? On ne représente presque plus le Christ, aujourd'hui, que dans son humanité souffrante, comme si celle-ci était l'horizon ultime qui nous était imposé par un Dieu sadique. À Pistoia, aussi loin qu'on aille dans la souffrance, l'horizon demeure la gloire qui la transcende. La lumière qui émane du corps de Jésus, d'un ocre confinant à l'or, dans la grande tradition byzantine, rappelle « les vêtements resplendissants du vainqueur » qui enveloppent « le corps supplicié et sublimé par sa souffrance » décrit par saint Grégoire de Nazianze.

Crypte

κρύπτειν, « cacher » : l'étymologie du mot dit bien sa signification. Les premières cryptes furent taillées dans le roc ou maçonnées dans le sous-sol au temps des persécutions romaines pour cacher les tombeaux des martyrs. Après l'officialisation du christianisme, on construisit autour d'eux des églises, puis vers l'an 600, le pape Grégoire le Grand suréleva le chœur de la basilique Saint-Pierre et fit aménager une crypte sous le maître-autel autour du tombeau de celui sur lequel Jésus voulait fonder son Église. Ce dispositif se répandit à l'époque carolingienne avec l'essor du culte des reliques. À l'époque gothique, les prélats firent passer les corps saints de l'ombre à la lumière. Dans la basilique Saint-Denis, qui comptait une des premières cryptes de France, Suger fit transférer les reliques des saints dans un chœur à déambulatoire et chapelles rayonnantes baignant dans une lumière transfigurante.

Une telle pratique témoigne d'une foi inégalée en la résurrection des corps, mais j'aime m'attarder dans les cryptes qui subsistent à Bayeux, Auxerre ou Dijon. Leur rondeur enveloppante, leur obscurité matricielle et l'odeur d'humus qui y règne rappellent ces mots de Jésus : « Si le grain de blé tombé en terre ne meurt pas, il reste seul, mais s'il meurt, il porte beaucoup de fruit. » (Jn, XII, 24.) Elles donnent à pressentir quelque chose de la puissance germinale à l'œuvre dans la mort depuis que le Christ l'a traversée pour y semer la vie. Dans l'obscurité du monde et de l'être, elles incitent à se dépouiller du périssable et à l'abandonner à l'action des vers et de la lumière pour faire fleurir l'impérissable.

À Verdun, les mots de Jésus prennent un caractère d'autant plus profond que la cathédrale partagea le sort des poilus enfouis dans les tranchées pendant la Première Guerre mondiale. Située sur un point culminant de la ville, à l'entrée de la citadelle, elle vit son chœur et sa nef éventrés par les obus. Au fond d'un cratère, parmi les débris, on redécouvrit une crypte du XIIe siècle comblée au XVIIIe. Gaston Le Bourgeois se vit confier, en 1935, la sculpture de scènes de guerre et de scènes bibliques sur ses chapiteaux. Dans un silence si lourd et sourd que même les échos de l'orgue, dans la nef, ne parviennent à le rompre, défilent un poilu qui fume sa pipe, le pigeon du fort de Vaux, les camions de la Voie sacrée, des permissionnaires, un aumônier et des aviateurs, la corvée de pain, la relève au front, des blessés, des prisonniers allemands et même un soldat à genoux, les yeux bandés, prêt à être exécuté. Tous nous disent qu'ils furent victimes de régimes qui, ne tenant compte ni de la profondeur de la terre ni de celle du ciel, ne pouvaient qu'engendrer la violence et la mort. Comme celui qui mena Jésus sur la Croix, mais dont il fut vainqueur par l'offrande de sa personne.

D

Decorated style

Arcs inversés ou en accolade, colonnes qui s'épanouissent en palmiers et voûtes qui se déploient en éventail, réseaux de fenêtres qui festonnent le jour et ajourent les murs et saints qui nous accueillent sous leurs dais fleuris comme en des jardins de paradis : telle est la fantaisie qui se développa dans les cathédrales anglaises de la fin du XIIIe et du début du XIVe siècle. À Lichfield, c'est comme si un vent de printemps avait soufflé sur la façade, creusé des niches, déposé des saints, incrusté des arcades et suspendu des feuillages. Ailleurs, si le décor reflue des façades, c'est pour envahir les chœurs, les chapelles, les cloîtres et les salles capitulaires.

Quand on voit les voûtes imaginées par Thomas de Canterbury pour le cloître de Gloucester, on comprend qu'il ait pu servir de cadre à l'école de magie de Poudlard dans l'adaptation filmée de *Harry Potter* : liernes et tiercerons taillés à même la pierre transforment leur structure robuste et claire en un sortilège de formes alambiquées où le regard charmé se perd. Dans le chœur, liernes et tiercerons recouvrent le plafond d'étonnantes constellations. Une verrière versicolore fait disparaître le mur du chevet pour laisser paraître un peuple d'anges et de saints qui semblent aussi réels, dans leurs architectures feintes, que les moines qui célébraient les heures sous leurs dais. Devant l'autel, l'esprit se joue de la matière et des structures pour traduire la rencontre qui s'opère entre ciel et terre, passé, présent et futur en Christ. Les stalles en bois sont traitées comme des architectures miniatures, et les treillis en pierre qui ornent les murs sont sculptés comme des panneaux en bois. Mais qu'on retire les solides murs romans qui les soutiennent et la vision s'évanouit.

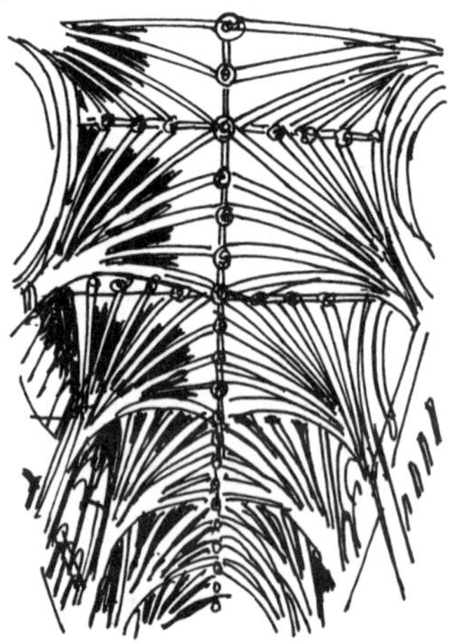

La nef de la cathédrale d'Exeter évoque une forêt à travers laquelle filtrent les rayons du soleil. Des anges s'y perchent et des saints nous y conduisent jusqu'au jubé qui montre ce qu'il cache à travers une profusion d'arcs en accolade polylobés ornés de crochets et de feuillages. À Southwell, le jubé est fouillé comme un objet d'orfèvrerie, et à Beverly, le tombeau de Percy est travaillé comme un jubé : arcs en accolade, tentures en dentelles et végétation luxuriante en font l'avant-scène d'un printemps éternel. Les salles capitulaires de Salisbury et de Wells s'ouvrent comme des fleurs ou des palmiers. Celle d'York s'élève sans appui apparent comme une étoile dans la nuit. L'illusion s'y double du fait que les architectes-sculpteurs choisirent le bois, plus ductile à l'imagination que la pierre, pour construire son dôme.

Mais le plus grand magicien de cette époque est William Hurley, auteur de la tour-lanterne d'Ely entre 1322 et 1337. De forme octogonale, elle élève le regard du matériel à l'immatériel à travers les hiérarchies terrestres et célestes qui figurent sur ses murs et ses vitraux jusqu'à son étoile centrale où brille un soleil. Ce dernier semble la source de toutes les formes qui se déploient comme le multiple sort de l'un, mais il est lui-même le produit d'une structure en bois imitant la pierre. Ce ne sont même pas les voussoirs conoïdes construits entre les baies qui le soutiennent, mais des poutres dissimulées dans le plafond. Quand on sait que les stalles des moines se trouvaient en dessous et que certains panneaux de la lanterne pouvaient s'ouvrir pour laisser place à des chanteurs, on imagine l'effet produit pendant les grandes célébrations, quand l'ouïe était aussi charmée que la vue.

La chapelle de la Vierge de la même cathédrale d'Ely fut jugée si extravagante par les protestants qu'ils la bûchèrent. Ce qu'il en reste suffit à nous faire comprendre pourquoi : ses formes féminines et translucides et sa flore luxuriante peinte aux couleurs de la vie rendent quasiment palpable la présence de Marie.

Les historiens ont démontré que ce style est né après la séparation de l'Angleterre d'avec la Normandie, dans les milieux puissants, fortunés et cultivés de la maison du roi. Mais s'ils se dotèrent à travers lui d'une grammaire propre, ce style correspondait aussi à un tournant baroque extrêmement précoce du gothique où l'art se faisait illusionniste pour mieux suggérer l'invisible. On retrouva la même tendance deux siècles plus tard dans le style gothique tardif d'Allemagne et de Bohême, le style isabélin en Espagne et manuélin au Portugal.

Dragon de Bayeux

À partir du traité de Saint-Clair-sur-Epte par lequel Rollon s'engagea, en 913, à défendre le royaume de Francie occidentale contre les attaques des Vikings, en échange de la seigneurie des terres qu'il avait conquises, les « hommes du Nord », ou Normands, comme les surnommèrent les Francs, mirent autant d'ardeur à construire des églises qu'ils en avaient mis à les détruire. S'appuyant sur un clergé puissant, ils bâtirent un État performant et se lancèrent à l'assaut de nouvelles terres. Bientôt, ils rayonnèrent jusqu'au Groenland et aux confins de l'Empire byzantin. Sans inventer des formes nouvelles, ils firent une synthèse vigoureuse et hardie de celles qu'ils trouvèrent sur place.

À Bayeux, dans la cathédrale construite au milieu du XIe siècle par Hugues II et Odon de Conteville, les grandes arcades de la nef se présentent comme d'immenses tentures de pierre ornées de motifs géométriques. Leurs écoinçons accueillent des figures rapportées des quatre coins de l'horizon, mais si l'on y reconnaît aisément les monstres entrelacés typiques de l'art anglo-saxon et irlandais, d'autres sont plus énigmatiques, comme l'homme qui se tient la barbe, le bateleur au singe avec des traits d'hindou et le lion à la queue fleurie surmonté d'un oiseau tenant une tête entre ses serres.

Inconnu de l'art byzantin et de l'art irlandais, ce dernier motif échauffa les imaginations : s'agissait-il d'un monstre nordique ou d'un dragon chinois ? Le dragon incarnait en Chine le principe du bien et du mal, l'ambivalence de la nature, bienfaisante et destructrice. Il aurait parfaitement pu s'intégrer à un art roman fait d'affrontements et de métamorphoses, mais comment serait-il parvenu en Normandie ? C'est Marcel Aubert qui donna l'explication la plus plausible : sachant que le couple lion-oiseau était un motif en vogue en Chine depuis la dynastie Shang et qu'on avait retrouvé en Scandinavie des vases et des tasses d'origine persane influencés par l'artisanat chinois, on pouvait supposer que les Normands, en relation commerciale avec la Perse, avaient importé des objets fabriqués là-bas, exécutés d'après des modèles chinois.

Dragons

On les tient aujourd'hui pour des monstres tout juste bons à faire peur aux enfants, mais doit-on considérer ses ancêtres comme des naïfs d'avoir pu croire au pouvoir néfaste des dragons ? Le fait qu'ils aient envahi les livres et les films d'heroic fantasy à mesure qu'on les chassait des églises devrait faire réfléchir à la permanence de ce qu'ils incarnent.

Le combat que leur livra un saint figure souvent parmi les événements fondateurs d'un diocèse : saint Front à Périgueux, saint Vigor à Bayeux, saint Julien au Mans et saint Loup à Troyes sont des saints sauroctones. Au portail Sainte-Anne de Notre-Dame de Paris, saint Marcel veille encore sur la ville, mince et inflexible comme la crosse qu'il enfonce dans la gueule d'un dragon. Dans les stalles de Saint-Pol-de-Léon, saint Paul Aurélien en dompte un avec son étole. Au portail de la Vierge de Saint-Étienne de Metz, saint Clément tient le Graoully en laisse.

Leurs légendes furent presque toutes écrites entre le IXe et le XIe siècle. Elles se calquent sur celle de saint Georges, apparue en Grèce au VIIe siècle : près de Silène, en Libye, vivait un monstre qui réclamait régulièrement son tribut de victimes. Un jour, le sort désigna la propre fille du roi. Elle se dirigeait vers l'étang où résidait le monstre quand saint Georges, passant par là, lui dit : « Ne crains rien, car je t'aiderai au nom de Jésus-Christ. » Elle eut beau l'en dissuader, quand le monstre surgit, il monta à cheval, fit un signe de croix et brandit sa lance avec une telle force qu'elle le transperça. Sur son ordre, la princesse lui passa sa ceinture autour du cou et le monstre la suivit comme le chien le plus doux.

Cette légende se calquait elle-même sur celles de Persée et Andromède, Héraclès et Hésione, Hercule et l'hydre de Lerne, Apollon et Python. Sa structure est aussi universelle qu'immémoriale : le chercheur Julien d'Huy mentionne un dieu du ciel ayant vaincu un monstre représentant les forces de la nature dans le détroit de Béring au Paléolithique. En Égypte, le dieu du Soleil, Râ, devait lutter chaque nuit contre le dieu-serpent des Ténèbres, Apophis. En Inde, le roi des dieux, Indra, affronta un dragon-serpent, Vritra, incarnant le chaos et l'informe. Dans les pays nordiques, le dieu de la Foudre, Thor, tua le dragon-serpent Jörmungand qui enserrait la terre et menaçait les dieux.

Tous étant des héros civilisateurs ou des dieux qui faisaient advenir l'ordre cosmique à partir du chaos, des historiens, comme Jacques Le Goff, en conclurent que leurs versions médiévales étaient une célébration de l'arraisonnement de la nature par des villes en pleine croissance. « La fondation des cités s'accompagne d'une nécessaire maîtrise, voire d'un exorcisme des forces, des violences, de la nature », écrit Nicole Belmont. Ces légendes allaient cependant plus loin. Dans certaines versions antiques, comme Persée et Andromède, le héros doit lutter autant contre ses passions que contre les forces de la nature : celui-là seul qui parvient à les dompter peut prétendre instaurer l'ordre autour de lui.

Dans les légendes chrétiennes, c'est le désir déréglé des hommes qui entraîne le dérèglement des forces cosmiques. Si l'on considère la légende de saint Marcel, ce qui fait sortir le monstre de son habitat naturel, ce sont les adultères répétés commis par une femme mariée. Après sa mort, le dragon vient la tourmenter dans sa tombe et terrorise les habitants des villages alentour qui craignent pour leur vie et le repos de leur âme. *A contrario*, ce qui le met en fuite, c'est la puissance spirituelle du saint qui agit au nom de Dieu. Paul Diacre, au VIe siècle, le présente comme un maître spirituel. C'est à ce titre que l'évêque mérite d'être le protecteur de la ville.

Grâce à l'usage combiné de la science et de la technique, nous croyons avoir dompté les forces de la nature, mais le ressort de leur dérèglement n'a pas disparu. Il s'est même renforcé avec l'illusion d'autonomie que nous confère cette puissance nouvelle. Pour comprendre à quel point le dragon demeure d'actualité, il faut remonter au Livre de l'Apocalypse, où saint Jean décrit « l'antique serpent, le diable ou Satan ». Vous vous souvenez de l'épisode de la chute des anges : Lucifer était le premier d'entre eux, le plus beau, le plus brillant, celui qui était doté des plus grandes qualités, mais un jour, considérant comme un intrus celui qui l'avait tiré du néant, il voulut exister par et pour lui-même et régner de manière autonome sur sa création. Pour avoir refusé la grâce divine, il en fut dépouillé par Dieu, et pour que l'homme ne puisse pas en jouir, il le poussa à commettre la même faute.

L'épisode d'Adam et Ève devant l'arbre de la connaissance n'est qu'un remake de la chute des anges. Depuis, chacun doit affronter le dragon, et bien qu'il ait revêtu des formes différentes, on peut toujours le reconnaître à ce qu'il est celui qui nous tente en nous disant que nous pouvons être des dieux sans en référer à Dieu. C'est le sujet d'un livre que j'ai écrit en collaboration avec le peintre et graveur Paul Kichilov, aussi à l'aise dans l'univers de l'heroic fantasy que dans celui des icônes : *Sous l'œil du dragon*.

E

Encens

Le Christ a un parfum. Le saviez-vous ? Saint Paul évoque sa « bonne odeur » dans sa seconde Épître aux Corinthiens. La fiancée du Cantique des cantiques l'avait pressenti : « L'arôme de tes parfums est exquis. » Les Rois mages et les femmes myrophores l'ont humé de son vivant. Après sa mort, c'est encore lui que suggère l'encens répandu sur les objets ou les personnes qui évoquent sa présence : l'autel, la croix, les Évangiles, les offrandes, les fidèles et les prêtres. Sa fumée blanche qui s'élève lentement dans les airs avant de disparaître en laissant un parfum enivrant rappelle que, pour entrer en contact avec Dieu, il faut lui ouvrir ses cinq sens, et non uniquement l'intellect.

Un jour où j'assistais à la messe du dimanche de Pâques à Saint-Jacques de Compostelle, je vis le *botafumeiro* répandre sa fumée sur une foule en liesse. Cet encensoir d'un mètre soixante et cinquante-quatre kilos – cent quand il est chargé d'encens – est devenu une véritable attraction touristique. Cosme III de Médicis le décrit ainsi en 1669 : « Dans la coupole au centre de l'église, à l'intersection des deux bras de la croix, une corde est suspendue à la voûte pour y attacher, lors des processions ou des fêtes solennelles, un encensoir rond en argent. [...] Il faut quatre personnes pour le mettre en mouvement et il finit par monter si haut qu'il touche presque les arcs des voûtes et les murs qui ferment les bas-côtés ; ce mouvement est si violent que les charbons s'enflamment. » Cet encensoir avait été offert à la cathédrale par Louis XI. Volé par les soldats de l'armée napoléonienne, il fut remplacé par une copie en 1851.

Alors que des touristes s'extasiaient de le voir se balancer d'un bras à l'autre du transept, un guide leur expliqua : « Au Moyen Âge, il servait à masquer la puanteur des pèlerins. » Mais outre le fait que les hommes du Moyen Âge se lavaient bien plus souvent qu'on ne le pense, c'est réduire l'encens à sa dimension matérielle, alors que s'il fut choisi entre toutes les substances de la terre et parfois même payé plus cher que l'or, comme l'oliban du Yémen, c'était pour sa capacité à faire signe vers des réalités spirituelles. Toutes les civilisations anciennes, de l'Asie à l'Afrique, en passant par le bassin méditerranéen, en usèrent pour purifier l'air des maladies et des esprits malins, faire le lien entre la terre et le ciel, le royaume des vivants et celui des morts, le temps et l'éternité.

Les prêtres d'Israël en faisaient brûler deux fois par jour sur l'autel des parfums, conformément à une injonction de Yahvé et à une recette qu'il donna à Moïse : « Procure-toi des aromates : storax, ambre, galbanum aromatique et encens pur, en parties égales. Tu en feras un encens parfumé qui soit salé, pur et saint. C'est une œuvre de parfumeur. » (Ex., XXX, 34.) L'encens figurait alors la nuée qui accompagnait Dieu dans le désert et la prière de son peuple. « Que ma prière devant toi s'élève comme un encens », dit le psaume CXL.

Si les chrétiens en usèrent peu, à l'origine, en Occident, c'est uniquement pour se distinguer des païens. À Rome plusieurs milliers d'entre eux préférèrent subir le martyre plutôt que de brûler de l'encens devant les idoles. C'est seulement à partir du VIIIe siècle, quand aucune confusion ne fut plus possible, qu'ils se mirent à encenser des objets et des personnes.

Dans les baies hautes du chœur de Notre-Dame de Chartres, deux anges thuriféraires donnent l'exemple, de part et d'autre de la Vierge à l'Enfant. Ceux qui entourent le Christ en gloire, dans la rose sud, illustrent la vision de saint Jean dans le Livre de l'Apocalypse : « Un autre ange vint se placer près de l'autel ; il portait un encensoir d'or ; il lui fut donné quantité de parfums pour les offrir, avec les prières de tous les saints, sur l'autel d'or qui est devant le Trône. » (Ap., VIII, 3.)

L'encens symbolise la « bonne odeur » répandue par le Christ lors de son sacrifice. « Le Christ lui-même s'est fait encensoir, duquel Dieu reçoit un parfum suave », écrit Bède le Vénérable ; et saint Grégoire le Grand, puisque l'homme doit se conformer à son image : « L'âme sainte fait de son cœur un encensoir qui exhale ses parfums devant Dieu. »

Parfum de sainteté, il est également un parfum d'éternité. Les Rois mages offrirent de la myrrhe à l'Enfant-Jésus pour signifier sa mort prochaine et de l'encens pour rendre hommage à sa divinité. Deux jours avant la fête de Pâques, Marie-Madeleine répandit du nard sur sa tête, et quand certains s'en indignaient, Jésus leur dit : « Laissez-la ! Pourquoi la tourmenter ? Il est beau, le geste qu'elle a fait envers moi. [...] D'avance elle a parfumé mon corps pour mon ensevelissement. » (Mc, XIV, 6-8.) Le Samedi saint, les trois Marie attendaient chez elles, avec leurs flacons d'aromates, de pouvoir embaumer son corps. Absorbées par leur chagrin, elles ne savaient pas qu'elles n'auraient pas à les ouvrir, le parfum de la Résurrection ayant été répandu par le tombeau ouvert du Christ.

Envol

Comptant dans ma famille plusieurs pionniers de l'aviation et de la navigation sous-marine, je me suis toujours intéressée aux casse-cou prêts à risquer leur vie pour imiter le vol des oiseaux ou la nage des poissons. Je ne pensais pas devoir en croiser à bord des cathédrales, mais si les tours de Saint-Pierre-et-Saint-Paul de Troyes ne furent pas achevées faute d'argent, elles servirent à un bel exploit. En 1536, Denis Bolori, horloger d'origine italienne, y hissa des ailes articulées auxquelles il s'arrima. S'inspira-t-il des engins volants dessinés par son compatriote Léonard de Vinci ?

Toujours est-il qu'il s'élança dans les airs et parvint à s'y maintenir pendant un kilomètre, puis il s'écrasa à Saint-Parres-aux-Tertres.

Erwin de Steinbach et la cathédrale de Strasbourg

Sur le parvis du transept sud de Notre-Dame de Strasbourg, se dresse une statue de maître Erwin sculptée en 1886 par Philippe Grass. Longtemps tenu pour l'unique architecte de la cathédrale, il médite sur son œuvre. En 1508, Jacques Wimpfeling l'avait donné pour le seul auteur du massif occidental. En 1611, Thomas Coryate l'avait cité comme le principal maître d'œuvre de l'ensemble de la cathédrale et, en 1770, le jeune Goethe, séjournant à Strasbourg, fit de lui un Michel-Ange allemand dont l'œuvre, sortie tout entière de son cerveau génial, pouvait rivaliser avec celle du Créateur.

« Alors que j'errais en quête de ta tombe, noble Erwin, et que je cherchais la pierre qui devait m'indiquer : *Anno domini 1318. XVI. Kal. Febr. obiit Magister Ervinus, Gubernator Fabricae Ecclesiae Argentinensis*, sans parvenir à la trouver, et qu'aucun de tes compatriotes n'était capable de me la montrer, pour que la vénération que j'éprouve pour toi s'épanchât en ce lieu sacré, mon âme était profondément attristée, et mon cœur plus jeune, plus chaleureux, moins sage et meilleur qu'aujourd'hui, jura de t'ériger un monument, de marbre ou de grès, selon mes moyens, si je parvenais à jouir paisiblement de mes biens.

« Qu'as-tu besoin d'un monument ? Tu t'en es érigé le plus splendide, et si les fourmis qui grouillent alentour n'ont cure de ton nom, tu as même destin que l'architecte qui fit se dresser des montagnes jusque dans les nuages.

« Peu ont eu le don d'engendrer en leur âme un projet de dimension babélienne, complet, grandiose et jusqu'au moindre détail beau par nécessité, tels les arbres de Dieu. Moins nombreux encore ceux à qui il a été donné de rencontrer mille mains qui s'offraient, de creuser la roche, d'y élever comme par enchantement des pans vertigineux, et à leur dernière heure de dire à leurs fils : je demeure avec vous dans les œuvres de mon esprit, parachevez, jusque dans les nuages, ce que j'ai commencé.

« Qu'as-tu besoin d'un monument ? et venant de moi ! Quand la populace prononce des noms saints, c'est superstition ou blasphème. Ton colosse procurera éternellement le vertige à l'homme médiocre et de peu de goût, et les grandes âmes te reconnaîtront sans passer par un interprète. »

C'est seulement en 1816 que Sulpice Boisserée et Maurice Engelhard redécouvrirent son épitaphe sous un tas de charbon, dans une cour intérieure, au bout de la travée nord, mais le mythe de maître Erwin était né, et qu'importe s'il n'avait été qu'un des multiples maîtres d'œuvre qui s'étaient succédé sur le chantier entre 1176 et 1439 : l'individualisme démiurgique des temps modernes avait un tel besoin d'identifier une œuvre à un homme qu'aussitôt que Goethe s'empara de son nom, le premier mentionné par les archives, tous voulurent écrire le roman de sa vie. En 1834, Theodor Schwartz lui consacra trois volumes de cinq cents pages. Gustave Doré, né au pied de la cathédrale, le représenta inspiré par des anges sur une galerie qui côtoyait les nuages. Théophile Schuler lui consacra un diptyque où il contemple son œuvre, au soir de sa vie, avec son fils et sa fille.

Pour enjoliver sa légende, on lui prêta une fille, Sabine, qui eut droit elle aussi à sa statue sur le parvis du transept sud. Belle comme le jour, cela va de soi, elle n'aurait été autre que l'auteur des célèbres statues du pilier des Anges et de l'Église et la Synagogue. Un tableau de Moritz von Schwind la montre en train de sculpter la Synagogue avec son père, l'évêque et la cathédrale en arrière-plan. La rosace de maître Erwin y figure achevée. Au moment de sa mort, sa fille aurait hésité à lui fermer les yeux qu'il voulait garder fixés sur son œuvre. Hélas pour cette bluette romantique, si maître Erwin eut bien un fils, Jean, qui poursuivit son œuvre, les statues du pilier des Anges furent sculptées vingt-cinq ans avant sa naissance, ce qui ferait de sa fille… sa mère.

Certains historiens ont depuis minimisé son rôle au point qu'il n'en reste presque plus rien. Sait-on seulement où il est né ? On a supposé que c'était à Steinbach en raison d'une inscription aujourd'hui disparue. Or Jacques Wimpfeling est le seul à la mentionner, et deux villes portent le même nom, dans le pays de Bade et le Haut-Rhin. Si l'on s'en tient aux seuls documents fiables dont on dispose, le nom d'Erwin apparaît sur un contrat de l'Œuvre Notre-Dame du 16 octobre 1284 et sur un contrat de vente du 13 novembre 1293. Une épitaphe familiale inscrite en bas d'un contrefort de la chapelle Saint-Jean indique qu'il est mort en 1318 après avoir exercé la fonction de gouverneur de la fabrique. Son épouse, Husa, y est qualifiée d'épouse de maître Erwin, et son fils Jean de fils d'Erwin, maître d'œuvre.

Quand l'évêque Conrad de Lichtenberg le fit engager en 1276 ou en 1284 pour élever la façade occidentale, la cathédrale avait déjà vu se succéder plusieurs maîtres d'œuvre. Située en terre d'empire, lorsqu'il fut décidé de la reconstruire, en 1176, ce fut d'abord dans le style roman germanique. Ses parties orientales s'inspirent des modèles alors prestigieux de Spire, Worms et Bâle. C'est seulement au tournant des années 1200 que la cathédrale s'ouvrit au gothique. Dans le transept nord, tout en continuant à prendre exemple sur la cathédrale de Spire, le maître d'œuvre s'essaya à la voûte d'ogives. L'inspiration chartraine du transept sud, où se trouve le pilier des Anges, laisse ensuite penser à l'arrivée d'un maître d'œuvre de formation française. La nef évoque, selon ses parties, l'abbaye de Saint-Rémi de Reims et la cathédrale de Châlons-en-Champagne. Maître Erwin aurait été celui qui, après avoir assimilé les leçons de l'art gothique français, aurait donné naissance à un art gothique proprement germanique.

Qu'avait-il fait avant d'arriver sur le chantier ? La plupart des historiens lui attribuent une partie de la collégiale de Wimpfen, la tour de la cathédrale de Fribourg et le chœur de celle de Breisach. Sans doute avait-il voyagé en France, vu sa connaissance du chantier de Notre-Dame de Paris : on retrouve l'influence de sa façade sud, récemment achevée, jusque dans les remplages de sa rosace. Le plan de la façade qu'on lui prête, dit « plan C », dont une copie du XIXe siècle est conservée au musée de l'Œuvre Notre-Dame, est de la main d'un grand artiste, mais quelle part lui en revient et quelle part revient à son prédécesseur ? Le plan B, tracé vers 1260-1270, présente déjà de nombreux éléments qu'on retrouve sur le plan C.

Quoi qu'il en soit, sa réalisation en harpe, par un dédoublement des murs et du décor, allie avec un bonheur rare monumentalité et légèreté. La finesse de son dessin ne retire rien à l'harmonie de ses masses. La virtuosité de ses jeux de découpe et de transparence est mise tout entière au service de la clarté de l'ensemble. S'il n'avait été défiguré par ses successeurs, le visage qu'il donna à Notre-Dame de Strasbourg aurait été un des plus harmonieux.

Maître Erwin mourut hélas en 1318 en léguant à l'Œuvre Notre-Dame son cheval, sa règle, ses compas et sa façade inachevée. Son fils Jean et son petit-fils maître Gerlach poursuivirent son œuvre en achevant sa rosace et ses deux tours, mais en 1365, le conseil municipal imposa un changement de parti radical. Il venait de reprendre la fabrique et, pour marquer son autorité, il exigea que l'on posât un beffroi entre les deux tours. Un plan de maître Gerlach témoigne de ses efforts pour conserver l'élégance de l'ensemble grâce à un couronnement à triple arcature et un programme sculpté d'une grande finesse. Mais il mourut avant d'avoir pu le mettre en œuvre, et ses successeurs, Michel de Fribourg et Klaus de Lohr, transformèrent la harpe aérienne de maître Erwin en une muraille écrasante.

Pour réparer cette erreur, mais aussi affirmer sa puissance face à Ulm, Ratisbonne et Vienne, la municipalité décida de construire la plus haute flèche de toute la chrétienté. Ulrich d'Ensingen, maître d'œuvre à Ulm après avoir travaillé à Bâle, Fribourg et Prague, accepta de relever le défi. Il fit de l'octogone qui marque la transition entre la tour et la flèche un prodige de légèreté. Avec ses quatre tourelles où grimpent des escaliers à vis à peine rattachés à une tour centrale évidée, cet octogone devait se prolonger par un escalier central formant l'armature de la flèche, mais à peine nommé pour lui succéder, son propre parlier, Jean Hültz, s'empressa d'en concevoir une autre. Faite d'escaliers à vis imbriqués les uns dans les autres posés sur les arêtes d'une pyramide à huit pans qui mène à une lanterne, cet ovni architectural propulsa la cathédrale à cent quarante-deux mètres. La seconde flèche n'ayant jamais été construite, on date la fin du chantier de 1439.

Loin d'être l'œuvre d'un génie unique, la cathédrale est donc un empilement de chefs-d'œuvre, d'erreurs et de repentirs qui s'achèvent dans le vide. Pour autant, elle n'est pas une œuvre de la nature où l'individu n'aurait eu que très peu de part : chaque maître d'œuvre lui imprima sa marque, au point qu'on peut s'étonner qu'elle souffre si peu d'un empilement si disparate. Tous étaient unis par un même esprit qui transcendait leur génie personnel et les influences qu'ils rapportaient des quatre coins de l'horizon. Cet esprit survécut aux conflits entre empereurs et papes, évêques, chanoines et conseil municipal. Il survécut aux fléaux de la famine, de la peste et de la guerre pour faire de Notre-Dame de Strasbourg une incarnation de l'esprit européen tel qu'il put vivre jusqu'à la Renaissance.

Les protestants, qui l'occupèrent pendant cent cinquante ans, la modifièrent moins que les architectes de Louis XIV. Puis pour avoir vécu dans un éclat semblable à celui de la chapelle royale de Versailles, les révolutionnaires s'acharnèrent sur elle. Rares étaient pourtant les cathédrales aussi populaires. Il fallut l'acharnement de Saint-Just et de Lebas pour vaincre les réticences à la vandaliser. Et c'est encore sur elle que le maréchal Leclerc fit le serment de poser le drapeau français, lors de la libération de la France, après que Hitler l'eût fermée au culte.

F

Façade harmonique

Il est des cathédrales dont on peut lire l'âme comme sur un visage : les cathédrales à façade harmonique où les formes qui se donnent à voir à l'extérieur reflètent celles qui se trouvent à l'intérieur. C'est à Suger qu'il revient d'avoir formulé la première façade harmonique aboutie de l'histoire en s'inspirant de celles des grandes abbayes normandes et clunisiennes de la fin du XIe et du début du XIIe siècle. En 1140, il fit remplacer l'ancien massif carolingien de la basilique Saint-Denis par une composition tripartite en forme de H dont la partie transversale était formée de trois portails correspondant aux trois vaisseaux de la nef. Le portail central, plus large, était surmonté d'une rose tandis que les deux autres s'inséraient dans des tours symétriques. Mais c'est surtout par sa statuaire que l'ensemble frappa les esprits lors de la consécration.

Les façades préromanes ne comptaient aucune statue. Une habitude héritée des premiers chrétiens qui voulaient rester discrets sur leur foi, doublée, après l'édit de tolérance du christianisme, d'une volonté de préserver le mystère. C'est seulement à l'orée du XIIe siècle que le Christ, la Vierge et les saints vinrent accueillir les fidèles au seuil de leur demeure. Le clergé issu de la réforme grégorienne voulait mieux expliciter les mystères de la foi, et les églises, assimilées au corps du Christ ou de la Vierge, devaient présenter un visage avenant. Avec le retour de la prospérité, les cathédrales purent se doter de riches programmes sculptés.

Chacune a ses traits particuliers : austères à Noyon, où la façade se réduit à des rapports mathématiques traduits en masses et en arêtes, farouches et passionnés à Laon, où la lumière creuse la pierre pour lui arracher des accents pathétiques, limpides et sereins à Paris, même si sa façade ne peut se dire harmonique, comptant trois portes pour cinq vaisseaux. Chaque époque y laissa son empreinte, au risque de l'irrégularité et de la surcharge : celle de Notre-Dame de Chartres est une sublime réunion de fragments, et celle de Notre-Dame de Coutances le visage d'une vieille dame romane maquillée en jeune fille gothique. Celle de Notre-Dame de Rouen accumule toutes les modes, comme celle de Notre-Dame d'Amiens, qui resta tronquée.

Ce sont souvent les tours qui leur donnent une allure asymétrique, soit qu'un évêque ait voulu ériger une seconde tour plus haute et plus sophistiquée que la première, comme à Senlis, soit que l'argent ait manqué pour achever la seconde, comme à Soissons, Perpignan, Sens, Carcassonne ou Troyes. Mais n'est-ce pas aussi ce qui fait leur charme ? Plus que le visage froid des cathédrales classiques, j'aime ces façades où des générations projetèrent par approches successives leur vision de Dieu. Pour le décrire, il faudrait se taire ou le chanter à l'infini. La grandeur des cathédrales romanes fut de choisir la première voie et celle des cathédrales gothiques de s'illustrer dans la seconde.

Rétive à ce style, l'Italie développa les façades-écrans. Souvent ondulées à l'époque baroque, on s'attendrait presque à les voir s'ouvrir comme des rideaux de scène : à Syracuse, Catane et Noto, mais aussi à Valence, Murcie et Guadix, Dresde, Passau et Zwiefalten, elles feront les délices des amateurs de divines comédies. Est-ce en réaction à cette prolifération d'images « humaines, trop humaines » ? Les façades des dernières cathédrales en date, à Créteil, Tokyo, Rio, Liverpool et Oakland, sont aniconiques.

Faure, Élie (1873-1937)

« Le héros de la France, c'est la cathédrale. »

Fer

Parmi les matériaux employés dans la construction des cathédrales, le fer est souvent le grand oublié. « La vraie architecture n'admet pas le fer comme élément matériel de construction », n'hésite pas à affirmer John Ruskin. Pour avoir restauré la Sainte-Chapelle et Notre-Dame de Paris, Eugène Viollet-le-Duc fut l'un des premiers à lever un coin du voile sur son usage : les architectes gothiques « ne croyaient pas pouvoir se passer du fer dans les combinaisons des maçonneries destinées à résister à la poussée des voûtes élevées : c'est ainsi qu'on peut expliquer la prodigieuse quantité de chaînes et de crampons de fer qu'on retrouve dans les maçonneries de ces époques ». Mais il fallut attendre les années 1990 pour en prendre pleinement la mesure.

Sans fer, les maîtres d'œuvre gothiques n'auraient tout simplement pas pu réaliser des prouesses aussi aériennes. D'abord parce qu'ils n'en auraient pas eu les outils : c'est seulement à partir du XIIe siècle que le perfectionnement du marteau hydraulique autorisa la production en grandes quantités de pièces de métal et que l'apparition d'outils mieux acérés et mieux trempés permit aux ouvriers de tailler une pierre plus dure et donc d'amincir les murs, les piliers et les colonnes.

Chaque chantier de restauration apporte son lot de révélations. À Notre-Dame de Paris, où Eugène Viollet-le-Duc avait établi que des agrafes avaient été scellées dans la corniche à damier du chœur, on découvrit, après l'incendie de 2019, qu'il y en avait au niveau des tribunes et des murs gouttereaux. On savait déjà qu'à Saint-Gervais-et-Saint-Protais de Soissons, des tirants de fer traversaient la galerie du bras sud du transept, et qu'à Saint-Étienne de Bourges, un usage systématique en avait été fait au-dessus des voûtes du collatéral intérieur. Au sol, un chaînage ceinture la partie orientale du triforium. *A contrario*, l'ignorance de son rôle faillit être fatale à Saint-Pierre de Beauvais : un architecte ayant jugé inutiles et disgracieux les tirants de fer fixés entre les arcs-boutants du chœur les fit retirer dans les années 1960. L'édifice n'étant plus en mesure de résister aux poussées du vent, il fallut les remettre vingt ans plus tard.

Les études sont encore parcellaires, mais une loi matérielle semble déjà s'imposer : plus un édifice est léger et ajouré, plus il est bardé de fer. La flèche de Notre-Dame de Strasbourg est faite de blocs de pierre agrafés et cerclés de fer. La Sainte-Chapelle, que l'on compare souvent à une châsse de verre, est ceinturée de chaînages à trois niveaux. Des tirants en toile d'araignée sont cachés sous sa charpente, et ses ogives sont renforcées, au niveau de l'abside, par des barres de fer. À Notre-Dame de Reims, les rosaces sont cerclées de fer et, partout, les fenêtres sont dotées de barlotières, de clavets et de vergettes destinés à porter les verrières. Maxime L'Héritier estime à quinze tonnes la masse de fer présente dans les armatures des fenêtres de Notre-Dame de Rouen. Sous forme d'agrafes et de goujons, le fer est aussi présent dans les pinacles, les balustres et les colonnettes. Et combien de statues ne pourraient pas tenir sans attaches de fer ? Au total, William Haas chiffre à quarante tonnes la quantité de fer employée dans la construction de la cathédrale de Ratisbonne, soit six fois plus que dans celle qu'on nomme la « Dame de fer » : je veux parler de la tour Eiffel.

Au début de l'âge industriel, un nouvel usage en fut expérimenté au niveau des charpentes. Après l'incendie des combles de Notre-Dame de Chartres, en 1836, Édouard Baron confia la fabrication d'une structure métallique à un de mes ancêtres, Émile Martin, fondateur des aciéries du même nom.

Là où la présence du fer est la plus spectaculaire, c'est sur les pentures des portes, qui connurent un âge d'or aux XIIe et XIIIe siècles. À Lincoln, au Puy-en-Velay, à Angers et à Lugo, c'est avec une puissance encore rude qu'elles se saisissent des madriers. À Noyon, à Sens et à Laon, leurs griffes se muent en plantes grimpantes. À Rouen, leurs feuilles naissantes s'épanouissent en fleurs et, à Lichfield, elles envahissent si bien la porte qu'elles justifient ces mots de César Daly : « Semblables au lierre qui étend ses bras sur les murs et s'y attache en plongeant dans la pierre et le mortier ses vrilles et les mille petites radicules qui arment ses pousses, rendant ainsi toutes les pierres solidaires les unes des autres ; de même les traverses en fer qui arment la face principale des portes des XIIe et XIIIe siècles, développent, de chaque côté de leur tige, de nombreuses ramifications qui s'étendent sur la surface des ventaux et s'y fixent par mille attaches, reliant les madriers entre eux avec une remarquable solidité. Et ces rameaux portent des feuilles, des fleurs et des fruits ; souvent même des oiseaux y perchent et des animaux y grimpent, comme si l'artiste avait voulu tracer, sur ces portes du ciel donnant accès dans la maison de Dieu, un tableau de la riche nature paradisiaque. »

À partir du XIVe siècle, on préférera sculpter, pour plus de raffinement, les ornements dans du bois tendre, mais même alors les arabesques de feuillages et d'animaux qui s'étalaient sur les pentures des portes de Notre-Dame de Paris continuèrent de fasciner. Au XIXe siècle, les hommes du métier se demandaient encore comment elles avaient pu être fabriquées : en fer moulé, fondu et limé ou battu au marteau ? D'où une légende rapportée par Victor Hugo et par Eugène Viollet-le-Duc. Vers 1250, un ouvrier du nom de Biscornet voulait devenir maître dans sa corporation. On lui confia la réalisation des ferrures et des serrures des portes de Notre-Dame. Il se mit aussitôt à l'ouvrage, mais très vite il comprit qu'il n'y arriverait pas. En désespoir de cause, il fit un marché avec le diable : ce dernier terminerait ses pentures de portes en échange de son âme. Le lendemain, on trouva Biscornet endormi devant son ouvrage. Tous s'en extasièrent, et le diable s'en frotta les mains, mais au moment de l'aider à poser ses pentures, il ne put mettre en place celles de la porte centrale. C'était par elle que passait le Saint-Sacrement. Et voilà comment Biscornet se trouva délié de son serment.

Les pentures que nous voyons aujourd'hui sur les portes de Notre-Dame de Paris datent de la campagne de restauration d'Eugène Viollet-le-Duc. C'est alors que le ferronnier Pierre Boulanger découvrit le secret de fabrication de celles du XIIIe siècle : elles avaient été faites en fer forgé au marteau, et ses pièces avaient été soudées sans le secours d'un autre métal, par le procédé de la brasure.

Financement

Dans les jours qui suivirent l'incendie de Notre-Dame de Paris, plus de 340 000 donateurs se mobilisèrent, réunissant 850 000 euros pour financer sa restauration. Pour un peu, on se serait cru au « temps des cathédrales », pour reprendre l'expression de Georges Duby. Un temps où les chantiers gothiques suscitaient l'élan de tout un peuple, du clergé aux paysans, en passant par les bourgeois, les comtes et les rois. L'élan allait même au-delà, en 2019, des donateurs du monde entier s'étant manifestés. Très vite cependant, des sarcasmes s'élevèrent devant les donations fortement médiatisées de certaines grandes familles d'entrepreneurs, comme si le mécénat ne pouvait plus être que la poursuite d'objectifs financiers par d'autres moyens. Il est vrai que le système politique, économique et social qui permit l'émergence des cathédrales gothiques était radicalement autre.

Les premiers contributeurs de ces chantiers titanesques, pouvant engloutir de 1 500 à 2 500 livres par an, étaient les évêques et les chanoines. Affermis par la réforme grégorienne qui les émancipait des laïcs et les plaçait à la tête de puissantes seigneuries, ils s'enrichirent avec le retour de la prospérité. Les défrichements de forêts et la mise en culture de nouvelles terres augmentèrent leurs revenus fonciers, leurs dîmes et autres redevances, et la croissance des villes valorisa leurs biens immobiliers, leurs droits sur les foires et autres activités.

Les comptes de fabrique dont nous disposons à partir du XIIIe siècle ne permettent pas de chiffrer le montant exact de leurs contributions, mais on sait qu'à Laon, en 1155, l'évêque Gautier de Mortagne donna 20 livres par an sur ses propres fonds et 100 livres à sa mort. Il rationalisa la gestion des domaines ruraux de sa mense et n'omit pas de réclamer les vinages des locataires de ses vignes. Il disputa certains droits sur des fermes à Louis VII et intenta un procès à son prédécesseur, proche de Bernard de Clairvaux, qui avait fait don de terres à des monastères.

Après l'incendie de Notre-Dame de Chartres, en 1194, Renaud de Mousson et le chapitre abandonnèrent trois ans de leurs revenus et se lancèrent dans une campagne de recouvrement de leurs dîmes. À Auxerre, en 1215, Guillaume de Seignelay préleva 700 livres sur sa mense épiscopale. Maurice de Sully puisa largement dans la sienne, à Paris. Un chroniqueur témoigne qu'il « construisit ce monument en se servant moins des libéralités d'autrui que des revenus de sa mense ». Il incita les chanoines à faire de même, et ensemble, ils s'arrangèrent pour faire fructifier leur temporel de manière à disposer d'une source de financement pérenne. Celui-ci bénéficia de la croissance démographique et économique impulsée par les rois capétiens puis, à partir de 1204, du rattachement de la Normandie au royaume de France et du monopole du commerce sur la Seine octroyé aux marchands de Paris.

Dans le sud de la France, bien que dans un contexte économique moins porteur, le chantier de Saint-Caprais d'Agen débuta en 1299, quand l'évêque et les chanoines retrouvèrent les revenus de leurs dîmes. Si les cathédrales profitèrent du dynamisme des villes, elles étaient d'abord filles des campagnes, et Charles Péguy avait raison de dire, à propos de la flèche de Notre-Dame de Chartres : « C'est la gerbe et le blé qui ne périra point. » Ces revenus, cependant, ne suffisaient pas, car le clergé devait payer aussi les charges de la liturgie, les gages de ses employés, les frais de ses œuvres sociales : écoles, hôpitaux… Qui apporta le complément nécessaire ?

Contrairement à une idée reçue, les rois contribuèrent peu, financièrement, aux grands chantiers gothiques. S'ils eurent souvent un rôle d'impulsion dans l'Espagne mobilisée par la Reconquista et l'Empire germanique, où l'empereur était en quête de légitimité, en France, c'est à peine si on peut mentionner les 200 livres et le calice d'or offerts par Louis VII à Notre-Dame de Paris, suivis des 100 livres, du retable, de la staurothèque et de la tapisserie offerts par Philippe Auguste, les 200 livres données par le même roi à Notre-Dame de Chartres et la rose du transept nord qui porte les armoiries de Saint Louis et Blanche de Castille. Dans le sud de la France, après le rattachement du Languedoc au royaume capétien, en 1271, les rois privilégièrent les ordres mendiants. Même après la guerre de Cent Ans, quand ils furent sollicités pour relancer certains chantiers, c'est par des impôts exceptionnels qu'ils le firent plus qu'en puisant dans leurs recettes ordinaires.

Pour autant, on n'a pas tort d'associer l'essor des cathédrales gothiques à celui de la monarchie capétienne. Une fois les Plantagenêts chassés de Normandie, de Touraine, du Maine et d'Anjou et une fois l'empereur Otton IV vaincu à Bouvines par Philippe Auguste, en 1214, les rois de France se trouvèrent à la tête du royaume le plus puissant d'Europe. L'équilibre entre pouvoirs temporel et spirituel qu'ils trouvèrent avec les papes et les alliances qu'ils nouèrent avec les évêques et les bourgeois de certaines villes contre les seigneurs rebelles à leur autorité créèrent une symbiose sans équivalent entre le Trône, la Cathèdre et le Peuple. La croissance économique qu'ils impulsèrent créa un contexte favorable, et leurs architectes se firent le vecteur du gothique.

Sur le plan financier, ce sont toutefois les fidèles qui apportèrent le complément nécessaire. À Chartres, après l'incendie de 1194, ce fut à qui donnerait un lopin de terre, le revenu d'une maison ou un cheval. Un vitrail des bas-côtés de la cathédrale montre un pèlerin acheminant un tonneau de vin sur un fardier. Sur un autre, des fidèles portent des sacs de blé pour nourrir les ouvriers, des poutres et des merrains destinés à la charpente. *Le Livre des miracles de Notre-Dame de Chartres* compila, vers 1210, les interventions de la Vierge pour les aider. Aussi enjolivés soient-ils, ces récits n'en reposent pas moins sur un élan authentique. Cet élan put même faire croire que les cathédrales gothiques avaient été construites par le peuple. Des ouvrages aussi techniques requéraient, en réalité, une main-d'œuvre hautement qualifiée. C'est d'ailleurs ce qui les distingue des constructions égyptiennes, grecques ou romaines : elles ne sont pas le fruit du travail d'esclaves, mais d'artisans libres et bien rémunérés – deux à trois fois plus que des ouvriers de l'ère industrielle et ne travaillant que quatre jours, en moyenne, par semaine.

Les chanoines disposaient des troncs dans les églises. À Notre-Dame de Paris leurs recettes représentaient 40 % des besoins du chantier en 1333. Les cathédrales d'Amiens, Arras, Noyon, Reims, Senlis, Toul et Troyes bénéficièrent de tournées de reliques, et probablement aussi celles d'Apt, Autun, Auxerre, Besançon et Bourges, Cambrai, Clermont-Ferrand, Coutances et Lisieux, Metz, Mirepoix, Nevers, Rouen, Saintes et Tours. À Rodez, le montant des quêtes représentait 34 % des recettes de la fabrique à la fin du XIIIe siècle, et il en fut ainsi jusqu'à ce que les abus deviennent trop criants au siècle suivant. Les papes accordaient des indulgences, la remise de péchés graves en échange de dons d'argent, et les « tours de beurre » des cathédrales de Bourges et de Rouen, à la fin du XVe et au début du XVIe siècle, montrent qu'ils ne négligeaient pas les péchés véniels, puisqu'elles furent construites avec l'argent donné pour avoir le droit de consommer du beurre pendant le carême.

L'Église, qui condamnait l'usure et la course aux profits, incitait à la conversion des biens matériels en biens spirituels. Dans un sermon, Maurice de Sully exhortait les marchands de Paris à confier leurs espoirs dans l'entretien de monuments consacrés à la Vierge plutôt que dans les biens matériels. Des débats entre théologiens montrent que des prostituées contribuèrent au chantier, et le cas d'un usurier est demeuré célèbre : alors que Maurice de Sully s'apprêtait à accepter un don de Thibaut le Riche sans trop y regarder, Pierre le Chantre exigea qu'il fît crier dans les rues de Paris qu'il se repentait et rendît leur argent à ceux qu'il avait spoliés, avant que l'évêque pût accepter ce qu'il lui restait.

Dans un tel contexte, il eût été impensable que l'argent ne servît qu'à engendrer de l'argent. Non seulement les dons étaient encouragés par le fait qu'il n'y avait pas beaucoup d'autres produits d'investissement, mais le retour que l'on pouvait en attendre n'était pas d'ordre purement matériel. S'ils pouvaient faire beaucoup pour la notoriété de leurs donateurs, ces dons devaient d'abord contribuer au salut de leur âme : les portraits que l'on voit parfois sur les chapiteaux, les tympans et les vitraux avaient pour fonction de susciter la prière. On peut certes railler la naïveté dans le cynisme d'hommes qui croyaient s'acheter le ciel à si peu de frais. Du moins y aspiraient-ils encore. Et quelle que soit la part d'impureté qui entrait dans leurs dons, ils témoignaient d'une foi en un bien supérieur capable de spiritualiser la matière, et par le juste retour qui en était fait à Dieu, de la convertir, de la racheter.

Contrairement à ce qu'affirma Eugène Viollet-le-Duc, la bourgeoisie fut moins un facteur déterminant qu'une variable d'ajustement. À Amiens, le fait que l'évêque, les chanoines et les bourgeois collaborèrent de manière exemplaire permit une construction rapide de la cathédrale, dans une unité de style remarquable. La chapelle axiale, nommée Notre-Dame-de-la-Drapière, était probablement celle des drapiers, et des marchands de guède figurent sur la façade sud avec mention de leurs dons. À Notre-Dame de Rouen, les grandes familles bourgeoises et les corporations offrirent des verrières. Les marchands de draps s'offrirent une belle publicité en revêtant les statues d'Adam et Ève, sur la façade. À Saint-Julien du Mans, les drapiers eurent aussi leur chapelle, comme les changeurs, les fourreurs, les boulangers et les vignerons.

À Notre-Dame de Chartres, la belle image d'harmonie sociale renvoyée par les blasons des grandes familles de la noblesse qui voisinent avec des représentations de métiers, sur les verrières, doit être tempérée par la révolte de 1210 contre les chanoines. Mais la cathédrale fut construite en cinquante ans, preuve que le chantier ne connut pas de difficultés de financement.

À Lyon, où les chanoines refusaient l'entrée dans le chapitre à ceux qui n'avaient pas tous leurs quartiers de noblesse, les bourgeois préférèrent investir dans l'église de Saint-Dizier. À Reims, une révolte éclata en 1233, quand l'archevêque Henri de Braine voulut taxer des sommes prêtées avec intérêt par les bourgeois de la ville à ceux d'Auxerre. Ils dressèrent même des barricades avec des pierres tombales et des pierres destinées à la construction de la cathédrale. L'archevêque dut reprendre la ville, les armes à la main, avec le soutien du roi. À Paris, les bourgeois n'intervinrent que longtemps après le début du chantier, et les donations qui permirent la construction des chapelles, entre les contreforts de la nef, furent moins le fait de corporations que de personnalités qui faisaient des fondations.

Eugène Viollet-le-Duc finit par reconnaître dans *Histoire d'un hôtel de ville et d'une cathédrale* que les fabriques n'avaient jamais été municipalisées en France. À Notre-Dame de Strasbourg, les élus représentés au XIVe siècle sous les traits de bourgeois, sur la verrière du Jugement dernier, reflètent la prise de contrôle de la fabrique par la commune entre 1298 et 1395. Mais c'était en accord avec les évêques et les chanoines, à qui il revenait d'avoir initié le chantier, et la cathédrale se situait en terre d'empire. Il n'y a que dans les cités-États italiennes que la bourgeoisie joua un rôle de premier plan dans la construction des cathédrales. À Florence, Sienne, Orvieto et Bologne, elles furent financées par des tailles et des impôts exceptionnels levés par la municipalité, mais ce n'était pas dans le style gothique.

Flore

Quand il parcourait la France en quête de sources d'inspiration, Auguste Rodin aimait chercher dans les bois et les prairies les fleurs et les feuillages qui avaient pu servir de modèle aux imagiers gothiques. À ses yeux, la cathédrale était « la synthèse du pays » : « Roches, forêts, jardins, soleil du Nord, tout cela est en raccourci dans ce corps gigantesque. » Eugène Viollet-le-Duc fournissait aussi des herbiers à ses sculpteurs et, à l'entrée « Flore » de son *Dictionnaire raisonné*, des dessins de sa main illustrent la parenté entre motifs ornementaux des cathédrales gothiques et espèces botaniques présentes dans le paysage où elles s'implantaient.

« Qui sait si ces artistes ne trouvaient pas des joies intimes dans la reproduction monumentale de ces humbles plantes, d'eux seuls connues, aimées d'eux seuls, cueillies et observées longuement dans le silence des bois ? Ces réflexions nous sont venues souvent lorsqu'en examinant les merveilleux développements de végétaux perdus sous l'herbe, leurs efforts pour repousser la terre, la puissance vitale de leurs bourgeons, les lignes énergiques de leurs tigettes naissantes, les formes des beaux ornements de la première période gothique nous revenaient en mémoire. Puisque nous allions chercher des éléments d'un art dans ces productions infimes sur lesquelles la nature semble avoir jeté un de ses plus doux regards, pourquoi d'autres avant nous ne l'auraient-ils pas fait aussi ? »

L'architecte corréla les saisons de la nature et celles de la sculpture gothique : à son aurore, ce sont les feuilles enveloppées du début du printemps que les sculpteurs ourlent autour des chapiteaux. D'où l'impression de puissance contenue qui se dégage des constructions de la fin du XIIe siècle, à Noyon, Sens, Senlis, Laon et Paris. Puis « de l'imitation de la flore naissante ils passent à l'imitation de la flore qui se développe : les tiges s'allongent et s'amaigrissent ; les feuilles s'ouvrent, s'étalent ; les boutons deviennent des fleurs et des fruits. Plus tard, ces artistes oublient leurs humbles modèles primitifs : ils vont chercher leurs exemples sur les arbustes ; ils s'emparent du lierre, de la vigne, du houx, des mauves, de l'églantier, de l'érable. À la fin du XIIIe siècle, ils en viennent à copier servilement le chêne, le prunier sauvage, le figuier, le poirier, aussi bien que les feuilles d'eau, le liseron, le persil, les herbacées, comme les feuillages des grands arbres de nos forêts ».

Même si l'on a parfois du mal à reconnaître les espèces qu'il cite sur les chapiteaux du premier art gothique, il est évident que l'on passe de variations autour de la feuille d'acanthe, héritées des Grecs et des Romains, à une représentation de plus en plus naturaliste d'espèces botaniques. Aux portails nord et sud de Notre-Dame de Chartres, au début du XIIIe siècle, le lierre, le houx et l'aubépine, la vigne, le figuier et l'églantine forment des guirlandes au-dessus du Christ. Ces roses sauvages s'accrochent aux archivoltes des portails de la façade occidentale de Notre-Dame d'Amiens. Dans la nef, le plantain et le nénuphar poussent à côté de la chélidoine, la renoncule, l'ancolie, l'arum et l'anémone. Au niveau du triforium pointent l'aubépine, le persil et le figuier, le lierre, le groseillier, l'érable et le chardon. Sur la clôture de chœur du XVe siècle, des oiseaux jouent parmi les feuilles de houblon et de chicorée, des escargots lèchent des feuilles de chou frisé.

On n'en finirait pas d'énumérer les feuilles, les fleurs et les fruits qui semblent fraîchement cueillis sur les chapiteaux de la nef de Notre-Dame de Reims. « Nos grands sculpteurs ne méprisèrent rien, résume Émile Mâle ; au fond de leur art, comme au fond de tout art vrai, on trouve la sympathie, l'amour. Ils pensèrent que les plantes des prés et des bois de Champagne ou d'Île-de-France avaient assez de noblesse pour orner la maison de Dieu. » « Le miroir de la nature nous montre le bois voisin de la petite ville, lui fait écho Henri Focillon, le proche jardinet du faubourg où croissent le noisetier, le fraisier et quelques plants de vigne. On dirait qu'une main d'enfant y a cueilli la parure des autels et qu'elle l'a suspendue, toute fraîche, sous les voûtes, pour une Fête-Dieu qui n'a pas de fin. »

Un sculpteur de l'Œuvre Notre-Dame, à Strasbourg, le confirme à sa manière : « Quand on restaure un motif floral gothique, la main doit suivre un mouvement naturel. Aucun ne se ressemble. C'est comme dans la nature, le contraire d'une production standardisée. » C'est ce qui avait frappé John Ruskin et William Morris dans les cathédrales anglaises du XIVe siècle. Quand Eugène Viollet-le-Duc voyait dans l'ornement une partie intégrante de l'architecture, valorisant la parenté entre l'œuvre humaine et l'œuvre de la nature, John Ruskin y discernait un hommage à la richesse de la Création et la tâche la plus noble à laquelle puisse prétendre un être humain : « Lorsqu'il voyait, dans tout l'Univers, une beauté sans défaut couvrir à l'infini de ses broderies les espaces des champs et fleurir les montagnes, pouvait-il refuser son pauvre et imparfait travail aux quelques pierres qu'il avait réunies les unes sur les autres pour élever une habitation ou consacrer un souvenir ? Les années de sa vie s'écoulaient avant que sa tâche fût accomplie, mais les générations se succédaient avec un enthousiasme infatigable, et la façade de la cathédrale finissait par disparaître sous la multiplicité des sculptures qui la décoraient, comme un rocher envahi par les taillis et les gazons printaniers. »

Cette flore avait la poésie des Évangiles, où Jésus parlait à ses disciples de semailles et d'ouvriers dans leur vigne, de figuiers stériles et de lys dans la vallée. Mais s'il signifiait à travers elle des réalités plus hautes, ne peut-on voir dans le naturalisme croissant de la sculpture gothique l'adieu à une vision symbolique du monde où toute chose visible était un reflet de l'invisible ? Henri Focillon et Élie Faure ne s'y trompèrent pas, qui virent dans l'âge gothique le début de la Renaissance.

C'était l'époque où Alexandre de Hales, premier franciscain à enseigner à l'université de Paris, consacrait un traité de sa somme théologique à la beauté du monde, et où saint Albert le Grand posait les bases, à Paris, Fribourg et Strasbourg, d'une théologie faisant toute sa place aux sciences naturelles et à la pensée d'Aristote. Si son approche n'était que pour mieux expliciter les mystères de la foi, elle posait un monde qui existait en soi et potentiellement pour soi, que la raison seule pouvait suffire à comprendre.

À Notre-Dame d'Amiens, les grappes de raisin que béquettent des oiseaux, sous le tympan du Jugement dernier, ont un symbolisme évident : elles font allusion à l'heure de la vendange annoncée dans le Livre de l'Apocalypse, au sang du Christ et à la vie éternelle, mais leur reproduction exacte ne traverse plus les apparences pour nous mener au-delà. Tout à leur émerveillement devant les beautés de la nature, les sculpteurs nous y retiennent et on y voit poindre l'esprit d'analyse qui la videra de son mystère. À Sainte-Cécile d'Albi, à la fin du XVe siècle, la flore du jubé célèbre la virtuosité de l'artiste autant que la munificence du Créateur.

Si l'on revient à Saint-Lazare d'Autun, au XIIe siècle, la moindre plante est saturée d'une présence illimitée. Les formes des espèces inconnues qui croissent sur les chapiteaux sont douées d'une vie plus grande que nature, comme si le sculpteur avait capté l'énergie qui traverse la Création pour créer des formes nouvelles en prolongeant le geste du Créateur. À les voir, on ne s'arrête pas : on s'ouvre à la présence qui s'y déploie, et on redécouvre que la nature et l'homme ont naturellement une vocation surnaturelle. Même au paradis, ne fallait-il pas que le jardin soit cultivé ? C'est peut-être pourquoi les œuvres qui nous émeuvent le plus sont celles où nous sentons un appel plutôt qu'un achèvement.

Dans mon roman *L'Or du chemin*, je mets en scène un peintre imaginaire faisant son apprentissage dans la Florence du début du Quattrocento. En arrière-plan de son aventure artistique, amoureuse et spirituelle se profilent deux titans, Ghiberti et Brunelleschi, qui se livrèrent un combat acharné sur deux chantiers qui marquèrent le début de la Renaissance : les portes du baptistère San Giovanni et la coupole de la cathédrale Santa Maria del Fiore. Dans un contexte où la ville était gérée par une oligarchie de grandes familles bourgeoises, en attendant la domination sans partage des Médicis, ces deux édifices formaient le cœur de la vie florentine. Des baptêmes aux victoires militaires, tous les grands événements étaient célébrés dans le baptistère, et la cathédrale servait de siège au gouvernement de la république de Florence jusqu'à la construction du palais de la Seigneurie. C'est d'ailleurs le même architecte, Arnolfo di Cambio, qui fut chargé de construire ce palais, en 1299, et de faire de la cathédrale « la plus belle église de toute la Toscane », en 1296.

En 1401, une fois matées les révoltes populaires et une dernière résurgence de la peste, la corporation de la laine, qui avait repris la fabrique en 1330, lança un concours pour créer de nouvelles portes pour le baptistère. L'objectif : réaliser, sur un panneau polylobé qui fît écho à ceux d'Andrea Pisano, un bas-relief en bronze représentant le sacrifice d'Isaac. La composition devait compter un paysage minéral avec un jeune garçon nu à l'antique, Abraham sur sa droite, un ange dans un des deux lobes supérieurs, deux domestiques et un âne. Tous les jeunes talents de la région accoururent à Florence pour s'y faire un nom : Filippo Brunelleschi, Niccolò di Piero Lamberti, Jacopo della Quercia, Lorenzo Ghiberti, Francesco di Valdambrino, Simone da Colle et Niccolò di Luca Spinelli. Mais très vite, le concours vira au duel. Car si Giotto et Andrea Pisano avaient pu travailler de concert à la construction du campanile, ce ne fut pas le cas de Lorenzo Ghiberti et de Filippo Brunelleschi.

Âgés respectivement de vingt-trois et de vingt-quatre ans, leur rivalité naquit probablement pendant leurs années d'apprentissage chez un même orfèvre. Elle faisait fond sur une ambition commune entée sur des caractères différents. Pendant un an, chacun œuvra à son modèle, Brunelleschi gardant jalousement ses idées, Ghiberti demandant largement conseil et tâchant de s'informer par tous les moyens des avancées de son rival. Ce dernier prétendra l'avoir emporté à l'unanimité, mais Manetti, le premier biographe de Brunelleschi, décrira des juges plus indécis. C'est seulement quand ils leur auraient demandé de s'associer que Brunelleschi se serait retiré, estimant « plus honteux de lui disputer la palme qu'il n'y aurait de générosité à la lui céder ».

Quand on voit leurs panneaux, au musée du Bargello, il est évident que Ghiberti maîtrisait mieux la technique de la fonderie du bronze, avait un art plus consommé de la composition et un raffinement plus grand dans l'exécution. Tout en restant fidèle au style gothique qu'affectionnaient ses commanditaires, il y introduisait un goût nouveau pour la mesure, puisé dans l'art antique. Brunelleschi donnait une vision plus dramatique de la scène. Sans égard pour le détail, il s'attachait à exprimer les émotions des personnages. Quand l'ange surgit pour retenir la main d'Abraham, son couteau est posé sur le cou de son fils. Il bloque sa jugulaire pour abréger ses souffrances. Son visage exprime une résignation surhumaine à la volonté divine, et la bouche ouverte d'Isaac rend la scène insoutenable. Les serviteurs semblent cependant étrangers au drame, si bien qu'on a le sentiment d'un entassement de scènes, comme dans les peintures médiévales.

De toute évidence, Brunelleschi n'avait pas encore formulé ses recherches sur la perspective, mais on sent, chez lui comme chez son rival, la même aspiration à donner plus de vie aux scènes bibliques. Non plus la vie surnaturelle qui traversait les hommes en les pliant à ses lois de l'art byzantin, roman et même gothique, mais celle qui battait dans les veines de leurs contemporains. Contrairement à ce qu'on dit trop souvent, les artistes de l'aube de la Renaissance cherchaient moins à évacuer Dieu pour exalter l'homme qu'à rendre Dieu plus proche d'eux en le représentant d'après ce que leurs sens et leur intelligence pouvaient en saisir.

La corporation de la laine fut si satisfaite du travail de Ghiberti qu'elle lui commanda de nouvelles portes pour le baptistère, en 1425. Réalisées avec l'aide des plus grands artistes, Luca della Robbia, Donatello, Michelozzo, Benozzo Gozzoli et Bernardo Cennini, ce seront les fameuses portes que Michel-Ange jugera « dignes d'être les portes du paradis ».

De son côté, Brunelleschi partit à Rome étudier « l'architecture des Anciens ». De retour à Florence, il apprit la géométrie et les mathématiques auprès de Paolo Toscanelli. Puis il se consacra à la fabrication de machines : grues, treuils à vis sans fin... Depuis son enfance, il avait suivi le chantier de la cathédrale depuis les fenêtres de sa maison, située en face. Il avait vu sa nef à trois vaisseaux se prolonger par des absides polygonales autour d'un chœur octogonal et se dilater jusqu'à atteindre cent cinquante-trois mètres de long sur quarante-deux mètres de large. Son ambition avait grandi à proportion, et elle n'avait d'égal que la présomption des fabriciens ayant entrepris ce chantier tout en sachant qu'ils n'avaient pas les moyens de l'achever.

Comment couvrir une nef aussi vaste ? Les architectes gothiques lançaient des croisées d'ogives sur de grandes distances, mais à l'aide d'arcs-boutants, de contreforts et de pinacles que les Florentins jugeaient inélégants. S'ils voulaient construire un dôme sur une base aussi large – celle de Sainte-Sophie de Constantinople ne mesurait que trente mètres de diamètre –, ils ne pouvaient envisager de cintrage pour soutenir sa maçonnerie. Une fresque peinte en 1355 dans la chapelle des Espagnols de Santa Maria Novella montre ce qu'ils attendaient : un dôme à pans coupés qui couvrît la croisée du transept et qu'on eût pu voir depuis les collines alentour. Pour rassurer la population, qui se voyait déjà la risée de toute la Toscane avec sa cathédrale sans dôme, Neri di Fioravante, l'architecte du Ponte Vecchio, en présenta un modèle réduit en 1367. Les fabriciens et les architectes prêtèrent régulièrement serment sur lui de l'achever, mais Neri di Fioravante n'ayant indiqué aucun moyen de passer du modèle réduit à la construction grandeur nature, il restait un objet de foi plus qu'un projet réalisable.

Pour en finir, en 1418, la corporation de la laine lança une consultation d'architectes. Certains proposèrent de soutenir les flancs du dôme avec des étais en bois, d'autres de remplir la croisée du transept avec de la terre, que des enfants enlèveraient dans l'espoir d'y trouver des piécettes. C'est cependant la proposition de Brunelleschi qui sembla la plus folle : « À deux reprises, les fabriciens le firent jeter dehors par des gens à eux et de l'Art de la Laine, comme s'il raisonnait stupidement et ne disait que des paroles ridicules », rapporte Manetti. Comment pouvait-il prétendre élever le dôme sans soutien ? D'autant qu'il n'avait jamais rien construit et refusait de préciser ses plans.

Vasari raconte le coup de bluff qui lui permit de l'emporter : pressé, une fois encore, de détailler ses plans, Brunelleschi refusa, mais proposa de confier le chantier à celui qui parviendrait à faire tenir debout un œuf sur une plaque de marbre. Tous s'y essayèrent, en vain, jusqu'à ce que Brunelleschi prît un œuf, le cassât à la base et le posât sur la plaque. « Si j'avais su..., protestèrent ses rivaux. — Si vous connaissiez mon projet, vous seriez capables aussi de construire la coupole ! », leur rétorqua-t-il.

Il n'eut pas les mains libres pour autant : non seulement on lui demanda de faire ses preuves jusqu'à une hauteur de quatorze brasses, hauteur à partir de laquelle l'inclinaison des briques serait telle qu'elles ne pourraient être maintenues par le mortier à prise lente, mais on le flanqua de Ghiberti, soutenu par des membres influents de la fabrique. Il faut l'imaginer luttant sur tous les fronts : contre l'incompétence de son rival en matière d'architecture et ses tentatives de le discréditer, contre les appréhensions des ouvriers devant ses méthodes de construction inusitées, contre les aléas d'un chantier soumis aux guerres de clans politiques, et contre ses propres limites, car s'il tenait à garder le secret sur son projet, c'était aussi qu'il n'avait pas encore trouvé l'ensemble des solutions aux problèmes qui se posaient.

En 1436, trente-sept mille tonnes de briques et de tuiles se trouvaient suspendues à trente-trois mètres au-dessus de la croisée du transept. Comment Brunelleschi s'y prit-il pour les faire tenir sans cintrage ni échafaudages ? Ce prodige fut longtemps une énigme. On sait qu'il commença par concevoir un palan mis en rotation par des bœufs, capable de remplacer la cage à écureuil pour lever des matériaux à plus de cinquante mètres de haut et une grue permettant de les déplacer latéralement, une fois hissés sur la base du dôme. Mais pour le reste, n'ayant communiqué que par chiffres et n'ayant laissé aucun plan, le seul moyen de juger de son œuvre était de l'observer *a posteriori*.

Sa structure est formée d'une double coque autoportante assez légère pour ne pas s'écrouler sous son propre poids et solide pour porter un lanternon qui la leste. Pour compenser l'absence de contreforts extérieurs, Brunelleschi élabora un dispositif de tirants et de chaînes, de petites voûtes et de contreforts intérieurs, en s'inspirant de l'architecture des Étrusques et des Romains ainsi que du corps humain : si l'on emprunte les escaliers qui passent entre les coques, on reconnaît ses os dans les vingt-quatre contreforts intérieurs, ses tendons dans les tirants et les chaînages et ses muscles dans les briques qui lient l'ensemble.

Il fallut toutefois attendre l'expérience menée à partir de 1989 par Massimo Ricci pour comprendre comment il s'y prit : en reproduisant son dôme à l'échelle de 1/5 dans un parc de Florence, l'architecte établit que ses briques furent posées en arêtes de poisson, dans une alternance régulière de briques à l'horizontale et à la verticale, de manière décroissante à mesure qu'on s'approche du sommet. Formant une spirale continue qui traverse les pans du dôme, elles permirent de répartir son poids sur une surface autoportante en expansion. Une rose redécouverte sur le manuscrit d'un détracteur de Filippo Brunelleschi, Giovanni da Prato, montre que leur progression fut contrôlée au cordeau de telle manière que les murs de chaque pan se rejoignent au sommet. Afin de donner une solidité optimale à l'ensemble, les lits de briques épousèrent la forme de chaînettes, selon un principe mis en évidence par Leibniz, Bernoulli et Huygens, mais connu déjà des Égyptiens.

Dans son acharnement contre lui, Giovanni da Prato lui adressa ce poème : « Ô puits profond et noir de totale ignorance, misérable animal, et tellement risible qui veut que l'incertain par chacun soit visible, ton absurde alchimie est sans grande puissance. » La réponse ne se fit pas attendre : « Quand le ciel a donné de hautes espérances, ô toi dont l'animale apparence est visible, tout homme peut enfin laisser le corruptible, et disposer en tout d'une grande puissance. Qui mal en juge perd toute son assurance, car il n'affronte rien qui ne lui soit terrible ; pour le sage, au contraire, il n'est rien d'invisible, sinon ce qui n'est pas, sinon la pure absence. L'artiste ne voit pas ces fadaises d'un sot, mais il voit, s'il n'a pas de faux jugements, ce que scelle Nature en dessous de son manteau. »

En ces mots se trouve condensée toute la pensée de Brunelleschi, à savoir qu'il n'est pas de mystère que les mathématiques ne permettent de résoudre. Dans son ciel en forme de prouesse était exprimée l'idée d'une coïncidence possible entre la pensée humaine et la pensée divine. La Renaissance était née, avec son optimisme illimité. Et le dôme de Santa Maria del Fiore, copié par Michel-Ange à Saint-Pierre de Rome, servit d'emblème à une Église soucieuse de réaffirmer sa puissance après une période de schismes. De Rome à Yamoussoukro en passant par Grenade, Noto, Mexico et Londres, il fut imité un peu partout dans le monde, mais à ce jour il demeure le plus grand dôme jamais construit en briques.

Filippo Brunelleschi mourut en 1446 avant d'avoir pu poser son lanternon. C'est à Andrea del Verrocchio qu'il revint de fabriquer sa boule en bronze, et à Giorgio Vasari de peindre sa coupole en mettant en œuvre le système perspectif qu'il inventa devant le baptistère. En 1475, le vieux Paolo Toscanelli gravit ses escaliers pour y installer une plaque pourvue de trous. Avec sa jauge placée au sol, la cathédrale devint ainsi la plus grande méridienne de son époque. Quand on sait qu'à la veille de la découverte de l'Amérique, le Graal des marins était le calcul de la longitude des navires et que Paolo Toscanelli correspondit avec les savants qui établirent les tables astronomiques de la période 1475-1505, quand on sait qu'on retrouva dans les bagages de Christophe Colomb une carte du monde établie par lui, on peut dire que la construction de Santa Maria del Fiore contribua à la mathématisation du monde et à l'avènement d'une civilisation nouvelle caractérisée par la foi en la science et en la technique.

Forêt

Un passage du *Génie du christianisme* de François-René de Chateaubriand est demeuré célèbre : « Les forêts ont été les premiers temples de la divinité, et les hommes ont pris dans les forêts la première idée de l'architecture. Cet art a donc dû varier selon les climats. Les Grecs ont tourné l'élégante colonne corinthienne, avec son chapiteau de feuilles sur le modèle du palmier. Les énormes piliers du vieux style égyptien représentent le vaste sycomore, le figuier oriental, le bananier, et la plupart des arbres gigantesques de l'Afrique et de l'Asie. Les forêts des Gaules ont passé à leur tour dans les temples de nos pères, et ces fameux bois de chêne ont ainsi maintenu leur origine sacrée. Ces voûtes ciselées en feuillages, ces jambages qui appuient les murs, et finissent brusquement comme des troncs brisés, la fraîcheur des voûtes, les ténèbres du sanctuaire, les ailes obscures, les chapelles comme des grottes, les passages secrets, les portes abaissées, tout retrace les labyrinthes des bois dans l'église gothique ; tout en fait sentir la religieuse horreur, les mystères et la divinité. »

Charles Baudelaire lui fait écho dans *Les Fleurs du mal* : « Grands bois, vous m'effrayez comme des cathédrales » ; et en termes inversés dans *Spleen et Idéal* : « La nature est un temple où de vivants piliers / Laissent parfois sortir de confuses paroles ; / L'homme y passe à travers des forêts de symboles / Qui l'observent avec des regards familiers. »

La métaphore remontait à la Renaissance, quand Giorgio Vasari, Antonio Filarete et Antonio Manetti redécouvrirent les écrits de Vitruve et sa description de la cabane primitive, à l'origine de l'architecture. En 1510, dans un mémorandum adressé au pape, le peintre Raphaël en fait un point de comparaison entre l'architecture romaine et l'architecture gothique, qui s'inspire « de la forme que prennent les arbres abandonnés à toute venue quand, se penchant les uns vers les autres et se liant ensemble, ils forment des arcs pointus. Cette origine n'est pas absolument condamnable, mais un tel système manque de consistance ; et les huttes décrites par Vitruve comme étant l'origine de l'ordre dorique, avec leurs poutres cramponnées et des poteaux en guise de colonnes, supportant des couvertures et des pignons, sont bien plus durables que les arcs brisés, qui ont deux centres ».

Les romantiques tournèrent le défaut en qualité. Dès 1724, en Angleterre, William Stukeley écrit à propos du cloître de Gloucester : « L'idée en a été empruntée à une allée d'arbres dont les cimes entrelacées sont imitées par les voûtes de manière curieuse. » Le futur évêque de la cathédrale, William Warburton, développe en 1751 : les Goths « ayant été accoutumés, durant les ténèbres du paganisme, à adorer la divinité au cœur des forêts, [...] quand leur nouvelle religion érigea des temples, ils décidèrent ingénieusement de les faire ressembler à des forêts autant que le leur permettrait la distance de l'architecture. Et l'art et l'habileté avec lesquels ils exécutèrent ce projet [...] sont manifestés lorsque l'on considère que nul n'a jamais contemplé de manière attentive une allée de grands arbres, entremêlant leurs branches au-dessus de lui, sans que cela le fît bientôt songer à la longue perspective qu'offrent les cathédrales gothiques ».

En Allemagne, Goethe compara, en 1772, la cathédrale de Strasbourg à un « majestueux arbre de Dieu qui s'étale au large et qui, avec ses milliers de branches, ses millions de rameaux et de feuilles, comparables au sable de la mer, annonce, à toute contrée environnante, la splendeur de Dieu ». Toute une génération d'artistes et d'écrivains, en quête d'une harmonie perdue entre l'homme, Dieu et la nature, après l'avènement des Lumières, filèrent la métaphore. « La forme des colonnes, des arcs et des fenêtres s'élance en tiges ligneuses délicates comme autant de branches entrelacées, la décoration entièrement en forme de feuilles végétales, surtout l'aspect floral et végétal constituent l'essentiel et la beauté propre à cette architecture, dont la véritable origine réside dans le profond sentiment allemand de la nature et dans leur imagination », écrit Friedrich Schlegel en 1804.

Tout en célébrant l'ornement végétal des cathédrales, John Ruskin combattit cette « étrange et vaine superstition qui prétendit faire descendre de la végétation la conception originelle de l'architecture gothique ». Sa généalogie n'est pas à chercher dans la contemplation des arbres, mais dans le passage de la voûte romaine à la voûte sur croisées d'ogives, en passant par les expériences romanes. Le système de forces qu'elle met en jeu fonctionne à l'inverse de celui des arbres, ses poussées s'exerçant du haut vers le bas. Le seul dont on puisse dire que l'architecture obéit aux mêmes principes internes que la croissance des arbres est Antoni Gaudí, qui se les donna pour maîtres.

L'architecture gothique portait certes en elle cette poétique sylvestre. Le *decorated style* en Angleterre, puis le style gothique tardif en Allemagne, en Bohême, en Espagne et au Portugal en témoignent. Il faut voir la fougue avec laquelle les branchages envahissent l'oratoire de la cathédrale de Prague, grimpent sur le portail Saint-Laurent de la cathédrale de Strasbourg, se faufilent sur le jubé de celle de Halberstadt et s'enroulent autour d'une fenêtre de celle de Lamego. En France, l'enchevêtrement de nervures de l'abside de l'église Saint-Séverin, à Paris, donna l'impression à Huysmans « d'un bois varié et un peu fou ». Mais si cette poétique traduisait un naturalisme s'acharnant à déjouer les lois de la géométrie, comme dans l'attente d'un baroque plus vivant, jamais l'architecture gothique ne s'y réduisit.

Tout l'effort du christianisme depuis l'origine n'avait-il pas été d'orienter le regard des hommes, enclins à diviniser les forces de la nature, vers celui qui les avait créées, et de suggérer sa présence au-delà des apparences ? « Ceux qui s'arrêtent à la surface chatoyante de ce monde ne percent pas jusqu'à l'esprit vivifiant, écrit Ælred de Rievaulx. Ils se contentent de la lettre, mais celle-ci devient pour eux la lettre qui tue. »

Il fallut attendre la Renaissance pour que la nature devînt l'horizon ultime. Classiques et romantiques rivalisèrent ensuite pour se l'approprier, et c'est elle qui domine encore, de nos jours, avec l'émergence du scientisme et de l'écologisme : à Oakland, aux États-Unis, Craig W. Hartman se vanta, en 2005, d'avoir construit une cathédrale en acier, verre et bois qui « permet à la lumière de s'infiltrer et rappelle comment elle passe à travers une canopée de grands séquoias ». À Pereira, en Colombie, Simón Vélez bâtit, en 1999, une cathédrale en bambou fileté d'acier imitant la forêt locale au point de se confondre avec elle.

G

Galerie des Rois

En octobre et en novembre 1793, les Parisiens assistèrent à un spectacle insolite, celui d'ouvriers spécialisés passant la corde au cou des statues de rois de la galerie de Notre-Dame. La Commune les avait spécialement rémunérés pour les précipiter à terre. Ils mirent un mois pour en venir à bout. Après cette décapitation symbolique, le peintre Jacques-Louis David proposa de faire avec leurs débris « une statue colossale du peuple français en Hercule » piétinant les « idoles de la tyrannie et de la superstition ». Sa proposition ayant été refusée, ils restèrent trois ans dans le cloître, où ils servirent de latrines aux passants, puis furent vendus comme matériaux de construction.

En 1977, des ouvriers travaillant dans les fondations d'une banque, rue de la Chaussée-d'Antin, tombèrent nez à nez avec vingt et une de leurs têtes. C'était Jean-Baptiste Lakanal, frère du conventionnel du même nom, qui les avait acquises comme matériaux de construction et les avait fait ensevelir dans la cour de son hôtel particulier, à quelques coups de pioche de l'air libre. On peut aujourd'hui les admirer au musée de Cluny.

Qui étaient donc ces rois pour susciter tant de passions ? Des rois de France, comme le pensaient les révolutionnaires, ou des rois de Juda, ces ancêtres du Christ que saint Matthieu énumère ? Leur position, sous une Vierge à l'Enfant, plaiderait plutôt en faveur de la seconde interprétation, ce qui leur ferait jouer le même rôle que les arbres de Jessé dont Suger illustra le thème à Saint-Denis. Mais ces derniers n'étaient déjà plus seulement interprétés comme des images poétiques de la double nature charnelle et spirituelle du Christ : dans le cadre de l'idéologie royale promue par Suger, ils inscrivaient les rois de France dans la lignée des rois sacrés de l'Ancien Testament. Philippe Auguste en offrit un à la cathédrale de Soissons, en 1201.

Après la victoire de Bouvines, qui lui assura la suprématie sur les autres souverains d'Europe, la galerie des Rois de Notre-Dame de Paris, construite vers 1220, affirmait avec plus de force encore cette continuité. Un fabliau de la fin du XIIIe siècle raconte comment un badaud se fit couper la bourse alors qu'il désignait du doigt Pépin le Bref et Charlemagne, sur le parvis. L'ambivalence était donc présente dès l'origine, et elle était souhaitée. À Notre-Dame d'Amiens, une galerie semblable fut construite quelques années plus tard. Les rois y ressemblent à s'y méprendre à des rois médiévaux, de même qu'à Notre-Dame de

Chartres, où ils figurent sous les arcades du porche sud et au-dessus de la rose occidentale. Le premier tient toutefois un rameau qui l'identifie à Jessé et, un peu plus loin, une harpe désigne le roi David.

« Ils ont au poing le sceptre, l'épée, la main de justice, le globe, et sur la tête l'antique couronne pharamonde, non fermée, à fleurons évasés. Cela est superbe et farouche », écrit Victor Hugo devant les rois de la façade occidentale de Notre-Dame de Reims, sculptés en 1330. Pour lui, aucun doute : « Ces rois sont les rois de France. » Clovis figure d'ailleurs au centre. Mais ils sont placés dans la continuité des rois sacrés de l'Ancien Testament : de part et d'autre de la grande rose, David est oint par Samuel et Salomon par Nathan. Ils sont au nombre de 56, combinaison des chiffres 7 et 8, ce qui indique qu'ils figurent moins une lignée dynastique qu'une royauté universelle dont le pouvoir vient de Dieu.

Ces galeries avaient pour vocation de rappeler l'essence divine du pouvoir royal et de placer les rois face à leurs responsabilités : s'ils étaient élevés au-dessus des autres hommes, ce n'était pas pour exercer un pouvoir personnel et absolu, mais pour être les lieutenants de Dieu sur terre.

Lors de sa campagne de restauration de Notre-Dame de Paris, Eugène Viollet-le-Duc compta parmi ceux qui se battirent le plus pour rétablir les statues de rois dans leur galerie. L'un d'eux, le huitième en partant de la gauche, porte ses traits, sculptés par Jean-Louis Chenillon.

Gargouilles et chimères

Le mot même est guttural. On y entend goutter et s'écouler à gros bouillons les eaux usées à travers la gorge et la goule des monstres qui les recrachent sur les passants. Leurs silhouettes ramassées, prêtes à bondir depuis les parties hautes des cathédrales, incarnent aux yeux de beaucoup la quintessence de l'art gothique. Pourtant que ne doivent-elles pas aux campagnes de restauration des XIXe et XXe siècles ?

Joris-Karl Huysmans évoquait déjà la « ceinture de monstres qui entoure Notre-Dame de Paris » comme si elle était présente depuis l'origine. « Ce sont d'extravagants oiseaux perchés sur la flore saxonne des balcons de pierre. Les stymphalides des mythes grecs qui empruntent aux dures souplesses des aciers et des fers, les flèches de leurs plumes, les sécateurs de leurs becs, les ongles de leurs serres, revivent en ces sculptures, moins menaçantes et moins torves. Égayées par des mantes de vieilles femmes et des capuchons de moines, elles tendent sous la tenaille de leur rostre des jabots papelonnés d'écailles et bâillent, sans hostilité, les ailes rabattues, très lasses. Puis elles s'éloignent du type ancestral, se muent en de gigantesques perruches greffées de vautour et de coq, en de fabuleux volatiles piétés sur des pattes de lions et d'onces, hérissés de plumes découpées dans de courtes mailles qui simulent la cotte imbriquée des vieux Gaulois et les squames relevés des poissons qu'on racle.

« Ces oiseaux alternent avec toute une ménagerie de bêtes aux formes restées intactes, telles que le bœuf, l'éléphant, le pélican et l'aigle, qu'accompagnent des groupes de démons et de monstres : des lices à deux têtes, à mamelles de nourrices et à pieds de chats ; des béliers aux bras de lutteurs terminés en des ongles crochus comme des fers de gaffe ; des buffles aux bustes épilés sur lesquels brinquebalent des pis de femmes maigres ; des griffons aux yeux endormis et faux, et aux dents de morses ; des fauves à ventres et à mains d'hommes ; des boucs aux torses velus surmontés de faces au profil de chameau, aux cornes d'élan, aux yeux en cocarde, aux pieds bifurques tenant de la patte du marabout et de la bique.

« [...] Penchés depuis cinq cents ans au-dessus de l'énorme ville qui les ignore, ils contemplent sans se lasser les incommutables assises de la bêtise humaine. Ils suivent à travers les âges les exploits du vieil homme obsédé par le souci charnel et l'appât du gain ; ils hument l'exhalaison des inusables vices, surveillent la crue des vieux péchés, vérifient l'étiage de l'éternelle ordure que choie l'hypocrite voirie de ces temps mous. »

Tout en leur trouvant un air éloigné du « type ancestral », il avait oublié ce qu'elles devaient à Eugène Viollet-le-Duc et à Jean-Baptiste Lassus. Rares sont les gargouilles d'origine. Leur fonction même les condamne à une usure rapide. Si elles eurent de lointains ancêtres en Grèce et en Égypte, les églises paléochrétiennes, carolingiennes et romanes les ignorèrent. Elles laissaient s'écouler les eaux usées sur la voirie par une simple saillie des larmiers. Ce n'est qu'au début du XIIIe siècle que les architectes en installèrent à la chute des combles, afin d'éviter les infiltrations.

D'emblée, elles prirent des allures fantastiques : à Notre-Dame de Laon, où se trouvent les plus anciennes, des ânes ou des hippopotames dotés d'ailes de chauves-souris côtoient des lions, des porcs et des singes en furie. Chargées d'évacuer le mal autant que les eaux usées, leur fonction pratique se doublait d'une fonction symbolique. Selon les pères Charles Cahier et Arthur Martin, archéologues jésuites du milieu du XIXe siècle, elles incarnaient « les légions de l'ennemi du salut qui planent sur la tête du fidèle pour l'écarter du droit chemin, et contre lesquelles il n'est de vrai refuge ou de remède que dans l'Église ».

Dans leur optimisme sur la faculté de l'homme à se perfectionner selon les lois de la raison, les architectes de la Renaissance arraisonnèrent ces monstres et réduisirent le problème de l'écoulement des eaux usées à un problème technique. Les gargouilles se muèrent en tuyaux de pierre, de fonte ou de plomb. C'est tout ce que trouvèrent Eugène Viollet-le-Duc et Jean-Baptiste Lassus à Notre-Dame de Paris, en 1846, avec quelques traces de griffes de félins et de serres de rapaces : le « zèle fatal » du cardinal de Noailles avait eu raison d'elles, au début du XVIIIe siècle, et Alexandre-Théodore Brongniart avait fini de les araser, au début du XIXe.

C'est donc à une recréation complète qu'ils procédèrent avec le sculpteur Victor Pyanet. À l'entrée « Gargouilles » du *Dictionnaire raisonné de l'architecture*, on peut lire : « Ces êtres s'attachent adroitement aux larmiers, se soudent à l'architecture et donnent aux silhouettes des édifices un caractère particulier, marquant leurs points saillants, accusant les têtes des contreforts, faisant valoir les lignes verticales. » Si Jean-Baptiste Lassus croyait plus à leur rôle apotropaïque, Eugène Viollet-le-Duc ne leur reconnaissait qu'un rôle fonctionnel et esthétique. Quand on voit ses créations, elles contribuent à accentuer le caractère organique de la cathédrale, mais elles lui donnent aussi un caractère plus sombre.

Selon Michael Camille, Eugène Viollet-le-Duc ne s'inspira pas, pour les créer, de la Bible, mais de l'Encyclopédie du XVIIIe siècle, du roman illustré de Victor Hugo, de caricatures de Daumier et de Grandville et des journées révolutionnaires de 1848. Nous ne sommes pas obligés de le suivre lorsqu'il voit en elles la hantise des juifs, des révolutionnaires, des prostituées et des homosexuels, propre aux bourgeois du XIXe siècle, mais il est certain qu'Eugène Viollet-le-Duc eut la même fascination pour elles que Victor Hugo, qui en faisait l'expression de la liberté de l'artiste par opposition au dogmatisme de l'Église. N'avait-il pas choisi pour emblème le hibou ou le grand-duc, animal tenu pour maléfique par l'Église, dont il admirait la capacité de voir la nuit ? Huit d'entre eux prennent place sur la face intérieure des pinacles de la flèche.

En plaçant ses gargouilles sous les dais autrefois réservés aux anges et aux saints, il ne leur demandait plus d'éloigner le mal, mais de l'incarner aux dépens de la cathédrale. Plus encore, il donna la première place à l'avant de la galerie supérieure de la façade occidentale à des chimères qui pouvaient être présentes sur d'autres cathédrales, comme Notre-Dame d'Amiens, mais étaient absentes de Notre-Dame de Paris. Parmi elles, le démon pensif est devenu iconique. Selon Michael Camille : « C'est parce qu'il incarne, plus que tout autre élément des cathédrales gothiques, le point de vue subjectif du mal. Il prend tour à tour le nom de Penseur, de Diable accoudé et de Stryge. Mais le démon de Notre-Dame est d'abord le diable vigilant. Le diable est alors à la mode. Ce qui fait la force de cette image, c'est la juxtaposition du lieu saint et de ses symboles liturgiques avec l'horreur, la mort et la sexualité, évoquant une anti-liturgie. »

Ce qui frappe, dans ses créatures diaboliques, si on les compare à celles qui restent du XIIIe siècle, sur le portail du Jugement dernier et au-dessus de la galerie des Rois, c'est leur caractère désenchanté. Là où les sculptures gothiques étaient terrifiantes et bouffonnes, celles au regard vide d'Eugène Viollet-le-Duc sont le nihilisme incarné. En 1996, elles subirent à leur tour une restauration. On vit alors poindre sur leurs faces lisses un sourire niais imitant celui des gargouilles de Walt Disney. Si « la plus belle des ruses du diable est de vous persuader qu'il n'existe pas », comme le pensait Charles Baudelaire, ces gargouilles qui rient du haut de leur bêtise immaculée de la superstition des hommes du Moyen Âge sont la dernière preuve de son existence.

Gaudí, Antoni (1852-1926)

D'Antoni Gaudí, Elies Rogent disait à sa sortie de l'école d'architecture de Barcelone : « Je ne sais pas si nous avons décerné ce diplôme à un fou ou à un génie. L'avenir le dira. » Un demi-siècle plus tard, Salvador Dalí qualifiait la Sagrada Familia de « provocante jusqu'au malaise, bienheureusement déplaisante et en ce sens incommensurablement utile ». Venant du peintre surréaliste, qui le tenait pour le plus grand architecte depuis le concepteur du Parthénon, c'était un compliment, mais ses mots traduisent, aujourd'hui, l'ambivalence des sentiments provoqués par cette œuvre de titan.

La Sagrada Familia n'est pas une cathédrale, mais un temple expiatoire. Comme le Sacré-Cœur de Montmartre, elle devait être construite uniquement grâce à la foi et aux dons des fidèles. Dans une ville en pleine révolution industrielle, il s'agissait, dans l'esprit de son promoteur, Josep Maria Bocabella, d'expier le matérialisme à l'origine de tous les maux de la société : l'inhumanité des bourgeois et les révoltes sanglantes des pauvres. L'ampleur et la durée de son chantier – cent quarante ans et il engloutit encore 100 millions d'euros par an – ainsi que la personnalité hors norme de son architecte, le dernier qu'on puisse inscrire dans la lignée des bâtisseurs gothiques en même temps que le plus novateur de son époque, explique toutefois qu'elle soit devenue l'élue des touristes et des amateurs d'art. Si l'on ajoute à cela le fait qu'Antoni Gaudí voulait construire « une cathédrale du XXe siècle », on comprendra qu'elle ait tendance à éclipser Sainte-Croix-et-Sainte-Eulalie, dans le quartier gothique.

Ayant eu la chance d'habiter Barcelone pendant mon adolescence, je passais souvent devant son chantier. Elle me faisait alors penser à une arche de Noé ou à un *Nautilus* échoué entre mer et montagne. De son flanc éventré se déversait un flot de formes où s'entremêlaient animaux exotiques et familiers, pierres bourgeonnantes et plantes pétrifiées, stalactites, algues marines et personnages bibliques moulés sur nature. Face à une telle exubérance figée, je ressentais une sorte d'horreur sacrée. Puis à force de la fréquenter, j'appris à aimer ses flèches tendues comme des doigts ou des rochers vers le ciel. Je me mis à apprécier sa façade de la Nativité aux allures de grotte ou d'antre marin, tels que j'en voyais à Prades ou à Majorque. À l'aube, les rayons du soleil fouillaient sa pierre, comme pour en extraire une Création nouvelle : reptiles, tortues et batraciens, escargots, oies et chiens émergeaient parmi les roses et les fleurs d'oranger, les fleurs d'amandier, les grappes de raisin, les épis de blé, les feuilles de palmier et les rameaux d'olivier. Sur le cyprès qui couronnait l'ensemble, des oiseaux de chair venaient se poser à côté d'oiseaux de pierre. J'en voyais s'élancer comme du haut d'une falaise.

Encore n'avais-je pas pu voir sa nef arborescente avec ses vitraux kaléidoscopiques qui diffusent une lumière filtrée, comme à travers une futaie, ni sa façade de la Passion, qui s'élève à la face du monde comme un corps supplicié, et encore moins sa façade de la Gloire, au sommet de laquelle Dieu apparaîtra, à la fin du chantier, au milieu des nuées. J'aimais déjà l'idée que sa plus haute tour, celle de Jésus-Christ, atteigne cent soixante-douze mètres, soit le maximum auquel l'homme puisse prétendre sans dépasser l'œuvre de Dieu, représentée à Barcelone par la colline de Montjuïc, mais c'est seulement quand je retournai la voir, vingt-cinq ans plus tard, qu'elle m'apparut pour ce qu'elle était : la seule église où l'on pût discerner une parenté véritable entre l'architecture et l'œuvre de la nature.

Lecteur assidu d'Eugène Viollet-le-Duc pendant sa jeunesse, Antoni Gaudí finit par s'en éloigner au motif que le gothique était « un système mort. Il pourrait être comparé à un être humain dont le squelette, au lieu de suspendre harmonieusement les différentes parties du corps, serait écrasé par le poids des chairs à soutenir et aurait besoin de béquilles dans tous les sens [...] L'art gothique est imparfait. Il n'en est qu'à la moitié de la solution. C'est le style du compas, de la formule, de la répétition industrielle ». Lorsqu'il reprit le chantier de la Sagrada Familia, amorcé par Francisco del Villar sur un plan néogothique, en 1883, ce fut pour le « perfectionner » et lui donner une « vie » qu'il n'avait pas. Deux ans plus tard, il présenta un plan qui reprenait une disposition traditionnelle en croix latine, avec une nef à cinq vaisseaux, un transept, une abside, des chapelles rayonnantes, trois façades et dix-huit tours, dans un style naturaliste totalement inédit.

Contrairement à ce que voudra un critique trop zélé, Gaudí n'était pas un inspiré qui réalisait chaque jour ce que la Vierge lui avait révélé pendant la nuit. « Je calcule tout, disait-il. Pour bien faire les choses, deux éléments sont nécessaires : d'abord l'amour, ensuite la technique. » Une fois la crypte achevée selon les plans de son prédécesseur, il commença à expérimenter ses idées personnelles dans l'abside : il exagéra les arêtes des murs pour générer des clairs-obscurs qui en accroissent le volume, la couronna de pinacles qui en accentuent la verticalité et l'orna d'espèces animales et végétales moulées sur nature.

Autant que dans la Bible et *L'Année liturgique*, il puisait son inspiration dans le grand livre de la nature. Il avait eu tout le loisir d'observer, enfant, dans son jardin, alors qu'il souffrait de rhumatismes articulaires et ne pouvait donc jouer avec les autres. Adulte, il avait sillonné sa

Catalogne bien-aimée au cours de longues randonnées. « La Création continue et le Créateur utilise ses créatures afin de la poursuivre. Ceux qui cherchent à connaître les lois de la nature pour réaliser leurs œuvres collaborent avec le Créateur, en conclut-il. Dieu n'a conçu aucune loi stérile. Elles ont toutes leur application : l'observation de ces lois et de leurs applications est la révélation de la divinité. Les inventions sont les imitations de ces applications. »

Pressentant qu'il ne verrait pas sa « cathédrale » achevée, il voulut poser sa façade de la Nativité en premier et enchaîner avec les structures les plus novatrices sans être essentielles à la célébration du culte, afin d'obliger ses successeurs à suivre la voie sur laquelle il s'engageait. En 1891, il la conçut selon un schéma typiquement gothique, tout en l'insérant entre des tours-clochers paraboliques. C'est qu'on ne trouvait jamais dans la nature des formes traçables au compas et à l'équerre, comme des pyramides, des cylindres ou des sphères, mais des paraboloïdes hyperboliques, des hyperboloïdes, des hélicoïdes et des conoïdes, que l'on obtenait en déplaçant une ligne droite le long d'une ou de plusieurs lignes directrices.

La lenteur du chantier lui laissa le temps de trouver le moyen d'élever sa nef et son transept sans contreforts ni arcs-boutants. À la faveur d'un manque d'argent, il travailla, en 1893, à une église pour la Colonie Güell. Une maquette montre comment il détermina les courbes de ses voûtes et de ses colonnes pour qu'elles supportent seules le poids de l'édifice. Antoni Gaudí pensait en volumes, dessinait peu, mais travaillait de manière expérimentale à partir de maquettes. Il commença par reproduire le contour de l'église sur un panneau de bois qu'il suspendit parallèlement au plafond de son atelier. À tous les points de soutien : colonnes et intersections des murs, il accrocha des cordelettes lestées, afin de simuler les charges ponctuelles. Puis comme les courbes formées par ces cordelettes lui apparaissaient à l'envers, il photographia sa maquette et retourna sa photo pour les voir à l'endroit.

Pour épouser les courbes de ses voûtes et de ses colonnes, il s'inspira ensuite de la structure des arbres. Quand on lui demanda qui était son maître, il répondit : « L'arbre qui se trouve en face de moi », et ce n'était pas une boutade. Il imagina un système de voûtes hyperboliques et de colonnes arborescentes inclinées, dont les troncs hélicoïdaux à double hélice se terminent par des chapiteaux en forme de nœuds elliptiques, d'où sortent des colonnes plus fines, comme des branches et des feuilles. Ces formes faisant varier l'incidence de la lumière à chaque heure de la journée, elles se pareraient de toutes les nuances du jour, sans qu'il soit nécessaire d'y ajouter des ornements. Les murs extérieurs, n'ayant plus à supporter que leur propre poids, seraient encore allégés par des rosaces et des baies. Et la forme hyperbolique des voûtes permettant de percer une ouverture hyperboloïde au niveau des clefs de voûte, sa nef évoquerait une forêt à travers laquelle filtreraient les rayons du soleil.

L'homme pourrait ainsi admirer la grandeur et la sagesse du Créateur à travers l'ordre révélé de sa Création. Il se promènerait, dans la nef, comme dans une « forêt de symboles », mais à la différence des architectes gothiques, Gaudí trouvait les espèces végétales et animales existantes assez nombreuses et signifiantes en elles-mêmes pour n'avoir pas à en créer de fantastiques. Plus encore, il discernait dans la structure des organismes vivants des symboles que les hommes du Moyen Âge ne pouvaient pas même entrevoir. Ne voyait-il pas dans ses colonnes formées par deux hélicoïdales qui se croisent en passant du carré au cercle sans jamais y parvenir l'image des âmes qui contemplent Dieu dans son infinité ?

Plantes, hommes et animaux seraient moulés sur nature. Une technique qui ne fut pas sans poser de problèmes, lors de la décoration de la façade de la Nativité. Imaginez-vous des ouvriers en train d'essayer d'immobiliser un âne terrorisé, qui leur a été prêté par un paysan, pour figurer à côté du bœuf dans la crèche. Un homme qui leur servait de modèle faillit périr d'étouffement.

Pour sa façade de la Passion, il s'inspira du corps humain. En convalescence dans les Pyrénées, après une fièvre de Malte, en 1911, il n'eut qu'à puiser dans ses propres souffrances pour la dessiner. Son portail soutenu par six colonnes inclinées qui ressemblent à des tendons étirés jusqu'à éclater et sa galerie qui repose sur dix-huit piliers en forme d'os devaient évoquer un corps supplicié, sans qu'aucune ornementation vienne distraire l'attention de la douleur éprouvée en les voyant.

Quand il mourut, le 7 juin 1925, renversé par un tramway, seuls la façade de la Nativité et le clocher de la tour Saint-Barnabé s'élevaient en rase campagne, sur un terrain où ne broutaient encore que quelques chèvres. Salvador Dalí proposa de « confier l'achèvement de la cathédrale aux chauffeurs de tramway à titre expiatoire ». Heureusement, il ne fut pas écouté, car le défi, pour ses successeurs, était immense : dans son bureau, Antoni Gaudí n'avait laissé que des maquettes, des photos et des dessins, qui étaient plus des simulations que des états définitifs de son projet. Il avait toujours trouvé des solutions chemin faisant aux problèmes qui se posaient à lui. « Mes idées sont d'une logique indiscutable, affirmait-il. La seule chose qui me fait douter, c'est qu'elles n'ont pas été appliquées avant. »

Pendant dix ans, son bras droit, Domènec Sugrañes i Gras, s'aida de ces documents pour construire les trois tours manquantes de la façade de la Nativité, puis ils brûlèrent dans un incendie causé par des anarchistes, au début de la guerre civile, en 1936. Il fallut des années pour en rassembler les éléments épars ayant échappé aux flammes. Quand le chantier reprit, en 1952, les architectes se heurtèrent ensuite à la complexité des formes imaginées par Gaudí. Où l'on prend la mesure de son génie, leur géométrie était si complexe qu'il eût fallu des siècles, avec les moyens de son époque, pour les matérialiser. Rien que la taille d'une colonne à double torsion avec ses ramifications eût requis des mois de travail, avec une forte marge d'imprécision. Aucun logiciel d'architecture ne parvenait à les reconstituer jusqu'au début des années 1990, où la combinaison de cinq logiciels employés dans l'industrie aéronautique et automobile permit de comprendre leur structure et de les matérialiser à l'aide de logiciels de production assistée par ordinateur.

Aujourd'hui, on peut voir sur la porte de l'Espérance une statue de Joseph à qui ses ouvriers prêtèrent les traits de Gaudí. À quelques pas, leurs successeurs s'activent dans leurs ateliers. Des modeleurs fabriquent des modèles réduits des différents éléments de l'église avec des imprimantes 3D. Des architectes font des simulations avec des lunettes de réalité virtuelle. Les mains des ouvriers se combinent avec les bras des robots pour tailler des pierres que les grues hissent en haut des tours. On s'est parfois demandé si Gaudí eût apprécié ces innovations, mais n'avait-il pas pratiqué la modélisation 3D avant l'heure ? N'avait-il pas validé, pour élever ses tours aux formes inédites, l'usage de béton armé, dont son mécène, Eusebi Güell, possédait la première usine d'Espagne ? Surtout, la complexité de ses formes n'appelait-elle pas une synergie nouvelle entre l'homme et la machine ?

Pour lui, l'essentiel n'était pas la question des moyens, mais de l'esprit. Il s'agissait de poursuivre son œuvre dans le même esprit que lui et que son promoteur, Josep Maria Bocabella, et c'est là que l'on peut s'interroger :

en 2023, l'essentiel de son financement fut apporté par les 110 millions d'euros de recettes générées par les 4,5 millions de touristes venus la visiter. Sans cet argent, le chantier n'eût pas pu se poursuivre, mais avec lui, celle que l'on nommait « la cathédrale des pauvres » ne risquait-elle pas de se transformer en industrie comme une autre ? « Au temple de la Sagrada Familia, les pauvres sont attachés aux murs comme des moules sur des rochers », faisait remarquer Joaquim Miró à Antoni Gaudí devant les maisons ouvrières qui y étaient adossées. À quoi il répondit : « Et où pourraient-ils recevoir une meilleure protection, sinon dans l'ombre de cette église, fruit de la charité chrétienne ? »

Quant à savoir si ses formes, qui tendent à confondre la Révélation avec les lois de la nature, susciteront plus de foi que de curiosité, « l'avenir le dira », pour paraphraser Elies Rogent. Un procès en béatification a été ouvert par le Vatican en 2003. S'il devait aboutir, Antoni Gaudí serait le deuxième artiste déclaré saint après Fra Angelico.

Gothic revival

Quand François-René de Chateaubriand rendit hommage aux qualités poétiques de l'architecture gothique, dans le *Génie du christianisme*, cela faisait plus d'un demi-siècle que l'Angleterre l'avait remise à l'honneur. C'est d'ailleurs à Londres, où il était en exil de 1795 à 1799, qu'il se lança dans l'écriture de son livre.

Contrairement à la France où l'architecture gothique faisait l'objet d'un rejet depuis la Renaissance, on ne cessa jamais, en Angleterre, de construire dans ce style. Quand l'évêque de Lichfield décida, en 1662, de reconstruire les parties détruites de sa cathédrale pendant la guerre civile, c'est en harmonie avec le style décoré de la fin du XIIIe et du début du XIVe siècle qu'il le fit. Quelques années plus tard, Christopher Wren ne vit aucun inconvénient à l'adopter, au nom d'une continuité esthétique, dans des dizaines d'édifices, dont la Tom Tower de Christ Church à Oxford, en même temps qu'il reconstruisait la cathédrale Saint-Paul de Londres, dans un style qui rivalisait avec celui de Borromini à Rome. Plus encore, il connut un renouveau extraordinaire grâce à l'action conjuguée des archéologues et des poètes.

En 1749, Horace Walpole se fit construire une maison, à Twickenham, qui s'inspirait des châteaux à tourelles et des cathédrales à fenêtres ogivales de la fin du Moyen Âge. Vingt ans plus tard, il lança la mode du roman gothique avec *Le Château d'Otrante* – et qu'importe si ce dernier était une forteresse aux lignes robustes et pures, saturées de soleil, comme toutes les constructions des Pouilles du XIe siècle. Dans la même veine, pimentée d'une critique du monde religieux amalgamé à l'inceste, au parricide et à la magie noire, Matthew Gregory Lewis publia, en 1796, *Le Moine*, qui influença des générations d'écrivains. Mais il ne faudrait pas réduire le goût anglais pour le gothique à une fascination pour le macabre et le fantastique.

Dès 1717, la Society of Antiquaries of London contribua à faire connaître l'art médiéval en éditant des planches gravées des principaux monuments du pays. Une fois les guerres de la Révolution et de l'Empire terminées, les études archéologiques s'étendirent à la Normandie, berceau de l'architecture britannique. Pour les illustrer, les éditeurs firent appel à des aquarellistes, dont le jeune William Turner, qui débuta ainsi sa carrière.

Dans les années 1790, il entreprit plusieurs voyages à travers l'Angleterre et le pays de Galles, dont il rapporta des vues des cathédrales de Salisbury, Canterbury,

Bristol, Ely, Lincoln, Wells et Lichfield. En 1832, sa série sur Notre-Dame de Rouen annonçait avec éclat celle de Claude Monet. Vue de la Seine, de la rue du Change ou de la place de la Haute-Vieille-Tour, sa cathédrale surgit comme une apparition radieuse au-dessus de la ville. Elle ne se dématérialise pas dans la lumière comme celle du maître impressionniste, mais son architecture dévoile les lois universelles qui régissent l'Univers sous un soleil qu'il identifie à Dieu.

Au même moment, John Constable peignit plusieurs tableaux de la cathédrale de Salisbury. L'un d'eux est devenu iconique. Il représente la cathédrale vue depuis la propriété de son ami l'évêque John Fischer. Sa flèche contrebalance harmonieusement les lignes horizontales de la nef et se dresse au milieu des arbres et des marécages pour faire le lien entre la terre et le ciel. Entourée d'un arc-en-ciel, elle semble l'axe autour duquel s'organisent les forces de la nature. En pleine révolution industrielle, les Anglais redécouvraient leur attachement à la nature et voyaient dans les cathédrales gothiques le fruit d'une société mystique et fraternelle, à l'opposé des produits dégradés et dégradants du machinisme.

Au sein de l'Église anglicane, tout un courant aspirait à un renouveau spirituel, doctrinal et liturgique, pour relever les défis de son époque et faire face à la concurrence des évangélistes. En 1833, John Henry Newman lança le mouvement d'Oxford, visant à montrer la continuité de l'Église établie avec la pensée des Pères de l'Église et les pratiques liturgiques d'avant la Réforme. À partir de 1839, la Cambridge Camden Society, qui comptait de nombreux évêques et membres du Parlement, promut l'architecture gothique comme moyen de redonner sa splendeur à l'Église anglicane et de remédier à la laideur monumentale et morale engendrée par la société industrielle. « Nous savons que l'éthique catholique a donné naissance à l'architecture catholique ; ne pouvons-nous pas espérer que, par une sorte de processus inversé, l'association avec l'architecture catholique donnera naissance à l'éthique catholique ? », demandait John Mason Neale.

La reine Victoria promut ce style par opposition au classique, associé au républicanisme et au libéralisme qui triomphaient en France et aux États-Unis. Trois mille sept cent soixante-cinq églises anglicanes furent alors remises à la mode gothique, entre 1830 et 1875. Parmi elles, les cathédrales de Lichfield, de Saint-Alban et d'Ely, sous la direction de George Gilbert Scott. Deux nouvelles cathédrales furent construites à l'usage des populations ouvrières des villes industrielles de Truro et de Liverpool. Peintres et maîtres verriers furent sollicités pour redonner leurs couleurs aux nefs curées à blanc par les réformés. Entre 1858 et 1865, Henry Styleman Le Strange et Thomas Gambier Parry peignirent un cycle grandiose sur le plafond de la nef de la cathédrale d'Ely, et j'évoque ailleurs la contribution des préraphaélites à la décoration des cathédrales de Winchester, d'Oxford et de Bradford.

À partir des années 1850, la Couronne soutint la renaissance, en Écosse et en Irlande, de l'Église épiscopalienne.

Les cathédrales de Perth, Dundee, Édimbourg, Glasgow et Armagh furent reconstruites dans le style gothique, qui s'exporta ensuite de Melbourne à New York, en passant par Calcutta.

Mais la question de John Mason Neale n'en posait-elle pas d'autres ? Pouvait-on ressusciter un esprit par la seule grâce des formes qu'il avait engendrées dans le passé ? Et si cet esprit était catholique, ne fallait-il pas revenir au catholicisme ? C'est le parti que prit Augustus Pugin, architecte du palais de Westminster et de sa célèbre tour Big Ben, après leur incendie, en 1834. Comme Eugène Viollet-le-Duc, il considérait l'architecture gothique comme un système sachant parfaitement s'adapter aux matériaux employés. Avant William Morris, il prônait un rapprochement entre l'art, l'artisanat et la technique. « Car nous ne désirons pas produire uniquement des imitateurs serviles de quelque genre de perfection antérieure que ce soit, mais des hommes imbus de l'esprit rationnel des anciens architectes, qui travaillent d'après les principes de ceux-ci, et qui les appliquent comme l'auraient fait les artistes d'autrefois s'ils avaient été placés dans des circonstances analogues, et s'ils avaient eu, par rapport à nous, à satisfaire les mêmes besoins. »

Mais ses formes ne pouvaient qu'être le fruit d'une foi profonde. Toute l'histoire de l'architecture depuis le IVe siècle n'avait-elle pas été celle de la christianisation des formes païennes héritées des Grecs et des Romains ? « L'architecture ogivale fut le suprême résultat de ces efforts antérieurs, que l'on peut considérer comme la charpente provisoire sur laquelle devait tourner la grande arche. Le changement qui eut lieu au XVIe siècle ne fut pas uniquement une affaire de goût, mais un changement dans les âmes ; ce fut une grande lutte entre les idées chrétiennes et païennes, dans laquelle ces dernières triomphèrent, et pour la première fois l'incohérence se développa dans le style architectural. »

En 1836, après avoir entendu les sermons de Nicholas Wiseman, vicaire apostolique romain et futur archevêque de Westminster, qui joua aussi un rôle important auprès de John Henry Newman, il se convertit au catholicisme. Le Parlement venant d'autoriser les catholiques à sortir de leur semi-clandestinité, il œuvra à la construction ou la reconstruction des cathédrales catholiques de Nottingham, Birmingham, Newcastle, Southwark et Killarney, en Irlande.

Sur cette île, où de nombreuses églises avaient été détruites pendant les guerres d'indépendance, les cathédrales de Kilkenny, Ballina, Ennis, Tuam, Cork et Letterkenny ressortirent de terre tout armées de leur splendeur passée. Projetée aux avant-postes de l'Atlantique par Edward Pugin, fils d'Augustus, et son élève irlandais, George Ashlin, Saint-Colman de Cobh se dresse, avec sa flèche et son vaisseau en granit bleu habillé de calcaire blanc et de granit rouge, comme un phare et un navire en partance, comme un amer et le voyage tout ensemble.

Dès le début du XXe siècle, les cathédrales néogothiques se virent reprocher leur caractère froid et sans vie. Il est vrai qu'au-delà du fait que leurs auteurs eurent rarement les moyens de leurs ambitions, quand ils n'étaient pas des amateurs, la démarche consistant à vouloir ressusciter un esprit par la grâce des formes qu'il a engendrées était vouée à l'échec. C'est l'esprit qui engendre les formes et non l'inverse. Converti au catholicisme quelques années après Augustus Pugin, John Henry Newman estimait que l'Église devait épouser les formes de son temps pour exprimer sa foi. Mais est-ce vraiment la solution quand ces formes excluent toute expression de la transcendance et du mystère de l'Incarnation, comme celles du style international, en vogue depuis les années 1950 ?

Goudji (né en 1941)

Retrouver l'esprit pour engendrer des formes nouvelles, en puisant librement dans le réservoir de celles du passé : telle pourrait être la leçon de l'orfèvre et sculpteur Goudji. De la cuve baptismale de Notre-Dame de Paris, en 1985, doublement symbolique puisqu'elle marque la seconde naissance de l'artiste, après son exil d'URSS, autant que celle de tout baptisé, à la croix glorieuse suspendue au-dessus du maître-autel de Saint-Julien du Mans, en 2013, il ne cessa de couvrir les cathédrales d'or, d'argent et de pierres aux noms fabuleux. Frappé, pendant son enfance en Géorgie, par les images couleur sépia des cathédrales françaises qu'il avait vues à travers le stéréoscope rapporté par son grand-père de l'Exposition universelle de 1900, il tient pour un honneur d'avoir pu y projeter, une fois parvenu à l'âge adulte et au sommet de son art, ses propres visions.

Goudji rêve souvent ses œuvres pendant la nuit, et plus qu'il ne les rêve, elles lui apparaissent en vision. Contemporain des Scythes, des Perses, des Grecs et des hommes de l'âge roman, il fond en des œuvres uniques leurs traditions. Dans la lignée du luxe pour Dieu promu par Suger, quoique leurs formes épurées justifient que les abbayes cisterciennes de la Trappe et de Sept-Fons fassent appel à lui autant que les cathédrales d'Albi, Autun, Chartres, Luçon ou Uzès, ses Christs en croix sont toujours en gloire, et ses autels ruisselants de lumière. Nul art n'est plus contemporain que le sien, ni plus intemporel. D'une profonde originalité, il s'accorde si bien avec l'esprit des lieux dans lesquels il s'inscrit qu'il semble, comme le *la* donné à un chœur avant qu'il ne prenne son essor, les remettre au diapason d'eux-mêmes, par-delà les ravages du temps.

Guy Dupré eut ces mots qui pourraient s'appliquer à son art : « Présent, passé, futur se rejoignent. Dans cette rencontre, ce n'est pas le présent qui se sacrifie aux deux autres, qui vit dans leur attente ou bien dans leur regret. Il est le point d'intersection par où l'histoire demeure efficace et vivante, par où l'avenir est déjà présent avant de s'être réalisé, par où le passé subsiste après qu'il s'est aboli. » Comme la statue-reliquaire de sainte Foy de Conques, dont il conserve une image dans son atelier, ses œuvres rappellent que, pendant des siècles, la vocation de l'art fut moins de susciter un plaisir esthétique ou de choquer que de provoquer une mise en présence. « L'art, dit-on de nos jours, doit choquer. Cette conception n'est pas fausse, sans être juste non plus. Choquer ? Oui, mais dans le sens où il s'agit de provoquer un choc pour amener autre chose : une contemplation », avance-t-il.

Par la multiplicité de ses dons, Goudji fait aussi revivre l'âge héroïque où les orfèvres étaient peintres, sculpteurs et architectes, celui de Brunelleschi, Ghiberti, Donatello, Verrocchio et son cher Pinturicchio. Il rappelle que l'orfèvrerie, trop souvent considérée aujourd'hui comme un art mineur, fut jusqu'à la Renaissance la mère de tous les arts : la sculpture ne lui doit-elle pas en grande partie sa renaissance au XIe siècle ? Et la peinture ne conserva-t-elle pas jusqu'à la fin du Moyen Âge et même au-delà pour certains peintres-graveurs, comme Schongauer, Dürer et Mantegna, la tradition des fonds d'or, des nimbes et des bordures de vêtements en relief, des traits ou des hachures d'or qui soulignent les plis des draperies ?

Surtout, par-delà le credo contemporain qui voudrait que l'art soit mort, Goudji démontre, œuvre après œuvre, le contraire, soutenu par des mécènes et des fidèles qui financent les matériaux nécessaires, tandis qu'il offre son travail à l'Église.

H

Hôpital

« Le dortoir est une chambre haute, qui est très ample et très belle comme tout le réfectoire. Je crois qu'elle peut être aussi ample que la grande salle de l'archevêché de Reims. Les lits étaient très propres, montés sur pieds de fer au bout desquels étaient des pommeaux de cuivre. » Ainsi le pèlerin Gilles Caillotin décrit-il son accueil à l'hôpital Santa Maria della Scala, qui jouxte la cathédrale de Sienne, en 1724. Encore n'avait-il pas pu voir les fresques de Lorenzo di Pietro et Domenico di Bartolo dans la salle des pèlerins : passées au badigeon en 1720, c'est seulement trois siècles plus tard qu'elles furent redécouvertes.

Rien n'était alors trop beau pour accueillir les indigents, puisque c'était le Christ qu'on accueillait en eux. Pendant l'Antiquité, l'assistance aux pauvres, aux vieux et aux malades relevait exclusivement de la sphère privée. C'est seulement avec l'expansion du christianisme et de son précepte « Tu aimeras ton prochain comme toi-même » que l'idée d'une assistance universelle se répandit. En 325, le concile de Nicée prescrivit aux évêques de créer un lieu d'hospitalité pour les pauvres et les voyageurs. En 529, le Code de Justinien institua l'hôpital. Et après la chute de l'Empire romain, les évêques furent souvent les seuls à même d'assurer la continuité de cette mission.

Quand la dîme fut instituée, au VIIIe siècle, les évêques eurent l'obligation d'en consacrer le quart aux pauvres. Il faut croire que tous n'en eurent pas la volonté ou les moyens, car il fallut les rappeler à l'ordre, au IXe siècle, lors des conciles de Tours, Arles, Mayence, Chalon-sur-Saône, Reims et Paris. Charlemagne et Charles le Chauve publièrent des capitulaires ordonnant de rétablir les hôpitaux dans leur prospérité. Mais c'est seulement à partir du XIe siècle, avec le retour de la croissance, que l'on vit se construire systématiquement des hôpitaux à côté des cathédrales. Ils étaient financés par les revenus du clergé et l'aumône, et gérés par l'évêque, les chanoines et les communautés religieuses qui y prodiguaient leurs soins.

C'est de cette époque que date Santa Maria della Scala. Mais son patrimoine devint bientôt si important, avec ses propriétés foncières à travers la Toscane et ses réserves monétaires lui permettant de jouer le rôle d'une banque, qu'il suscita la convoitise de la commune. Celle-ci obtint son contrôle à la fin du XIIIe siècle. C'est pour illustrer l'efficacité de sa gestion que le recteur Giovanni di Francesco Buzzichelli commanda les fresques de la salle des pèlerins, en 1443.

Les scènes qui y figurent entre les arcades créent un espace illusionniste qui accroît encore son volume et projette une vision idéale des activités de l'hôpital. Au centre de la première scène, trois bébés nus gravissent une échelle au sommet de laquelle Marie les accueille. La coupole d'où elle se penche ressemble à une boîte dont le couvercle se serait ouvert sur le ciel. L'échelle, qui donna son nom à l'institution, figure celle où Jacob vit monter et descendre des anges, les œuvres de charité par lesquelles chacun pouvait atteindre le ciel et l'escalier au sommet duquel on pouvait laisser les enfants abandonnés, dans un bassin en marbre, devant l'hôpital.

À ses pieds figurent un chanoine assis dans un fauteuil et un oblat agenouillé. Ils sont les deux yeux de la ville tels que décrits par Bernardin de Sienne : « Je vous rappelle que l'hôpital est l'un des yeux de votre ville, et que l'autre est le palais épiscopal. » Ce dernier était proche de l'institution pour avoir refusé de devenir évêque et cédé sa place à Carlo di Agnolino Bartali, ancien recteur de l'hôpital. Giovanni di Francesco Buzzichelli s'en souvint, qui fit figurer les armes de son prédécesseur sur les voûtes de la salle des pèlerins, et il s'oublia encore moins, puisque non content d'apparaître sur cette scène, en train de recevoir l'aumône d'un puissant, il se fit représenter sur toutes les autres.

Sur celle qui décrit les soins prodigués aux malades, il veille à l'activité des brancardiers, des infirmiers et des médecins. Sienne pouvait alors s'enorgueillir d'avoir des médecins bien formés. On voit l'un d'eux examiner une fiole d'urine, tandis qu'un autre s'apprête à opérer la jambe d'un blessé. Un aide-soignant lui lave les pieds dans un geste qui évoque celui de Jésus avec ses disciples, avant la Cène. En arrière-plan, un frère recueille la confession d'un mourant. Il rappelle qu'avant de recevoir les soins du corps, les hôtes devaient purifier leur âme, confesser leurs fautes et communier. Le rituel voulait ensuite qu'on lui coupe les ongles et qu'on lui lave les pieds, les mains et la tête, puis qu'on lui donne un lit avec des draps blancs.

Un peu plus loin, le recteur présente à un hôte de marque les autres activités de l'hôpital. Un oblat enveloppe un homme nu d'un vêtement. Une nourrice porte un enfant et un panier de pain, et autour d'eux, une foule d'indigents défile en bon ordre pour recevoir l'aumône : ils entrent par une porte, à droite, où un oblat leur distribue du pain et ressortent par une autre porte, à gauche, à travers laquelle on peut voir la cathédrale. Parmi eux, un homme porte un bébé emmailloté sur son dos et une cuillère en bois à son chapeau. Un blessé marche avec des béquilles. Un infirme se déplace sur les mains. Des femmes portent des enfants en haillons. Des vieillards se traînent comme ils peuvent. Un pèlerin porte une image du *Volto Santo* et une coquille sur son chapeau. Nous avons là un échantillon de la population accueillie dans les hôpitaux avant leur spécialisation.

Sur le panneau suivant, le recteur remet un enfant trouvé à une matrone. Des nourrices chauffent des serviettes, apportent des pains, bercent ou allaitent des bambins. Trois garçons et une fille, un peu plus âgés, suivent le cours d'un précepteur : l'institution donnait une éducation aux enfants trouvés et leur apprenait un métier avant de les marier. En haut à droite, des musiciennes se penchent au-dessus du recteur qui présente une mariée et sa dot au marié.

La dernière scène représente le banquet des pauvres. Trois jours par semaine, ils étaient conviés à l'hôpital, en vertu de ce passage des Évangiles : « Quand tu donnes un déjeuner ou un dîner, n'invite pas tes amis, ni tes frères, ni tes parents, ni de riches voisins ; sinon, eux aussi te rendraient l'invitation et ce serait pour toi un don en retour. Au contraire, quand tu donnes une réception, invite des pauvres, des estropiés, des boiteux, des aveugles ; heureux seras-tu, parce qu'ils n'ont rien à te donner en retour : cela te sera rendu à la résurrection des justes. » (Lc, XIV, 12-14.) Au centre d'une salle immense, le recteur accueille l'un d'eux, à demi dénudé. Une table est dressée en U et le ballet des serviteurs a commencé. Une fenêtre murée empêche de voir la seconde partie de la scène, mais on la devine : des plateaux pleins de victuailles défilent devant les convives.

Pas de Jugement dernier ici ni de Crucifixion, comme à Beaune ou à Issenheim, pour inciter à transcender ses épreuves, mais un exposé des « bons soins que Sienne prodigue ». Pour le recteur, il s'agissait de prolonger le cycle du Bon et du Mauvais Gouvernement, peint par Ambrogio Lorenzetti dans le Palais public, un siècle auparavant. L'hôpital comptait sur sa façade, jusqu'en 1720, quatre scènes de la vie de la Vierge de ce peintre qui chercha, toute sa courte vie, à représenter les noces du temps et de l'éternité. Chaque fois que je passe devant, je l'imagine peignant ces scènes quelques années avant de mourir de la peste, en 1348, et je songe à sainte Catherine de Sienne qui y accompagna les malades. Car si l'on ne pouvait pas toujours guérir les maux du corps, on pouvait aider l'âme à en sortir victorieuse.

Horloge astronomique

À Notre-Dame de Strasbourg, trois millions de visiteurs viennent, chaque année, admirer la combinaison de cadrans et de carrousels abrités par le buffet Renaissance de l'horloge astronomique, située dans le transept sud. Ses automates, surtout, font recette : en bas, sept chars montés par des dieux romains symbolisent les jours de la semaine. Au milieu, un ange fait sonner une cloche tous les quarts d'heure, tandis qu'un autre retourne un sablier. Les quatre âges de la vie défilent devant la mort, qui scande les heures avec un os et, au niveau supérieur, les douze apôtres viennent recevoir la bénédiction du Christ, aux douze coups de midi. Un coq bat alors des ailes et chante trois fois. C'est le clou du spectacle.

Les échevins de la ville n'entendaient pas seulement divertir le peuple avec cette horloge : ils voulaient être à la pointe de la science et de la technologie de leur temps et le faire savoir. D'où leur choix de Nicolas Copernic pour la concevoir et son portrait, sur le buffet, alors que l'astronome s'était contenté de leur envoyer un de ses élèves, Conrad Dasypodius, avec quelques conseils, un peu avant de mourir. C'est ce dernier qui la réalisa, en 1574, avec le mathématicien Christian Herlin et les horlogers Josias et Isaac Habrecht. Elle cessa de fonctionner en 1789, et c'est à l'occasion de sa restauration par Jean-Baptiste Schwilgué, en 1842, que furent ajoutés le comput ecclésiastique et les équations solaires et lunaires que l'on peut voir de part et d'autre du cadran inférieur, indiquant le temps apparent et le temps sidéral.

Les horloges astronomiques ne faisaient pas qu'indiquer l'heure. Nées de la rencontre de l'horloge mécanique, inventée dans les monastères, et de l'astrolabe, employé par les marins pour déterminer les longitudes, elles étaient des cartes du ciel matérialisées par un astrolabe en mouvement. Elles renseignaient sur la position du soleil par rapport à la lune et à l'écliptique, sur la position des constellations du zodiaque et des planètes les plus brillantes. Elles pouvaient indiquer le temps moyen, le jour, le mois et l'année, le signe du zodiaque, la phase lunaire, la position de la lune et des planètes, et préciser la durée du jour et de la nuit, la date des éclipses lunaires et solaires, les horaires des marées, l'heure solaire, la date des solstices et des changements de saisons, la date de Pâques et des autres fêtes religieuses.

Dès leur apparition, au début du XIVe siècle, elles fascinèrent : en elles, on pouvait admirer la prouesse scientifique et le chef-d'œuvre esthétique. Aujourd'hui, ce n'est pas sans une pointe de nostalgie qu'on s'extasie devant elles. Ne représentent-elles pas le génie moderne dans son enfance et le temps vivant que nous avons quitté ? Quand les heures tournent à la pointe de leur alidade dorée, qui porte parfois, comme à Saint-Jean-Baptiste de Lyon, un soleil humanisé, elles semblent spacieuses comme des draperies couleur d'aurore ou de nuit étoilée. Elles nous enveloppent dans la marche d'un

ciel lent et majestueux, où la vie pulse au même rythme que celle des astres et où, pour un peu, on entendrait respirer le Créateur. En les voyant, on se dit que les hommes qui les conçurent ignoraient la course contre la montre qu'est devenue notre vie réglée au térahertz près par les horloges atomiques, mais déjà, les heures inégales, qui mesuraient un temps organique, dépendant de la durée du jour, variable selon les saisons, cohabitaient, sur leurs cadrans, avec les heures égales.

Le temps n'appartenait plus exclusivement à Dieu. Avec la croissance des villes et la montée du pouvoir communal, la prérogative de dire l'heure fut progressivement transférée des cathédrales aux maisons de ville. Si à Chartres, en 1285, les bourgeois pouvaient se réjouir d'avoir obtenu des chanoines qu'ils mettent en service une horloge indiquant l'heure en un lieu visible par tous, à Rouen, un siècle plus tard, ils mirent en place une horloge astronomique sur le beffroi communal. L'agneau qui figurait sur son aiguille était autant une référence à l'Agneau mystique qu'aux fournisseurs de laine qui enrichissaient la ville. Pour les marchands, pratiquant l'usure déguisée sous la forme de lettres de change, le temps était de l'argent et devait être compté de manière précise. Les corporations voulaient mieux réglementer les horaires de travail de leurs membres. La modernité était déjà là en puissance. Seules les imprécisions de la technique ralentissaient encore la mécanisation du temps.

La plus ancienne horloge astronomique est celle de Jean Fusoris, à Saint-Étienne de Bourges. Dédaignant le pittoresque des automates, ce chanoine de Notre-Dame de Paris, mathématicien, mécanicien et astronome, mit au point, en 1424, l'instrument de mesure le plus précis de son époque, avec une erreur d'une seconde en cent cinquante ans. Son histoire est romanesque : en 1414, il se rendit en Angleterre dans le cadre des négociations franco-anglaises de la guerre de Cent Ans. Emporté par son désir de vendre à l'évêque de Norwich des instruments de mesure et un manuel d'astronomie, il accepta de donner une consultation astrologique à Henri V. Un an plus tard, le même roi infligea une défaite retentissante aux troupes françaises à Azincourt. Jean Fusoris fut jugé pour intelligence avec l'ennemi et condamné à l'exil dans les Ardennes. C'est de là que les chanoines de Saint-Étienne de Bourges le tirèrent pour fabriquer une horloge à la demande de Charles VII. Pour « le petit roi de Bourges », repoussé au sud de la Loire par les Anglais, c'était un moyen d'apparaître comme le maître du temps, et pour les chanoines un formidable instrument de prestige.

Quelle que soit sa précision théorique, cette horloge conférait, en effet, plus de prestige qu'elle ne permettait de mesurer le temps avec exactitude : comme toutes les horloges de son époque, elle était actionnée par un foliot dont le mouvement irrégulier engendrait des imprécisions pouvant aller jusqu'à une heure par jour. D'où les cadrans solaires et les méridiennes installés dans les cathédrales pour les corriger : on en dénombre trois à Saint-Étienne de Bourges, quatorze à Notre-Dame de Strasbourg. C'est seulement à partir du XVIIe siècle que l'ajout d'un pendule permit de stabiliser le mouvement du foliot et autorisa l'ajout d'une aiguille qui indique les minutes.

L'horloge astronomique de Saint-Pierre de Beauvais date du renouveau chrétien de la fin du XIXe siècle. Construite, comme celle de Saint-Jean de Besançon, par Auguste-Lucien Vérité, elle fut présentée au palais de l'Industrie en 1869, avant d'être placée dans la chapelle du Saint-Sacrement. Ses quatre-vingt-dix mille pièces en acier et laiton et ses cinquante-deux cadrans en émail indiquaient l'heure et les principaux phénomènes astronomiques avec une précision inégalée. Dans une ultime tentative de raccorder le temps des hommes à celui de Dieu, que les révolutionnaires avaient voulu abolir en imposant un nouveau calendrier, soixante-huit automates placés dans un meuble de style romano-byzantin rejouaient le Jugement dernier : quelques instants avant l'heure, le coq chantait et battait des ailes, et, quand elle sonnait, le Christ faisait signe aux anges de jouer de la trompette. Au terme du Jugement, la Vertu était conduite au ciel par un ange, et le Vice poussé par un diable en enfer.

Mais déjà, l'idée d'un temps identique partout et pour tous, systématisée par Newton, dominait dans les esprits. Dans les années 1950, les scientifiques inventèrent les montres à quartz d'une précision au mégahertz près, puis les horloges atomiques, d'une précision au gigahertz près. En 1967, la Conférence générale des poids et mesures fit définitivement sortir l'homme du temps déterminé par la course des astres pour le faire entrer dans un temps anonyme : alors que la seconde était calculée, jusque-là, comme une subdivision du jour solaire, elle le fut de la manière la plus exacte possible dans l'absolu, afin de servir d'étalon à n'importe quelle durée.

Hugo, Victor (1802-1885)

En 1825, Victor Hugo publie un pamphlet où il dénonce, pêle-mêle, les spéculateurs qui débitent pierre à pierre les monuments médiévaux achetés comme biens nationaux, les curés badigeonneurs et les restaurateurs qui les défigurent, lorsqu'ils tiennent encore debout. « Chaque jour quelque vieux souvenir de la France s'en va avec la pierre sur laquelle il était écrit. Chaque jour, nous brisons quelque lettre du vénérable livre de la tradition. [...] Il faut arrêter le marteau qui mutile la face du pays. Une loi suffirait ; qu'on la fasse. »

Face à l'incurie de l'État, il reprend son texte, en l'enrichissant, en 1832, sous le titre de « Guerre aux démolisseurs ». « Sous la Restauration, on gâtait, on mutilait, on défigurait, on profanait les édifices catholiques du Moyen Âge, le plus dévotement du monde. La congrégation avait développé sur les églises la même excroissance que sur la religion. Le Sacré-Cœur s'était fait marbre, bronze, badigeonnage et bois doré. [...] Depuis la révolution de Juillet, les profanations continuent, plus funestes et plus mortelles encore, et avec d'autres semblants. Au prétexte dévot a succédé le prétexte national, libéral, patriote, philosophe, voltairien. On ne restaure plus, on ne gâte plus, on n'enlaidit plus un monument, on le jette bas. Et on a de bonnes raisons pour cela. Une église, c'est le fanatisme ; un donjon, c'est la féodalité. À peine si nos pauvres églises parviennent à se sauver en prenant cocarde. [...] Quelquefois on sauve une admirable église en écrivant dessus : Mairie. Rien de moins populaire parmi nous que ces édifices faits par le peuple et pour le peuple. Nous leur en voulons de tous ces crimes des temps passés dont ils ont été les témoins. Nous voudrions effacer le tout de notre histoire. »

Tout le monde en prend pour son grade : « N'était-on pas en train de gratter du haut en bas la belle cathédrale d'Angers quand le tonnerre avait eu, lui, de l'intelligence et avait mieux aimé abolir le vieux clocher que de le laisser égratigner par des conseillers municipaux ? [...] Il ne mérite pas d'être épargné, ce curé de Fécamp qui a fait démolir le jubé de son église, donnant pour raison que ce massif incommode, ciselé et fouillé par les mains miraculeuses du XVe siècle, privait ses paroissiens du bonheur de le contempler, lui curé, dans sa splendeur à l'autel. Le maçon qui a exécuté l'ordre du béat s'est fait des débris du jubé une admirable maisonnette qu'on peut voir à Fécamp. Quelle honte ! Qu'est devenu le temps où le prêtre était le suprême architecte ? [...] Que nous importe les trois ou quatre petites églises cubiques que vous bâtissez piteusement çà et là ! Laissez donc crouler votre ruine du quai d'Orsay avec ses lourds cintres et ses vilaines colonnes engagées ! Laissez crouler votre palais de la chambre des députés, qui ne demandait pas mieux ! [...] N'est-ce pas une belle chose, en vérité, que votre Madeleine, ce tome deux de la Bourse, avec son lourd tympan qui écrase sa maigre colonnade ? De grâce, employez mieux vos millions. »

Sa voix trouve un écho favorable auprès du ministre de Louis-Philippe, François Guizot, convaincu qu'« on ne fonde pas un régime libre avec des préventions ignorantes et des haines acharnées ». Soucieux de mettre en valeur un patrimoine susceptible de réunir les Français, par-delà les divisions héritées de la Révolution, il crée, en 1830, une Inspection générale des monuments historiques et, en 1837, une commission nationale chargée d'inventorier, de classer et de répartir les fonds consacrés par l'État à la sauvegarde des monuments jugés dignes d'intérêt. La loi appelée de ses vœux par Victor Hugo ne verra le jour qu'en 1913, mais le mouvement était amorcé et c'était en grande partie grâce à lui.

Mais il fait plus que contribuer à la sauvegarde des cathédrales du passé : en publiant *Notre-Dame de Paris*, en 1831, il leur donne une figure tutélaire capable de les projeter dans l'avenir – et qu'importe si c'est au prix de nombreuses idées fausses. On peut s'en étonner, quand on sait qu'il ne décrit jamais Notre-Dame de Paris autrement qu'à grands traits, au cours des neuf cent quarante pages que compte son roman, et qu'il s'inspire alors de Notre-Dame de Reims. Il a eu tout le loisir de l'observer, depuis la galerie gauche de la nef, pendant le sacre de Charles X, où il a été convié en tant qu'historiographe, le 29 mai 1825. Un portrait souvenir de Jean Alaux le représente devant ses arcatures gothiques, et une ode de sa main décrit l'« église illustre, où venaient tous nos rois, de ce pas triomphant dont tremblent les deux pôles, s'humilier devant la croix ».

De loin, Notre-Dame de Paris ressemble à « un énorme sphinx à deux têtes assis au milieu de la ville » ou à un animal fabuleux. « Alors il lui sembla que l'église aussi s'ébranlait, remuait, s'animait, vivait, que chaque grosse colonne devenait une patte énorme qui battait le sol de sa large spatule de pierre, et que la gigantesque cathédrale n'était plus qu'une sorte d'éléphant prodigieux qui soufflait et marchait avec ses piliers pour pieds, ses deux tours pour trompe, et l'immense drap noir pour caparaçon. »

Sa façade est une « vaste symphonie en pierre » : « Œuvre colossale d'un homme et d'un peuple, tout ensemble une et complexe comme les Iliades et les Romanceros dont elle est sœur ; produit prodigieux de la cotisation de toutes les forces d'une époque, où sur chaque pierre on voit saillir en cent façons la fantaisie de l'ouvrier discipliné par le génie de l'artiste ; sorte de création humaine, en un mot, puissante et féconde comme la création divine dont elle semble avoir dérobé le double caractère : variété, éternité. »

Il faut attendre le chapitre 2 du livre VII pour que Victor Hugo nous entraîne à l'intérieur, et alors, c'est pour nous faire découvrir une nef « obscure et déserte » : « Les contre-nefs étaient pleines de ténèbres, et les lampes des chapelles commençaient à s'étoiler, tant les voûtes devenaient noires. Seulement la grande rose de la façade, dont les mille couleurs étaient trempées d'un rayon de soleil horizontal, reluisait dans l'ombre comme un fouillis de diamants et répercutait à l'autre bout de la nef son spectre éblouissant. » On ne trouve dans son livre aucune description du chœur et des chapelles, aucune évocation de la liturgie : seuls comptent la chambre de Quasimodo, le cabinet de Claude Frollo et le parvis où se déploie la cour des Miracles, venue délivrer Esméralda.

L'action ne se situe pas pendant la construction de la cathédrale, mais en 1482, dans une cathédrale vieillie. Victor Hugo et ses personnages ne la comprennent plus, mais lui donnent une vie nouvelle, celle des marges, des gargouilles et des chimères, dont la fantaisie démoniaque est toute personnelle. « L'Égypte l'eût pris pour le dieu de ce temple ; le Moyen Âge l'en croyait le démon ; il en était l'âme », écrit-il de Quasimodo.

« Sa cathédrale lui suffisait. Elle était peuplée de figures de marbre, rois, saints, évêques, qui du moins ne lui éclataient pas de rire au nez et n'avaient pour lui qu'un regard tranquille et bienveillant. Les autres statues, celles des monstres et des démons, n'avaient pas de haine pour lui, Quasimodo. Il leur ressemblait trop pour cela. Elles raillaient bien plutôt les autres hommes. Les saints étaient ses amis, et le bénissaient ; les monstres étaient ses amis, et le gardaient. Aussi avait-il de longs épanchements avec eux. Aussi passait-il quelquefois des heures entières accroupi devant une de ces statues, à causer solitairement avec elle. Si quelqu'un survenait, il s'enfuyait comme un amant surpris dans sa sérénade. Et la cathédrale ne lui était pas seulement la société, mais l'Univers, mais encore toute la nature. Il ne rêvait pas d'autres espaliers que les vitraux toujours en fleur, d'autre ombrage que celui de ces feuillages de pierre qui s'épanouissaient chargés d'oiseaux dans la touffe des chapiteaux saxons, d'autres montagnes que les tours colossales de l'église, d'autre océan que Paris qui bruissait à leurs pieds. »

La trame de son histoire est simple et efficace : Quasimodo aime Esméralda, une bohémienne que tous les hommes aiment, mais qui n'aime qu'un soldat, qui ne l'aime pas. Après l'avoir enlevée pour le compte de Claude Frollo, prêtre occultiste que son désir rend fou au point de préférer la voir morte plutôt que libre avec un autre, Quasimodo tente de la lui soustraire, mais puisqu'elle se refuse à lui, le prêtre la livre au bourreau. Le sonneur de cloches le précipite dans le vide avant de mourir à son tour, en étreignant sa belle. Souffle épique, scènes à grand spectacle : rien ne manque dans cette fantasmagorie d'un baroque sombre pour captiver ses contemporains. D'autant qu'il leur dépeint une cathédrale à l'image qu'ils s'en font.

« La cathédrale elle-même, cet édifice si dogmatique, envahie désormais par la bourgeoisie, par la commune, par la liberté, échappe au prêtre et tombe au pouvoir de l'artiste. L'artiste la bâtit à sa guise. Adieu le mystère, le mythe et la loi. Voici la fantaisie et le caprice. Pourvu que le prêtre ait sa basilique et son autel, il n'a rien à dire. Les quatre murs sont à l'artiste. Le livre architectural n'appartient plus au sacerdoce, à la religion, à Rome, il est à l'imagination, à la poésie, au peuple. [...] Il existe à cette époque, pour la pensée écrite en pierre, un privilège tout à fait comparable à notre liberté de la presse : c'est la liberté de l'architecture. Cette liberté va très loin. Quelquefois un portail, une façade, une église tout entière présentent un sens symbolique absolument étranger au culte, ou même hostile à l'Église. »

On reconnaît ici une idée développée, avant lui, par Ludovic Vitet et reprise, après lui, par Eugène Viollet-le-Duc, mais inadmissible sur le plan historique. Les architectes gothiques œuvraient en parfaite entente avec leurs commanditaires, et si les cathédrales furent populaires, ce n'est pas au sens où une classe s'y serait affirmée au détriment d'une autre, mais au sens où toutes les composantes du peuple, tel que l'entendait Jules Michelet, y contribuèrent. Les lignes que je viens de citer ne figurent d'ailleurs pas dans la première édition du roman.

Victor Hugo a commencé à l'écrire en pleine révolution de Juillet, le 25 juillet 1830. Quelques mois plus tard, le 13 février 1831, des émeutiers ont pris d'assaut la bibliothèque de l'archevêché et jeté à la Seine les livres où il s'est documenté. Loin de l'écœurer, comme Honoré de Balzac, Victor Hugo y trouve un souffle à la mesure de son coffre. De légitimiste qu'il était, il devient républicain. Dans l'esprit de ses contemporains, l'image de la cour des Miracles qui assaille Notre-Dame peut parfaitement se superposer à celle du sac de l'archevêché. Il ne reste qu'à ajouter quelques pages à l'édition de 1832 pour que la cathédrale achève sa mue en même temps que lui.

NOTRE-DAME DE PARIS

j'ai écrit les trois ou quatre premières pages de Notre-Dame de Paris le 25 juillet 1830. La révolution de juillet m'interrompit,

Notre-Dame de Paris devient alors la cathédrale du peuple et des artistes en marche vers leur liberté. La boucle est bouclée quand Eugène Viollet-le-Duc la remanie en s'inspirant de son roman. Bien qu'ils ne soient pas d'accord en matière de restauration, ils procèdent de la même manière en créant une fiction qui est la résurrection arbitraire d'un moment du passé en fonction d'une vision du présent. Ils puisent aux mêmes sources, dont la *Description historique de la basilique métropolitaine de Paris* rédigée par le sonneur de cloches érudit Antoine-Pierre-Marie Gilbert.

Qui lève les yeux, aujourd'hui, sur ses gargouilles et ses chimères peut légitimement se croire dans l'univers de Quasimodo, dont Victor Hugo écrit qu'« on eût pu le prendre pour un de ces monstres de pierre par laquelle dégorgent depuis six cents ans les longues gouttières ». Et comment ne pas songer, en les voyant, au concours de grimaces que le sonneur de cloches remporta depuis le trou d'une rosace : « Nous n'essayerons pas de donner au lecteur l'idée de ce nez tétraèdre, de cette bouche en fer à cheval, de ce petit œil gauche obstrué d'un sourcil roux en broussaille tandis que l'œil droit disparaissait entièrement sous une énorme verrue, de ces dents désordonnées, ébréchées çà et là, comme les créneaux d'une forteresse, de cette lèvre calleuse sur laquelle une de ces dents empiétait comme la défense d'un éléphant, de ce menton fourchu, et surtout de la physionomie répandue sur tout cela, de ce mélange de malice, d'étonnement et de tristesse. Qu'on rêve, si l'on peut, cet ensemble. »

Huysmans, Joris-Karl (1848-1907)

« Il n'avait que cela pour lui, mais il l'avait au moins, l'amour passionné de la mystique et de la liturgie, du plain-chant et des cathédrales », écrit Joris-Karl Huysmans de Durtal, son double littéraire, dans *La Cathédrale* (1898). Quatorze ans plus tôt, après avoir lu *À rebours*, le roman d'une âme qui cherchait à briser par l'artifice le carcan d'un monde réduit à son apparence par les naturalistes, Jules Barbey d'Aurevilly avait prédit qu'il aurait à choisir entre « la bouche d'un pistolet ou les pieds de la croix ». Après avoir exploré la voie de l'occultisme dans *Là-bas* (1891), Joris-Karl Huysmans raconte sa conversion dans *En route* (1895). Une conversion lente et douloureuse, car il n'a pas à lutter seulement contre ses « saloperies charnelles », mais aussi contre l'« effroyable appétit de laideur » de l'Église de son époque.

Après un séjour à la Trappe, il se décrit comme « une âme mal radoubée qui a donné tout ce qu'elle pouvait, mais qui ne tient qu'à force d'étais ». Pendant l'hiver 1895, il se rend à Chartres, dans le double espoir de se fortifier au contact de « l'âme sculptée » de la cathédrale et d'en rapporter un roman qui réalise enfin le « naturalisme spiritualiste » auquel il aspire. « Il y avait beaucoup de choses que Zola ne pouvait comprendre ; d'abord, ce besoin que j'éprouvais d'ouvrir les fenêtres, de fuir un milieu où j'étouffais ; puis, le désir qui m'appréhendait de secouer les préjugés, de briser les limites du roman, d'y faire entrer l'art, la science, l'histoire, de ne plus me servir, en un mot, de cette forme que comme un cadre pour y insérer de plus sérieux travaux. Moi, c'était cela qui me frappait surtout à cette époque, supprimer l'intrigue traditionnelle, voire même la passion, la femme, concentrer le pinceau de lumière sur un seul personnage. »

En Notre-Dame de Chartres, il rencontre « la cathédrale mystique par excellence », « la plus magnifique expression de l'art que le Moyen Âge nous ait léguée ». Le roman qu'il lui dédie tient de l'ode et du traité de symbolique dialogué, de la confession à peine déguisée, entrecoupée de considérations sur l'art et les vies de saints. En filigrane et en contrepoint aux analyses positivistes qui triomphaient depuis la publication du *Dictionnaire raisonné de l'architecture* d'Eugène Viollet-le-Duc, Joris-Karl Huysmans veut redonner à ses contemporains les clefs perdues du symbolisme médiéval. Un enjeu primordial, car c'est de vivre dans un monde clos sur lui-même, et non plus ouvert sur le divin, que l'homme moderne s'étiole.

Dans le sillage d'Adolphe-Napoléon Didron et des liturgistes du Moyen Âge, il se livre à des exégèses sur la symbolique des formes et des nombres, des pierres, des couleurs, des plantes et des animaux, avec des interprétations parfois hardies : « L'idée la plus ingénieusement délicate, la plus exquise, n'est-elle pas celle de ces architectes qui, à Saint-Maclou de Rouen, à Notre-Dame de Dijon, à la Cathédrale de Laon, à la Cathédrale d'Anvers, par exemple, dressèrent au-dessus du transept de la Basilique, c'est-à-dire au lieu même où gît dans la nef la poitrine du Christ, un lanternon exhaussant encore la voûte et se terminant souvent, au dehors, en une longue et fine arête sortant, en quelque sorte, du cœur même de Jésus, pour jaillir, en un élan, jusqu'au Père, pour filer, comme dardée par l'arc du toit, en une flèche aiguë jusqu'au ciel ? »

Sans doute ressent-il le besoin d'être didactique, à une époque où l'art gothique semble à beaucoup aussi étranger que l'art hindou ou égyptien, mais au risque d'être pesant, comme en convient son narrateur devant les explications du bien nommé abbé Plomb. Durtal finit d'ailleurs par l'abandonner et c'est là qu'Huysmans donne le meilleur de lui-même : « Loin de toute cette exégèse monumentale, il admirait, sans même chercher à l'analyser, l'étonnante église. Dans le mystère de son ombre brouillée par la fumée des pluies, elle montait, de plus en plus claire, à mesure qu'elle s'élevait dans le ciel blanc de ses nefs, s'exhaussant comme l'âme qui s'épure dans une ascension de clarté, lorsqu'elle gravit les voies de la mystique. Les colonnes accotées filaient en de minces faisceaux, en de fines gerbes, si frêles qu'on s'attendait à les voir plier, au moindre souffle ; et ce n'était qu'à des hauteurs vertigineuses que ces tiges se courbaient, se rejoignaient lancées d'un bout de la cathédrale à l'autre, au-dessus du vide, se greffaient, confondant leur sève, finissant par s'épanouir ainsi qu'en une corbeille dans les fleurs dédorées des clefs de voûte.

« Cette basilique, elle était le suprême effort de la matière cherchant à s'alléger, rejetant, tel qu'un lest, le poids aminci de ses murs, les remplaçant par une substance moins pesante et plus lucide, substituant à l'opacité de ses pierres l'épiderme diaphane de ses vitres. Elle se spiritualisait, se faisait tout âme, toute prière, lorsqu'elle s'élançait vers le Seigneur pour le rejoindre ; légère et gracile, presque impondérable, elle était l'expression la plus magnifique de la beauté qui s'évade de sa gangue terrestre, de la beauté qui se séraphise. Elle était grêle et pâle comme ces Vierges de Roger Van der Weyden qui sont si filiformes, si fluettes, qu'elles s'envoleraient si elles n'étaient en quelque sorte retenues ici-bas par le poids de leurs brocarts et de leurs traînes. C'était la même conception mystique d'un corps fuselé, tout en longueur, et d'une âme ardente qui, ne pouvant se débarrasser complètement de ce corps, tentait de l'épurer, en le réduisant, en l'amenuisant, en le rendant presque fluide. »

Pour décrire ses statues, il retrouve le style somptueux, trivial et délicat qui faisait sa force dans ses romans précédents. Car pour s'être converti, il ne veut pas donner dans le « style gris et terne » de « ganache de sacristie ». Saint Jean-Baptiste, dans les ébrasements du portail nord, « se dresse, doux et farouche, avec sa barbe en dents de fourchette tordues, son maigre corps, son vêtement en poils de chameaux ; et on l'entend, il parle, alors qu'il montre l'agneau soutenant une croix hastée, enfermé dans un nimbe qu'il serre contre sa poitrine, de ses deux mains ; cette statue-là est superbe, et elle n'est pas, à coup sûr, du sculpteur qui nous tailla l'Abraham, voire même de son voisin de piédestal, Samuel. Celui-ci a l'air d'offrir, à un David indifférent, l'agneau qu'il manie, la tête en bas ; il est un boucher qui fait l'article, soupèse sa marchandise, invite à la tâter, hésite avant de la céder au meilleur prix ».

Sur le portail royal, une reine le fascine : « Elle s'étire en un frêle fuseau, s'émince en un gracile cierge dont la poignée serait damassée, gaufrée, gravée en pleine cire ; elle monte magnifiquement vêtue d'une robe roide, cannelée, rayée de fibres telle qu'une tige de céleri. Le corsage est passementé, brodé au petit point ; le ventre est entouré d'une cordelière à nœuds lâche et précieuse ; la tête est couronnée, les deux bras sont cassés ; l'un reposait sur la poitrine, l'autre tenait un sceptre dont on aperçoit encore un vestige. » Une autre « rit, ingénue et mutine, charmante. Elle considère de ses deux grands yeux ouverts, aux sourcils très relevés, les visiteurs. Jamais, en aucun temps, figure plus expressive n'a été ainsi façonnée par le génie de l'homme ; elle est le chef-d'œuvre de la grâce enfantine et de la candeur sainte. La vérité c'est qu'elle demeure à jamais mystérieuse, cette créature angélique, fluide, parvenue sans doute aux pures délices de l'âme qui s'écoule en Dieu, et avec cela, elle est si avenante, si serviable, qu'elle nous laisse l'illusion d'un salutaire geste, le mirage d'une bénédiction visible pour ceux qui la désirent ».

Sur le plan spirituel, son séjour à Chartres est un échec. Au lieu d'y trouver un état de vie intermédiaire entre la vie mondaine et le cloître, il s'y ennuie de son « train-train pieux, dans l'atmosphère d'une province » : « J'ai simplement troqué mes indolences contre des sécheresses et les résultats de cette brocante, je ne les connais que trop. » Mais c'est peut-être « la punition des désirs vagues, de ne jamais être bien où l'on est », comme il l'admettra lui-même dans ses *Carnets verts*.

La publication de *La Cathédrale* lui vaut d'être exclu du ministère de l'Intérieur où il était employé de bureau depuis l'âge de dix-huit ans, mais lui donne l'occasion de se retirer près du monastère de Ligugé. Mis devant le choix nu qui s'impose à lui : poursuivre son œuvre d'écrivain ou entrer dans les ordres, il est incapable de se décider. C'est la loi de 1901 qui, en expulsant les moines de Ligugé, tranche pour lui. De retour à Paris, il écrit *L'Oblat*.

T

Incendies

Et si c'étaient aux flammes que nous devions nos plus belles cathédrales ? Je sais qu'après l'incendie de Notre-Dame de Paris, une telle idée risque de choquer, mais c'est à dessein que je le fais, pour inviter à réfléchir à notre rapport au passé et à l'avenir. Il va de soi que tout incendie est un drame, mais, pendant des siècles, de tels drames furent vécus comme autant d'occasions de renouveau. En 1929, Louis Gillet pouvait encore écrire, à propos de Notre-Dame de Chartres, ravagée quatre fois par les flammes, entre le Xe et le XIIe siècle, et reconstruite jusqu'à donner naissance à la cathédrale que nous admirons : « On dirait les dépits d'un artiste impatient qui efface, corrige son ouvrage. Le feu est un complice, la figure d'un brûlant génie. Cette succession d'incendies semble providentielle : ce sont les ratures d'un démiurge. »

C'est en grande partie pour éviter la propagation des flammes de la charpente au reste de l'édifice que l'on passa de l'architecture carolingienne, privilégiant les plafonds en bois, à l'architecture romane, voûtée en pierre. Puis comme ce procédé ne permettait pas d'éviter tous les incendies, certains évêques en profitèrent pour transformer leurs cathédrales romanes en cathédrales gothiques.

« En l'an de grâce mil cent soixante-quatorze, par le jugement juste mais occulte de Dieu, l'église du Christ de Canterbury fut consumée par le feu, la quarante-quatrième année depuis sa dédicace, avec son chœur glorieux qui avait été si magnifiquement achevé par les soins et l'industrie du prieur Conrad », raconte le moine Gervais de Canterbury. Des étincelles avaient jailli de maisons voisines jusqu'à la charpente. « Et maintenant que le feu avait détaché les poutres des chevilles qui les reliaient ensemble, les bois à moitié brûlés tombaient dans le chœur sur les sièges des moines. Les sièges, constitués d'une grande masse de boiseries, ont pris feu, et ainsi le mal s'est aggravé. Et c'était merveilleux, bien que triste, de voir comment ce chœur glorieux lui-même alimentait et assistait le feu qui le détruisait. Car les flammes multipliées par cette masse de bois, et s'étendant vers le haut de quinze coudées complètes, ont brûlé les murs, et plus particulièrement abîmé les colonnes de l'église.

« [...] De cette manière, la maison de Dieu, jusque-là ravissante comme un paradis de plaisirs, était devenue un misérable amas de cendres, réduite à un morne désert, et exposée aux injures du temps. Les gens étaient étonnés que le Tout-Puissant souffre de telles choses, et rendus fous par un excès de chagrin et de perplexité, ils s'arrachaient les cheveux et frappaient les murs et le pavé de l'église avec leurs têtes et leurs mains, blasphémant le Seigneur et ses saints, les patrons de l'église, et beaucoup, tant laïques que moines, auraient préféré sacrifier leur vie plutôt que de voir l'Église périr aussi misérablement. »

La douleur fut donc très grande, mais Gervais de Canterbury ne nous eût pas laissé cette chronique si elle n'eût été dépassée par une joie encore plus grande, celle de remplacer la cathédrale existante par « quelque chose de neuf et d'un art plus noble ». Le chantier, confié à Guillaume de Sens, venu d'une ville où Thomas Becket avait trouvé refuge quelques années plus tôt avant de se faire assassiner et où l'on venait de construire une cathédrale à la pointe du progrès technologique, marqua le début de l'aventure gothique en Angleterre.

À Notre-Dame de Reims, les annales de saint Nicaise rapportent qu'en 1210 la cathédrale « périt par le feu sans qu'il en soit resté aucune marque d'antiquité. Elle n'était montée que de bois en manière de lambris. Le feu, s'étant glissé jusque dans le chœur, réduisit en cendres les saintes reliques, les ornements et les chartes ». Construite vers 820 par l'évêque Ebbon avec l'appui du roi Louis le Pieux, Flodoard en avait loué « les voûtes et les murailles décorées de peintures et de dorures éclatantes, les pavés de marbre et de mosaïques, les verrières de couleurs, les tapisseries et les riches vases en or et en argent dont les fines sculptures relevaient le prix ». Chaque archevêque l'avait embellie jusqu'à Simon de Mauvoisin, qui avait voulu en faire, en 1152, l'église la plus vaste après l'abbatiale de Cluny. C'est dire, une fois encore, si la perte était grande, mais c'est elle qui permit à Aubry de Humbert de concevoir un édifice dans le nouveau style déjà adopté par ses suffragantes – Notre-Dame de Noyon et Notre-Dame de Laon – ainsi que par le puissant archevêché de Sens.

D'ici à penser que la catastrophe fut désirée... Certains contemporains d'Aubry de Humbert l'accusèrent de l'avoir provoquée, et des historiens s'interrogent aujourd'hui sur le cas de Renaud de Mousson, à Chartres. L'incendie qui détruisit la nef de sa cathédrale, en 1194, trouva un plan de reconstruction déjà établi. Cela ne s'improvisait pas. On sait que Renaud de Mousson, cousin du comte Thibaut III de Champagne et du roi Philippe Auguste, voulait transformer sa cathédrale en un édifice capable de rivaliser avec les nouvelles constructions du domaine royal. Les chanoines en étaient-ils tous d'accord ? Les flammes, quoi qu'il en soit, achevèrent de les convaincre, et un miracle vint légitimer le nouveau projet : alors que l'on croyait la sainte Chemise de la Vierge disparue dans les flammes, elle reparut, au troisième jour, comme le Christ ressuscité, de la crypte où des chanoines l'avaient abritée.

On ne peut accuser Évrard de Fouilloy d'avoir provoqué la foudre, à Amiens, en 1218, mais il dut penser qu'elle tomba à point nommé. Milon de Nanteuil, à Beauvais, en 1225, accueillit l'incendie de sa cathédrale comme un événement providentiel. Guillaume de Seignelay, à Auxerre, n'eut pas besoin d'un tel prétexte pour reconstruire la sienne, à Auxerre, en 1215. Son action témoigne de l'état d'esprit qui régnait alors : « La dévotion des peuples réclamait un peu partout avec ferveur des églises d'un nouveau style, dit la Geste des évêques d'Auxerre. Voyant sa cathédrale, qui était d'une architecture ancienne et peu élégante, souffrir de crasse et de vétusté tandis que d'autres alentour dressaient leurs sommets dans tout l'éclat de leur beauté, l'évêque décida de la faire reconstruire et décorer avec soin par des maçons spécialisés, pour qu'elle n'ait rien à envier aux autres sur le plan de la beauté et des moyens engagés. Et il fit démolir de fond en comble l'ancien édifice, en commençant par l'arrière, de sorte qu'une fois débarrassée de sa vieillerie elle resplendisse d'une élégance toute neuve. »

Les hommes de l'âge gothique inauguraient une ère où chaque génération pensera pouvoir faire mieux que la précédente. « Nous sommes comme des nains montés sur les épaules de géants, si bien que nous percevons plus de choses qu'eux, non que notre vision soit plus perçante ou notre taille plus haute, mais parce que nous sommes transportés et élevés plus haut grâce à leur taille gigantesque », écrit Bernard de Chartres. La pensée progressiste était déjà là en germe, mais la nouveauté se voulait encore sans rupture avec la tradition. À Saint-Denis, Suger ne songeait pas à initier une révolution : reconnaissant « à l'ancienneté l'honneur de la vérité », il voulait sublimer avec des moyens nouveaux les grands modèles paléochrétiens.

Partout, maîtres d'œuvre et maîtres d'ouvrage veillaient à faire mémoire des anciennes constructions dans les neuves. À Notre-Dame de Paris, les murs et les colonnes extrêmement fins de la nef rappelaient ceux de l'ancienne nef paléochrétienne. À Notre-Dame de Chartres, l'esthétique nouvelle fut mise en œuvre avec des techniques anciennes. Il n'est pas jusqu'à la taille de sa pierre au taillant droit, alors que des outils plus perfectionnés avaient été inventés, qui ne rappelât l'épiderme de l'ancienne cathédrale.

Même là où les incendies avaient des conséquences humaines dramatiques, comme à Noyon, en 1131, ou à Troyes, en 1188, les hommes pensaient, une fois le choc passé, pouvoir faire mieux que leurs prédécesseurs. Cet état d'esprit perdura jusqu'à la Révolution. En 1504, Notre-Dame de Senlis fut frappée par la foudre. Pendant deux jours, le feu dévasta les parties hautes de la nef et du transept, mais l'évêque Charles de Blanchefort ne se laissa pas abattre. Quelques semaines plus tard, Martin Chambiges acceptait de reconstruire les parties détruites et, comme il était impensable de refaire quoi que ce fût à l'identique, il dota la cathédrale d'un réseau de fenêtres flamboyant et d'un transept inspiré de celui de Saint-Pierre de Beauvais.

À Rodez, où un incendie avait été à l'origine de la cathédrale gothique, en 1276, un ouvrier travaillant dans la tour de l'horloge, en 1510, oublia d'éteindre ses braises. La tour prit feu. L'évêque François d'Estaing invita ses ouailles à prier. Il faut croire qu'il fut entendu, car le feu fut rapidement circonscrit. Alors que le chantier patinait, il y vit l'occasion de construire un clocher enfin « digne de la magnificence de l'église ». Il fit appel à un jeune talent, Antoine Salvanh, qui la dota d'un chef-d'œuvre du gothique flamboyant.

Nous sommes tous les héritiers de cette pensée. Alors qu'est-ce qui fait que l'incendie de Notre-Dame de Paris, en 2019, fut vécu par beaucoup comme une perte irrémédiable et que le président de la République fut accueilli avec tant de scepticisme lorsqu'il émit l'idée de la rebâtir « plus belle d'ici cinq années » ? C'est que les cathédrales ne sont plus les lieux d'une perpétuelle présence qui fait la somme des mémoires et des espérances successives, mais des lieux où cohabitent logique cultuelle de l'Église et culturelle de l'État laïc qui les a acquises. Jusqu'au XVIIe siècle et même jusqu'à la Révolution, chaque génération pouvait y ajouter sa marque sans donner le sentiment d'une rupture trop forte avec la précédente, alors qu'aujourd'hui la distance est telle entre la foi de l'Église et l'art qui domine le marché, soutenu par l'État et les patrons-mécènes soucieux de sa cotation, qu'ils semblent inconciliables. D'où le fait que certains s'arc-boutèrent sur une restauration à l'identique : revenir à l'état dans lequel Eugène Viollet-le-Duc avait laissé Notre-Dame de Paris était au moins l'assurance qu'aucun outrage plus grand ne lui serait fait.

On peut dater le moment où l'idée de restauration à l'identique l'emporta sur celle de reconstruction partielle ou totale, en Europe, de l'incendie de Saint-Paul-hors-les-Murs, à Rome, en 1823. Le pape commença par confier sa reconstruction à Giuseppe Valadier, artisan des aménagements néoclassiques de la piazza del Popolo, puis il dut reculer devant les protestations des Romains. Après avoir assisté à la déchéance d'un pape, la fermeture de nombreux couvents, la confiscation des biens ecclésiastiques et la profanation de l'espace urbain par les armées révolutionnaires, ils craignaient de voir s'effacer un nouveau pan de leur mémoire.

Personnellement, j'estime comme le sculpteur Henri Charlier que « la véritable tradition du métier n'est pas de refaire ce que d'autres ont déjà fait dans le passé, mais de rechercher plutôt l'esprit qui a fait ces choses et qui, surtout, permettrait d'en faire d'autres en d'autres temps ». Encore faudrait-il qu'il y ait une volonté de retrouver cet esprit et de choisir des artistes capables de l'incarner. En attendant, il n'y a qu'autour de la notion de patrimoine, née pendant la Révolution, que tous puissent s'unir, fût-ce en figeant les cathédrales dans un état passé.

J

James, Henry (1843-1916)

« Les gratte-ciel sont les derniers mots de l'ingéniosité économique, jusqu'à ce qu'un autre mot soit écrit. Il se peut que ce soit alors d'une signification encore plus laide, mais le vocabulaire du calcul économique à tout prix révèle des ressources illimitées et la conscience de cette vérité, la conscience d'un état fini, menacé, essentiellement inventé, s'impose toujours à ma perception avec le scintillement du millier d'yeux vitreux de ces géants du simple marché. Un monument comme le campanile relativement aveugle de Giotto, à Florence, a l'air suprêmement serein dans sa beauté. Vous n'avez pas l'impression qu'il ait été élevé par le souffle d'une passion intéressée qui passion plus que tout autre inquiète, et sans repos, ne cesse de rechercher des formes plus flexibles. La beauté a été l'objet de l'idée de son créateur, et, en trouvant la beauté, il a trouvé la forme dans laquelle sa création repose splendidement. »

Jésus-Christ

« Et vous, qui dites-vous que je suis ? » Chaque époque a tenté de répondre à sa manière à cette question de Jésus à ses disciples, et chaque cathédrale a voulu présenter un visage de lui, sinon plusieurs, par approches successives, comme si aucun ne suffisait à épuiser sa réalité mystérieuse.

Les évangélistes ne nous ont laissé aucune description physique de lui : pas un mot sur sa taille, la couleur de ses yeux ou de ses cheveux, la longueur de sa barbe, le timbre de sa voix. Ne transparaissent, dans leurs écrits, que ses traits spirituels, comme si la mort avait achevé de le purifier de ce qu'il avait de périssable aux yeux de ceux-là mêmes qui l'avaient côtoyé. Jusqu'au IIe siècle, pour éviter tout risque de confusion avec l'idolâtrie païenne, les chrétiens s'abstinrent de le représenter. Quelques symboles suffisaient à traduire sa présence : le chrisme, l'ancre, le poisson ou l'agneau.

« La véritable effigie de Dieu est dans l'âme des justes », affirme Clément d'Alexandrie, mais les hommes ont besoin de supports sensibles à leur piété. Sainte Thérèse d'Ávila, qui disait pourtant avoir des visions sans images de Jésus, prônait leur emploi pour favoriser la méditation. Dès qu'ils sortirent des maisons privées où ils priaient, les convertis grecs et romains lui prêtèrent les traits d'Apollon ou d'Orphée. Dans la cathédrale d'Aquilée, une mosaïque le représente en jeune pâtre. Gommer ses traits de Juif de Palestine était un moyen de permettre à tous de se reconnaître en lui et d'affirmer que sa réalité d'homme-Dieu débordait le cadre des représentations.

Un tournant décisif fut pris à la fin du IVe siècle avec l'apparition du saint suaire à Édesse. Reconnaissant dans l'image qui y était imprimée un portrait de Jésus avec les stigmates de la Passion, les clercs qui y eurent accès lui donnèrent une allure triomphale dans le Mandylion. Cette image « non faite de main d'homme » fixa ses traits pour les siècles à venir : barbe courte et souvent bifide, cheveux longs séparés par une raie au milieu et parfois deux mèches courtes qui retombent sur le front – en réalité des coulées de sang –, signe en forme de V en haut de l'arête du nez, trait transversal sur le front, pommettes accentuées et yeux grands ouverts.

C'est ainsi qu'il s'élève encore, au XIIe siècle, dans les absides des cathédrales de Cefalù, Monreale, Pise, Torcello, Nevers et Saint-Lizier. Même quand il sort de sa pénombre dorée pour apparaître en pleine lumière, sur les tympans des cathédrales d'Autun, Angers, Chartres, Le Mans, Maguelonne et Arles, il conserve sa stature surhumaine, comme en écho à ses paroles : « Qui m'a vu a vu le Père. » (Jn, XIV, 9.) Il est celui dont les pensées ne sont pas nos pensées et dont la mesure de l'amour est d'être sans mesure, le Dieu tout-puissant qui soutient l'Univers par sa parole, le messie éclatant de grâce et de majesté qui siège dans la gloire du Père, d'où il dispense sa faveur gratuite et imméritée. Dès cette époque, les chrétiens cherchaient cependant à nouer une relation plus intime avec lui. Ils se rendaient en Terre sainte pour remettre leurs pas dans les siens, connaître les lieux où il était né, avait prêché et vécu sa Passion.

« La puissance avait paru dans la création du monde, sa sagesse dans la manière dont il est gouverné, mais c'est surtout aujourd'hui dans son humanité que sa bonté et sa miséricorde se montrent à nous, écrit saint Bernard dans un sermon sur la Nativité. La puissance commande la soumission, la majesté, l'admiration. Ni l'une ni l'autre ne commandait l'imitation. Montrez-nous donc, Seigneur, votre bonté que l'homme créé à votre image puisse imiter. » Ses sermons comptent parmi les plus belles pages de la littérature amoureuse de Dieu. « Tu es beau, mon bien-aimé, tu es beau ! », s'écrie-t-il à la suite de l'épouse du Cantique des cantiques, et de chercher un baiser de sa bouche : l'effusion parfaite de l'Esprit dans sa chair.

Pour transcrire cette beauté dans la pierre, les sculpteurs gothiques retrouvèrent les canons de la beauté grecque. Le XIIIe siècle est celui des Beaux Dieux qui viennent nous accueillir aux trumeaux des cathédrales, comme des frères idéaux. La main levée en signe de bénédiction, le livre de sa parole contre sa poitrine, celui d'Amiens « dépassait en tendresse sculptée ce qui avait été atteint jusqu'alors, bien que toute représentation du Christ doive éternellement décevoir l'espérance que toute âme aimante a mise en lui », écrit John Ruskin. Sur les portails, sa tendresse rayonne à travers les scènes de sa vie, et la beauté est son premier attribut jusque sur la Croix. « Cette face si belle, la plus belle parmi celles des enfants des hommes, a été souillée de crachats, meurtrie de soufflets, vouée aux dérisions et aux moqueries, écrit saint Bernard. Pourquoi tout cela ? Pour que votre face fût illuminée, et qu'étant illuminée, elle fût affermie. »

« La beauté est un appel puisque c'est le propre de la cause universelle et de la beauté transcendante d'appeler à l'union avec elle-même et tout ce qui existe », dit encore Hugues de Saint-Victor. La beauté de ces Christs embellit ceux qui les contemplent à mesure qu'ils y reconnaissent l'image du Dieu qu'ils portent en eux. En les arrachant à leurs propres limites pour les emmener dans une région où ils peuvent s'assimiler à l'Infini qui se manifeste à travers lui, ils ont une vertu dynamique, mais leur beauté a aussi ses pièges que Platon avait dénoncés.

Dans ses sermons sur le Cantique des cantiques, saint Bernard ne considère jamais la beauté de Jésus sur un plan esthétique. À ses yeux, la répétition de l'épouse « Tu es beau, mon bien-aimé, tu es beau ! » désigne sa double beauté de vrai Dieu et vrai homme. « Que tu es beau pour tes anges, Seigneur Jésus, dans ta condition divine, au jour de ton éternité, engendré parmi les splendeurs des saints avant l'astre de l'aurore, image resplendissante de la substance du Père, éclat très pur de la vie éternelle ! [...] Que tu es aimable pour moi, Seigneur, dans l'acte même de renoncer à ta beauté divine ! Lorsque tu t'es anéanti, lorsque tu as dépouillé ta lumière, c'est alors que ta bonté a brillé davantage, que ta charité est apparue plus éclatante, que ta grâce a rayonné plus intensément. » Sa beauté humaine n'est que pour nous entraîner vers sa beauté divine, et celle-ci déborde le cadre de sa beauté sensible. « Je ne t'ai pas révélé ces choses pour que tu t'attaches à elles », dit Yahvé dans le Livre de l'Exode.

Joris-Karl Huysmans ne voyait déjà qu'un « bellâtre à figure ovine » dans le Beau Dieu de Notre-Dame d'Amiens. Réduisant le Christ à ce que l'œil et la raison peuvent en saisir, les artistes de la Renaissance achevèrent de le rendre prisonnier de ses formes sensibles. Si l'on regarde le Christ à la colonne sculpté par Cristoforo Solari, à Milan, vers 1510, il ne porte plus aucune trace de divinité. Seule l'humanité s'y célèbre, subjuguée par sa propre puissance et sa propre beauté. Dans l'harmonie de ses proportions, il rejoint les formes closes sur elles-mêmes et autosuffisantes des sculpteurs grecs de l'âge classique. À la limite, sa beauté pourrait suffire à sauver l'humanité, sans qu'il soit besoin du sacrifice du Christ. La foi dans le salut par l'art est née à cette époque d'optimisme illimité dans les capacités humaines, mais c'est elle que les hommes du XXe siècle rejetèrent, avec le sentiment qu'elle leur mentait.

Après la boucherie de la Première Guerre mondiale, Auschwitz et le goulag, comment représenter encore la beauté, se demandèrent certains. On assista à une dégradation sans précédent de l'image de l'homme et de celle de Dieu. Mais il faut voir la part de dépit qui entre dans cette rage profanatoire et dire qu'elle ne brise qu'une beauté naturaliste, close sur elle-même. Sur la plupart des crucifix, Jésus, de nos jours, n'a plus de visage. Mais si la photographie eut le mérite de tuer l'obsession réaliste dans laquelle on avait voulu l'enfermer et si l'art abstrait eut le mérite de briser les formes équivoques et pour finir rigidifiées dans l'académisme dans lesquelles on l'avait fourvoyé, qui peut encore se reconnaître dans le Tout-Autre si autre qui leur est suggéré ? La même abstraction règne dans l'architecture : alors que pendant des siècles, les formes des cathédrales avaient tendu à renvoyer une image du corps du Christ, de la Vierge qui en était le réceptacle et de l'homme qui en était l'image, le minimalisme triomphe dans les nouvelles cathédrales construites dans le style international.

Le défi de notre temps est de retrouver un visage à travers lequel nous contempler à nouveau dans le regard de Dieu. Un visage qui nous aide à parvenir à « la pleine connaissance du Fils de Dieu, à l'état de l'Homme parfait, à la stature du Christ dans sa plénitude » (Éph., IV, 13). Celui-ci ne pourra naître que dans un esprit contemplatif, aussi vierge que possible, comme celui de Marie en qui l'esprit de Dieu descendit pour engendrer son fils. Il faudra que sa beauté soit à nouveau un appel et non une illusion ou un piège. « Tu nous as faits pour toi, Seigneur, et notre cœur est sans repos tant qu'il ne repose pas en toi », écrit saint Augustin. Toute image de lui devrait éveiller cette dynamique fondamentale.

À Oakland, aux États-Unis, l'évêque de la cathédrale du Christ de lumière, construite en 2005, a introduit dans son cadre minimaliste une photographie grandeur nature du Christ du tympan de Notre-Dame de Chartres. Par leur capacité à signifier l'invisible présent au cœur du visible, les images romanes et byzantines peuvent encore être une source féconde de représentations. Mais la plus féconde n'est-elle pas le saint suaire, qui fut leur matrice à toutes ? « Le Christ de Vinci, celui de Dürer et de Rembrandt va avec certaines parties de l'Évangile, mais celui-ci va avec toutes. Bien plus, il les domine », notait Paul Claudel. Chaque découverte scientifique va dans le sens de son authenticité, en même temps qu'elle approfondit son mystère. Et alors que les possibilités nouvelles de l'intelligence artificielle sont en passe de disqualifier la photographie comme preuve du réel, le saint suaire reste la seule image infalsifiable, malgré les tentatives de la reproduire avec ses caractéristiques physiques et chimiques.

Jubé

Nous sommes habitués aujourd'hui à admirer les vastes perspectives créées par les architectes gothiques, mais au même moment, on leur demandait d'ériger des jubés qui les interrompaient brutalement au niveau du chœur. Il y avait certes des chancels pour séparer le chœur de la nef, dans les basiliques paléochrétiennes, mais leur faible hauteur n'en faisait pas des églises dans l'église, comme les jubés de Sainte-Cécile d'Albi, Sainte-Marie d'Auch ou Saint-Bertrand-de-Comminges. Alors, pourquoi élever de tels écrans au moment même où on exaltait l'eucharistie ?

Pour le comprendre, il faut se souvenir que si les cathédrales du XIIIe siècle devaient accueillir toute la population d'une ville et des campagnes alentour, les jours de fête, elles n'avaient aucun rôle paroissial. Dans le prolongement de la réforme grégorienne, les clercs entendaient rétablir la sacralité du culte, mise à mal par l'influence des laïcs. Et quand on sait qu'à Notre-Dame de Chartres les pèlerins mangeaient et dormaient dans la nef les jours d'affluence et qu'à Notre-Dame de Strasbourg elle tenait lieu de salle de conseil, de maison de chasse, de tripot et de marché, on peut concevoir que les chanoines aient voulu s'extraire des caquètements de poules, des cris d'ivrognes et des tractations de marchands pour chanter les heures et célébrer la messe.

Les jubés n'étaient d'ailleurs pas seulement des écrans voués à préserver le mystère : ils étaient des interfaces où était projeté tout ce que les fidèles devaient en saisir. Ce double mouvement d'occultation et de manifestation est parfaitement rendu par les séraphins qui surplombent le jubé de Saint-Étienne et Saint-Sixte de Halberstadt : d'une paire d'ailes, ils cachent la lumière divine trop vive aux yeux de ceux qui les suivent, d'une autre, ils découvrent un Christ en croix entouré de Marie et saint Jean-Baptiste. Des autels y étaient adossés, et une tribune permettait d'y proclamer la Parole. C'est d'ailleurs de la formule latine par laquelle le lecteur demandait la bénédiction, *Jube domine, benedicere*, que les jubés tiennent leur nom.

Celui de la cathédrale de Modène représente la dernière Cène, au cours de laquelle fut instituée l'eucharistie, celui de la cathédrale de Bourges, une Crucifixion, faisant mémoire du sacrifice du Christ. De telles représentations accompagnaient le mouvement d'intériorisation de la foi encouragé par les cisterciens, les franciscains et les dominicains. Dans la cathédrale de Naumburg, le Christ en croix entouré de Marie et de Jean, sculpté par le maître si expressif des donateurs du chœur occidental, est d'un pathétique qui anticipe sur celui de Grünewald.

À Saint-Bertrand-de-Comminges, Canterbury et Tolède, le jubé se présente comme une porte du ciel, au seuil de laquelle nous accueillent les saints autour de Jésus, qui en est la vraie porte. Celui de Sainte-Cécile d'Albi arracha ces mots à Prosper Mérimée : « Je n'aime pas les jubés, ils rapetissent les églises ; ils me font l'effet d'un grand meuble dans une petite chambre. Pourtant, celui de Sainte-Cécile est si élégant, si parfait de travail que, tout entier à l'admiration, on repousse la critique, et que l'on a honte d'être raisonnable en présence de cette magnifique folie. »

Avec le temps, et peut-être même du fait de l'intériorisation de la foi qu'ils favorisèrent, les fidèles voulurent voir l'eucharistie au même titre que les clercs. Les protestants, reprochant au clergé d'accaparer le culte et de propager l'idolâtrie de la Vierge et des saints, s'acharnèrent sur les jubés. À Saint-Étienne de Bourges et à Saint-Jean-Baptiste de Lyon, leurs statues furent décapitées. En réaction, le concile de Trente prôna la communion fréquente et le dégagement de l'autel. Les jubés furent presque tous détruits, en France, entre le XVIIe et le XVIIIe siècle, d'autant qu'ils avaient été sculptés dans le goût « barbare » de l'âge gothique, mais il en subsiste de magnifiques en Allemagne, en Angleterre et en Espagne.

Jugement dernier

Le Jugement dernier n'a plus la cote. C'est un jeune peintre de ma connaissance qui m'en a fait prendre conscience. Alors qu'il compte parmi les plus talentueux de son temps, il s'est vu refuser d'en représenter un par tous les évêques qu'il a rencontrés, au motif que « cela ne se fait plus », « les gens ne veulent plus d'un Dieu-juge, mais d'un Dieu accueillant ». Le ton était si catégorique qu'il faut croire que si Giotto, Fra Angelico ou Michel-Ange s'étaient présentés à eux, ils se seraient vu opposer la même réponse.

Au XVIIe siècle, déjà, Mgr Le Goux de La Berchère n'avait pas hésité à mutiler la fresque du Jugement dernier de Sainte-Cécile d'Albi pour percer une porte, à l'endroit où se tenait le Christ-juge. Depuis la Contre-Réforme, on lui préfère des visions glorieuses : Assomption de la Vierge ou entrée des élus au paradis. Aujourd'hui, on se moque des diables cornus qui enfournent des damnés à coups de fourche dans des marmites bouillantes ou des gueules béantes. Plus sérieusement, ne croyant plus au péché, on refuse l'idée d'un jugement pouvant aboutir à une damnation éternelle. Jean Delumeau s'est même demandé si la « pastorale de la peur » dont participait, selon lui, ce type de représentations n'avait pas constitué « une des causes de la déchristianisation de l'Occident ».

Il est vrai que je leur préfère les Christs de l'Apocalypse, qui marquent de leur sceau glorieux les tympans romans. « Voici qu'il vient avec les nuées, tout œil le verra, ils le verront, ceux qui l'ont transpercé. » (Ap., I, 7.) « Voici qu'un trône était là dans le ciel, et sur le Trône siégeait quelqu'un. Celui qui siège a l'aspect d'une pierre de jaspe ou de cornaline ; il y a, tout autour du Trône, un halo de lumière, avec des reflets d'émeraude. Tout autour de ce Trône, vingt-quatre trônes, où siègent vingt-quatre Anciens portant des vêtements blancs et, sur leurs têtes, des couronnes d'or. Et du Trône sortent des éclairs, des fracas, des coups de tonnerre, et sept torches enflammées brûlent devant le Trône : ce sont les sept esprits de Dieu. Devant le Trône, il y a comme une mer, aussi transparente que du cristal. Au milieu, autour du Trône, quatre Vivants, ayant des yeux innombrables en avant et en arrière. » (Ap., IV, 2-6.)

À Maguelonne, Cahors, Arles, Le Mans, Chartres et Angers, ils sont autant de visions où l'on ne doute pas que l'amour divin finira par triompher, par-delà les malheurs des temps. Il n'y a pas que ceux qui aspirent à jouir sans entraves qui se cabrent à l'idée d'un Jugement dernier : d'Origène à Simone Weil, combien de grands spirituels aspirèrent à ce que tous soient sauvés, y compris les anges déchus et les damnés ? Et combien soulignèrent la contradiction qu'il y aurait entre l'existence de l'enfer et la manifestation de l'amour infini de Dieu ?

Pourtant, plus j'observe l'humanité, plus j'en viens à espérer qu'il y aura bien une justice divine qui l'emporte sur la justice humaine : ceux-là mêmes qui en refusent l'idée passent leur temps à se juger et à se condamner. Il n'y a qu'à ouvrir les journaux ou se connecter aux réseaux sociaux pour le constater : tous passent leur temps à s'accuser des pires maux et à raffiner dans le supplice, au point que Jérôme Bosch apparaît presque comme un joyeux fantaisiste à côté. Les rares éloges pèsent peu dans la balance et sont aussitôt démentis par de nouvelles accusations. Les accusateurs d'hier se muent en accusés d'aujourd'hui, et sans avoir le pinceau de Giotto, Fra Angelico ou Michel-Ange pour les transfigurer, tous se tirent par les pieds pour s'entraîner dans l'abîme. Si on laissait aux hommes le soin de se juger, tous finiraient damnés, même les plus grands saints à qui l'on trouverait toujours quelque chose à reprocher.

Cette aspiration à une justice divine supérieure à la justice humaine remonte à l'Égypte ancienne, en passant par la Palestine et par la Grèce. C'est à elle que répond l'annonce d'un Jugement dernier dans l'Évangile selon saint Matthieu. À l'époque carolingienne, pour tenter de sortir de siècles de violence et d'anarchie, où les signes précurseurs de l'apocalypse semblaient se multiplier sans fin, les clercs diffusèrent sa représentation. Avant d'être une « pastorale de la peur », il s'agissait d'un appel à la responsabilité : il ne fallait pas attendre que le règne de Dieu advienne seul, mais y travailler non seulement à travers des structures politiques, mais aussi en se convertissant. Dans l'élan de foi en Dieu et de confiance en l'homme qui s'empara des sociétés occidentales, au XIIe siècle, cette représentation sortit des manuscrits enluminés des monastères pour s'afficher sur les tympans des cathédrales.

À Saint-Lazare d'Autun, Gislebertus lui donna des accents épiques. Un Christ immense siège dans une mandorle, tandis que deux anges retirent le soleil et la lune dont la lumière n'est plus nécessaire puisqu'il éclaire toute chose de l'intérieur. Il étend ses bras sur le monde et s'apprête à parler. Les trompettes ont fini de sonner, et « il y eut dans le ciel un silence d'environ une demi-heure » (Ap., VIII, 1), dit le Livre de l'Apocalypse. Ce silence se communique à la pierre et est d'autant plus terrible qu'on voit encore quelques gouttes de sang perler de ses plaies. Comme les morts qui sortent de leurs tombeaux, le souverain juge nous interroge : et vous, qu'avez-vous fait des possibilités de salut que je vous ai offertes ?

À ses pieds, on lit, du côté des élus : « C'est ainsi que ressuscitera quiconque ne sera pas victime d'une vie de péché. Pour lui brillera sans fin la lumière du jour » ; et du côté des damnés, qu'enserrent les griffes d'une main sortie de l'ombre : « Que semblable terreur terrifie ceux que détient la terrestre erreur. Car l'horreur de ces images annonce ce qui les attend. » Entre les deux cortèges, un ange brandit son épée : qu'il soit bien dit qu'une fois la sentence prononcée les damnés seront définitivement coupés de Dieu et de la lumière qu'ils auront entrevue. Car c'est cette lumière qui les jugera, et alors ils se verront en vérité et mesureront la distance qui les sépare de Dieu, sans avoir plus la possibilité de le rejoindre. L'un d'eux se tourne déjà vers l'ange avec un désespoir sans fond : « La peine du damné est infinie, parce qu'il y a pour lui la perte d'un bien infini », explique saint Thomas d'Aquin.

Comme les enfants blottis dans les plis de la robe de saint Michel, on assiste ensuite à la pesée d'une âme. Sur un plateau de la balance, une petite figure démoniaque représente sa part la plus noire, tandis que sur l'autre une figurine nue apparaît comme sa part la plus pure. L'une et l'autre se le sont disputé toute sa vie. Voilà venu le temps de les départager. Mais c'est alors que la justice divine nous confond. Tandis que des démons aux mesquineries d'insectes s'acharnent à faire pencher la balance de leur côté, elle s'arrête du côté de l'archange : l'âme est sauvée. Elle va bientôt pouvoir s'envoler, comme cette autre figurine nue qui déploie les bras et rejoint le ciel, portée par un ange.

« Quel amour fut, est ou sera jamais comparable à celui-là ?, interroge saint Bernard. C'est à peine s'il se trouve des hommes qui consentent à mourir pour un innocent, et vous, Seigneur, c'est pour des coupables que vous endurez la Passion, c'est pour nos péchés que vous mourez, c'est sans aucun mérite de leur part que vous venez justifier les pécheurs, prendre des esclaves pour frères, vous donner des captifs pour cohéritiers et appeler des exilés à monter sur des trônes. Ô Seigneur, que vos antiques miséricordes l'emportent, et que votre sagesse triomphe de leur malice. L'iniquité de vos bourreaux est grande mais votre bonté ne l'est-elle pas bien davantage encore ? Oui, elle l'est, et elle l'est au-delà de toute mesure. »

Si nous avons une chance d'être sauvés, c'est que la justice divine se confond avec l'amour et que nous avons des intercesseurs en Marie et Jean-Baptiste, qui prient avec ardeur, de part et d'autre du Sauveur. Bientôt, dans les mystères joués sur les parvis des cathédrales, on verra le diable, dépité d'avoir vu l'enfer se dépeupler après la Passion, se présenter devant Dieu pour intenter un procès au genre humain. Ayant commis d'innombrables délits, celui-ci ne lui revenait-il pas ? Au début, personne ne se présente pour le défendre. Les plus grands saints hésitent à affronter l'Ennemi. Puis Marie s'avance : « N'ayez crainte du jour à venir ! Vous m'y verrez toute préparée comme Avocate pour les représenter et morfondre le diable. » Deux logiques s'affrontent : celle de la justice, défendue par le diable avec une connaissance infaillible des procédures, et celle de la miséricorde, incarnée par Marie. « Si l'on voulait croire cette dame, jamais on ne verrait en enfer une âme », peste le diable. Voulant prendre Dieu au piège de sa propre justice, ou du moins de l'idée qu'il s'en fait, il lui lance : « Punis donc de par ton office le monde, ou la justice sera défaillante ! » Mais plus grande que nos péchés sera toujours sa miséricorde, et un acte de repentir sincère, une prière confiante suffisent à attendrir « Jésus le débonnaire ».

À Notre-Dame de Paris, vers 1220, l'accent est plus serein. Les morts du linteau ont été refaits par Eugène Viollet-le-Duc, mais il faut les voir se lever de leurs tombeaux, au soleil couchant, quand tout tombe et tout meurt autour d'eux, selon l'étymologie du mot *occidere* : ils semblent rejeter leurs linceuls comme les derniers voiles qui les séparent d'une aube nouvelle. Sur son trône, le Christ n'est plus la pierre précieuse à l'éclat insoutenable de la vision de saint Jean, mais le Fils de l'Homme tel que décrit par saint Matthieu. Rayonnant d'une lumière douce, il nous montre ses plaies. En faut-il plus pour nous faire comprendre que seul son amour pourra nous juger sans nous condamner ? Et quel juge pourrait nous inspirer plus de respect, sinon plus d'amour, que celui qui donna sa vie pour nous ?

Sur un voûtain, le dernier cavalier de l'Apocalypse s'efface. La mort aux yeux bandés disparaît dans un dernier spasme, sur son cheval cabré. Au centre du tympan, nous assistons encore à la pesée d'une âme. Le diable tente de faire pencher la balance de son côté, mais saint Michel ne lui accorde pas un regard : à cette heure, il a perdu tout son pouvoir. L'âme est sauvée. Partout, le règne de Dieu s'instaure avec la clarté de l'évidence.

Les élus sont dotés de corps sveltes, d'une beauté qui ne doit plus périr. On pensait que les morts ressusciteraient dans le corps parfait d'un homme ou d'une femme de trente ans, soit l'âge du Christ quand il triompha de la mort. Ils portent la couronne de la vie éternelle, leur tunique semble une émanation de la lumière, et aucun attribut ne les distingue plus : quels que soient leur sexe et leur état, ils sont désormais égaux devant Dieu, et chacun accomplira son type jusqu'à atteindre une plénitude qui ne retirera rien à celle des autres. Leur sourire n'a rien du bonheur factice, outrancier et moralisant, des élus de la cathédrale de Bamberg. Il n'est qu'un pâle reflet des joies du ciel. Comme s'il fallait une vie nouvelle, éternelle et infinie, pour les accueillir tout entières.

N'avez-vous jamais remarqué combien les artistes étaient généralement plus inspirés pour représenter les peines de l'enfer que les joies du paradis ? Songeons à celles, si terrifiantes et si limitées, des mosaïques de la cathédrale de Torcello ou des fresques de Luca Signorelli, qui servirent de modèle à Michel-Ange, dans la cathédrale d'Orvieto. C'est que les hommes portent l'enfer en eux et n'ont qu'à puiser dans leur propre fonds pour en représenter les tourments, alors que les joies du paradis sont en Dieu et les dépassent infiniment. Seuls de grands artistes sont parvenus à en donner une avant-vision à Paris, Chartres ou León. Sur les voussures de Notre-Dame de Paris, elles se répercutent de bouche en bouche et de regard en regard, à travers les anges, les patriarches, les prophètes, les docteurs, les martyrs et les vierges, qui forment autour du Christ comme des ondes lumineuses et musicales. Tous chantent un immense hosanna, interrompu seulement par quelques gesticulations de diables.

Ceux-ci s'emparent des damnés, qui ont conservé le costume de leur ancienne condition. Parmi eux, on distingue un chevalier, une noble dame, un religieux, un évêque et un roi. S'étant vu confier plus de responsabilités, ils auront plus de comptes à rendre à Dieu, et il leur sera moins pardonné. Mais même liés par une corde et menés vers la gueule de l'enfer, ils ne protestent pas contre leur sort. Tout au plus expriment-ils leur peine, leur crainte ou leur désespoir par une inflexion de la bouche, un regard ou un geste de la main. Peut-être comprennent-ils que s'ils sont captifs, c'est d'abord d'eux-mêmes et que ce n'est pas tel ou tel péché qui leur a valu la damnation, mais leur refus définitif de l'amour de Dieu. Parmi les anges qui se sont hissés aux premiers rangs, sur les voussures du portail, certains assistent navrés à ce spectacle. Comme le dit un adage patristique, Dieu peut tout sauf contraindre les hommes à l'aimer. Jusqu'à sa mort sur la Croix, il a pris leur parti contre le sien, par respect de leur liberté. Ses mains, ses pieds et son côté transpercés sont l'abîme ouvert par la liberté qu'il leur a offerte d'en user contre lui, et l'enfer l'espace qu'ils se sont réservé.

La gueule du monstre qui s'ouvre devant eux est celle du Léviathan décrite dans le Livre de Job. Quand le juste mis à l'épreuve par le diable venait de plaider sa cause devant lui, Dieu lui demanda : « Qui a jamais ouvert les battants de sa gueule ? Autour de ses dents, c'est l'effroi ! [...] De sa gueule partent des éclairs, des étincelles de feu s'en échappent. De ses naseaux sort une fumée, comme d'une marmite chauffée et bouillante. » (Jb, XLI, 5-12.) Cette gueule, seul le Christ pouvait l'ouvrir, car lui seul était sans péché et capable de combler l'abîme du mal par un amour plus grand. Une frise de la cathédrale de Lincoln le montre en train de lui arracher ses proies. Il l'a fait une fois pour toutes, mais chacun reste libre de refermer ses portes sur soi. « Les portes de l'enfer sont verrouillées de l'intérieur », écrit C. S. Lewis, et après le Jugement dernier, elles le demeureront à jamais. Sur une miniature du psautier d'Henri de Blois, réalisé pour la cathédrale de Winchester, un ange referme la gueule du monstre à clef et le laisse s'autodévorer.

Les flammes qui en sortent sont à entendre au sens figuré, et il faut comprendre que celles qui tourmentent les damnés appartiennent au même feu que celles qui éclairent les élus. Si Dieu sera tout en tous au dernier jour et si son jugement consistera dans le don complet de son amour, celui-ci vivifiera les élus, mais consumera les damnés. C'est cette image que donne la rose nord de Notre-Dame d'Évreux, avec son foyer central qui consume les uns, emportés par des diables, et éclaire les autres, entraînés par des anges.

D'autres représentations plus moralisantes suivirent. Fruits d'esprits moins sains et plus troublés par les malheurs des temps, elles ont moins de force, même si elles ont toujours quelque chose à nous apprendre. La fresque de Sainte-Cécile d'Albi, à la fin du XVe siècle, choque par ses damnés qui s'effondrent pêle-mêle et semblent tomber sur nous, dans une promiscuité repoussante. Pour un peu, nous nous attendrions à être emportés par les démons qui s'en saisissent. Avec leurs ailes membraneuses, leurs cheveux en forme de dards, leurs yeux ronds sans paupières, leurs écailles phosphorescentes, leurs griffes d'oiseaux de proie et leurs moustaches de rongeurs, ils dépassent en horreur ceux de Jérôme Bosch qu'ils précèdent de peu. Quand chez ce dernier, le rire n'est jamais loin, les démons des peintres d'Albi sont d'un sérieux terrifiant.

Exécutants zélés des peines infligées aux hommes, ils sont là pour les punir méthodiquement par où ils ont péché : les gourmands ne peuvent plus vomir les serpents qu'ils doivent ingurgiter. Les avares n'en finissent pas de fusionner, dans leurs marmites bouillantes, avec le métal qu'ils ont adoré. Certains ouvrent la bouche pour chercher de l'air plus que pour crier : ils sont asphyxiés par leur propre péché, pratiqué au-delà de la satiété.

Leur air identiquement hébété fait apparaître le conformisme et la monotonie qui entrent dans le péché, l'anonymat, l'isolement et la promiscuité qui en résultent. *A contrario*, les visages des élus indiquent que seule la ressemblance avec Dieu confère une personnalité, la plénitude de l'être et la communion avec autrui. Leur sourire est cependant si pâle qu'il compense mal l'effroi ressenti à la vue des damnés. Sans doute est-il celui que nous devrions ressentir à la vue du péché, et à défaut d'une pédagogie de la peur, il faudrait parler d'une pédagogie de l'horreur. Mais je ne puis m'empêcher de trouver inférieure une vision qui sait mieux donner à haïr qu'à aimer. Aujourd'hui, la question que je me pose est celle du peintre de mon roman, *L'Or du chemin* : à quoi bon vouloir terroriser les hommes avec les supplices de l'enfer s'ils ne se terrorisent pas eux-mêmes ?

Dans *Le Mystère de la charité de Jeanne d'Arc*, Charles Péguy, pour surmonter sa révolte contre l'idée d'une damnation éternelle, met cette prière dans la bouche de son héroïne : « S'il faut, pour sauver de la flamme éternelle les corps des morts damnés s'affolant de souffrance, abandonner mon corps à la flamme éternelle, mon Dieu, donnez mon corps à la flamme éternelle. » C'est seulement en se jetant en Dieu et en se donnant comme lui par amour que l'on peut résoudre la question de l'injustice et du mal.

L

Labyrinthe

À Notre-Dame de Chartres, tous les vendredis depuis le début du carême jusqu'à la Toussaint, sauf le Vendredi saint, les chaises sont retirées de la nef pour découvrir le labyrinthe du XIIIe siècle. Véritable prouesse technique, ce labyrinthe fait tenir un parcours de deux cent soixante et un mètres dans un cercle de treize mètres de diamètre. Certains le parcourent à genoux, une interprétation voulant qu'il s'agisse d'un substitut au pèlerinage à Jérusalem. On raconte même que les hommes du Moyen Âge obtenaient des indulgences en le parcourant. Cette pratique ne remonte, en réalité, qu'au XIXe siècle. Aucune source ne la mentionne avant 1856, quand fut établi un projet de labyrinthe pour la nouvelle cathédrale de Lille. Selon l'historien Gilles Fresson, il s'agit d'une « reconstruction historico-romantique comme savaient parfois en produire les férus du gothique de l'époque et qui a servi de base à tous les articles écrits par la suite ». Mais alors à quoi servaient les labyrinthes d'église ?

Le plus ancien est celui de la basilique de Reparatus, à El-Asnam, en Algérie. Il date du IVe siècle, mais c'est surtout à partir du XIIe qu'ils se multiplièrent. Celui de Notre-Dame de Chartres est un des rares d'origine, mais jusqu'aux XVIIe et XVIIIe siècles, les cathédrales de Plaisance, Saint-Omer, Arras, Bayeux, Amiens, Reims, Sens, Auxerre et Mirepoix en possédaient. À Saint-Pierre de Poitiers, on peut voir sur le mur nord un dessin du XIIe siècle qui aurait pu servir de modèle au labyrinthe tracé au sol. En leur centre étaient parfois inscrits les noms de ceux qui avaient initié le chantier. En les comparant au mythique Dédale, bâtisseur du labyrinthe ayant servi à emprisonner le Minotaure, sur l'ordre du roi Minos, en Crète, on rendait hommage à leurs qualités, mais il ne s'agissait pas seulement d'une signature architecturale.

Si l'on se rappelle le mythe grec, tous les neuf ans, sept jeunes hommes et sept jeunes femmes d'Athènes étaient offerts en sacrifice au Minotaure. Aucun n'en réchappait, jusqu'à ce que le propre fils du roi Égée, Thésée, débarquât en Crète. Ariane, la fille du roi Minos, en tomba amoureuse. Pour l'aider à retrouver son chemin dans les méandres du labyrinthe, elle lui remit une pelote de fil. Grâce à elle et à son courage, Thésée parvint à tuer le monstre et à sortir du labyrinthe avec les Athéniens promis comme lui à la mort. Pour les théologiens, il préfigurait le Christ qui dut affronter Satan. L'assimilation est claire dans la chapelle de l'évêque Philippe de Lévis de Mirepoix, où le Minotaure figure sous la forme d'un diable cornu, au centre du labyrinthe, et il devait en être de même à Notre-Dame de Chartres, si l'on en croit la description des motifs inscrits sur la plaque de cuivre qui occupait son centre par Charles Challine, vers 1655.

Deux textes éclairent les pratiques qui y avaient cours : le premier, rédigé à l'initiative du chapitre de Saint-Étienne d'Auxerre, à la fin du XIVe siècle, et le second par Jean Beleth, au milieu du XIIe. Ils rapportent que, le soir du dimanche de Pâques, pendant que le clergé et les fidèles proclamaient la résurrection du Christ en chantant le *Victimae paschali* – « l'agneau sauva les brebis, le Christ innocent réconcilia les pécheurs avec le père, [...] la mort et la vie ont combattu dans un duel prodigieux, le maître de la vie mourut, vivant il règne » –, le doyen des prêtres parcourait le labyrinthe d'un pas rythmé tandis que les fidèles tournaient autour de lui. Il portait une pelote jaune contre sa poitrine et, une fois parvenu au centre, il la lançait à chaque participant, qui la lui renvoyait, dans une chorégraphie bien réglée.

« Symboliquement, explique Gilles Fresson, le Christ (Thésée) traverse les Enfers (le labyrinthe), affronte Satan (le Minotaure), triomphe des puissances de la mort, offrant sa lumière (couleur jaune) à tous ceux qui sont prêts à la recevoir, c'est-à-dire un chemin sûr (la pelote) vers la vie éternelle (le centre du labyrinthe). » Cette « chorégraphie de la Résurrection » fut combattue par certains clercs, qui y voyaient une résurgence de pratiques païennes. Elle fut interdite à partir du XVIe siècle, et les labyrinthes, qui ne servaient plus qu'aux enfants pour jouer à la marelle, furent presque tous détruits aux XVIIe et XVIIIe.

Notre époque est peut-être mieux à même d'apprécier une telle pratique, qui met en jeu le corps autant que l'esprit. N'est-ce pas en grande partie au besoin de les harmoniser, après des siècles d'intellectualisme, au sein même de l'Église, que répond l'idée d'un substitut de pèlerinage à Jérusalem ? Les deux interprétations ne sont d'ailleurs pas incompatibles, Jérusalem étant la ville de la Passion du Christ.

Il faut noter que contrairement aux labyrinthes païens, les labyrinthes d'église sont unicursaux : nul ne peut s'y perdre s'il y est entré. Empruntant une ouverture généralement située à l'ouest, associé au péché, à la mort et à l'enfer, chacun suit un chemin plus ou moins long, qui l'entraîne vers le centre, puis le rejette aux extrémités du cercle. Il passe par de nombreux méandres, mais qui le remmènent toujours au centre. Car il a choisi de suivre le Christ, qui est l'unique voie de salut. Nul ne peut l'obtenir par ses propres moyens, comme l'ont éprouvé les Athéniens, jusqu'à l'arrivée de Thésée. Si l'on observe de haut le labyrinthe de Chartres, il dessine la forme d'une croix.

Légende de Barlaam et Josaphat

Sur le tympan du baptistère de Parme, une scène sculptée par Benedetto Antelami peut sembler bien exotique, dans l'Italie des années 1200 : un homme se perche sur un arbre tandis que deux rats s'affairent à ses pieds et un dragon ouvre sa gueule. Au-dessus de lui une ruche bourdonne, suspendue à une branche. Cette scène illustre la légende de Barlaam et Josaphat, s'inspirant de la vie de Bouddha, d'après une légende sanskrite des IIe-IVe siècles. Connue des chrétiens d'Asie centrale et d'Iran, elle fut traduite en géorgien au IXe siècle, puis en grec au Xe. C'est dans une version de Jean Damascène qu'elle parvint en Occident au XIe siècle, avant d'être popularisée par Jacques de Voragine au XIIIe. Elle rencontra un tel succès que le pape Grégoire XIII décida de canoniser Josaphat-Bouddha.

Cette légende reflète l'attitude chrétienne qui consiste à rapporter au Christ les semences de vérités apparues avant ou après sa naissance chez des peuples païens, puisqu'il les accomplit en sa personne et éclaire leur sens. Parmi les vies de saints imaginaires, fausses sur le plan des faits, mais touchant à des vérités profondes, elle compte parmi celles que je préfère.

En Inde, un roi nommé Avennir persécutait les chrétiens. Son conseiller et ami, Barlaam, se convertit et s'enfuit au désert. À la naissance de son fils, Josaphat, des astrologues prédirent qu'il embrasserait la foi chrétienne et le supplanterait dans son royaume. Pour l'éviter, le roi fit construire un palais où son fils grandirait isolé du monde, entouré uniquement de jeunes gens beaux et bien portants, qui ne lui parleraient ni de vieillesse, ni de maladie, ni de pauvreté, ni de mort. Malgré ces précautions, Josaphat sortit un jour se promener dans la forêt. Il y rencontra un lépreux et un vieillard qui lézardèrent si bien ses certitudes qu'il en fut désemparé.

Averti en songe de son état d'esprit, un ermite réussit à s'introduire dans son palais. Déguisé en marchand, il demanda à voir le prince : « J'ai à vendre une pierre merveilleuse qui ouvre les yeux aux aveugles et les oreilles aux sourds, qui rend la parole aux muets et la raison aux fous. » Vous aurez reconnu Barlaam, l'ancien conseiller de son père. Parabole après parabole, il convertit Josaphat. Le roi eut beau tenter de le faire abjurer, sa foi ne faiblit pas. Elle était même si forte qu'elle convainquit Avennir de se retirer au désert auprès de Barlaam. Ainsi la prophétie s'accomplit-elle. Josaphat hérita du royaume et les rejoignit après un règne exemplaire.

Les paraboles qui jalonnent sa conversion sont des merveilles. Ne pouvant les citer toutes, je vous renvoie à *La Légende dorée* pour ne transcrire que celle qui figure sur le baptistère de Parme : « Barlaam exposa au jeune prince le mensonge et la vanité des plaisirs du monde. Et, à l'appui de ses arguments, il lui raconta les apologues suivants. Il lui dit, d'abord, que ceux qui désirent les plaisirs corporels au détriment de leur âme ressemblent à un homme qui, fuyant devant une licorne, tomba dans un précipice. En tombant, il s'accrocha des deux mains à un arbuste et enfonça ses pieds dans une boue glissante. Il vit alors que deux rats, un blanc et un noir, rongeaient les racines de l'arbuste et étaient déjà sur le point de le détacher. Au fond de l'abîme, il vit un dragon terrible qui ouvrait la bouche pour le dévorer ; et, dans la boue où s'étaient enfoncés ses pieds, il vit quatre vipères qui levaient la tête. Mais soudain il aperçut une goutte de miel qui découlait d'une branche de l'arbuste. Et aussitôt, oubliant tous les dangers qui l'entouraient, il se laissa aller à la douceur de manger ce miel. Et Barlaam dit à Josaphat : “La licorne, c'est la mort, que l'homme s'efforce de fuir. L'abîme, c'est notre monde de misère. L'arbuste c'est notre vie, dont les racines sont rongées jour et nuit, et dont l'écroulement est sans cesse plus proche. Les quatre vipères sont les quatre éléments, dont le désordre amène la dissolution du corps. Le dragon, c'est le diable. Et la goutte de miel, ce sont les plaisirs décevants dont la poursuite nous détourne de la vue de notre destinée.” »

Légende de Théophile

Vous connaissez son lointain descendant. Il fut le héros de tragédies de Marlowe et de Goethe. De *La Peau de chagrin* au *Maître et Marguerite*, en passant par *Le Portrait de Dorian Gray*, en littérature, et de *Phantom of the Paradise* à *Ghost Rider*, au cinéma, on ne compte plus ses épigones signataires de pactes avec le diable. Je veux parler de Faust. En lui, l'Occident projeta sa plus grande tentation : celle de vendre son âme au diable pour dépasser les limites de sa condition et acquérir un pouvoir sur le monde. Nous sommes tous ses héritiers, mais là où certains n'ont pas conscience de vivre une tragédie et là où d'autres en désespèrent, la légende de Théophile rappelle, en sa fraîcheur native, qu'il suffit d'un acte de contrition sincère pour tout dénouer et que le plus grand crime n'est qu'un grain de poussière en regard de la miséricorde divine.

Cette légende compte parmi les miracles de la Vierge les plus représentés sur les cathédrales. On peut la voir sur le tympan du portail nord de Notre-Dame de Paris, sur les piédroits du portail de droite de la façade occidentale de Saint-Jean-Baptiste de Lyon, sur des verrières du chœur des cathédrales de Clermont-Ferrand, Laon, Chartres, Le Mans, Troyes, Auxerre, Beauvais et Lincoln. D'origine orientale, elle fut traduite du grec par Paul Diacre au VIIIe siècle, puis reprise par Fulbert de Chartres, Honorius d'Autun, Bernard de Clairvaux, Vincent de Beauvais et Jacques de Voragine aux XIIe et XIIIe siècles. Elle inspira des poèmes aux évêques Marbode et Hildebert de Lavardin aussi bien qu'aux trouvères Gautier de Coincy et Rutebeuf.

Que raconte-t-elle ? L'histoire d'un clerc de l'église d'Adana, en Cilicie. Célèbre pour ses vertus et son humilité, il administrait si bien son diocèse qu'à la mort de son évêque, tous voulurent qu'il lui succédât. Il refusa, mais au ressentiment qui le rongea, il apparut qu'un orgueil secret l'animait. Un jour, n'y tenant plus, il signa un pacte avec le diable, qui lui promit honneurs, richesse et considération en échange de son âme après sa mort. Théophile devint évêque d'Adana, mais aussitôt après il devint arrogant, puis mélancolique, et à mesure que le temps passait, il voyait s'approcher avec désespoir l'échéance qui le vouait au diable. Torturé par le remords, il finit par confier sa détresse à Marie, et la pria si ardemment qu'il s'endormit devant l'autel. Pendant son sommeil, il vit une figure brillante quitter la chapelle, descendre aux enfers et exiger son pacte du diable. Quand il se réveilla, il crut avoir rêvé, mais le pacte était bien là sur l'autel.

Lenoir, Alexandre (1761-1839)

Peintre ami de Jacques-Louis David, féru d'art antique et classique avant de se lancer dans l'égyptologie et de présider l'Académie celtique, franc-maçon dont le nom figure aux tableaux de la loge du Grand Sphinx et du temple de Fabré-Palaprat, c'est peu dire qu'Alexandre Lenoir n'était pas désigné pour se faire le héraut de l'art gothique. Par un de ces retournements dont l'époque révolutionnaire fut prodigue, il compte pourtant parmi ceux qui contribuèrent le plus à le faire aimer.

Nommé le 3 juin 1791 à la tête du dépôt des Grands Augustins, ayant pour mission d'accueillir et d'inventorier les biens du clergé déclarés biens nationaux, il se démena pour sauver ce qui pouvait l'être du vandalisme. S'il faut faire sa part à une légende qu'il contribua lui-même à écrire en se peignant en sauveur des tombeaux des rois de France, à Saint-Denis, et de Richelieu, à la Sorbonne, il est indéniable qu'il se dépensa sans compter pour défendre de ce qu'on allait bientôt nommer les monuments historiques. À la tête de son dépôt, il ne se contenta pas d'accueillir et d'inventorier les œuvres qui lui étaient confiées : il alla en chercher dans des dépôts de province ou auprès d'acquéreurs de biens nationaux. Diane de Poitiers lui doit d'avoir soustrait son tombeau à un éleveur d'Anet qui y abreuvait ses porcs, et s'il ne put sauver la façade de la cathédrale de Cambrai, ce n'est pas faute d'avoir essayé.

Le 21 octobre 1795, il ouvrit, à partir de ses collections, le musée des Monuments français. Une première salle montrait un résumé de la sculpture depuis l'Antiquité, et les suivantes un ensemble d'objets et de tombeaux datant du XIIIe au XVIIIe siècle. Parmi eux, les gisants de Charles V et de Jeanne de Bourbon, les tombeaux des ducs d'Orléans et des vitraux de la basilique Saint-Denis. Le point d'orgue de son parcours était le jardin Élysée où étaient disposés des tombeaux et des mémoriaux d'hommes illustres.

Les gravures des catalogues édités, pendant vingt ans, par son musée témoignent du charme qui s'en dégageait. Elles permettent de comprendre qu'il ait pu inspirer au jeune Michelet sa passion pour l'histoire de France, et à une génération d'esprits romantiques son goût pour les ruines médiévales. Mais à quel prix ? Pour raconter sa « véritable histoire monumentale de la monarchie », Alexandre Lenoir s'autorisa toutes les reconstitutions, tous les rapprochements. Son tombeau d'Héloïse et Abélard, situé aujourd'hui au Père-Lachaise, en est l'exemple le plus flagrant. Pour la première fois, il classait les œuvres selon un ordre chronologique qui était aussi téléologique : une mise en scène suggérait, comme le faisaient certains rites de la maçonnerie égyptienne, le passage de l'ombre du Moyen Âge à la lumière de la Révolution. Son interprétation de l'histoire était toute personnelle. N'affirmait-il pas que les prêtres avaient utilisé la science arabe pour l'architecture et les vitraux des cathédrales gothiques et abandonné la sculpture à des tailleurs de pierre analphabètes, que l'ogive trouvait son origine dans l'œuf sacré des Égyptiens et que Pierre de Montreuil avait rapporté les plans de la Sainte-Chapelle de la croisade ?

S'il sauva un nombre d'œuvres considérable, c'est en les coupant de leur milieu vital. Leur sauvetage était sans doute à ce prix, à une époque où les sans-culottes voulaient faire du passé table rase, mais placés dans des musées, ils devenaient des objets morts. Outre les tombeaux royaux qu'il arracha aux mains des vandales, au motif que leurs « statues ou mannequins de marbre [...] sont des autorités utiles à conserver pour la chronologie des costumes et même pour l'histoire », il extrait de la basilique Saint-Denis, alors qu'ils n'étaient pas menacés, des vitraux du XIIe siècle qu'il démembra et exposa dans une salle vouée aux œuvres du XIVe. Certains furent cassés en cours de route. D'autres disparurent, sans doute vendus à des marchands.

Quand son musée ferma, en 1816, certaines de ses œuvres furent rendues aux églises auxquelles elles appartenaient. D'autres furent réparties dans les musées du Louvre, de Versailles et de Cluny. Il eut une postérité dans le musée de la Sculpture comparée appelé de ses vœux par Eugène Viollet-le-Duc. Transformé en musée des Monuments français en 1937, on peut encore le visiter au palais de Chaillot, mais il ne comprend que des moulages.

Liturgie

Qui connaîtrait une cathédrale dans le moindre détail architectural n'en connaîtrait rien tant qu'il ne serait pas entré dans sa liturgie. Sans elle, l'église n'est qu'un corps sans vie que l'on arpente distraitement ou que l'on dissèque savamment, mais dont l'esprit et la chair nous échappent.

La liturgie ordonne les heures de manière qu'elles ne s'écoulent pas comme sable entre nos mains, mais suivent les tracés directeurs de l'année liturgique pour nous faire entrer en Christ, où nos pas prennent sens, et notre séjour visage. Histoire et cosmos s'y rencontrent, chaque heure du jour célébrant une heure de la lumière qui est aussi un temps de la vie du Christ. À Laudes, l'homme convie la Création à louer Dieu, le « Soleil levant », et à mesure que l'astre poursuit sa course, Tierce commémore la Pentecôte et les dons de l'Esprit saint, Sexte l'entrée de Jésus dans sa Passion, et None son accomplissement. Pendant les vêpres, l'homme rend grâce pour le salut obtenu par son sacrifice, les bienfaits du jour écoulé et l'harmonie du cosmos. À Complies, il prie Dieu de ne pas l'abandonner aux ténèbres et de faire luire en lui le soleil de la foi. Pendant les Vigiles, il manifeste sa persévérance dans la prière, au cœur de la nuit, son attente du Sauveur et du retour de la lumière.

Il n'y a plus aujourd'hui que dans certains monastères que l'on puisse entendre chanter les heures comme le faisaient les chanoines dans les cathédrales jusqu'à la Révolution, mais on comprend que, principe structurant, la liturgie a aussi la fluidité des vagues de tous ceux qui ont prié plus grand que nous avant nous et qui nous entraînent, nous roulent et nous modèlent jusqu'à ce que nous en ayons épousé la puissance mystérieuse. Ses chants se composent des psaumes et de passages des

Évangiles, où l'homme prie Dieu avec les paroles qu'il a lui-même inspirées ou prononcées.

Ses heures s'engrènent dans un cycle où le dimanche inaugure la semaine, « parce que c'est le premier jour où Dieu, tirant la matière des ténèbres, créa le monde, et que ce même jour Jésus-Christ, notre Sauveur, ressuscita des morts », ainsi que l'explique Justin de Rome. Les jours se succèdent dans un cycle annuel où les fêtes épousent le rythme des saisons et des mystères de la vie de Jésus, à la suite de Marie et des saints commémorés dans le sanctoral. L'attente du Sauveur se vit dans le froid et la nuit de l'hiver. Sa venue coïncide avec le solstice : « Ô Orient, splendeur de lumière éternelle et soleil de justice, viens éclairer ceux qui siègent dans les ténèbres et à l'ombre de la mort », dit une antienne de l'avent chantée le 21 décembre. Le carême est une germination silencieuse, et Pâques une floraison qui coïncide avec l'équinoxe de printemps.

« Allons ! Célébrons la fête en accord avec la saison, écrit saint Grégoire de Nazianze. Car tout concourt à la beauté de cette fête et tout participe à la joie. De fait, regardez le monde visible : la reine des saisons escorte le roi des jours et, prenant sur ses propres biens, fait largesse de ce qu'elle a de plus beau et de plus agréable. Maintenant le ciel est plus radieux, le soleil est plus haut, plus doré ; maintenant le cercle de la lune est plus lumineux, le chœur des astres plus pur ; maintenant les flots concluent une trêve avec les rivages, les nuages avec le soleil, les vents avec l'air, la terre avec les plantes, les plantes avec les regards. [...] Tout chante un hymne à Dieu et le célèbre par des voix sans voix ; pour toutes choses, en effet, Dieu est remercié par moi, et de la sorte l'hymne des créatures devient mien, dès lors que je leur emprunte le motif de ma louange. [...] Et pour le dire plus brièvement encore, c'est maintenant le printemps du monde, le printemps de l'Esprit ; le printemps pour les âmes, le printemps pour les corps ; le printemps visible, le printemps invisible. »

Ce printemps préfigure l'éternel printemps où l'homme et la Création se renouvelleront perpétuellement en Christ. D'où le fait que l'eucharistie est le point focal de la liturgie : elle ne fait pas seulement mémoire d'un événement passé, mais elle introduit chacun, en lui permettant de participer à la mort et la résurrection du Christ, dans l'éternel aujourd'hui qu'il a inauguré. Une enluminure du bénédictionnaire de la cathédrale de Bari le montre apparaissant en gloire aux baptisés, et le sacramentaire de la cathédrale d'Udine représente une femme avec un calice qui figure l'Église et regarde vers le ciel avec un air extatique. « L'Esprit et l'épouse disent : "Viens !" », dit le Livre de l'Apocalypse. La liturgie anticipe les noces de l'homme avec Dieu et permet de faire l'apprentissage de la vie future, dont saint Augustin écrit qu'elle ne sera plus faite de nécessités, mais de liberté et de don.

Cette interpénétration du temps et de l'éternité dans la liturgie fait que les cathédrales ne sont pas des musées, où sont exposés des vestiges hétéroclites, mais des organismes vivants, où toutes les générations accumulent des témoignages de leur rencontre avec celui qui « était hier, est aujourd'hui et sera le même dans tous les siècles » (Hé., XIII, 8). Autour de cette présence, leurs formes évoluent avec les rites, dans une croissance quasi organique. Maxime le Confesseur voyait en chacune une image du cosmos tout entier et de l'homme fait à l'image de Dieu, puisqu'elles ont « le sanctuaire pour âme, le divin autel pour intellect et la nef pour corps ».

Dès qu'ils furent autorisés à sortir des maisons privées pour investir l'espace public, les chrétiens se coulèrent dans les formes des basiliques romaines pour les transfigurer. L'évêque et ses acolytes s'asseyaient au fond de l'abside, tandis que les fidèles se tenaient dans le *quadratum populi*.

L'autel était le point focal de tous, et la forme allongée de la nef traduisait l'idée d'une Église pérégrinante. Des baptistères à plan centré leur furent accolés, pour l'initiation des catéchumènes, et parfois même une seconde cathédrale. L'une d'elles servait-elle à l'évêque et l'autre aux membres d'une paroisse ou l'une à la célébration eucharistique et l'autre à l'initiation des catéchumènes ? On ne le sait pas très bien, mais à partir de l'époque carolingienne, ces bâtiments tendirent à se fondre.

Le développement des transepts donna aux cathédrales la forme d'une croix et d'un corps humain les bras ouverts qui les assimile au Christ. L'institution des chapitres allongea les chœurs. Le culte des reliques creusa les cryptes, éleva les chapelles rayonnantes et traça les déambulatoires. Certaines cathédrales furent dotées d'un second chœur. Était-ce en raison de la célébration de messes à la romaine, dans des édifices occidentés, ou de certains rites funéraires ? Là encore, des usages disparus expliquent l'apparition, puis la disparition de certains membres. À l'époque gothique, l'exaltation de l'eucharistie dilata les chœurs. L'augmentation de la population allongea les nefs. La multiplication des messes pour les morts les ceignit de chapelles. Et la séparation des clercs d'avec les fidèles érigea les clôtures et les jubés.

Peintures, sculptures, vitraux et mosaïques formaient leur épiderme, auquel s'ajoutaient les vêtements éphémères formés par les tentures, le mobilier et les vêtements liturgiques, les luminaires, les fleurs et les feuillages, adaptés à chaque fête. Combien de fois n'a-t-on pas jugé Notre-Dame d'Amiens d'un classicisme froid ? C'est qu'on ne l'a pas vue, au XIIIe siècle, le jour de la Saint-Firmin, quand elle était parée de feuillages faisant écho au pouvoir vivifiant des reliques du saint, le jour de la Pentecôte, le sol était jonché de fleurs tandis que des colombes, des oublies et des étoupes enflammées étaient lancées depuis les voûtes, pour figurer la descente de l'Esprit saint, ou encore le jour de l'Assomption, quand ses murs étaient ornés de tentures et son sol parsemé d'herbes odoriférantes.

Ainsi parées, elles étaient animées par la gestuelle des officiants. C'est eux qui formaient, avec les fidèles, leur chair et leur sang. Pendant l'eucharistie, tous se mêlaient à la chair et au sang du Christ pour participer à sa gloire. « Par lui, dans l'harmonie et la cohésion, tout le corps poursuit sa croissance, grâce aux articulations qui le maintiennent, selon l'énergie qui est à la mesure de chaque membre. Ainsi le corps se construit dans l'amour » (Éph., IV, 15), écrit saint Paul. Lors de certaines fêtes, comme les Rogations, Pâques ou la Fête-Dieu, les processions débordaient même du cadre de l'église pour dilater son corps à l'échelle de la ville. On peut encore voir de telles métamorphoses dans certaines villes d'Espagne, d'Italie et du Portugal.

À partir de la Réforme, un reflux s'amorça. Niant la présence réelle du Christ dans l'eucharistie, le culte de la Vierge, des reliques et des saints, les protestants curèrent les églises et désaffectèrent les chapelles pour mettre en valeur l'assemblée et la Parole. En réaction, la Contre-Réforme abattit les clôtures et les jubés. Pour exalter le culte eucharistique, elle mit en place des tabernacles qui pouvaient se muer en édifices à part entière. Elle avança des chaires au milieu de la nef et encouragea des décors d'une grande richesse.

La Révolution vida les chœurs en supprimant les chapitres. Le déclin du culte des reliques et des messes pour les morts laissa les chapelles en déshérence et les déambulatoires ne servirent bientôt plus qu'à réguler le flux des touristes. Depuis le concile Vatican II, les liturgistes n'en finissent pas de réaménager les chœurs des anciennes cathédrales et d'expérimenter des formes inédites dans les nouvelles : elliptiques, carrées et même triangulaires, pour mieux « offrir l'image de l'assemblée qui s'y réunit ». Leur décor minimaliste veut favoriser « plus de pureté et d'authenticité ».

Loterie

Vous vous êtes peut-être demandé ce que venaient faire des cœurs, des trèfles et des carreaux sur la flèche Saint-Tugdual de Tréguier. En 1785, elle fut subventionnée, à hauteur de 20 000 livres, par la Loterie royale, et si les piques n'y figurent pas, c'est qu'ils symbolisent la mort. Avant cette flèche, des loteries particulières servirent à financer des édifices aussi prestigieux que les églises Saint-Roch, Saint-Gervais, Saint-Sulpice et Sainte-Geneviève, à Paris, ainsi que l'École royale militaire. La loterie du patrimoine ne date donc pas d'hier et a toute une tradition nationale derrière elle, par-delà la loterie anglaise qui lui servit de modèle, en 2018.

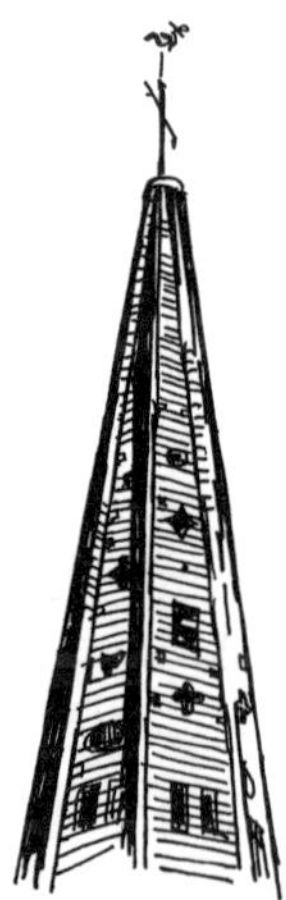

Sans la faire remonter au Déluge, comme Alexandre Dumas dans une brochure à sa gloire, elle date, sous la forme que nous lui connaissons, de la Renaissance. N'en déplaise à l'auteur de *Vingt ans après*, qui en fit sa bête noire, c'est au cardinal Mazarin que l'on doit l'idée de financer par ses gains la construction et l'entretien des églises. Favorisée par Louis XIV, elle fut institutionnalisée par Louis XV, et c'est Casanova qui la perfectionna, en 1757, en introduisant en France le lot génois, pratiqué dans certaines villes d'Italie et les États pontificaux, pour financer la construction et l'entretien de monuments.

Dénoncée par les révolutionnaires comme un « fléau inventé par le despotisme pour faire taire le peuple sur sa misère en le leurrant d'une espérance qui aggravait sa calamité », elle fut interdite par la Convention en 1793. Rétablie par le Directoire en 1797, Napoléon l'étendit aux provinces conquises de l'Empire. Louis-Philippe l'interdit en 1836, tout en tolérant les loteries caritatives. C'est par ce moyen que la cathédrale de Toulouse fut achevée, en 1862, et celle d'Hanoï construite sur le modèle de Notre-Dame de Paris, en 1882.

Lumière

Il est devenu un lieu commun de dire que les cathédrales gothiques sont le fruit d'une mystique de la lumière, mais dire cela est à la fois vrai et trop vague pour ne pas exposer à de lourds malentendus. Toutes les cathédrales depuis l'origine ne sont-elles pas le fruit d'une telle mystique ? La métaphore qui assimile Dieu à la lumière est au fondement même du mot qui le désigne : *deiwos* en indo-européen, dont dérivent le sanskrit *devas*, le grec *theos*, le latin *deus* et le français *dieu*, signifie « lumière du ciel ». Dans l'Ancien Testament, Dieu paraît « revêtu de la lumière comme d'un vêtement » (Ps., CIII, 2) ; et dans le Nouveau, Jésus dit : « Je suis la lumière du monde. Celui qui me suit ne marchera pas dans les ténèbres. » (Jn, VIII, 12.)

Imprégnés de platonisme, les Pères de l'Église filèrent la métaphore. Saint Grégoire de Nazianze, archevêque de Constantinople, au IVe siècle, fut surnommé le « chantre de la lumière », tant son œuvre en est saturée : « Tu as illuminé la pensée de l'homme par la raison et la sagesse, en plaçant ici-bas l'image de la splendeur d'en haut, afin que par la lumière il voie la lumière et devienne tout entier lumière. » Saint Ambroise de Milan lui fait écho : « Le Père est lumière, le Fils est lumière et le Saint-Esprit est lumière. [...] Ouvre tes fenêtres afin que la splendeur de la grande lumière pénètre en toi. »

Vastes et éclairées par de nombreuses baies, les basiliques paléochrétiennes incarnaient parfaitement cette pensée. Sidoine Apollinaire, poète proche des derniers empereurs romains et évêque de Clermont-Ferrand, décrit ainsi, au Ve siècle, la cathédrale de Lyon : « À l'intérieur, la lumière scintille et le soleil est si bien attiré vers le plafond à caissons couvert de feuilles d'or qu'il musarde sur le métal fauve dans un même concert de couleurs. Le marbre, qui se moire d'une variété d'éclats, garnit dans son entier la voûte, le sol et les fenêtres. Sous les dessins aux couleurs changeantes, un revêtement semblable à du gazon fait s'incliner grâce à des tiges de verre couleur émeraude des tesselles de saphir. »

Venance Fortunat, poète familier des rois mérovingiens et évêque de Poitiers, à la fin du VIe et au début du VIIe siècle, fait ce portrait de la cathédrale de Paris : « L'église reçoit les premiers rayons du soleil et, grâce au talent de l'artiste, la lumière du jour reste enfermée sous le couvrement. La clarté chemine en suivant la course de l'aurore et emplit les plafonds ornés, scintillant d'elle-même sans l'aide du soleil. » De la cathédrale de Nantes, il vante la lumière teintée qui passe à travers les arcades de la tour et fait briller les mosaïques du sanctuaire. « Des figures de pourpre y représentent des êtres vivants : peintures qui semblent vivre par un effet de l'art quand le soleil mouvant vient les colorer à travers la toiture d'étain. » Puis il compare « la nef resplendissante » de la cathédrale de Bordeaux à Marie : « L'une a contenu la lumière en son sein et l'autre contient le jour. »

Depuis l'entrée de la nef, le regard était attiré par le chemin formé par les colonnades et les baies vitrées, jusqu'à l'abside dont la lumière semblait émaner. « La lumière y est d'or comme le soleil levant », écrit le poète Prudence, au Ve siècle. Dans la cathédrale de Parenzo, au VIe, l'autel et la cathèdre furent placés sous des fenêtres, surmontées d'une Vierge à l'Enfant et d'un Christ bénissant. « Je suis la lumière véritable », dit le livre ouvert que ce dernier tient à la main. Dans la cathédrale de Torcello, construite selon les mêmes principes au XIIe siècle, une inscription située entre la fenêtre et la Vierge à l'Enfant dit aussi : « En lui était la vie, et la vie était la lumière des hommes. » (Jn, I, 4.) Le marbre veiné d'or qui joint le sol à la mosaïque des murs et de la demi-coupole de l'abside donne le sentiment que la lumière absorbe la terre et la transfigure dans un mouvement ascensionnel. « Qu'elle soit libre ou captive, c'est ici que règne la lumière », lit-on dans la chapelle épiscopale de Ravenne.

À la lumière du soleil s'ajoutait celle des luminaires. Le *Liber Pontificalis* recense, à Saint-Jean-de-Latran, cent soixante-neuf lampadaires et huit mille sept cent trente dauphins d'or et d'argent. Il reste peu de chose de la splendeur de Sainte-Sophie de Constantinople, mais Paul le Silentiaire la décrit ainsi, après sa reconstruction par Justinien, au VIe siècle : « Dans le temple sont un millier de lampes délivrant leur lumière étincelante, suspendues par des chaînes aux multiples rouages, certaines dans les ailes, d'autres au centre, ou à l'est et à l'ouest, ou sur les murs couronnés, déversant l'illumination de leurs éclats. [...] Les murs scintillent de merveilleux ornements. [...] Ainsi en tous lieux de la grande église arrivent des rayons de lumière, expulsant les nuées de soucis, emplissant l'esprit de joie. » Procope confirme : « Elle brille d'une si éclatante splendeur qu'on dirait qu'au lieu d'être éclairée des rayons du soleil, elle renferme elle-même la source de la lumière. »

Ce sont ces grands modèles, réactualisés en Italie, au XIIe siècle, par la papauté désireuse de s'émanciper de l'Empire germanique et de réaffirmer sa grandeur et sa sainteté, que Suger avait à l'esprit en reconstruisant le chœur de la basilique Saint-Denis. Le maître d'œuvre qui traduisit sa pensée dans la pierre, en évidant les murs et en substituant aux mosaïques des verrières polychromes, ne faisait que renouer, en usant de techniques nouvelles, avec un idéal ancien, par-delà l'époque romane, où le voûtement en plein cintre avait obscurci les églises. Pour ajourée qu'elle soit, son architecture n'avait rien de transparent ni de diaphane. Il ne faut d'ailleurs pas juger de son chœur, construit en 1140, d'après celui qu'on voit aujourd'hui, remanié en 1231.

« Resplendit en splendeur ce qu'on unit splendidement et l'œuvre magnifique qu'inonde une lumière nouvelle resplendit », pouvait-on lire sur son chevet ; et sur les panneaux en bronze de la porte d'entrée : « Ce qui rayonne ici au-dedans, la porte dorée vous l'annonce : ainsi par la beauté sensible, l'âme alourdie s'élève à la vraie beauté, et de la terre où elle était engloutie, elle ressuscite au ciel en voyant la lumière de ses splendeurs. » Ces inscriptions étaient inspirées des écrits de Denys l'Aréopagite, auteur platonicien derrière lequel se cachait un moine syrien de la fin du Ve siècle, que l'on aimait confondre avec le disciple converti par saint Paul sur l'Aréopage d'Athènes et, à Saint-Denis, avec son homonyme, le premier évêque et martyr de Paris. L'abbaye possédait une copie de ses écrits, qui lui avait été offerte par l'empereur Louis le Pieux, qui la tenait lui-même de l'empereur byzantin Michel II. Jean Scot Érigène les avait traduits au IXe siècle, et Hugues de Saint-Victor, dont Suger était proche ainsi que de nombreux évêques du nord de la France, avait contribué à diffuser sa pensée.

« Singulièrement quelles louanges ne ferait-on pas du rayonnement solaire ?, écrit le Pseudo-Denys. C'est du bien, en effet, que lui vient la lumière et il est lui-même l'image du Bien. Aussi célèbre-t-on le Bien en l'appelant Lumière, puisqu'à travers l'image c'est le modèle qui se révèle. De même que la bonté propre de la déité totalement transcendante pénètre toute essence, des plus hautes et des plus anciennes jusqu'aux dernières, bien qu'elle demeure elle-même au-delà des essences, en sorte qu'elle illumine tout ce qui peut recevoir sa lumière, qu'elle le façonne et lui donne vie, qu'elle le conserve et le perfectionne, qu'elle est la mesure de tout être, sa durée, son nombre, sa mesure, son extension, sa cause et sa fin, il en est ainsi également de l'image où se manifeste la bonté divine, ce grand soleil qui est toute lumière et dont l'éclat ne cesse jamais, parce qu'il est un faible écho du Bien, et c'est lui qui éclaire tout ce qui peut être éclairé, c'est lui qui possède une lumière débordante et qui déverse sur la totalité du monde visible, à tous les échelons du haut en bas, l'éclat de son propre rayonnement. »

En vertu de cette inspiration, Erwin Panofsky fit de Suger le pionnier d'une architecture guidée par la métaphysique de la lumière. Or nous avons vu que cette métaphysique caractérisait déjà les Pères de l'Église. À la même époque que Suger, les cisterciens, qui communiaient dans la même pensée, veillaient à mesurer la lumière dans leurs églises. Aux yeux de saint Bernard, si Dieu était lumière et si tout homme avait vocation à y participer, il n'y avait pas pire illusion que celle consistant à faire croire qu'il pouvait l'atteindre immédiatement et par ses propres moyens : non seulement l'illumination était une grâce, mais elle empruntait des médiations angéliques et humaines, faute desquelles les fidèles en seraient frustrés non du fait que Dieu la leur refuserait, mais que leurs insuffisances les empêcheraient d'en être comblés.

De nombreux prélats partageaient sa pensée, à commencer par l'archevêque de Sens, Henri Sanglier, à qui saint Bernard dédia un traité sur l'administration épiscopale. Ce dernier pourrait disputer à Suger le rôle de pionnier en matière architecturale. Or dans sa cathédrale, l'obscurité règne dans les fausses tribunes, les voûtains des voûtes sexpartites empêchent la lumière de se répandre de part et d'autre des baies hautes. Il est difficile de se faire une idée de l'ambiance lumineuse qui y régnait au XIIIe siècle, tant ses verrières souffrirent de destructions, mais il faut imaginer qu'elles n'étaient pas blanches comme de nos jours, mais diaprées de couleurs vives étincelant dans la pénombre, selon une esthétique toute bernardine : « Lorsque, l'espace d'un instant fugitif, et avec la rapidité de l'éclair, un rayon de soleil divin est entrevu par l'âme en extase, cette âme tire je ne sais d'où des représentations imaginaires d'objets terrestres qui correspondent aux communications reçues du ciel :

ces images viennent en quelque sorte envelopper d'une ombre protectrice l'éclat prodigieux de la vérité apparue. »

Dans les cathédrales de Chartres, Paris, Reims et Amiens, le chœur lumineux se détache sur un fond de pénombre. La même mystique de la lumière pouvait donc se traduire par des solutions architecturales différentes, et la vraie rupture ne date pas de l'âge gothique, mais de la Renaissance et de la Contre-Réforme. Dès le XIVe siècle, les chanoines commandèrent des verrières plus claires pour mieux éclairer les sculptures de leurs jubés. À Saint-Étienne de Bourges, qui est la cathédrale où la quête de lumière commanda le plus aux formes architecturales, on peut voir les fenêtres s'agrandir à mesure de la progression des travaux. Alors que des verrières historiées avaient été posées dans le chœur, ce sont des verrières blanches qui furent placées dans la nef. Consacrant le triomphe de la pensée aristotélicienne, les architectes de la Renaissance firent de la lumière une traduction esthétique du règne de la raison. Et la Contre-Réforme, en favorisant la multiplication des retables et des statues, consacra l'usage des vitres blanches.

En France, c'est à l'époque des Lumières que les effets de cette réforme se firent le plus sentir. À Saint-Étienne de Bourges, où la blancheur régnait déjà dans la nef, les chanoines n'eurent qu'à enlever les verrières historiées des fenêtres hautes du chœur, mais à Notre-Dame de Reims, ils firent plus de ravages, entre 1730 et 1770, que les révolutionnaires et les « boches » réunis. À Notre-Dame de Paris, la destruction des verrières du XIIIe siècle et le passage des murs au badigeon firent écrire à Victor Hugo : « Qui a mis de froides vitres blanches à la place de ces vitraux "hauts en couleur" qui faisaient hésiter l'œil émerveillé de nos pères entre la rose du grand portail et les ogives de l'abside ? Et que dirait un sous-chantre du XVIe siècle, en voyant le beau badigeonnage jaune dont nos vandales archevêques ont barbouillé leur cathédrale ? […] Il croirait que le lieu saint est devenu infâme, et s'enfuirait. »

Il n'aurait pas de mots, aujourd'hui, pour qualifier les scénographies qui braquent des projecteurs sur chaque centimètre carré des cathédrales pour en souligner les membres et y traquer les ombres réfractaires, au motif de parfaire, avec des moyens modernes, les effets recherchés par les architectes gothiques. Jamais ces derniers ne visèrent à un éclairage uniforme et maximal. L'emploi de la lumière artificielle n'était que pour mieux souligner certains lieux et temps de la liturgie, et il suffit de se rendre à Saint-Pierre-et-Saint-Paul de Troyes, où l'éclairage d'origine fut mieux respecté, pour voir les effets recherchés à travers les vitraux : bien qu'elle compte parmi les premières églises, avec la basilique Saint-Denis, à avoir opté pour un triforium ajouré, il y règne une semi-pénombre traversée de visions fugitives, où dominent les bleus profonds caractéristiques du XIIIe siècle. Loin des clichés sur les cathédrales diaphanes, on songe, en y marchant, à ce verset du psalmiste : « J'avais dit : “Les ténèbres m'écrasent !” mais la nuit devient lumière autour de moi. » (Ps., CXXXVIII, 11.)

La luminosité et la transparence maximales sont la transposition d'un idéal classique dans l'architecture gothique. Cet idéal fut repris, à partir de la fin du XIXe siècle, par Karl Friedrich Schinkel dans ses constructions cristallines, Paul Scheerbart et Bruno Taut dans leur architecture de verre, le Bauhaus, dont le manifeste est illustré par la *Cathédrale du socialisme* de Lyonel Feininger. Ces utopies visaient à faire advenir la Jérusalem céleste sur la terre par des moyens purement humains. « Ce serait alors le paradis sur terre, nous n'aurions plus besoin d'aspirer avec nostalgie au paradis céleste », écrit Paul Scheebart.

Après l'exil des principaux membres du Bauhaus à la fin des années 1930, c'est dans les gratte-ciel américains qu'elles trouvèrent leur meilleure traduction, mais elles furent également reprises en Allemagne et en Autriche par l'historien pronazi Hans Sedlmayr, au début des années 1950. Qui se rend dans le chœur de la cathédrale d'Aix, auquel beaucoup se réfèrent, construit sur le modèle de la Sainte-Chapelle, peut constater la différence entre leurs conceptions et celles des bâtisseurs gothiques. Ses vitraux furent détruits pendant la Seconde Guerre mondiale, mais ceux qui les remplacent recréent une ambiance lumineuse proche de celle qui devait régner au XVe siècle, et là encore, ce sont les bleus profonds qui dominent. Ils absorbent tant la lumière que l'autel d'or et la Vierge à l'Enfant dorée qui le surmonte se détachent sur un fond sombre.

En ce sens, la *Crystal Cathedral* de Garden Grove, construite en plaques de verre transparentes par un pasteur californien en 1980, puis rachetée par l'Église catholique en 2011, est moins un aboutissement qu'une hérésie. Jusqu'à la Renaissance et la Réforme, toute chose visible renvoyait à l'invisible et le regard était invité à traverser l'opacité des choses, mais la matière était nécessaire à la manifestation de la lumière. « Il est tout à fait impossible que nos esprits d'hommes puissent atteindre de façon immatérielle à l'imitation et la contemplation des hiérarchies célestes sans user pour cela de moyens matériels capables de nous guider en se proportionnant à notre nature », écrit Denys l'Aréopagite. La matière et la chair étaient jugées dignes d'accueillir la lumière divine, et la force des bâtisseurs gothiques fut de prendre l'homme tel qu'il était, avec ses ombres et ses opacités, pour le mener à une transfiguration – comme l'avait fait le Christ.

A contrario, la première commanditaire d'une maison de verre construite aux États-Unis par Ludwig Mies van der Rohe témoigna de la violence qu'elle avait subie, en étant soumise en permanence à une transparence totale. Les salariés obligés de travailler, aujourd'hui, dans un open space pourraient aussi en témoigner, mis à nu toute la journée au nom d'une rationalité qui ne sert que ceux qui la maîtrisent. Il faudrait enfin admettre que la raison humaine ne pourra jamais coïncider entièrement avec la raison divine, et que seul l'amour divin pourra l'éclairer, car lui seul fut en mesure d'assumer sa part d'ombre sans y succomber.

M

Malraux, André (1901-1976)

Je partage avec André Malraux un amour indéfectible pour Jeanne d'Arc et Bernard de Clairvaux. Il a aussi écrit de très belles pages sur l'art des cathédrales dans *Les Voix du silence* (1951) et *La Métamorphose des dieux* (1957-1976). Avec ceci de rare qu'il considère l'art roman comme supérieur à l'art byzantin et l'art gothique : « aucun art, dans aucune civilisation, n'a fait assumer autant d'humain par le sacré, n'a exprimé si pleinement le sacré par l'humain », aucun n'a su mieux « créer des figures qui échappent à l'apparence pour manifester l'inexprimable ». Il faut relire intégralement ses pages pour en saisir l'inspiration et le rythme. Pour vous y inciter, je n'en retiendrai que trois traits :

« Si la cathédrale est le miroir du monde, elle est d'abord le monde reflété dans le miroir divin. »

« L'église romane inclinait à trouver Dieu au plus profond de son âme ; la cathédrale (gothique) exalte à le reconnaître à travers la Création qu'elle sanctifie et transforme. »

« L'homme aura tiré de la pierre la seule humanité où pût se reconnaître le Dieu qu'il arrachait à la nuit. »

Manuélin

Les cathédrales sont toutes de grandes voyageuses devant l'Éternel, mais si leur comparaison avec des navires semble bien valoir quelque part, c'est au Portugal du roi Manuel Ier. Surnommé le Ventureux ou le Fortuné, il grandit dans l'idée qu'il était un élu du ciel destiné à bâtir, au-delà des mers, un empire universel, placé sous le signe de la sphère armillaire et de la croix. Après Henri Ier le Navigateur et Jean II le Parfait, qui avaient prudemment mené les marins portugais le long des côtes de l'Afrique, jusqu'au cap de Bonne-Espérance, il vit Vasco de Gama découvrir la route des Indes, Pedro Álvares Cabral atteindre le Brésil et Afonso de Albuquerque prendre le contrôle des voies commerciales de l'océan Indien et du golfe Persique.

À un tel roi, il fallait un style architectural qui célébrât la puissance naissante et les rêves de grandeur. J'aurais aimé, pour le décrire, pouvoir parler de marée décorative recouvrant les cathédrales, comme des palais marins, de poissons, de coquillages, de coraux et d'algues. J'aurais aimé pouvoir broder sur les cordages, les filets et les voiles qui s'enroulent autour de leurs colonnes, leurs voûtes et leurs fenêtres, pour faire écho aux prouesses d'aussi hardis navigateurs. Mais au risque de vous décevoir, il s'agit d'un mythe né dans la mouvance romantique de la fin du XIXe siècle, quand le Portugal perdait ses possessions d'outre-mer, puis colporté par des écrivains-voyageurs et des guides touristiques en mal d'exotisme.

Passionnée d'aventures maritimes, j'ai moi-même tenté de nourrir cet imaginaire en me rendant sur les traces des architectes manuélins, mais en y regardant de plus près, j'ai dû me rendre à l'évidence qu'il y avait plus de chardons, de branches de laurier, de feuilles de chêne, de glands et de capsules de pavot que de coquillages, de poissons et d'algues dans leurs églises. Les coraux qui se mêlent aux feuilles de vigne, sur une fenêtre de la cathédrale de Lamego, sont des branchages tronqués tels qu'on peut en voir dans l'oratoire royal de Saint-Guy de Prague, sur le portail Saint-Laurent de Notre-Dame de Strasbourg ou sur le jubé de Saint-Étienne et de Saint-Sixte de Halberstadt. Qui connaît les églises de Saxe, de Bavière et de Souabe est familier de cette végétation sèche qui proliféra pendant le gothique tardif allemand.

À Viseu, des nervures de voûtes se nouent comme des cordages au niveau de clef, et à Guarda, des colonnes formées de tores s'élèvent en spirale, mais les structures torsadées n'étaient-elles pas fréquentes, depuis le XIIIe siècle, en Italie et en Allemagne, d'où elles sont probablement venues en passant par l'Espagne ? Qu'il nous suffise de penser aux colonnes du cloître de Saint-Jean-de-Latran, de la façade de la cathédrale d'Orvieto ou de la Loge de la soie de Valence. À Guarda, les colonnes qui se dressent au portail nord évoquent, plus sûrement, des cordons de rideaux : les mêmes se terminent par des glands dans le palais de Sintra.

Ceci dit les Vénitiens, les Génois, les Espagnols et les Hollandais, qui étaient également de grands peuples de marins, ne donnèrent pas naissance à un style qui exaltait spécifiquement leurs exploits nautiques. On donnerait une meilleure idée du génie portugais du début du XVIe siècle en admettant qu'il fut un art de la synthèse, où l'originalité apportée à l'art gothique par l'Allemagne et développée par l'Espagne des Rois Catholiques fut exacerbée par la volonté de traduire un nouvel élan vital et de se singulariser sur la scène internationale.

C'est sur les chantiers royaux que ce génie se manifesta avec le plus de luxuriance, mais les cathédrales ne furent pas en reste. À Braga, placée à la tête d'un diocèse depuis le IIIe siècle et reconstruite aussitôt la ville reconquise sur les musulmans au XIe, l'archevêque Diogo de Sousa fit appel, en 1508, à Juan del Castillo pour agrandir la cathédrale. Passé par les chantiers de Burgos et de Séville, où il avait certainement œuvré aux côtés de Simon de Cologne, il expérimenta dans le chœur les voûtes curvilignes dont il allait doter, une fois passé au service du roi, les couvents du Christ à Tomar, des Hiéronymites à Lisbonne, de Sainte-Marie à Alcobaça et de Sainte-Marie-de-la-Victoire à Batalha. On peut aussi voir, dans le château de Chantilly, un ostensoir offert par le même prélat à sa cathédrale, puis racheté par le duc d'Aumale. Sur son pied orné d'anges, une sphère armillaire, emblème du roi Manuel Ier, soutient le Saint-Sacrement, entouré de saints et de feuilles de chardons.

À Coimbra, où s'élevait une cathédrale romane aux allures de moine-soldat, l'évêque Mateus Fernandes commanda, en 1498, à deux sculpteurs sur bois flamands, Jean d'Ypres et Olivier de Gand, un retable pour son maître-autel. Les nervures dorées qui le prolongent pour former, au niveau des voûtes, un ciel étoilé en font une œuvre d'art totale. Son Assomption en bois polychrome, où la Vierge emportée par des anges laisse des apôtres éplorés, est d'une expressivité et d'une élégance qui font paraître vulgaire l'art baroque qui suivra. À Viseu, la façade manuéline de la cathédrale fut remplacée par une façade baroque, mais on peut encore voir dans le musée d'Art sacré un retable de Grão Vasco où un Indien porte ses offrandes à l'Enfant-Jésus dans le cortège des Rois mages. Il s'agit de la première représentation d'un indigène, cinq ans après la découverte du Brésil, en 1500.

À Silves, le roi Manuel Ier relança le chantier, lors de son passage en 1499, mais ce qui m'a surtout frappée, c'est la sobriété et le dépouillement de l'architecture. Loin du luxe des palais et des monastères royaux, c'est la marque des cathédrales de cette époque, plus riche encore de rêves que d'or, de respirer une ascèse qui fut la principale qualité des marins portugais.

La même sobriété se retrouve à l'extérieur de la cathédrale de Funchal, à Madère. Première cathédrale construite outre-mer, elle fut pendant quelques années à la tête du plus grand diocèse du monde, comprenant toutes les nouvelles terres découvertes par les Portugais. À l'intérieur, sa nef est couverte d'un plafond en bois de cèdre incrusté d'ivoire d'inspiration mudéjar, qui débouche, au niveau du chœur, sur des voûtes curvilignes peuplées d'anges, de griffons, d'aigles et de centaures. Ses clefs de voûte arborent la sphère armillaire et la croix de l'Ordre du Christ, maître d'ouvrage de la cathédrale, entre 1490 et 1518, sous la direction de Pêro Anes. Dans les stalles, des prophètes et des saints habillés à la mode des marchands de l'époque veillent sur des scènes de la vie de Madère, à côté d'anges portant un régime de bananes et des bouteilles de vin.

Marques lapidaires

Figures géométriques ou instruments de travail, croix, lettres de l'alphabet, chiffres romains et parfois premières lettres d'un nom ou silhouette de profil d'un visage : j'aime ces apparitions soudaines, infimes et personnelles, qui remontent le cours du temps pour m'adresser un signe, au détour d'un regard, sur les murs des cathédrales. Signe de quoi ? Difficile de le dire, tant les marques lapidaires peuvent avoir de sens. Certaines servaient de signe distinctif aux tailleurs de pierre, afin que le chef de chantier puisse vérifier la qualité de leur travail et les rémunérer. D'autres étaient inscrites par les carriers, pour indiquer l'origine de la pierre, lorsqu'elle était extraite dans des carrières différentes.

Certaines indiquaient la position des pierres dans un assemblage complexe. Dans la crypte de Notre-Dame de Bâle, les bandeaux qui se trouvent à la naissance des voûtes sont faits de pierres munies de signes identiques aux deux extrémités à assembler. À Notre-Dame de Reims, Henri Deneux releva des signes de pose sur les murs gouttereaux, l'intrados des arcs, les piles et les baies. À Notre-Dame de Paris, des sculptures du calendrier furent interverties et, quand on sait qu'à Notre-Dame de Reims il y a plus de deux mille trois cents statues, il est certain qu'il valait mieux marquer correctement les pierres qui les composaient.

Parfois, il s'agissait d'un paraphe, sinon d'une signature, du moins d'un signe de fierté et de conscience de sa singularité. À Saint-Jean-Baptiste de Lyon, une série de marques du XIIIe siècle, sur la seconde travée double, montre le visage d'un tailleur de pierre, reconnaissable à son bonnet de feutre. Faut-il y voir des significations plus ésotériques ? Personnellement, cet affleurement soudain de la présence d'un artisan, qui n'est sorti de l'anonymat, par-delà les siècles, que pour partager sa peine et sa joie d'avoir apporté sa pierre à l'édifice suffit à m'émouvoir.

Mérimée, Prosper (1803-1870)

« Jamais un incrédule anticlérical n'a sauvé tant d'églises menacées par la sottise des municipalités ou le zèle maladroit de curés embellisseurs », disait-on de lui en son temps. Auteur de romans et de nouvelles au style lapidaire qui lui valurent l'admiration de Stendhal et de Musset, libertin fréquentant les salons à la mode et les coulisses de l'Opéra, rien ne prédisposait Prosper Mérimée à devenir le plus grand entrepreneur en reconstruction d'églises après la Révolution. George Sand, qui succomba brièvement à son charme, évoqua sa « dédaigneuse insouciance ». Mais c'était sans compter sur son goût pour la beauté, et sur la nécessité, qui sait parfois faire s'exprimer le meilleur des êtres.

Sans fortune personnelle et ne vivant pas de sa plume comme ses amis Victor Hugo et Alexandre Dumas, Prosper Mérimée doit se résigner à faire carrière dans l'administration. À la faveur de la monarchie de Juillet, où certaines de ses relations accèdent au pouvoir, il est nommé chef de cabinet du comte d'Argout, au ministère du Commerce, chargé des Beaux-Arts. Son goût pour l'histoire de l'art, cultivé par des parents professeurs de dessin, pourrait y trouver son compte, mais il se plaint de devoir courir le pays avec les « gens les plus hauts, les plus grands, les plus radicalement assommants de France ». Il se met à lorgner le poste d'inspecteur des monuments historiques, créé en 1830 par François Guizot, qui lui revient après la démission de Ludovic Vitet, en 1834. Cela « convient fort à mes goûts, à ma paresse et à mes idées de voyage », écrivit-il à son ami Sutton Sharpe. Mais c'est alors que ce faux dilettante révèle sa vraie nature, celle d'un travailleur infatigable et passionné.

Après les troubles de la Révolution, les ravages causés par les iconoclastes, les pillards, les acquéreurs de biens nationaux et la bande noire, l'Empire et la Restauration n'ont pas fait grand-chose pour les monuments en ruine, à part ceux de l'Antiquité. Seuls quelques écrivains se sont indignés de l'abandon de ceux du Moyen Âge. Ludovic Vitet a amorcé le mouvement en sauvant le cloître de Moissac, mais quand Prosper Mérimée lui succède, tout reste à faire – et tout est à apprendre. Il ne connaît rien en matière d'architecture et encore moins d'architecture médiévale. Longtemps méprisée, celle-ci est un continent englouti que seuls quelques « antiquaires », comme on nomme les archéologues, commencent à redécouvrir. D'où ce mot d'Alexandre Dumas : « Mérimée va commencer par apprendre ce qu'il est censé nous enseigner. »

S'il fut choisi à ce poste, c'est d'abord pour sa disponibilité de célibataire endurci. L'essentiel de sa mission consiste à parcourir le pays pour s'assurer de l'intérêt historique et de la valeur artistique des bâtiments pris en charge par l'État et à donner son avis sur l'opportunité des travaux à y apporter. Il écoute volontiers les conseils de Ludovic Vitet et d'Arcisse de Caumont, mais c'est surtout au contact des vieilles pierres qu'il apprend son métier. Sur les chemins, il a beau pester contre les « tapeculs » et la crasse des auberges, il prend plaisir à découvrir une France « plus inconnue que la Grèce ou l'Égypte ». De 1834 à 1852, il fait une vingtaine de tournées d'inspection auxquelles s'ajoutent de brefs séjours provinciaux. Sur place, il recense, observe et mesure. Il n'hésite pas à mettre la main à la pioche, au grattoir ou à la brosse pour libérer la base d'une vieille colonne ou gratter les badigeons qui recouvrent de vieilles peintures. C'est ainsi qu'il redécouvre, dans la sacristie de Notre-Dame du Puy, la fresque des Arts libéraux.

De ses volumineux rapports, il fait de passionnants récits de voyages. À La Charité-sur-Loire, il raconte comment il découvre des sculptures au fond d'une échoppe adossée au mur de l'église. L'une d'elles est décapitée. « Il y a un mois, un soldat, c'était, je crois, un chasseur d'Afrique, fut logé chez un des serruriers. On le coucha dans l'intérieur de l'une des portes, en haut d'un cintre. Le fond de cette étrange alcôve était un bas-relief représentant le Père Éternel assis sur les nuages, entouré de ses anges et de ses saints. Peu sensible à cette décoration, le soldat ne pensa qu'au mauvais grabat de son hôte et aux punaises qui le tourmentèrent la nuit. Le matin, faisant son bagage, il avisa le bas-relief, et s'adressant au Père Éternel : "C'est toi, dit-il, qui as inventé les punaises ; voilà pour te remercier !" Un coup de bâton, qui cassa la tête de la statue, termina la prosopopée. »

Les militaires figurent en bonne place parmi les vandales auxquels il livre bataille : « Nos officiers du génie s'entendent beaucoup mieux à renverser des forteresses qu'à conserver des monuments. » Mais il s'en prend surtout aux curés badigeonneurs, aux employés municipaux et aux mauvais restaurateurs. « Le mauvais goût, qui a présidé à la plupart des réparations faites depuis deux siècles à nos monuments du Moyen Âge, a laissé des traces peut-être plus funestes que les dévastations, suites de nos guerres civiles et de la révolution », estime-t-il. À Saint-Sauveur d'Aix, il déplore que le maire ait confié la restauration de têtes de saints coupées pendant la Révolution à son beau-frère. « Elles sont hors de proportion avec les corps ; elles n'ont pas de cols. Probablement on n'en avait pas commandé. Qu'on se figure une centaine de petits monstres ayant tous un air de famille des plus ridicules. En vérité, vandalisme pour vandalisme, les mutilations des jacobins étaient moins ignobles. »

C'est pour éviter de telles mésaventures qu'il crée le corps des architectes des monuments historiques et s'entoure des meilleurs connaisseurs de l'architecture médiévale : Eugène Viollet-le-Duc, Émile Boeswillwald, Charles Questel… Connaissant les ressources et les ruses de ses adversaires, la mauvaise volonté des administrations et l'insuffisance des crédits affectés à son service, il se dépense sans compter, à Paris, pour obtenir de l'argent et vaincre les complications administratives.

Formé à l'esthétique classique, il s'intéresse plus, à ses débuts, aux antiquités gallo-romaines qu'aux églises médiévales. Il comprend mal leur symbolique et ne cache pas son anticléricalisme. D'où certaines erreurs d'appréciation. Amené à faire une tournée d'inspection de l'Aquitaine aux Pyrénées, en passant par Condom, Auch, Tarbes, Bagnères-de-Bigorre et Saint-Bertrand-de-Comminges, il déclare à son collègue Léonce de Lavergne : « Depuis Bordeaux, je n'ai vu que des atrocités. » Les cathédrales de Condom, Auch et Saint-Bertrand-de-Comminges apprécieront. Cette dernière lui devra d'ailleurs une diminution de moitié des crédits alloués à sa restauration au motif qu'elle « ne se recommande guère que par ses boiseries Renaissance et son cloître. L'église ne serait pas remarquée dans le nord de la France. La rareté des édifices gothiques du Midi (*sic*) a fait la célébrité de Saint-Bertrand (… mais) elle ne mérite pas de sacrifices considérables ». Aux érudits locaux qui lui en font le reproche, il réplique en créant le personnage de Monsieur de Peyrehorade, sorte de Monsieur Homais méridional, dans *La Vénus d'Ille*.

Jamais, toutefois, il ne fait de l'athéisme une religion. « En France, il y a plus de trente millions de catholiques, et j'aurais honte de dire ce que nous dépensons pour entretenir nos églises. […] Quelques-uns les verront disparaître d'un œil indifférent, et diront qu'on peut prier Dieu aussi bien dans un grand hangar que dans une cathédrale gothique, et que, pourvu que nous ayons des canaux et des chemins de fer, il importe peu que tous les ouvrages d'art périssent. Mais j'ai trop bonne opinion de notre pays pour croire qu'il se résigne froidement à l'abandon d'une si grande partie de sa gloire. » Portant au doigt une bague sur laquelle est gravée la devise *Souviens-toi de te méfier*, il a le bon goût de commencer par se méfier de lui-même et l'intelligence de changer d'avis lorsqu'il se trompe.

Son regard s'affinant, il en vient à rapprocher les architectes romans et gothiques de ses chers Grecs, qui savaient si bien charmer les yeux en satisfaisant la raison. Célébrant leur art comme la manifestation d'une foi et d'une vitalité qui sont le meilleur de son peuple, il s'efforce d'y convertir des Romains aussi têtus que Stendhal, et même le clergé : « Quand donc les curés comprendront-ils qu'il est de l'intérêt de la religion de conserver à ses temples leur caractère antique, si grave, si imposant, si chrétien ? S'ils barbouillent les églises comme les cafés, n'est-il pas à craindre que l'extrême ressemblance de lieux d'un usage si différent ne porte les gens à se mettre à leur aise aussi bien dans les uns que dans les autres ? » Parmi les trésors qu'il empêche les évêques et les chanoines de dilapider, il faut mentionner le triptyque du maître de Moulins dont il redécouvre les panneaux démembrés, en 1838, les ornements liturgiques de saint Thomas Becket et le parement d'autel des *Trois couronnements* que la fabrique de Saint-Étienne de Sens voulait vendre, en 1839.

En matière de restauration, il réprouve les rénovations qui s'apparentent à des reconstructions et les juge d'autant plus réussies qu'elles ne cherchent pas à imiter l'original. Mais s'il s'élève contre la restauration de la basilique Saint-Denis par Debret ou celle de la crypte de Saint-Bénigne de Dijon par Petit, exécutées hors du contrôle de sa commission, il ferme les yeux sur bien des audaces de Viollet-le-Duc. Quand on lui communique le plan établi pour l'achèvement de Saint-Pierre-et-Saint-Paul de Nantes, prévoyant de démolir l'ancien chœur pour en bâtir un nouveau dans le style de la nef, il n'hésite pas à dire : « Malgré mon respect pour les vieux monuments, je verrai sans peine la destruction de ce chœur, qui d'ailleurs n'a d'autre mérite que ses huit siècles d'existence, si, comme on se le propose, on copie exactement l'architecture de la nef. »

À une époque où l'on marchait parmi les plus illustres ruines comme au milieu de vestiges de civilisations inconnues, comment n'aurait-il pas commis d'erreurs ? Et comment ne pas les lui pardonner, quand tant de merveilles comme le baptistère Saint-Jean de Poitiers, la basilique de Vézelay, Notre-Dame de Laon ou le palais épiscopal d'Auxerre lui doivent leur relèvement ? « Il est rare d'arriver du premier coup à la vérité, écrit-il dans un de ses premiers rapports, mais on doit s'estimer heureux quand on est la cause que la vérité se découvre, dût-on soi-même être convaincu d'erreur. »

Michelet, Jules (1798-1874)

Si Prosper Mérimée contribue à écrire le roman national de la France en restaurant les monuments de son passé, Jules Michelet le fait dans son *Histoire de France* monumentale publiée entre 1833 et 1874. Républicain passionné et historien possédé par le démon de la poésie, il y développe une idée appelée à une longue postérité :

« L'église était alors le domicile du peuple. La maison de l'homme, cette misérable masure où il revenait le soir, n'était qu'un abri momentané. Il n'y avait qu'une maison, à vrai dire, la maison de Dieu. Ce n'est pas en vain que l'Église avait droit d'asile ; c'était alors l'asile universel, la vie sociale s'y était réfugiée tout entière. L'homme y priait, la commune y délibérait, la cloche était la voix de la cité. Elle appelait aux travaux des champs, aux affaires civiles, quelquefois aux batailles de la liberté. En Italie, c'est dans les églises que le peuple souverain s'assemblait. C'est à Saint-Marc que les députés de l'Europe vinrent demander une flotte pour la quatrième croisade. Le commerce se faisait autour des églises : les pèlerinages étaient des foires. Les marchandises étaient bénites. Les animaux, comme aujourd'hui encore à Naples, étaient amenés à la bénédiction ; l'Église ne la refusait point ; elle laissait approcher ces petits. Naguère, à Paris, les jambons de Pâques étaient vendus au parvis Notre-Dame, et chacun, en les emportant, les faisait bénir. Autrefois, on faisait mieux, on mangeait dans l'église même, et après le repas venait la danse. L'Église se prêtait à ces joies enfantines.

« Le culte était un dialogue tendre entre Dieu, l'Église et le peuple, exprimant la même pensée. Elle et lui, sur un ton grave et passionné tour à tour, mêlaient la vieille langue sacrée et la langue du peuple. La solennité des prières était rompue, dramatisée de chants pathétiques, comme ce dialogue des Vierges folles et des Vierges sages qui nous a été conservé. Le peuple élevait la voix, non pas le peuple fictif qui parle dans le chœur, mais le vrai peuple venu du dehors, lorsqu'il entrait, innombrable, tumultueux, par tous les vomitoires de la cathédrale, avec sa grande voix confuse, géant enfant, comme le saint Christophe de la légende, brut, ignorant, passionné, mais docile, implorant l'initiation, demandant à porter le Christ sur ses épaules colossales. Il entrait, amenant dans l'église le hideux dragon du péché ; il le traînait, soûlé de victuailles, aux pieds du Sauveur, sous le coup de la prière qui doit l'immoler. Quelquefois aussi, reconnaissant que la bestialité était en lui-même, il exposait dans des extravagances symboliques sa misère, son infirmité. C'est ce qu'on appelait la fête des Fous, *fatuorum*. Cette imitation de l'orgie païenne, tolérée par le christianisme, comme l'adieu de l'homme à la sensualité qu'il abjurait, se reproduisait aux fêtes de l'enfance du Christ, à la Circoncision, aux Rois, aux Saints-Innocents, et aussi aux jours où l'humanité, sauvée du démon, tombait dans l'ivresse de la joie, à Noël et à Pâques. Le clergé lui-même y prenait part. Ici les chanoines jouaient à la balle dans l'église, là on traînait outrageusement l'odieux hareng du carême. La bête comme l'homme était réhabilitée. L'humble témoin de la naissance du Sauveur, le fidèle animal qui de son haleine le réchauffa tout petit dans la crèche, qui le porta avec sa mère en Égypte, qui l'amena triomphant dans Jérusalem, il avait sa part de la joie. »

Comme Victor Hugo, dont il admire la « cathédrale de poésie » tout en lui reprochant son caractère fantaisiste, Jules Michelet estime que c'est dans l'architecture que le Moyen Âge a exprimé la quintessence de sa pensée. « Il y a eu là quelque chose de plus fort que le bras des Titans… Quoi donc ? Le souffle de l'esprit. Ce léger souffle qui passa sur la face de Daniel, emportant les royaumes et brisant les empires, c'est lui encore qui a gonflé les voûtes, qui a soufflé les tours au ciel. Il a pénétré d'une vie puissante et harmonieuse toutes les parties de ce grand corps, il a suscité d'un grain de sénevé la végétation du prodigieux arbre. L'esprit est l'ouvrier de sa demeure. […] Il fut l'artisan de son enveloppe de pierre, il la façonna à son usage, il la marqua au-dehors, au-dedans de la diversité de ses pensées ; il y dit son histoire, il prit garde que rien n'y manquât de la longue vie qu'il avait vécue, il y grava tous ses souvenirs, toutes ses espérances, tous ses regrets, tous ses amours. Il y mit, sur cette pierre froide, son rêve, sa pensée intime. Dès qu'une fois il eut échappé des catacombes, de la crypte mystérieuse où le monde païen l'avait tenu, il la lança au ciel, cette crypte ;

d'autant plus profondément elle descendit, d'autant plus haut elle monta ; la flèche flamboyante échappa comme le profond soupir d'une poitrine oppressée depuis mille ans. Et si puissante était la respiration, si fortement battait ce cœur du genre humain, qu'il fit jour de toutes parts dans son enveloppe ; elle éclata d'amour pour recevoir le regard de Dieu. »

Il semble parfois regretter cette époque bénie : « Ce colossal théâtre du drame sacré est rentré, après sa longue fête du Moyen Âge, dans le silence et dans l'ombre. La faible voix qu'on y entend, celle du prêtre, est impuissante à remplir des voûtes dont l'ampleur était faite pour embrasser et contenir le tonnerre de la voix du peuple. Elle est veuve, elle est vide, l'église. Son profond symbolisme, qui parlait alors si haut, il est devenu muet. C'est maintenant un objet de curiosité scientifique, d'explications philosophiques, d'interprétations alexandrines. L'église est un musée gothique que visitent les habiles. » Mais il ne faut pas s'y tromper : loin de pleurer un passé idéalisé, il rêve d'un avenir qui en accomplira les promesses. Dans le combat incessant de l'homme pour sa liberté, les cathédrales sont pour lui des formes appelées à être dépassées pour se fondre dans le Christ total que sera le peuple.

« Le Moyen Âge ne pouvait suffire au genre humain. Il ne pouvait soutenir sa prétention orgueilleuse d'être le dernier mot du monde, sa consommation. Le temple devait s'élargir. L'humanité devait reconnaître le Christ en soi-même. [...] Cette transfiguration du genre humain qui reconnut l'image de son Dieu en soi, qui généralisa ce qui avait été individuel, qui fixa dans un présent éternel ce qu'on avait cru temporaire et passé, qui mit sur la terre un ciel, elle fut la rédemption du monde moderne, mais elle parut la mort du christianisme et de l'art chrétien. Satan poussa sur l'église inachevée un rire d'immense dérision ; ce rire est dans les grotesques du quinzième et du seizième siècle. Il crut avoir vaincu ; il n'a jamais pu apprendre, l'insensé, que son triomphe apparent n'est jamais qu'un moyen. Il ne vit point que Dieu n'est pas moins Dieu, pour s'être fait humanité ; que le temple n'est pas détruit, pour être devenu grand comme le monde. En attendant, il faut que le vieux monde passe, que la trace du Moyen Âge achève de s'effacer, que nous voyions mourir tout ce que nous aimions, ce qui nous allaita tout petit, ce qui fut notre père et notre mère, ce qui nous chantait si doucement dans le berceau. »

Lui-même finit par renier ce qu'il a aimé. Croyant contrarié, qui cherche le sacré hors de l'Église, dans le peuple ou dans la femme investis d'un rôle messianique, l'anticléricalisme se le dispute longtemps en lui à l'inspiration poétique et finit par l'emporter. Aux tomes VII et VIII de son *Histoire de France* consacrés à la Renaissance et à la Réforme, le Moyen Âge n'est plus qu'obscurantisme, et la cathédrale une « dure cité de cristal dans laquelle un dogme terrible a cru enterrer la vie ». Dans ses dernières œuvres, le personnage principal n'est autre que le diable. Alors qu'il le dépeignait voltigeant vainement parmi les gargouilles des cathédrales, il en vient à incarner la lumière, la liberté et l'espoir dans un temps assombri par la foi.

Monet, Claude (1840-1926)

« M'étant arrêté un jour à Vernon, j'y trouvai la silhouette de l'église si curieuse que j'entrepris de la rendre. [...] À de fraîches matinées de brouillard succédaient de brusques éclats de soleil dont les rayons [...] ne parvenaient que lentement à dissoudre les brumes accrochées à toutes les aspérités de l'édifice et qui revêtaient la pierre dorée par le temps d'une enveloppe également vaporeuse. Cette observation fut le point de départ de ma série des *Cathédrales*. Je me dis qu'il ne serait pas banal d'étudier à différentes heures du jour le même motif et de noter les effets de lumière qui modifiaient d'une façon si sensible, d'heure en heure, l'apparence et les colorations de l'édifice. »

Lorsqu'il pose son chevalet et ses pinceaux, le 12 février 1892, dans la boutique d'un chemisier de Rouen, place de la cathédrale, Claude Monet est à la recherche d'un motif susceptible de lui inspirer une nouvelle série après *Les Meules* de Giverny et les *Peupliers* de l'Epte. Il vient de peindre les rochers de Belle-Île, les falaises d'Étretat et un ravin de la Creuse. Il songe aux montagnes suisses ou norvégiennes, mais veut affronter autre chose que ce qu'il connaît : le paysage. Deux ans plus tôt, il confiait au critique d'art Gustave Geffroy penser aux cathédrales « hautes et belles comme les rochers des promontoires ».

Arrivé à Rouen, il met du temps avant de poser son chevalet devant la façade de la cathédrale. Ses carnets de croquis le montrent tournant autour d'elle comme un sourcier. Il prend des vues depuis la côte Sainte-Catherine. Sa silhouette apparaît depuis la rive gauche de la Seine. Puis il erre sans conviction dans les rues de la ville, aborde la cathédrale par le portail de la Calende, peint une partie de la tour Saint-Romain et des maisons qui y sont adossées. Enfin, face au portail Saint-Étienne, il semble avoir trouvé ce qu'il cherchait.

Contraint de quitter la boutique du chemisier Jean Louvet qui y fait des travaux, il s'installe dans le salon d'essayage d'un marchand de lingeries et de modes situé dans l'immeuble voisin. Quand on regarde par la fenêtre de cette pièce, aujourd'hui au premier étage de l'office de tourisme, on comprend le choc que dut ressentir Monet à la vue de la cathédrale : massive et aérienne, elle envahit tout le cadre sans que l'œil puisse la saisir entièrement, en même temps qu'elle se dissout dans l'atmosphère.

Comme souvent, Monet pense pouvoir faire vite, mais il se retrouve devant elle comme devant un pic dont les prises se dérobent. Sa correspondance le montre engagé dans un corps-à-corps harassant pour saisir on ne sait quelle lumière qu'aucune toile ne parvient à rendre tout à fait. « Je travaille comme un nègre, écrit-il à sa compagne, Alice Hoschedé. Aujourd'hui neuf toiles ; vous pensez si je suis fatigué mais je suis émerveillé de Rouen et de tout ce qu'il y aurait à faire. » Les hauts et les bas se succèdent au gré des variations météorologiques et familiales : visites d'huissiers, maladies d'enfants, demande en mariage inopinée de sa belle-fille, atelier envahi par les rats… Un jour, il se plaint d'avoir détruit ses toiles par le soleil. L'autre, il reprend espoir : « Chaque jour j'ajoute et surprends quelque chose que je n'avais pas encore su voir. Quelle difficulté, mais ça marche, et quelques jours encore de ce beau soleil, et bon nombre de mes toiles seront sauvées. Je suis rompu, je n'en peux plus, et, ce qui ne m'arrive jamais, j'ai eu une nuit remplie de cauchemars : la cathédrale me tombait dessus, elle semblait ou bleue ou rose ou jaune. »

Au début du mois d'avril 1892, il doit quitter la boutique de Fernand Lévy. Des clientes se sont plaintes de devoir faire leurs essayages devant lui. Des problèmes domestiques le requièrent à Giverny, et il ne croit plus à son travail. C'est seulement un an et deux mariages plus tard, le sien et celui de sa belle-fille, qu'il s'y remet. Il s'installe un « atelier improvisé clos de planches » dans la boutique du marchand de nouveautés Édouard Mauquit, puis le corps à corps reprend. À cause de la lumière, « tout change, quoique pierre ». Brouillard, soleil, pluie et grêle se succèdent, et la cathédrale, toujours immuable et changeante, est plus insaisissable que jamais. « Je travaille à force, sans avancer, cherchant, tâtonnant. Plus je vais, plus j'ai du mal à rendre ce que je sens, et je me dis que celui qui dit avoir fini une toile est un terrible orgueilleux », écrit-il.

Il repart de Rouen, le 13 avril 1893, avec une trentaine de toiles dans ses malles. Une vingtaine sont présentées dans la galerie Durand-Ruel en mai 1895. Conçues pour former une série, elles sont aujourd'hui dispersées, et pour qui n'a pas eu la chance de voir l'exposition du musée des Beaux-Arts de Rouen qui en a réuni seize en 1994, il est difficile de ressentir l'effet qu'elles peuvent provoquer. Aucune reproduction ne peut rendre la pâte obscure et lumineuse dont elles sont faites et où, à force de vibrer à l'unisson de la cathédrale, Claude Monet est parvenu à en rendre les variations les plus intimes. Chacune, vue séparément, porte la trace du combat qu'il a mené pour la fixer dans une certaine atmosphère.

Mais la série entière, avec la variété d'expression qu'elle permet et le temps qu'elle intègre, la montre vivant au rythme de la Création.

Lorsqu'il la verra, Auguste Rodin sera frappé par la dématérialisation de la pierre qui s'y opère, et après lui, beaucoup en feront une étape sur la voie de l'abstraction, mais qui a vu Notre-Dame de Rouen par temps de brume sait à quel point sa pierre peut se dissoudre dans l'atmosphère. Claude Monet a su saisir l'immatérialité latente de l'architecture gothique. Comme l'écrit Émile Mâle, les maîtres d'œuvre de cette époque ont eu la « joie de bâtir avec de la clarté [...] des églises presque immatérielles, où la pierre semble disparaître pour faire place à la lumière et à la couleur ».

Monreale

Au carrefour de l'Afrique, de la Grèce et de l'Italie, la cathédrale de Monreale domine la « conque d'or » et la ville de Palerme. De loin, ses volumes pleins, flanqués de deux tours, évoquent une abbaye romano-normande. De près, son décor d'arcatures qui se chevauchent, d'étoiles et de rosaces en *opus sectile* fait hésiter entre un palais arabe et une église romaine. À l'intérieur, ses mosaïques nous plongent dans la gloire de Byzance. Avec l'esprit de synthèse, la vigueur et la souplesse qui caractérisent les rois normands de Sicile, cette abbatiale, élevée au rang de cathédrale en 1183, unit toutes les splendeurs des civilisations qui se succédèrent sur l'île pour magnifier la royauté divine.

Son commanditaire, le roi Guillaume II, reçoit sa couronne du Christ, en habits d'empereur byzantin, sur une mosaïque située au-dessus de son trône. Sur une autre, qui surplombe la cathèdre de l'évêque, il offre son église à la Vierge. À la tête d'un royaume prospère, grâce au commerce du sucre, de l'indigo, du blé et du coton, il rêvait, comme son grand-père Roger II de Hauteville, de fonder une thalassocratie chrétienne rayonnant jusqu'à Byzance et Carthage. Sa cathédrale devait supplanter celle de Palerme, construite par le trop ambitieux archevêque Gautier Ophamil, son ancien précepteur et régent du royaume, pendant sa minorité.

Quand les communautés grecque, latine et arabe vivaient à couteaux tirés dans les villes et les campagnes, savants, lettrés, administrateurs et théologiens de toutes origines se côtoyaient à sa cour. Ce sont des artisans grecs, italiens et siciliens qui élevèrent la cathédrale, sous la direction de théologiens grecs et latins. Guillaume II mourut à trente-six ans, après avoir signé la fin du royaume normand de Sicile en faisant alliance avec l'empereur germanique Frédéric Barberousse, dans l'espoir de conquérir Byzance, mais si son règne fut éphémère, son rêve lui survécut dans sa cathédrale. Aujourd'hui encore, elle incarne la plus grande tentative d'unité jamais faite entre cultures du bassin méditerranéen, chrétientés d'Orient et d'Occident.

Ce qui frappe d'emblée, quand on y entre, c'est son Christ pantocrator. Entouré des hiérarchies célestes et terrestres, il s'élève dans l'abside avec une majesté rappelant ses propres paroles : « Mon Père est en moi, et moi dans mon Père. » (Jn, X, 38.) De sa main droite, il trace son monogramme IC-XC et invite au silence. L'église semble un déploiement de sa Parole toute-puissante : il suffit qu'il étende les bras pour que l'espace et le temps se développent. Il est celui en qui tout a été créé et en qui tout doit être récapitulé : l'histoire qui figure sur les mosaïques et le cosmos qui le chante à toute heure du jour. L'architecte mit tout en œuvre, dans ses murs, pour faire coïncider les heures de la lumière avec celles de sa vie.

Son orientation, la taille et la disposition de ses fenêtres et de ses colonnes furent calculées de manière que, le 20 ou le 21 juin, lors du solstice d'été, le soleil qui filtre à travers les baies hautes de la nef, côté sud, trace un chemin de lumière qui suit l'axe central, jusqu'à l'autel. Le 24 juin, tout proche, est la fête de saint Jean-Baptiste, au sujet duquel Zacharie prophétisa : « Toi aussi, petit enfant, tu seras appelé prophète du Très-Haut ; tu marcheras devant, à la face du Seigneur, et tu prépareras ses chemins pour donner à son peuple de connaître le salut par la rémission de ses péchés, grâce à la tendresse, à l'amour de notre Dieu, quand nous visite l'astre d'en haut, pour illuminer ceux qui habitent les ténèbres et l'ombre de la mort, pour conduire nos pas au chemin de la paix. » (Lc, I, 76-79.)

Jean-Baptiste avait dit : « Il faut qu'il grandisse ; et moi, que je diminue. » (Jn, III, 30.) À partir de sa fête, la lumière commence à croître dans la nef, pour devenir maximale lors du solstice d'hiver, qui coïncide avec la naissance du Christ. Tous les jours à midi, le soleil touche les colonnes, en partant de leur base, le 25 mars, jour de l'Annonciation, pour remonter jusqu'aux chapiteaux, le 25 décembre, jour de la Nativité. Par ce dispositif, « l'église devient la démonstration de la façon dont le ciel est passé sur la terre », comme l'écrit Syméon de Thessalonique. Et chaque fois que je vois ses mosaïques, je songe à ces vers de William Butler Yeats :

Ô vous sages debout dans le feu de Dieu
Comme dans l'or sacré d'une mosaïque,
Sortez du feu sacré, dans le tournoiement d'une gyre,
Et enseignez à mon âme le chant.

Comme les mélodies byzantines ou grégoriennes dilatent le cœur pour lui faire épouser le Verbe divin, les figures qui se meuvent dans le ciel en fusion des mosaïques dilatent le cœur à l'échelle du *Pantocrator*. Les deux arts se complétaient pour faire de la liturgie une expérience totale. On dit souvent la mosaïque hiératique. Pourtant, elle palpite d'une vie différente à chaque heure de la journée. Tout l'art des Byzantins consista à faire glisser la lumière sur les murs des églises de sorte qu'elle ne se voie pas, mais semble émaner d'eux, et à lui donner vie en variant la forme et l'inclinaison des tesselles. À Monreale, où elles couvrent près de dix mille mètres carrés, elles saturent si bien l'espace que leur vue est un choc.

C'est en venant de Ségeste, à pied, que je les ai découvertes. Pendant trois jours, entre collines et mer, je m'étais imprégnée de la beauté des paysages qui se dévoilent en perspectives étagées jusqu'au ciel. Puis en entrant dans la cathédrale, c'est comme s'ils s'étaient retournés de l'intérieur pour me révéler leur gloire : le Christ, la Vierge et les saints qui s'élevaient dans l'or de l'abside rutilaient du brun et de l'ocre de la terre fertile de la conque d'Or, du bleu du ciel et de la mer qui miroitaient en des scintillements plus ou moins vifs, du vert des oliviers, des vignes et des ifs, emplis d'une sève plus ou moins dense, du jaune des citrons, des avoines et des blés qui s'étaient gorgés de soleil tout l'été. Dieu alors n'était plus devant moi, dans l'image du *Pantocrator*, mais en moi et en toutes choses qu'il éclairait d'une lumière sans ombre.

Là, « les présences sont mutées en absence pour que les absences soient réinstaurées en présence dans la splendeur de l'absolu », écrit Gabriel Bounoure. Leur iconographie est relativement traditionnelle : elles racontent l'histoire du salut, depuis la création d'Adam et Ève jusqu'aux Actes des apôtres, mais leurs concepteurs eurent un éclair de génie qui résume, en une image, la puissance de cette cathédrale : sur un mur du sanctuaire, Jésus, après sa résurrection, partage le pain avec ses disciples. Juste à côté, les mêmes disciples sont assis devant la même table, mais Jésus, absent, est remplacé par le pain qu'il vient de rompre. Aucune cathédrale ne rend son absence plus présente. Elle sature toute chose d'une vie bienheureuse qui s'infuse en nous par les yeux.

N

Napoléon

À Saint-Corentin de Quimper, une étonnante statue de Vierge nous attend au détour du déambulatoire. Pourquoi son sculpteur, Auguste Ottin, prêta-t-il les traits de Napoléon à son enfant, en plein règne de Louis-Philippe, en 1846 ? Nul ne le sait vraiment, mais il paraît que Napoléon III et Eugénie en furent si touchés, lorsqu'ils la virent, en 1858, qu'ils offrirent à la cathédrale un nouveau maître-autel.

Celui que ses détracteurs nommaient « l'usurpateur » avait déjà réussi à convaincre le Saint-Siège, en 1806, de canoniser un Neopolus ou Napoléon, dont la fête correspondait au jour de sa naissance, le 15 août, qui était aussi celui de l'Assomption et de la signature du Concordat par le pape Pie VII. Ce Neopolus était un martyr qui aurait refusé de prêter allégeance à l'empereur romain Maximin, ce qui ne manquait pas de sel entre deux emprisonnements de papes, en 1798 et 1809. Une cathédrale construite et financée par l'État porta même son nom à Mâcon, en 1808, avant d'être rebaptisée Saint-Vincent, et la Saint-Napoléon remplaça la commémoration du vœu de Louis XIII comme fête nationale jusqu'à ce que la IIIe République choisisse le 14 juillet.

Cet épisode est emblématique de la politique napoléonienne en matière de religion. « Je ne vois pas dans la religion le mystère de l'Incarnation, mais le mystère de l'ordre social », affirmait-il, et « la religion chrétienne sera toujours l'appui le plus solide de tout gouvernement assez habile pour s'en servir ». Constatant la division du clergé, depuis l'adoption de la Constitution civile, et l'échec de la politique de déchristianisation menée par la frange la plus athée des révolutionnaires sur fond de guerres en Vendée, il entreprit de négocier un nouveau concordat avec le pape. Son objectif : restaurer un clergé fonctionnarisé, nommé et rémunéré par l'État, pour exercer une mission de service public qui se cantonnerait aux questions spirituelles. Mais s'il pensait trouver en Pie VII un homme plus accommodant que Pie VI, qui avait préféré mourir en captivité plutôt que de se soumettre à lui, il se trompait.

Dans ses Mémoires, le cardinal Consalvi, négociateur au nom de Pie VII, rapporte que Napoléon, dans un accès de colère, menaça de détruire l'Église. « Depuis mille huit cents ans, nous avons essayé de le faire et nous n'y sommes pas parvenus », lui répondit le cardinal. À ce jour, ces mots sont la meilleure preuve, à mes yeux, de l'institution divine de l'Église. Le pape ne signa le Concordat qu'en échange de la suppression du clergé constitutionnel et du droit d'investir les évêques nommés par le chef de l'État, ce qui revenait à effacer trois siècles de gallicanisme. S'il se prêta, en 1804, à son simulacre de sacre à Notre-Dame de Paris, il n'obéit pas à ses demandes de soumission des États pontificaux à l'Empire. Napoléon n'en trouva pas moins une articulation nouvelle entre pouvoirs religieux et politique dans le cadre d'un État laïc, et c'est grâce à lui que les cathédrales purent retrouver une vie liturgique, à partir de 1802.

Nativité

Loin de la Vierge à l'Enfant au goût douteux que je viens de décrire dans l'entrée « Napoléon », le XIIIe siècle suscita des Nativités où la tendresse humaine se hausse au niveau de la tendresse divine. Sur un fragment de l'ancien jubé de Chartres, Marie, allongée sur son lit, écarte les langes de son fils. Par ce geste d'affection, elle le désigne à l'adoration des hommes, tandis qu'elle médite. A-t-elle la prescience de ce qui va arriver à son enfant ? Dans le christianisme, tous les mystères se tiennent, et une fois qu'on est entré dans l'un, les autres s'ouvrent simultanément, quoiqu'obscurément. Les langes de Jésus évoquent les bandelettes dont il sera enveloppé après sa mort. Saint Paul ne le qualifie-t-il pas de « premier-né des vivants » et de « premier-né d'entre les morts » (Col., I, 15 et 1, 18) ?

La mangeoire où il repose est un tombeau et un autel. Composante du signe donné aux bergers pour trouver le Messie, « un enfant emmailloté et couché dans une mangeoire » (Lc, II, 12), elle prédit le mode dont il nous nourrira après sa mort. « Vous ne le voyez plus dans une mangeoire, mais sur l'autel », écrit saint Jean Chrysostome ; et saint Ambroise de Milan : « Il a donc été petit, il a été enfant, pour que vous puissiez être homme achevé. Il est enveloppé de langes pour que vous soyez dégagé des liens de la mort, il est dans la mangeoire pour que vous soyez sur les autels, et il est sur terre pour que vous soyez parmi les étoiles. »

Le bœuf et l'âne le réchauffent de son souffle. Ils ne figurent pas dans l'Évangile selon saint Luc, mais saint Ambroise de Milan rapproche la mangeoire qu'il évoque d'un verset du livre d'Isaïe : « Le bœuf connaît son propriétaire, et l'âne, la mangeoire de son maître. » (Is., I, 3.) On les retrouve, au VIe siècle, dans l'Évangile apocryphe du Pseudo-Matthieu. Au fil du temps, leur présence ajouta à la poésie de la scène, tout en traduisant l'idée que toutes les créatures, et non seulement les mages et les bergers, vinrent adorer l'Enfant-Dieu. Avant que saint François d'Assise ne les fasse figurer dans sa crèche, le poète Prudence, au IVe siècle, évoqua « la foi de ces muets assistants, l'hommage de ces rudes adorateurs ». Il faut lire aujourd'hui le conte de Noël de Jules Supervielle, dont ils sont les protagonistes, pour retrouver de tels accents de fraîcheur.

Nef

J'aime ce mot qui entraîne dans son sillage toutes sortes de métaphores marines et fait rimer le souffle de l'Esprit avec le vent du large. Les cathédrales ne sont-elles pas les héritières de l'arche de Noé et de la barque de saint Pierre ? Les charpentiers revendiquèrent ces filiations, et il est vrai que, couvertes d'un plafond en bois, elles évoquent des carènes renversées, appareillées pour le ciel. Mais voûtées en pierre aussi, solidement amarrées à la terre par leurs arcs-boutants, elles semblent prêtes à cingler pour l'éternité.

Gothiques, elles nous plongent dans un flot de lumière qui nous donnerait presque l'illusion d'être arrivés au port. Romanes, elles nous baignent dans une ombre bienfaisante, jusqu'à l'abside où la lumière éclate. Ces dernières, surtout, me rappellent ces mots de saint Augustin : « Vous me guidiez comme le timonier conduit la nef, mais la direction dans laquelle vous me conduisiez était au-delà de ma compréhension. » Il évoquait alors sa conversion, mais toute l'existence n'est-elle pas une conversion sans fin, où nous sommes appelés à cheminer, d'ombre en lumière, jusqu'au grand matin ?

Nombre et statut

Combien y a-t-il de cathédrales en France et dans le monde ? À l'heure où les journaux télévisés présentent chaque soir des statistiques aussi instructives que le nombre de tonnes de saucisses ou de litres de rosé consommés par les Français, on serait tenté de se poser la question. Mais les sources, en la matière, sont rares et hétéroclites. L'histoire de l'Église est longue et mouvementée. Doit-on compter uniquement les cathédrales actuellement en service ou toutes celles qui l'ont été depuis l'origine ? Combien ne sont plus qu'un amas de pierres ? Combien sont passées à des cultes différents ? Et combien ont perdu leur titre au gré des remaniements administratifs ? Faut-il y inclure les co-cathédrales, ces églises qui comptent une cathèdre, sans être pour autant le siège d'un diocèse, ce qui arrive quand une nouvelle cathédrale est construite, et les pro-cathédrales, ces églises paroissiales qui peuvent recevoir un évêque sans avoir de cathèdre ?

Pour donner un exemple, le diocèse de Carcassonne compte à lui seul cinq cathédrales. Deux où l'évêque peut siéger pontificalement : Saint-Michel de Carcassonne et Saint-Just-et-Saint-Pastor de Narbonne (siège supprimé en 1791 et uni à Carcassonne en 2006), Saint-Nazaire, ancienne cathédrale de Carcassonne où l'évêque ne peut siéger, Saint-Papoul, dans un ancien diocèse rattaché à Carcassonne, en 1801, mais dont le siège est attribué à un évêque titulaire, diplomate ou auxiliaire, et Alet-les-Bains, dans la même situation.

L'Église est un organisme vivant qui échappe encore au règne de la quantité, mais pour tenter de la cerner, voici quelques chiffres. La seule source unifiée que j'ai trouvée est le site de GCatholic, organisation qui se base sur les données fournies par les évêques et les diocèses des églises catholiques romaines et orientales. Pour le monde, elle recense 3 065 cathédrales, 333 co-cathédrales, 510 anciennes cathédrales et 50 pro-cathédrales. Elle donne des chiffres par pays, ce qui permet de brosser, à grands traits, le visage de l'Église catholique et de relativiser son déclin en Europe, puisque le Brésil, les États-Unis et l'Inde comptent plus de cathédrales que la France.

Pour que ces chiffres soient vraiment parlants, il faudrait les reprendre au cas par cas, en tenant compte de l'organisation de chaque Église locale. Comment comptabiliser, par exemple, les cathédrales d'un pays aussi opaque que la Chine ?

En Europe, c'est sans surprise l'Italie qui compte le plus de cathédrales : 227 en service, auxquelles s'ajoutent 136 co-cathédrales, 144 anciennes cathédrales et 2 pro-cathédrales. La France en compte 181 : 100 en service, 15 co-cathédrales, 65 anciennes cathédrales et 1 pro-cathédrale. Ces chiffres diffèrent légèrement de ceux du ministère de la Culture, actuellement chargé de la plupart d'entre elles : 154 au total, dont 87 appartiennent à l'État, 93 sont toujours en activité, 60 ne le sont plus, et 1 rattachée au diocèse des Armées.

Celles qui appartiennent à l'État sont les cathédrales concordataires, construites sous l'Ancien Régime et ayant conservé leur statut de siège épiscopal après la Révolution. Leur statut est fixé par le concordat de 1801, la loi du 9 décembre 1905 sur la séparation des Églises et de l'État et le décret du 4 juillet 1912. La cathédrale d'Ajaccio fut cédée à la région Corse en 2002. Les autres appartiennent, pour la plupart, aux communes : celles qui furent construites avant la loi de 1905 et érigées en cathédrales lors de la création de nouveaux diocèses, comme à Pontoise (1965), Nanterre (1966), Le Havre (1974) et Belfort (1979), et celles qui furent construites sous l'Ancien Régime, mais qui perdirent leur statut de siège épiscopal après la Révolution, comme à Saint-Malo, Tréguier, Noyon, Arles et Lescar. Deux exceptions : l'abbatiale-cathédrale de Maillerais fut achetée en 1996 par le conseil départemental de Vendée, et la cathédrale de Sagone, en Corse-du-Sud, est la propriété d'une société privée. Les dernières en date, construites après la loi de 1905, Évry (1995), Lille (1999) et Créteil (2015), appartiennent à des associations diocésaines.

Celles qui appartiennent à l'État sont classées au titre des monuments historiques et confiées au Centre des monuments nationaux. C'est le ministère de la Culture qui est chargé de leur entretien et de leur restauration. D'éventuels travaux ne peuvent y être entrepris que sous l'autorité de la direction régionale des affaires culturelles (DRAC) et du maire de la commune, avec avis consultatif de l'affectataire. À charge pour ce dernier de financer les aménagements liturgiques, à l'intérieur. Dans les autres, les travaux sont à la charge des propriétaires. Si elles sont classées au titre des monuments historiques, une partie des coûts peut être prise en charge par l'État, via la DRAC, et la commune peut chercher des financements complémentaires auprès de l'intercommunalité, du Département, de la Région, des assureurs et des mécènes privés.

Nouveau, Germain (1851-1920)

Lorsqu'il se rendait à la messe à Saint-Sauveur d'Aix, le peintre Paul Cézanne ne manquait pas de faire l'aumône à un mendiant posté sur son seuil. Celui-ci n'était plus connu que sous le nom d'Humilis, mais quand il mourut d'un jeûne trop prolongé, le jour de Pâques de l'année 1920, on découvrit qu'il s'agissait de Germain Nouveau, poète et ami d'Arthur Rimbaud. Avant de devenir vagabond de Dieu et d'achever sa vie « mendiant étincelant du portail d'Aix », selon les mots d'André Breton, il dédia aux cathédrales un poème dont voici les derniers vers :

Ô cathédrales, je vous vois
Semblables au navire émergeant de l'eau brune,
Et vos clochetons fins sont des mâts sous la lune ;
D'invisibles ris sont largués,
Une vigie est sur la hune,
Car immobiles, vous voguez,
Car c'est en vous que je vois l'arche
Qui, sur l'ordre de Dieu, vers Dieu s'est mise en marche ;
La race de Noé gronde encor dans vos flancs ;
Vous êtes le vaisseau des immortels élans,
Et vous bravez tous les désastres.
Car le maître est Celui qui gouverne les astres,
Le pilote, Celui qui marche sur les eaux...
Laissez, autour de vous, pousser aux noirs oiseaux
Leur croassement de sinistre augure ;
Allez, vous êtes la figure
Vivante de l'humanité ;
Et la voile du Christ à l'immense envergure
Mène au port de l'éternité.

Objets liturgiques

Les objets qui nous entourent nous façonnent autant que nous les façonnons. Ils expriment notre rapport au monde et l'impriment, en retour, en nous. Georges Perec l'a très bien montré dans *Les Choses* (1965) : si nous considérons le monde uniquement comme un espace offert à notre convoitise, nous poursuivrons en vain les biens qu'il nous propose. Plongés depuis leur naissance dans une société qui leur fait miroiter toutes sortes de biens sur lesquels elle projette des désirs illusoires, pour le plus grand profit de ceux qui les exploitent, les héros de son roman n'aspirent qu'à gagner plus d'argent pour s'en procurer plus. Prenant conscience que ces biens, dont le désir est sans cesse attisé par la publicité, les asservissent sans les combler, ils essaient de fuir la tentation qu'ils représentent en partant enseigner en Tunisie. Mais face au vide intérieur qu'ils ressentent, ils décident de rentrer en France, où ils s'en font les esclaves.

La seule vue d'objets liturgiques, maniés par un prêtre au cours d'une célébration eucharistique, suggère un tout autre rapport au monde, fait d'émerveillement, de respect et de gratitude devant une Création qui est d'abord une projection de l'amour divin. Dans l'optique chrétienne, Dieu a créé le monde par amour pour les hommes et le leur a donné en partage, puis comme ils l'ont réduit à leurs désirs égoïstes et se sont voués à des biens périssables, il s'est lui-même donné en partage. Supports de cette présence aimante, offerte en sacrifice pour le salut de tous, les objets liturgiques disent notre vocation à rendre gloire à Dieu à travers la matière de ce monde.

Calice, patène, ciboire, custode et ostensoir contenant son corps et son sang, évangéliaire et lectionnaire renfermant sa parole, vases qui recueillent les saintes huiles, encensoir, croix d'autel et croix processionnelle qui font signe vers lui forment le fond des trésors de cathédrales. Si l'Église considère qu'ils doivent être faits de matériaux nobles et incorruptibles, ouvragés autant que possible avec art, c'est moins par goût du faste, même si celui-ci peut s'y retrouver, que pour manifester la splendeur de celui qu'ils désignent.

« Si les coupes d'or, les fioles d'or et les petits mortiers d'or servaient, selon la parole de Dieu et l'ordre du prophète, à recueillir le sang des boucs ou des veaux ou d'une génisse rouge, combien davantage pour recevoir le sang de Jésus-Christ doit-on disposer les vases d'or, les pierres précieuses et tout ce que l'on tient pour précieux dans la Création, écrit Suger. Ceux qui pensent autrement veulent que la pureté du cœur suffise. Oui, sans doute, cette pureté est l'élément le plus indispensable, mais il n'est aucunement superflu d'y unir la décence dans les objets extérieurs et ce respect de la nature matérielle que le Rédempteur a daigné joindre à son essence immatérielle. »

L'Église a aujourd'hui pris, majoritairement, le parti de saint Bernard, prônant des églises nues comme le Christ nu, mais le luxe pour Dieu de Suger ne reposait-il pas sur une humilité plus foncière, celle qui consiste à reconnaître la part que nous avons liée avec les choses de la terre et le besoin qu'en a le commun des hommes pour s'élever vers les choses du ciel ? Tous ne peuvent avoir la richesse intérieure d'un saint Bernard pour se contenter d'un sacrifice de louanges devant une croix nue. Jésus ne dédaigna pas l'or que lui apportèrent les Rois mages ni le parfum que Marie-Madeleine lui versa sur la tête – seul Judas s'en scandalisa.

J'ai évoqué la question dans *Une saison au Thoronet*, et j'ai rencontré, depuis, un évêque qui a donné une partie de ses biens à des associations caritatives et l'autre à un artiste capable de magnifier le mystère qu'il célèbre à l'autel. À travers le calice, la patène et le ciboire qui furent créés pour lui, c'est toute sa vie matérielle et sensorielle qu'il offre à la transsubstantiation en même temps que le pain et le vin qu'il présente à Dieu. « La beauté de ces objets, miroitant à la lumière des cierges, reflète un peu de la grandeur du mystère qui s'opère à travers mes mains, me dit-il, et j'aime penser que celles des hommes qui en ont extrait la matière de la terre et de l'artiste qui l'a ouvragée y participent également. Certains de ces objets contiennent des bijoux de famille. J'imagine que ceux qui les ont portés s'offrent à Dieu à travers eux. Rien ne saurait exprimer pleinement la grandeur du mystère de l'Incarnation, de la Passion et de la Résurrection, mais ne faut-il pas tenter d'en suggérer l'idée ? »

Pour jouer l'avocat du diable, je lui demandai : « Dieu ne pourrait-il pas descendre de la même manière dans de la vaisselle IKEA ? – Dieu a bien traversé les enfers, sourit-il. Alors ce n'est pas de la vaisselle IKEA qui l'arrêterait. Mais les hommes l'y reconnaîtraient-ils ? »

Orgue

Dans ses *Entretiens sur l'architecture*, Eugène Viollet-le-Duc raconte comment, enfant, il fut emmené à Notre-Dame de Paris par un vieux domestique. Il contemplait la rose sud, quand l'orgue se fit entendre : « Pour moi, c'était la rose que j'avais devant les yeux qui chantait. Mon vieux guide voulut en vain me détromper ; sous cette impression de plus en plus vive, puisque dans mon imagination j'en venais à croire que tels panneaux de vitraux produisaient des sons graves, tels autres des sons aigus, je fus saisi d'une si belle terreur qu'il fallut me faire sortir. » La cathédrale semblait avoir trouvé sa voix à travers cet instrument, qui collaborait avec l'air comme le vitrail avec la lumière. Celui qu'il entendit ne datait pourtant que de 1733. C'est donc à l'époque classique qu'il parvint à emplir les grands espaces créés par les architectes gothiques.

Quel chemin, quand on songe au premier positif installé dans le chœur par Pérotin en 1199 et plus encore au poumon qui soufflait dans des flûtes en roseau, grâce à un mécanisme hydraulique, imaginé par Ctésibios d'Alexandrie, au IIIe siècle avant J.-C. ! Cet instrument commença par se répandre dans le monde gréco-romain, où il servait à donner de la pompe aux cérémonies impériales, à accompagner les courses de chars, les jeux du cirque ou les pièces de théâtre. Ce n'est qu'à partir du VIIe siècle qu'il fut introduit dans les églises. En 757, l'empereur byzantin Constantin V en offrit un à Pépin le Bref, qui le plaça dans l'église Sainte-Corneille de Compiègne, puis Charlemagne en fit construire un pour l'église d'Aix-la-Chapelle, en 812. Ses ressources se limitaient à la tessiture de la voix humaine. Walafrid Strabon rapporte qu'il avait des sons si mélodieux et si tendres qu'il provoqua la mort d'une femme par excès de plaisir, mais on peut en douter : l'orgue de la cathédrale de Magdebourg, au XIe siècle, n'avait que seize touches, qu'il fallait enfoncer avec le poing.

Longtemps, il se cantonna à un rôle de guide pour le chant. Pour le rendre plus aisément transportable, son réservoir d'eau fut remplacé par un soufflet, au XIIe siècle. L'exécutant l'actionnait de la main gauche, pendant que sa main droite s'occupait des tirettes ouvrant ses tuyaux. Le positif, qu'on pouvait poser sur le sol, puis l'orgue de tribune, apparu au XIVe siècle, permirent d'agrandir son soufflet et d'élargir sa tessiture. Son développement suivit alors celui de la polyphonie et de l'harmonie jusqu'à l'époque classique, où il devint une voix à part entière, employée en alternance avec le plain-chant.

Richement décoré, il contribuait par la vue autant que par l'ouïe à magnifier la liturgie. Dans la cathédrale de Braga, au XVIIIe siècle, ses tuyaux disposés de part et d'autre de la nef forment un escalier qui gravit le ciel, peint et sculpté au plafond. À Sainte-Cécile d'Albi, il prolonge la cohorte d'anges et de démons de la fresque du Jugement dernier, si bien qu'on croirait entendre, dès qu'il résonne, des échos de l'enfer et du paradis. Son buffet est orné d'instruments de musique, comme s'il les remplaçait tous. Placé entre terre et ciel, il apparaît de plus en plus comme un médiateur entre deux mondes.

Il n'accompagnait pas encore le chant, mais sa puissance d'expression était telle que la tentation était forte de dépasser le cadre qui lui était assigné par la liturgie. À Notre-Dame de Paris, en 1762, l'archevêque dut interdire à Claude Balbastre de jouer pendant la messe de Noël pour ne pas voir son église transformée en salle de concert. C'est grâce à cet improvisateur de génie, ancien maître de clavecin de Marie-Antoinette, qui joua une *Marseillaise* pour les sans-culottes, que l'orgue ne fut pas changé en petites cuillères, pendant la Révolution. En 1794, il fut à nouveau épargné, au motif que ses jeux pouvaient servir à « peindre les sentiments des vrais républicains comme les foudres réservées aux tyrans ».

C'est cet instrument, fabriqué par François Thierry et François-Henri Clicquot, qui impressionna le jeune Eugène Viollet-le-Duc. Il contribua à enrichir ses sonorités en le faisant reconstruire par Aristide Cavaillé-Coll en 1867. Avec ses quatre-vingt-six jeux répartis sur cinq claviers, il pouvait imiter tout un orchestre. « Il me sembla figurer la voix surnaturelle de la cathédrale, tant il se mariait avec la pierre, confia Louis Vierne, avant de mourir à ses claviers. Il m'a donné ainsi, durant trente-sept années, l'impression quasi miraculeuse que, loin de jouer d'un instrument dans la cathédrale, je m'incorporais à elle. » L'orgue avait été doté, entretemps, d'une soufflerie électrique financée par le patron de Rolls-Royce, agacé par les couacs générés par les clochards recrutés pour l'actionner.

Depuis 2014, il compte cent quinze jeux. La richesse de ses timbres et de ses harmonies lui permet de faire entendre le chant fluet des oiseaux comme le ruissellement d'une source, le vent qui souffle à travers une forêt, le mugissement de la mer et le roulement du tonnerre. Toute la Création semble y soupirer après son Créateur, et le Créateur y respirer à travers sa Création. Quand je l'ai entendu pour la dernière fois, lors d'une improvisation, j'ai eu le sentiment d'assister à la genèse d'un monde à partir d'un grain de sable, mais il devint si écrasant, au bout d'un moment, que je me demandai si l'architecture sonore qu'il déployait n'allait pas pulvériser celle de pierre de la cathédrale. Il y avait en lui quelque chose de démiurgique qui excédait le cadre pour lequel il avait été créé et risquait de l'emporter, si l'organiste se laissait entraîner par l'étendue de ses possibilités.

Plus modeste, avec ses quarante-quatre jeux et ses quatre claviers, l'orgue de Saint-Pierre de Poitiers, fabriqué par François-Henri et Claude-François Clicquot en 1790, s'ajuste parfaitement au volume de la cathédrale. C'est là que j'aime me rendre pour entendre jouer de l'orgue classique de façon pleine et équilibrée, en harmonie avec le lieu pour lequel il a été créé. Un de mes plus grands souvenirs est celui de la messe de François Couperin que j'y ai entendue jouée par Jean-Baptiste Robin.

Orientation

Quand il reprit le chantier de la Sagrada Familia, Antoni Gaudí regretta que l'église n'eût pas été orientée en direction du soleil levant. Toute la symbolique qu'il voulait y déployer en fut affectée. Aujourd'hui, quand on se promène dans sa nef baignée d'une lumière où dominent, le matin, les couleurs froides, et le soir, les couleurs chaudes, on peut certes admirer la prouesse du maître verrier, mais pas lui trouver un sens.

L'habitude d'orienter les temples vers une direction cosmique importante remonte aux premiers efforts de l'homme pour sortir du chaos. Elle traduit la pensée qu'il n'est pas jeté sur terre par hasard et livré à un déchaînement de forces anonymes, mais partie intégrante d'un ordre caché qu'il peut déchiffrer dans le ciel. De nombreux sites mégalithiques étaient orientés vers le lever ou le coucher du soleil, vers des étoiles comme Sirius et les Pléiades. Les Égyptiens orientaient leurs temples non seulement en fonction de la course du soleil ou de certaines étoiles, comme Sirius et Sothis, mais aussi de l'axe du Nil. Quant aux Grecs, ils s'arrangeaient pour faire coïncider la fête de la divinité d'un temple avec le jour où sa statue, située dans l'axe de l'entrée, recevait les premiers rayons du soleil.

Croyant en un Dieu transcendant et soucieux de se distinguer des païens, les juifs orientèrent leur prière par rapport à un lieu fondateur de leur histoire : le Temple de Jérusalem. Les musulmans firent de même jusqu'à la rupture de Mahomet avec les juifs de Médine, puis ils se tournèrent vers La Mecque. Les chrétiens, dont le Dieu avait épousé le temps et la matière, combinèrent raisons historiques et cosmiques pour orienter leur prière vers le soleil levant. « Certains crient que le soleil est notre Dieu, témoigne Tertullien. L'origine de ce soupçon est le fait que nous nous tournons vers l'orient pour prier. » Il ne s'agissait pas de rendre un culte au soleil, mais d'écouter le cosmos parler du Christ et de rappeler à l'homme qu'ils devaient cheminer ensemble vers celui « qui est, qui était et qui vient » (Ap., I, 8).

Malachie n'avait-il pas prophétisé « pour vous qui craignez mon nom, le Soleil de justice se lèvera » (Ml., III, 20) ? Jésus lui-même affirme : « Je suis la lumière du monde. Celui qui me suit ne marchera pas dans les ténèbres. » (Jn, VIII, 12.) Et saint Matthieu prédit que lorsqu'il reviendra, à la fin des temps, ce sera aussi du côté de l'orient. Car « comme l'éclair part de l'orient et brille jusqu'à l'occident, ainsi sera la venue du Fils de l'Homme » (Mt., XXIV, 27).

D'un autre passage de saint Matthieu (Mt., XXIV, 30), les chrétiens déduisirent que sa seconde venue serait précédée de l'apparition d'une croix dans le ciel, et ils prirent l'habitude d'en dresser une à l'est, dans leurs lieux de culte. Dans la maison des chrétiens de Doura-Europos, en Syrie, on peut encore voir une croix peinte sur le mur oriental de la salle à manger transformée en église, au début du IIIe siècle.

Mais si en Grèce, en Asie Mineure et en Afrique du Nord, les églises eurent presque toutes leur abside tournée vers l'est, à partir du Ve siècle, il fallut attendre plus longtemps en Occident, en raison des règles architecturales héritées des Romains : Saint-Jean-de-Latran et la basilique Saint-Pierre, construites sous le règne de Constantin, avaient leur entrée à l'est et leur abside à l'ouest. Sidoine Apollinaire précisait en 469 que la cathédrale de Lyon était orientée vers le lever du soleil à l'équinoxe, mais c'est seulement à partir du VIIIe siècle que l'orientation devint la règle.

À l'époque romane, seules restaient quelques exceptions tenant aux contraintes du terrain ou à la reprise de l'orientation d'édifices plus anciens. À Chartres, l'axe de la cathédrale dévie de quarante-cinq degrés vers le nord en raison d'une déclivité de terrain et de l'urbanisme gallo-romain. D'autres dévient de la direction de l'est, parce qu'on ne choisissait pas toujours la direction du lever du soleil le jour de l'équinoxe, mais le jour du solstice d'été, le 21 juin, comme à Notre-Dame de Reims, ou le jour de la fête du saint patron de la cathédrale : à Toul, l'orientation fut déterminée un 26 décembre, jour où le soleil ne se lève pas à l'est, mais à quarante-cinq degrés vers le sud.

À l'époque gothique, toute l'iconographie était orientée. Au nord, région du froid et de la nuit, se tenaient les figures de l'Ancien Testament annonçant ou préfigurant le Christ. Au sud, réchauffé par le soleil et baigné de lumière, prenaient place celles du Nouveau. À l'ouest, embrasé par le soleil couchant, s'élevait le Jugement dernier. Le fait que l'entrée principale se trouvait généralement dans cette direction incitait à ne pas désespérer des ténèbres et à faire de sa vie un chemin de lumière. À Sainte-Cécile d'Albi, une des rares cathédrales parfaitement orientées, les maîtres d'œuvre qui refirent la chapelle d'axe, au XVIIIe siècle, poussèrent le raffinement jusqu'à faire en sorte que les rayons du soleil percent, chaque matin, le vitrail de la Vierge pour se lover dans les bras de Syméon, le prêtre qui avait accueilli l'Enfant-Jésus au Temple en prophétisant qu'il serait « la lumière des nations ».

À partir du concile de Trente, l'orientation perdit de son importance. Avec l'émergence de la pensée scientifique, l'homme se sentit de moins en moins partie intégrante de la Création. Il prit ses distances avec elle et en bannit toute dimension symbolique pour en faire un objet d'étude et de domination. Il la soumit à son univers technologique, dût-il y perdre en même temps qu'elle sa raison d'être. Au XVIIIe siècle, les cathédrales de Nancy et de La Rochelle furent tournées vers le nord. La cathédrale de Créteil, construite entre 1970 et 2015, est prise dans le maillage artificiel d'une ville nouvelle. Mais n'y aurait-il pas un lien entre le fait qu'on parle beaucoup, aujourd'hui, de personnes « désorientées » ou « à l'ouest », et le fait que les églises le sont ?

P

Paradis

À Notre-Dame de Reims, Flodoard, au Xᵉ siècle, raconte que Clovis, émerveillé par le faste liturgique qui se déployait devant lui, lors de son baptême, demanda à saint Remi : « Est-ce là le paradis que tu m'as promis ? – Non, lui dit l'évêque, c'est le chemin qui y conduit. »

« Le cours de ce large fleuve qu'elle divise de son étrave et qui descend sur elle comme l'Histoire qui se transforme en destinée est impuissant à l'arracher de son ber. Trop de ponts, trop de liens la retiennent qui à travers le méat urbain viennent se ramifier aux fibres les plus profondes et les plus secrètes de la chaîne collective », écrit Paul Claudel. « Si les piliers de Notre-Dame avaient une voix, ils raconteraient toute l'histoire de France », lui fait écho Eugène Viollet-le-Duc.

Son incendie, le 15 avril 2019, fut un révélateur, à la fois de la négligence de l'État, qui l'avait pour le moins laissée se délabrer au point de prendre feu, et de l'attachement que lui vouaient les Français, ceux qui croyaient au ciel et ceux qui n'y croyaient pas. Qui sait même si cet attachement n'était pas plus grand que lors de sa construction, où elle ne faisait la fierté que de son clergé et des Parisiens ? Miroir où se subliment toutes nos passions, ce n'est qu'au terme de bien des péripéties que Notre-Dame de Paris s'imposa comme « cathédrale de la nation ».

Construite au IVe siècle sur le modèle des grandes basiliques paléochrétiennes – Saint-Jean-de-Latran et Saint-Pierre de Rome –, un premier concile s'y tint en 360 où les évêques des Gaules adhérèrent au *Credo* de Nicée. La papauté put toujours compter sur son clergé pour défendre la foi catholique face aux hérésies. Sa position centrale dans une ville qui fut résidence impériale au temps de Julien l'Apostat, puis royale à partir du règne de Clovis, en fit aussi une partenaire privilégiée du pouvoir politique. Au VIe siècle, Childebert Ier, pour s'inscrire dans la lignée des empereurs romains et du roi Salomon, la fit décorer de manière qu'elle rivalise avec les églises de Justinien à Constantinople et à Ravenne.

Les rois veillaient, toutefois, à ne pas se mettre sous sa dépendance. Ils fondaient des abbayes pour mettre en scène leur pouvoir, prier pour le salut de leur âme et entretenir leur mémoire : celle des Saints-Apôtres rebaptisée Sainte-Geneviève pour Clovis en 511, celle de Saint-Vincent-et-Sainte-Croix, future Saint-Germain-des-Prés pour Childebert Ier en 558 et celle de Saint-Denis, autour du tombeau du premier évêque et martyr de Paris, pour Dagobert vers 630. Sous le règne de Charlemagne, le centre du pouvoir se déplaça à Aix-la-Chapelle. Si la cathédrale retrouva de son importance après la partition de son empire, elle n'était qu'une suffragante de Saint-Étienne de Sens et ne possédait aucune relique qui pût en faire un centre de pèlerinage. Son émergence, au XIIe siècle, doit tout à ses évêques, prélats réformateurs attachés à affirmer la prééminence du pouvoir spirituel sur le temporel et à éduquer les fidèles et les prêtres.

Étienne de Senlis, proche de Suger, saint Bernard et Hugues de Saint-Victor, y engagea des travaux de rénovation, dont le portail Sainte-Anne, vers 1140. Ce dernier met en scène l'articulation entre le pouvoir du roi, représenté à genoux devant la Vierge en majesté, et celui de l'évêque, debout à ses côtés. Son successeur, Thibaut, ancien prieur de Saint-Martin-des-Champs, alors à la pointe de l'art gothique, poursuivit les travaux, mais leur œuvre fut effacée pour être sublimée par Maurice de Sully en 1160.

À l'heure où le roi s'apprêtait à établir définitivement sa capitale à Paris, l'évêque voulait faire de sa cathédrale la tête du royaume à la place de la basilique Saint-Denis et par-delà la tutelle de Saint-Étienne de Sens. La rue Neuve-Notre-Dame qu'il fit creuser sur l'île de la Cité devait servir à acheminer les matériaux jusqu'au chantier autant qu'à relier la cathédrale au palais du roi. Son maître d'œuvre employa les techniques les plus innovantes mises en œuvre sur les chantiers d'Île-de-France pour exalter ses origines antiques et surpasser les constructions récentes : non seulement les cathédrales de Sens, Noyon et Laon, mais aussi les abbayes de Saint-Denis, Sainte-Geneviève et Saint-Germain-des-Prés. D'un bond, Notre-Dame de Paris atteignit trente-trois mètres sous voûtes. Voyant son chœur, l'abbé du Mont-Saint-Michel, Robert de Torigny, lui-même grand bâtisseur, écrivit : « Pour cette œuvre, si l'on parvient à l'achever, il n'y en aura pas d'autre, en deçà des monts, qui puisse lui être comparée. »

Sa façade occidentale fut achevée par ses successeurs : Eudes de Sully, Guillaume de Seignelay et Guillaume d'Auvergne. Elle s'élève comme un *Credo* de pierre. « Les dimanches et jours de fête, il est prescrit d'exposer souvent et avec fidélité le symbole de la foi au peuple. Qu'ils lui distinguent les articles de la foi et l'affermissent en chacun d'eux par le recours aux autorités et aux arguments de la Sainte Écriture », disent les statuts synodaux établis par Eudes de Sully en 1205. « Qu'ils fassent tout leur possible à cause des hérétiques. » Ces statuts jouèrent un rôle important dans la préparation du IVe concile du Latran, visant à poursuivre la réforme du clergé et à lutter contre les hérésies albigeoise et vaudoise. Pour la première fois, il y était exhorté à réciter le *Je vous salue Marie*. La façade remployait le portail Sainte-Anne et complétait sa mise en scène du pouvoir royal : sur le linteau inférieur du portail de la Vierge, trois rois et trois prophètes encadrent l'Arche d'alliance qui préfigure l'Église et, sous la galerie de la Vierge, une galerie des Rois exalte la royauté sacrée.

Alors que les rois capétiens s'affirmaient comme les plus puissants d'Europe, leurs rapports avec les évêques ne furent pas sans heurts. Philippe Auguste fit inhumer sa première femme, Isabelle de Hainaut, dans le chœur.

Il dota la cathédrale de ses premières reliques importantes : la calotte de saint Denis, des dents de saint Jean-Baptiste et des pierres de la lapidation de saint Étienne. Mais en 1200, quand Eudes de Sully fit appliquer l'interdit jeté sur le royaume par le pape Innocent III, après la répudiation de sa deuxième femme, Ingeburge du Danemark, il attaqua militairement ses fiefs.

Depuis le moment où ils entraient dans la ville, après leur sacre, jusqu'à celui où leur corps était veillé après leur mort – il semblerait que ce soit Philippe Auguste qui en ait inauguré la tradition –, Notre-Dame de Paris était l'église la plus fréquentée par les rois, mais jamais elle ne supplanta Notre-Dame de Reims comme cathédrale des sacres ni la basilique Saint-Denis comme nécropole royale. Avec Saint Louis, les monarques se dotèrent d'un pôle religieux concurrent dans la capitale : la Sainte-Chapelle, où fut enchâssée la couronne d'épines du Christ.

L'évêque Renaud de Corbeil surenchérit pour qu'elle n'apparaisse pas démodée. À partir de 1250, Jean de Chelles remania les bras du transept et les dota de nouvelles façades dans le style gothique rayonnant qui s'était épanoui sur les chantiers royaux. Celle du bas sud fut achevée par Pierre de Montreuil et sa grande rose lui fut offerte par un Saint Louis d'autant plus magnanime que, face à un empereur germanique et un pape affaiblis par leur querelle, il apparaissait comme le chef incontesté de la chrétienté.

Jean Ravy acheva, en 1320, de lui donner sa silhouette en construisant les dernières chapelles du chevet et en reprenant le contrebutement du chœur. « Elle est l'image même de la France en son génie, écrit André Suarès : par la mesure et le choix, la soumission de toutes les parties à l'ensemble, le goût qui dissimule les excès et défend qu'ils s'affichent ; par la sublime pudeur d'une grandeur qui préfère le sourire à l'éclat de la puissance ; par l'harmonie enfin et le triomphe de la couleur à l'intérieur du vaisseau, je dirai de Notre-Dame qu'elle fut conçue et fut créée comme la plus belle et la plus vaste des tragédies. »

En 1302, Philippe le Bel y réunit les premiers états généraux pour faire voter un impôt sur l'Église de son royaume et affirmer son indépendance par rapport au pape Boniface VIII. Le clergé ne se rangea à ses vues que sous la pression, mais cet événement passe pour l'acte de naissance du gallicanisme par lequel le roi et le clergé s'accordèrent pour gouverner l'Église de France en limitant les ingérences du pape. En 1304, Philippe le Bel fit son entrée dans le chœur sous la forme d'une effigie à cheval offerte après sa victoire contre les Flamands à Mons-en-Pévèle.

Évêques et chanoines parisiens constituèrent un vivier dans lequel les rois pouvaient puiser des conseillers et des officiers pour leur administration en pleine croissance. Ceux-ci ne leur étaient pas toujours soumis : Jean Gerson, en 1405, n'hésita pas à critiquer la corruption et le favoritisme au sein de l'État, et à la veille de la signature du traité de Troyes, en 1419, Gérard de Montaigu déclara les Anglais ennemis du royaume.

La guerre de Cent Ans fit de Notre-Dame de Paris un creuset de la conscience nationale. Elle n'avait aucun rôle paroissial, mais les Parisiens venaient volontiers y prier devant la châsse de Tous-les-Saints ou assister à une messe célébrée sur un des autels du jubé. La moitié d'entre eux faisaient des dons et des legs à sa fabrique, preuve de leur attachement, mais dans un contexte où le roi Charles VI était fou et la moitié du pays occupé par les Anglais, des prières y furent dites plus largement « pour le salut et la prospérité du royaume ».

En 1431, les Anglais y organisèrent le sacre d'Henri VI pour contrer celui de Charles VII à Notre-Dame de Reims.

Quand ce dernier reprit la ville, en 1437, il fit chanter un *Te Deum*. Puis des processions furent organisées pour le recouvrement de la Normandie par son nouvel évêque, Guillaume Chartier. Après la victoire de Formigny, en 1450, la fête instituée par le roi pour commémorer la libération et la réconciliation du pays fut célébrée avec éclat, le 12 août. Ce fut notre première fête nationale. Puis, en 1455, la cathédrale accueillit l'ouverture du procès en réhabilitation de Jeanne d'Arc.

Fidèle au catholicisme pendant les guerres de Religion, Notre-Dame de Paris fut, un temps, tenue par la Ligue, mais c'est encore en son sein qu'Henri IV scella la réconciliation du pays après son abjuration du protestantisme et son sacre à Notre-Dame de Chartres, en 1594. Louis XIII obtint qu'elle devienne le siège d'un archevêché en 1622 et en fit « la paroisse de l'État ». En 1636, alors que ses armées subissaient des revers face à celles du roi d'Espagne, il confia son royaume à Marie et fit placer une lampe perpétuelle devant le maître-autel. L'année suivante, voyant la situation se redresser, il fit le vœu de consacrer à Dieu par l'intermédiaire de Marie sa personne, son État, sa couronne et ses sujets.

Associé au désir qu'il avait également d'avoir un héritier, exaucé en 1638 avec la naissance de Louis Dieudonné, ce vœu fut commémoré dans toutes les cathédrales du royaume et à Notre-Dame de Paris en présence des grands corps de l'État, le 15 août, jour de la fête de l'Assomption. Cette fête absorba celle instituée le 12 août par Charles VII. Elle se matérialisa par un tableau de Philippe de Champaigne, puis sous le règne de Louis XIV, par un nouveau maître-autel surmonté d'une *Pietà* entourée de statues de Louis XIII et de Louis XIV. L'ensemble prit place dans un chœur remanié devant servir de modèle à ceux des autres cathédrales.

Deux cent cinquante *Te Deum* y retentirent entre le début du règne de Louis XIII et la fin de celui de Louis XVI pour célébrer les événements heureux du royaume : la prise de La Rochelle en 1628, la victoire de Rocroi en 1643, le mariage de Louis XIV et Marie-Thérèse d'Autriche en 1660, le rétablissement de Louis XV après une maladie en 1744... La coutume d'y faire bénir les étendards des armées royales et suspendre ceux des armées vaincues se généralisa. À partir de la mort de Louis XIII, le corps du roi, de la reine et de leurs enfants ne passa plus par elle, mais des pompes funèbres y furent organisées en l'absence de corps, avec des décors fournis par les Menus plaisirs.

La cathédrale se spécialisa dans les funérailles des grands serviteurs de l'État : le duc de Guise en 1543, le connétable de Montmorency en 1567, le duc de Joyeuse en 1588, Richelieu en 1642, le maréchal de Guébriant en 1644, Mazarin en 1661, le duc de Beaufort en 1670, Turenne en 1675 et le Grand Condé dont Bossuet prononça l'oraison funèbre en 1687. En 1722, on y célébra la fin de la peste à Marseille. Si bien que quand Louis XVI en fit le point zéro à partir duquel seraient mesurées toutes les distances du pays, en 1786, elle était devenue la « cathédrale de la nation ».

La Révolution ne fit que parachever cette évolution. « Durant l'époque révolutionnaire, on sent tout le poids et la fascination que l'édifice pouvait exercer sur les esprits. Tout a été mis en œuvre pour en récupérer l'aura et faire en sorte qu'elle rejaillisse sur les gouvernements », écrit Alain Erlande-Brandenburg. Le 19 octobre 1789, l'Assemblée nationale siégea dans le palais archiépiscopal. Le 2 novembre, la cathédrale devint bien national. Le 26 janvier 1790, les drapeaux des gardes françaises y furent déposés. Des *Te Deum* y furent chantés à chaque étape de la « régénération » nationale : prise de la Bastille le 15 juillet 1789, abolition des privilèges le 13 août, accord entre le roi et la nation le 25 septembre 1790, instauration de la République le 25 septembre 1792.

Après la mort du roi, les actions profanatoires l'emportèrent. En 1793, un bonnet phrygien remplaça sur sa façade la galerie des Rois détruite par la Commune. Entre des tonneaux de vin destinés aux armées, on célébra dans sa nef le culte de la Raison, de l'Être suprême et du décadi du nouveau calendrier. Le 21 janvier 1797, jour anniversaire de la mort de Louis XVI, on prêta serment de haine à la royauté et à l'anarchie. Privée de sa flèche, dépouillée de ses biens et mutilée dans sa statuaire, Notre-Dame de Paris n'était plus qu'un grand corps meurtri, mais c'est alors que, tel le phénix, elle renaquit de ses cendres.

Conscient qu'elle portait la mémoire de la Révolution et de l'Ancien Régime, Napoléon fit d'elle le lieu d'une articulation nouvelle entre pouvoirs religieux et politique. En 1800, il y fit chanter un *Te Deum* pour la victoire de Marengo, puis il y fit bénir les étendards de ses armées et déposer ceux des armées ennemies. Le 18 avril 1802, après la signature du Concordat, il y organisa une cérémonie de prestation de serment du clergé en présence de son nouvel évêque, Mgr de Belloy. Pour l'occasion, il fit venir du Louvre des tableaux et des tentures et reposer dans le chœur les statues du Vœu de Louis XIII.

Le 2 décembre 1804, il la consacra comme lieu de légitimation du pouvoir à la place de Notre-Dame de Reims en y mettant en scène son sacre. Quelques jours plus tard, il lui offrit la couronne d'épines du Christ et la tunique de Saint Louis. Elle servit de cadre à toutes les célébrations impériales, des *Te Deum* des victoires au baptême du roi de Rome, le 9 juin 1811.

Le 3 mai 1814, Louis XVIII y scella sa réconciliation avec les Français dans une mise en scène proche de celle de son ancêtre Henri IV. Charles X renoua avec la tradition du sacre à Notre-Dame de Reims, mais, après sa chute, Notre-Dame de Paris accueillit le baptême du comte de Paris, en 1841, et les funérailles du duc d'Orléans, en 1842. Une cérémonie d'action de grâces s'y déroula pour le retour au régime impérial en 1852, et le mariage de Napoléon III et Eugénie y fut célébré l'année suivante. En 1856, l'empereur put s'y réjouir du baptême de son fils en présence des corps constitués, dans un si grand faste qu'il valait bien un sacre.

En 1831, Victor Hugo la laïcisa en faisant d'elle, dans *Notre-Dame de Paris*, un lieu d'expression de la liberté du peuple et des artistes contre le dogmatisme des prêtres. Son entreprise fut parachevée par Eugène Viollet-le-Duc, qui la restaura conformément à une image revisitée du Moyen Âge faisant la part belle, dans ses parties hautes, à un fantastique hugolien. Avec eux, la cathédrale se mua en lieu culturel. Mais si leur entreprise permit aux anticléricaux d'assumer son héritage, la Commune montra que la cohabitation ne serait pas toujours facile avec le clergé : en 1870, l'évêque Mgr Darboy fut exécuté comme otage pendant la Semaine sanglante, et seule l'intervention d'internes de l'Hôtel-Dieu empêcha Notre-Dame de brûler.

La IIIe République n'y fit plus chanter de *Te Deum*, mais des funérailles de présidents y furent organisées, même au plus fort des débats autour de la loi de séparation de l'Église et de l'État : pour Sadi Carnot en 1894, Félix Faure en 1899, Paul Doumer en 1932, Raymond Poincaré en 1934, Albert Lebrun en 1950 et Georges Pompidou en 1974. La cérémonie d'hommage à Charles de Gaulle, en 1970, trois jours après ses funérailles à Colombey-les-Deux-Églises, inaugura une tradition d'obsèques en l'absence de corps des chefs de l'État. Les grands du monde entier se pressèrent à celles de François Mitterrand en 1996, et seul l'incendie de 2019 empêcha qu'il en fût de même pour celles de Jacques Chirac.

La cathédrale accueille en alternance avec les Invalides et le Panthéon les hommages aux grands hommes du pays : Louis Pasteur en 1895, Maurice Barrès en 1923, le maréchal Foch en 1929, le maréchal Joffre en 1931, le commandant Charcot en 1936, le maréchal Leclerc en 1947, le maréchal de Lattre de Tassigny en 1952, Paul Claudel en 1955, le maréchal Juin en 1967, François Mauriac en 1970.

Le général de Gaulle fut le dernier à y légitimer son pouvoir : le 26 août 1944, il y fit chanter un *Magnificat*, plus bref qu'un *Te Deum* alors que les balles sifflaient encore autour de lui. Depuis, le clergé continue d'y célébrer les grands moments de la vie nationale, mais indépendamment de la volonté de l'État et sans participation de ses représentants. Il cohabite avec des touristes venus du monde entier voir la cathédrale du *Bossu de Notre-Dame* de Walt Disney ou de la comédie musicale de Luc Plamondon et Richard Cocciante inspirés du roman de Victor Hugo.

Les Français s'y recueillent à chaque occasion où ils ressentent le besoin d'un supplément d'âme : après les attentats du 11 septembre 2001, le crash du Paris-Rio en 2009, le tsunami au Japon en 2011, les attentats de *Charlie Hebdo* et du Bataclan en 2015. Dans un monde en mutation accélérée, Notre-Dame de Paris « répond aux désirs conjoints de mémoire et d'éternité », écrit Mathieu Lours.

C'est la somme de ces souvenirs qui afflua comme le sang de nos veines, fouetté par l'émotion, lors de son incendie. D'où l'ampleur des réactions qu'il suscita et la vivacité des débats qui s'ensuivirent. Le choix d'une restauration à l'identique prit acte du fait que les tenants d'une fonction cultuelle et d'une fonction culturelle de la cathédrale ne pouvaient s'entendre que sur une conception patrimoniale qui la figeait dans l'état où l'avait laissée Eugène Viollet-le-Duc. Son chantier n'en fut pas moins l'aventure la plus considérable et la plus fédératrice du pays depuis des années.

Parvis

Le parvis est l'espace qui se déploie devant les cathédrales. Si l'on en croit l'étymologie du mot, qui vient du latin *paradisus* ou du bas latin *paravisus*, « paradis », il s'agit d'un espace de transition entre deux mondes. Il est aujourd'hui le plus souvent dégagé et isole les cathédrales au motif de les mettre en valeur, mais comme l'écrit Charles de Montalembert, « elles n'ont pas été faites pour le désert comme les pyramides d'Égypte ». Jusqu'à la fin du XIXe siècle, quiconque débouchait des ruelles tortueuses et grouillantes de monde qui l'enserraient la voyait surgir comme une apparition surnaturelle, en même temps qu'elle était le cœur battant de la ville. Processions, mystères et foires se déroulaient à ses pieds. Des échoppes l'entouraient. À Rouen, elles grignotaient quelques centimètres des murs de la cathédrale chaque année, jusqu'en 1770, où un assassinat résolut les autorités à les repousser.

Sur le parvis de Notre-Dame de Paris, une foire aux oignons, aux fleurs et aux simples avait lieu les trois dernières semaines de septembre, une foire aux chandelles à la Pentecôte et à la Chandeleur et une foire aux jambons après le carême. « Dans ce parvis où l'on contemple / La face d'un superbe temple / Jambons croissent de tous côtés / Ainsi que s'ils étaient plantés », dit un quatrain du XVIIe siècle. La profusion de victuailles y était telle qu'on prétendait que le Grand Jeûneur, statue placée à côté de la fontaine jusqu'au XVIIIe siècle, tenait son nom d'être restée seule sans manger ni boire pendant mille ans.

« Les prêtres, les capucins, les abbés, les chantres, les bedeaux bouillonnaient en confiture sombre autour du chevet de l'église, écrit Jules Michelet après les travaux du baron Haussmann. Des ruisseaux de couleur suintaient hors des échoppes où des teinturiers préparaient leurs baquets ; quelques filles hagardes et mal vêtues s'accrochaient au bras des passants. Le parfum de l'encens se mêlait à des relents de mangeaille et de pourriture. Le son des cloches répondait au chant des ivrognes, vomi par les portes des cabarets. Rien ne subsiste de cette pouillerie vénérable. Des édiles, soucieux d'hygiène administrative, ont abattu les vieilles maisons, tiré les rues au cordeau, dessiné les places au compas et à l'équerre. Les immeubles lépreux et renfrognés du nouvel Hôtel-Dieu et de la préfecture de police ont avalé et digéré les derniers vestiges. Notre-Dame règne seule sur un monde plus jeune qu'elle et qui ne la comprend pas. »

C'est aux abords de Notre-Dame de Paris que François Villon buvait du vin de Beaune et fréquentait des filles de joie, et c'est aussi en passant devant elle qu'il composa ces vers :

Vous avez porté, Vierge,
Digne princesse
Jésus dont le règne n'a ni fin ni cesse
Le Tout-Puissant,
Prenant notre faiblesse,
Laissa les cieux
Et vint nous secourir,
Offrit à la mort
Sa très chère jeunesse :
Notre Seigneur,
Tel est, tel le confesse
En cette foi je veux vivre et mourir.

Dieu, en prenant chair, n'avait-il pas épousé la condition humaine avec ses grandeurs et ses misères ? Jésus avait fréquenté des tavernes et discuté avec des prostituées. De lui, on médisait : « Voilà un glouton et un ivrogne, un ami des publicains et des pécheurs. » (Mt., XI, 19.) Alors, pourquoi laisser la cathédrale où il est présent jour et nuit loin de la vie des hommes ?

Pavement

On ne les découvre, aujourd'hui, que parcimonieusement aux touristes, mais pendant des siècles, les fidèles purent déambuler librement sur les tapis de marbre et de mosaïque qui ornaient le sol des cathédrales. La terre était un reflet du ciel. Au sens propre, celui-ci se reflétait sur le pavement et animait, à mesure de la marche de chacun, les personnifications des mois et les signes du zodiaque, la faune et la flore, les mythes, les fables et les épisodes de l'Ancien Testament qui y figuraient. Les épisodes du Nouveau étaient réservés aux murs et aux coupoles, mais il suffisait de lever les yeux pour voir l'accomplissement de la destinée de l'homme et du cosmos en Christ.

Toutes n'avaient pas les moyens de s'orner d'ouvrages aussi coûteux. La plupart réservaient leur ornement aux espaces les plus sacrés. On sait qu'à Saint-Denis et à Valence, au XIIe siècle, la mosaïque recouvrait l'abside et le déambulatoire, et qu'à Lyon, Orléans et Reims, elle s'étendait jusqu'au chœur. Les témoins de cette époque sont rares en France, où les prélats de l'âge gothique préférèrent consacrer leur argent à orner les murs et se contentèrent de carreaux en terre cuite vernissée, produits en série selon une technique venue du nord, pour recouvrir les sols. Mais il en subsiste de magnifiques en Italie, où la tradition de la mosaïque et de l'*opus sectile* se maintint jusqu'à la Renaissance.

Dans la cathédrale d'Aoste, au XIIIe siècle, une mappemonde et un calendrier sont jetés devant l'autel, comme des tapis superposés. À Saint-Marc de Venise, l'intégralité du sol est couverte de marbres et de pierres fines. Motifs animaliers et végétaux alternent avec des formes géométriques qui se développent en polyèdres. Poésie du nombre et du symbole se combine avec une virtuosité si éblouissante que seul un éblouissement plus grand peut nous faire tourner les yeux vers les coupoles. Dans leur débauche de faste, les doges de Venise n'oublièrent pas la hiérarchie entre la terre et le ciel et réservèrent les matières les plus impondérables – l'or, l'émail et le verre – aux parties hautes de l'église.

Sans atteindre la même richesse et la même virtuosité, le pavement de la cathédrale d'Otrante, commandé par Guillaume Ier de Sicile au moine Pantaléon, vers 1163, est une merveille du fantastique chrétien. Toute l'histoire du salut s'y déploie autour d'un arbre de vie porté par deux éléphants. En le parcourant, on croise Adam et Ève, Noé et Jonas, mais aussi Gilgamesh et Diane, Alexandre et le roi Arthur. Assisté par des anges, on affronte un sphinx ailé, des harpies, un sanglier, un loup et le Minotaure.

Que viennent faire, parmi eux, un serpent à plumes et un chat botté ? Quelqu'un de plus érudit vous le dira, mais on comprend, en les voyant, que le ciel se gagne de haute lutte. Les constructeurs de la tour de Babel et Alexandre, qui s'attela à des griffons à qui il jeta des quartiers de viande pour s'élever plus haut dans le ciel, nous apprennent que, s'il faut faire preuve de vertu pour l'atteindre, il ne faut pas compter seulement avec ses propres forces.

À Saint-Jean-de-Latran, un pavement cosmatesque, du nom d'une famille de marbriers, les Cosmati, qui s'illustrèrent dans l'*opus sectile*, aux XIIe et XIIIe siècles, souligne les espaces les plus sacrés et dessine les chemins qui y mènent. Ils sont d'autant plus captivants qu'ils suggèrent, à travers une série de rectangles et de disques reliés par des volutes, une ordonnance claire, en même temps qu'ils donnent à voir une infinité de combinaisons de formes et de couleurs.

Dans la cathédrale de Sienne, les plus grands artistes composèrent, entre le XIVe et le XVIe siècle, un poème symphonique qui émut Richard Wagner aux larmes. Il fait converger en Christ et à Sienne les promesses de l'Ancien Testament et la sagesse des cultures païennes, si bien qu'en le parcourant, on a le sentiment d'assister à la « révélation d'un mystère gardé depuis toujours dans le silence » et « maintenant manifesté au moyen des écrits prophétiques » (Rm., XVI, 25). Le savant égyptien Hermès Trismégiste, dépositaire de la sagesse antique, ouvre la marche. Puis on passe sur une représentation de l'aigle impériale et de la louve siennoise, autour de laquelle gravitent les animaux emblématiques des villes alliées.

Au milieu de flots tumultueux se dresse la colline de la Sagesse, d'après un carton de Pinturicchio. La gravir n'est pas de tout repos : son chemin est semé de pierres et de vices, mais à son sommet, la Sagesse accueille les plus persévérants, avec Socrate, dont le suicide était interprété comme un martyre, et Cratès, dont le panier plein de bijoux et de pièces qu'il déverse dans la mer symbolisait le détachement. Une roue de la Fortune illustre la mutabilité de la condition humaine et incite à ne pas s'attacher aux choses périssables. Dans les travées latérales, dix sibylles, originaires de régions différentes, illustrent la préparation des cultures païennes à recevoir la révélation du Christ.

À la croisée du transept, un hexagone raconte l'histoire du prophète Élie d'après des cartons de Domenico Beccafumi et d'Alessandro Franchi. Le sacrifice de la fille de Jephté et le massacre des Innocents lui font écho dans les bras du transept. Cette dernière scène revêtait une actualité particulière lors de sa réalisation, en 1481 : l'année précédente, les Ottomans avaient massacré huit cents habitants de la ville d'Otrante qui refusaient d'apostasier, et vendu leurs enfants comme esclaves. On peut encore voir leurs crânes dans une vitrine, au fond de l'abside de sa cathédrale. Le traumatisme avait été si grand que le pape avait appelé toutes les villes d'Italie à s'unir contre les Ottomans, au lieu de se diviser.

Dans son cycle consacré à la vie de Moïse, Domenico Beccafumi reprit une innovation de Francesco di Niccolaio et de Nanni di Piero, et traduisit les ombres et les lumières à l'aide d'une gamme de marbres de couleurs différentes. Avec lui, l'*opus sectile* atteint à la fluidité du dessin à l'encre, tout en ayant la pérennité de la pierre. C'est lui qui nous conduit, avec le peuple hébreu, jusqu'à la Terre promise. Au niveau du chœur, le roi David, qui compose les psaumes, demande aux prêtres de louer Dieu avec leurs instruments de musique. Devant le maître-autel, le sacrifice d'Isaac préfigure celui du Christ.

Péguy, Charles (1873-1914)

Le nom de Charles Péguy est indissociable de celui de Notre-Dame de Chartres depuis que ses vers ont remis des milliers de pèlerins sur sa route, tombée en désuétude. Quand il s'y rend, le 14 juin 1912, il est au désespoir : « Ah, je ne savais pas que c'était ça la vie ! », confie-t-il à Daniel Halévy ; et à Charles Lucas de Pesloüan : « Je travaille tout le temps, tous les jours, je me sauve ainsi de descendre plus profondément. »

Au tournant de la quarantaine, socialiste revenu à la foi de son baptême, il se trouve dans une grande solitude affective et intellectuelle. En 1910, *Le Mystère de la charité de Jeanne d'Arc*, où il exprime sa soif d'un royaume céleste qui se réalise sur terre, rencontre un succès mitigé. Brouillé avec les intellectuels positivistes de la Sorbonne et ses anciens amis socialistes auxquels il reproche leur universalisme abstrait, il n'est pas apprécié des catholiques. Sa critique de l'embourgeoisement de l'Église en heurte plus d'un, et certains s'interrogent sur son christianisme sans sacrements. S'il prie beaucoup, il ne va pas à la messe : « C'est trop fort pour moi », confie-t-il à Jacques Maritain.

Son ménage bat de l'aile. À la mort de son meilleur ami de l'École normale supérieure, Marcel Baudouin, il a épousé sa sœur Charlotte, en 1897. Il a eu avec elle trois enfants, mais son retour à la foi est devenu un obstacle entre eux. Socialiste et anticléricale comme son frère – et comme lui lorsqu'elle l'a connu –, Charlotte refuse de se marier religieusement et de faire baptiser leurs enfants.

Pour ne rien arranger, Charles Péguy est tombé amoureux d'une de ses collaboratrices aux *Cahiers de la Quinzaine* : Blanche Raphaël. Longtemps, il n'a pu prier : « Notre-Père, que ta volonté soit faite. » En 1911, il écrit *Le Porche du Mystère de la deuxième vertu*, sur l'espérance, pour ne pas désespérer complètement. Afin de ne pas blesser sa femme ni ses enfants, il marie Blanche Raphaël à l'un de ses amis, mais les contradictions dans lesquelles il vit lui sont insupportables. Quand son fils Pierre tombe malade d'une fièvre paratyphoïde, il part à Notre-Dame de Chartres se confier à Marie, avec ceux qu'il porte dans son cœur.

« Mon vieux, j'ai senti que c'était grave, écrira-t-il à Joseph Lotte... J'ai fait un pèlerinage à Chartres... J'ai fait 144 km en trois jours... On voit le clocher de Chartres à 17 km sur la plaine... Dès que je l'ai vu, ça a été une extase. Je ne sentais plus rien, ni la fatigue, ni mes pieds. Toutes mes impuretés sont tombées d'un seul coup, j'étais un autre homme. J'ai prié une heure dans la cathédrale le samedi soir ; j'ai prié une heure le dimanche matin avant la grand-messe... J'ai prié comme je n'avais jamais prié, j'ai pu prier pour mes ennemis... Mon gosse est sauvé, je les ai donnés tous trois à Notre-Dame. Moi, je ne peux pas m'occuper de tout... Mes petits ne sont pas baptisés. À la Sainte Vierge de s'en occuper. »

Dans *Présentation de la Beauce à Notre-Dame de Chartres*, écrit à son retour, on entend son pas lent et régulier, crotté de boue et plein d'attente :

Étoile de la mer voici la lourde nappe
Et la profonde houle de l'océan des blés
Et la mouvante écume et nos greniers comblés,
Voici votre regard sur cette immense chape

Et voici votre voix sur cette lourde plaine
Et nos amis absents et nos cœurs dépeuplés,
Voici le long de nous nos poings désassemblés
Et notre lassitude et notre force pleine.

Étoile du matin, inaccessible reine,
Voici que nous marchons vers votre illustre cour,
Et voici le plateau de notre pauvre amour,
Et voici l'océan de notre immense peine.

Un sanglot rôde et court par-delà l'horizon
À peine quelques toits font comme un archipel
Du vieux clocher retombe une sorte d'appel
L'épaisse église semble une basse maison.

Ainsi nous naviguons vers votre cathédrale
De loin en loin surnage un chapelet de meules,
Rondes comme des tours, opulentes et seules
Comme un rang de châteaux sur la barque amirale.

Deux mille ans de labeur ont fait de cette terre
Un réservoir sans fin pour les âges nouveaux.
Mille ans de votre grâce ont fait de ces travaux
Un reposoir sans fin pour l'âme solitaire.

Vous nous voyez marcher sur cette route droite,
Tout poudreux, tout crottés, la pluie entre les dents.
Sur ce large éventail ouvert à tous les vents
La route nationale est notre porte étroite.

[...]

Nous sommes nés au bord de votre Beauce plate
Et nous avons connu dès nos premiers regrets
Ce que peut receler de désespoirs secrets
Un soleil qui descend dans un ciel écarlate

Et qui se couche au ras d'un sol inévitable
Dur comme une justice, égal comme une barre,
Juste comme une loi, fermé comme une mare,
Ouvert comme un beau socle et plan comme une table.

Un homme de chez nous, de la glèbe féconde
A fait jaillir d'un seul enlèvement,
Et d'une seule source et d'un seul portement,
Vers votre assomption la flèche unique au monde.

Tour de David voici votre tour beauceronne.
C'est l'épi le plus dur qui soit jamais monté
Vers un ciel de clémence et de sérénité,
Et le plus beau fleuron dedans votre couronne.

Un homme de chez nous a fait ici jaillir,
Depuis le ras du sol jusqu'au pied de la croix,
Plus haut que tous les saints, plus haut que tous les rois
La flèche irréprochable et qui ne peut faillir.

C'est la gerbe et le blé qui ne périra point,
Qui ne fanera point au soleil de septembre,
Qui ne gèlera point aux rigueurs de décembre,
C'est votre serviteur et c'est votre témoin.

C'est la tige et le blé qui ne pourrira pas,
Qui ne flétrira point aux ardeurs de l'été,
Qui ne moisira point dans un hiver gâté,
Qui ne transira point dans le commun trépas.

C'est la pierre sans tache et la pierre sans faute,
La plus haute oraison qu'on ait jamais portée,
La plus droite raison qu'on ait jamais jetée,
Et vers un ciel sans bord la ligne la plus haute.

Il faut lire intégralement ce poème, comme on fait un pèlerinage du premier au dernier kilomètre à pied, pour accéder aux réalités spirituelles que Charles Péguy a vécues. Jamais il ne décrit la cathédrale d'un point de vue architectural, mais à mesure que l'on avance dans la lecture de ses vers, sa silhouette mystique apparaît et fait entrer en présence de sa dédicataire.

Quatre prières dans la cathédrale de Chartres donne à partager les grâces qu'il en a reçu. Elle est pour lui « le lieu où tout devient facile », où tout « ce qui partout ailleurs est une rude guerre n'est […] que la paix d'un long délaissement ».

Voici le lieu du monde où tout rentre et se tait,
Et le silence et l'ombre et la charnelle absence,
Et le commencement d'éternelle présence,
Le seul réduit où l'âme est tout ce qu'elle était.

À son retour, son fils est guéri. Sa femme envisage de le faire baptiser, avant de se reprendre. Ses contradictions ne sont pas résolues, mais devant la Vierge du Pilier, il a trouvé le courage de participer par elles à la croix de son Fils.

Quand il fallut s'asseoir à la croix des deux routes
Et choisir le regret d'avecque le remords,
Quand il fallut s'asseoir au coin des doubles sorts
Et fixer le regard sur la clef des deux voûtes,

Vous seule vous savez, maîtresse du secret,
Que l'un des deux chemins allait en contre-bas.
Vous connaissez celui que choisirent nos pas.
Comme on choisit un cèdre et le bois d'un coffret.

Et non point par vertu, car nous n'en avons guère.
Et non point par devoir, car nous ne l'aimons pas,
Mais comme un charpentier s'arme de son compas,
Par besoin de nous mettre au centre de misère

Après un deuxième pèlerinage, du 25 au 28 juillet 1913, il compose une cinquième prière dans laquelle il fait le vœu de ne plus accepter d'amour qui ne le cède à celui de Marie. Il semble alors avoir atteint le sommet de sa vie mystique et n'attendre qu'« une mort plus vivante que vie ». Pour autant, le militant ne s'efface pas devant le pèlerin. En décembre 1913, il publie *L'Argent*, qui oppose le monde de son enfance, où il a vu « rempailler des chaises exactement du même esprit et du même cœur, et de la même main, que ce même peuple avait taillé ses cathédrales », à celui qui émerge, où la bourgeoisie « a tout infecté et s'est mise à traiter comme une valeur de bourse le travail de l'homme ».

Le 14 avril 1914, il fait un troisième pèlerinage à Chartres. « Je ne dis pas qu'un jour je ne te donnerai pas rendez-vous à Chartres, écrit-il à Joseph Lotte. C'est là que j'ai laissé mon cœur et c'est là que je me ferai enterrer. J'y ai reçu des grâces inouïes. » Quand il part à la guerre, il s'est réconcilié avec tout le monde et il est convaincu que, s'il trouve la mort, il participera, en tant croyant et en tant que soldat, au sacrifice du Christ. Le 15 août, il assiste à une messe pour la fête de l'Assomption. Le lendemain, il écrit à Blanche Raphaël : « Si je ne reviens pas, vous irez une fois par an à Chartres pour moi. » Sa femme reçoit la même requête, avec une insistance particulière : « Vous ne pouvez pas soupçonner ce que nous devons à ce sanctuaire. » Le 5 septembre, il meurt d'une balle dans le front.

« La France a charrié plus de pierres en trois siècles que l'ancienne Égypte en n'importe quelle période de son histoire », écrit Jean Gimpel. Extraite, le plus souvent, dans des carrières proches du chantier pour réduire les frais de transport, c'est elle qui donne aux cathédrales leur affinité si profonde avec la terre qui les a vues naître.

Granit de Saint-Broladre et Lanhélin qui s'irise de bleu, de rose et d'or, selon l'humeur du ciel, à Saint-Samson de Dol-de-Bretagne, grès des Vosges irradiant du jaune au rouge, à Notre-Dame de Strasbourg, calcaire de Jaumont qui semble le soleil même distillé dans les entrailles de la Terre, à Saint-Étienne de Metz : l'énumération des pierres employées dans la construction des cathédrales est un voyage au centre de la Terre et un hymne plurimillénaire qui s'en élève vers le ciel.

Si à Notre-Dame de Clermont-Ferrand, la pierre gris-noir de Volvic donne à cet hymne des accents telluriques, à Sant'Andrea de Carrare, le marbre blanc des Apennins lui confère un éclat éblouissant. À Notre-Dame du Puy, toute la gamme chromatique des roches volcaniques du Velay se déploie, du brun rouge au brun foncé, avec des harmoniques rouges et bleu violacé, vert sombre, jaune brun et gris bleuté. À Prato, Sienne et Florence, ce sont de vrais répons, dans une alternance de calcaire blanc et de serpentine verte, qui s'élèvent des montagnes de Toscane.

Les peintres furent particulièrement sensibles à cette affinité. Sous le pinceau d'Albert Marquet, Notre-Dame de Paris fait chanter les psaumes, avec toute leur palette de sentiments, sous le ciel changeant d'Île-de-France, au calcaire de Chaillot, de Gentilly, d'Arcueil et de Cachan, de Saint-Maur-des-Fossés et d'Ivry-sur-Seine. Sur une toile de Jean-Baptiste Corot, Notre-Dame de Chartres s'élève au-dessus d'un monceau de terre et de pierres de Berchères comme un *Magnificat*.

Parfois, on faisait venir la pierre de loin pour ses qualités. Celle de Caen, appréciée pour sa blancheur, sa finesse et sa résistance aux intempéries, franchit la Manche dans le sillage de Guillaume le Conquérant, au XIe siècle, pour construire la Sainte-Trinité de Winchester, et l'Atlantique, au XIXe, pour bâtir Saint-Patrick de New York. Sans venir d'aussi loin, la pierre de Purbeck, calcaire fossilifère dont la couleur varie du rouge au bleu en passant par le brun et le vert, était appréciée des architectes gothiques et néogothiques du sud de l'Angleterre. C'est elle qui forme les colonnes, les panneaux et les dallages des cathédrales d'Exeter, Ely, Norwich, Chichester, Salisbury, Lincoln, Llandaff et Southwark. Dans le chevet de la cathédrale de Canterbury, elle fut associée à du calcaire blanc pour rappeler le sang et la cervelle de Thomas Becket, assassiné alors qu'il célébrait les vêpres.

Certaines étaient choisies pour leur symbolisme. Ainsi le porphyre, extrait dans le désert égyptien, pendant l'Antiquité romaine, recherché pour sa dureté et sa couleur pourpre qui évoquait la pourpre impériale et le sang du Christ. Constantin offrit une cuve en porphyre au baptistère de Saint-Jean-de-Latran, et le pape Sixte III huit colonnes pour l'entourer. L'empereur Frédéric II fit construire son tombeau, ceux de ses parents, Henri VI et Constance de Hauteville, et celui de son grand-père, Roger II, en cette pierre, à Palerme.

Certains maîtres d'ouvrage remployaient des colonnes antiques pour suggérer une filiation romaine. Charlemagne fit venir à Aix-la-Chapelle des colonnes de Rome et de Ravenne. Suger voulut faire de même, à Saint-Denis. Seul le coût du transport l'en dissuada. Les Pisans, qu'une inscription du XIIe siècle compare aux Romains vainqueurs des Carthaginois, combinèrent dépouilles romaines et trophées de guerre : à l'extérieur, la cathédrale arbore soixante-huit colonnes antiques et islamiques rapportées de Sicile, de Sardaigne et d'Afrique du Nord. Son parement remploie d'anciennes pierres de monuments antiques, en veillant à faire ressortir les noms des empereurs. À Venise, au XIIIe siècle, deux mille six cents colonnes antiques, provenant pour l'essentiel du sac de Constantinople, ornèrent la basilique Saint-Marc.

D'où qu'elle vienne, la pierre donne le sentiment que les cathédrales viennent de loin pour nous mener loin. D'une durabilité qui confine à l'éternité, elle leur fait incarner des vérités éternelles. Je me rappelle une visite de Saint-Jean-de-Latran avec une artiste japonaise et un cardinal romain. À mesure que nous nous approchions de sa façade en travertin et de son obélisque en granit égyptien, mon amie ouvrait de plus en plus grand les yeux, sans qu'on sache si c'était de stupeur ou d'admiration. Devant les colonnes et le pavement cosmatesque de sa nef, le cardinal lui demanda ce qu'elle en pensait :

« En voyant votre cathédrale qui semble construite pour l'éternité, je songeais à notre sanctuaire national d'Ise, dit-elle. Construit en bois, il est rasé et reconstruit tous les vingt ans depuis le VIIe siècle. L'aire nue et la cérémonie de reconstruction symbolisent la pureté et les forces de renouveau à l'œuvre dans la nature. Un des rites de construction consiste à semer des graines de plantes à croissance rapide, pour que les bâtiments puissent croître avec la même facilité. À part pour les fondations, nous n'utilisons pas la pierre. Nous lui préférons le bois, qui rappelle la présence des arbres et symbolise le lien entre les dieux et les hommes. Ses bâtiments sont construits sur le modèle de nos anciens greniers à riz.

— On ne le croirait pas quand on voit ce qu'elle est devenue, l'interrompit le cardinal, mais savez-vous que

Rome a été fondée de la même manière, sauf que les graines à croissance rapide ont été remplacées par des fruits de l'Albe ?

— On ne le croirait pas, en effet, mais là où vous seriez le plus dérouté, c'est dans nos temples zen. Les bâtiments sont en bois, car l'idée d'éternité ne va jamais chez nous sans celle d'impermanence. Nous puisons une grande paix dans la contemplation de la mutabilité de la nature, sachant que nous n'en sommes qu'une composante éphémère. Dans ces temples, vous seriez perdu : ils sont quasiment dénués de statues, et quand il y en a, elles sont le plus souvent en bois. Nous réservons la pierre à nos jardins, et alors nous ne lui faisons pas exprimer nos sentiments ou nos idées : ce qui nous touche, c'est la manière dont la nature l'a ouvragée et dont l'homme ne fait que révéler la beauté.

— Pour nous, l'artiste parfait est celui dont le moi s'accorde si bien avec le moi divin que Dieu parle à travers lui », sourit le cardinal.

Longtemps, les chrétiens trouvèrent dans la pierre le meilleur moyen de traduire leur foi en un Dieu transcendant, éternel et personnel, en un Dieu qui avait épousé la chair pour lui infuser son esprit. Dans sa matérialité, elle évoquait l'éternité, comme le Verbe incarné, et travaillée par l'homme, elle rappelait que Dieu lui avait donné de poursuivre son œuvre pour manifester sa gloire.

Jésus lui-même ne dit-il pas à Pierre : « Tu es Pierre et sur cette pierre, je bâtirai mon Église » (Mt., XVI, 18) ? L'apôtre fila ma métaphore : « Approchez-vous de lui : il est la pierre vivante rejetée par les hommes, mais choisie et précieuse devant Dieu. Vous aussi, comme pierres vivantes, entrez dans la construction de la demeure spirituelle, pour devenir le sacerdoce saint et présenter des sacrifices spirituels, agréables à Dieu, par Jésus-Christ. » (I P., II, 4-5.)

Paul lui fit écho : « Ainsi donc, vous n'êtes plus des étrangers ni des gens de passage, vous êtes concitoyens des saints, vous êtes membres de la famille de Dieu, car vous avez été intégrés dans la construction qui a pour fondations les Apôtres et les prophètes ; et la pierre angulaire, c'est le Christ Jésus lui-même. En lui, toute la construction s'élève harmonieusement pour devenir un temple saint dans le Seigneur. » (Éph., II, 19-22.)

Le rituel de la consécration d'une église dit bien ce que l'homme peut tirer de la matérialisation de ces métaphores, en attendant le jour où il n'en aura plus besoin, car Dieu sera tout en tous. C'est aussi ce que dit le cardinal romain à mon amie japonaise : « Si vous venez assister à la messe de la Toussaint, vous comprendrez que les pierres de notre Église sont moins celles de marbre, de granit et de travertin que vous voyez, que celles formées par l'ensemble des croyants, morts et vivants, qui forment le corps du Christ. Façonnés par les mains du divin artiste, ce sont eux qui sont voués à la vie éternelle. »

Polychromie

Les cathédrales furent longtemps polychromes. Celles de l'époque paléochrétienne s'ornaient de mosaïques ou de fresques, et la tradition s'en poursuivit jusqu'à l'époque romane. En France, l'abside de Saint-Cyr-et-Sainte-Julitte de Nevers présente un beau Christ en majesté du XIIe siècle, et celle de Saint-Lizier un Christ entouré d'apôtres, de scènes de l'Annonciation, de la Visitation, de la Nativité et de l'adoration des mages du XIIIe siècle. Les voûtes de la crypte de Saint-Étienne d'Auxerre sont ornées d'un Christ de l'Apocalypse flanqué d'anges à cheval, et les murs de Notre-Dame du Puy de fresques d'inspiration byzantine.

Joris-Karl Huysmans jugeait inconcevables de tels « tatouages » ou « bariolements de cannibales en démence » sur les cathédrales gothiques, mais si le « grand goût » du XVIIe siècle les passa au badigeon, les restaurations de la fin du XIXe et du XXe les firent ressurgir. Les parties hautes de la nef et du chœur de Notre-Dame d'Amiens étaient peintes en gris avec des joints blancs, et les voûtes en rouge avec des joints blancs. Une restauration récente a restitué des voûtes, des murs et des colonnes ocre avec des joints blancs à Notre-Dame de Chartres, et à Saint-Corentin de Quimper des voûtes ocre rouge à joints blancs, des arcs, des colonnes et des colonnettes ocre jaune et ocre rouge. Non seulement les vitraux ne tuèrent pas la fresque, comme en témoignent les peintures redécouvertes encore récemment à Saint-Pierre de Poitiers et Notre-Dame de Bayeux, mais la peinture s'étendit aux façades.

Les portails des cathédrales de Lausanne, Bordeaux, Toul, Senlis, Reims, Amiens, Bourges et Angers portent des traces de polychromie, et au XVe siècle, l'évêque arménien Pierre Martyr décrivait ainsi celui de Notre-Dame de Paris : « Au-dessus de la porte centrale est le Christ, présidant au Jugement dernier ; il est placé sur un trône d'or et tout garni d'ornements en or plaqué ; devant le Christ sont les Saints Apôtres, les Prophètes et les Patriarches et tous les saints peints de diverses couleurs et ornés d'or. Plus haut est la Sainte Vierge, ornée d'or et peinte de diverses couleurs. » Eugène Viollet-le-Duc compléta sa description : « Les trois portes avec leurs voussures et leurs tympans étaient entièrement peintes et dorées ; les quatre niches reliant ces portes, et contenant quatre statues colossales étaient également peintes. Au-dessus, la galerie des Rois formait une large litre toute colorée et dorée. La peinture, au-dessus de cette litre, ne s'attachait plus qu'aux deux grandes arcades avec fenêtres sous les tours, et à la rose centrale qui étincelait de dorures. La partie supérieure, perdue dans l'atmosphère, était laissée en ton de pierre. »

Tout partisan qu'il fût de la polychromie, il ne voyait en elle qu'un moyen de mettre en valeur une pensée rationnelle. Or tout montre qu'elle visait à faire des cathédrales des corps de gloire. Dans une ville aux couleurs ternes, elles apparaissaient au débouché des ruelles comme des apparitions surnaturelles. La couleur permettait de faire ressortir les portails et favorisait la lisibilité des sculptures. Le Christ ou la Vierge à l'Enfant du trumeau étaient plus vivement peints que les autres. Et à l'intérieur, la peinture et les vitraux s'harmonisaient pour introduire dans un espace transfiguré. La peinture des voûtes et des colonnes dilatait l'espace, tout en rythmant la marche vers l'autel, et les faux parements des murs faisaient ressortir les images des vitraux et des statues.

« Les couleurs les plus choisies des peintures, la belle transparence des fenêtres qui scintillent de toutes parts, les plus beaux vêtements des autels, les mérites merveilleux des sanctuaires, le travail figuré des reliquaires ornés de pierreries aux couleurs éblouissantes confèrent une telle beauté à cette maison de prière qu'on se croit ravi au ciel, dans l'une des meilleures chambres du paradis », écrit Jean de Jandun à propos de la Sainte-Chapelle, au XVe siècle. Ses mots rappellent ceux de Suger, aux yeux de la variété des couleurs et des matières unifiées par la lumière « donne aux fidèles un avant-goût du ciel ».

Hugues de Saint-Victor estimait que la couleur ajoutait à la splendeur de la nature et suscitait l'émerveillement devant la sagesse du Créateur, qui avait « réussi à faire sortir tant de beautés colorées de la poussière de la terre ». Et Guillaume d'Auvergne comparait l'âme à un don de Dieu, qu'il fallait parer de belles actions, comme on recouvrait les statues de couleurs harmonieuses.

Les diatribes de saint Bernard sur les « enjolivures coûteuses » et les « peintures indiscrètes » montrent que cette esthétique n'était pas partagée par tous. Ce courant ascétique finit par triompher chez les protestants et les classiques. Après un renouveau dont témoignent les décors d'Eugène Viollet-le-Duc, à Paris, mais aussi de Yan' Dargent, à Quimper, et des frères Ceroni, à Lavaur, au XIXe siècle, la blancheur règne à nouveau dans les cathédrales.

Sans doute ce dépouillement correspond-il au besoin de se purifier le regard, dans un monde où prolifèrent la couleur et les images, dans un rapport inverse de celui du Moyen Âge, mais le succès populaire des son et lumière devrait faire réfléchir à la persistance de la dichotomie entre un courant élitiste, partisan de la monochromie, et un courant populaire, amateur de polychromie. Saint Bernard lui-même ne distinguait-il pas les abbatiales, destinées aux moines, des cathédrales, qui s'adressaient aux simples comme aux sages ? Dans ces dernières, il admettait que les parures de la matière puissent être un encouragement sur la voie spirituelle.

Polyphonie

« J'ignore pourquoi, mais la vue d'une cathédrale m'émeut étrangement. Cela vient-il de ce que la musique est une architecture de sons, ou l'architecture est-elle de la musique cristallisée ? Je ne sais, mais certes il existe entre ces deux arts une parenté étroite », écrit Franz Liszt. Igor Stravinski lui fait écho : « On ne saurait mieux préciser la sensation produite par la musique qu'en l'identifiant avec celle que provoque en nous la contemplation du jeu des formes architecturales. » Constructions de l'espace et du temps sont liées. Aussi n'est-il pas étonnant que l'on associe l'essor de la polyphonie à celui de l'architecture gothique. Mais quelle est la pertinence de cette association ?

Jusqu'au XIIe siècle, le plain-chant grégorien régnait en maître dans les cathédrales. Ses origines sont assez mystérieuses pour que Damien Poisblaud, directeur de l'ensemble Les Chantres du Thoronet, puisse les faire remonter aux jours qui séparent Pâques de l'Ascension : « Au matin de Pâques, le monde se réveillait lavé de la mort et du péché. Il n'y avait encore ni *Credo* ni conciles, seulement un frisson qui traversait tous ceux qui apprenaient la nouvelle, les femmes et les disciples, frisson face au pressentiment que le monde venait d'être refait à neuf et que quelque chose d'inimaginablement grand venait d'arriver.

« La terre avait déjà tremblé au moment de la mort de Jésus, des tombes s'étaient ouvertes, des morts avaient ressuscité. On s'agitait, mais tout était déjà là, les anges, les linges ; sauf Lui, qui n'était plus ici. Et les femmes embaumaient les rues de Jérusalem de leurs vases trop pleins, courant vers un corps déjà reparti vivant. À cette heure du jour, leur foi n'était encore que frémissement de l'âme devant le Mystère. Nulle part on ne voyait le Maître, partout on sentait sa présence. Le parfum était devenu sans objet, il était lui-même devenu l'objet : partout l'air sentait le Ressuscité.

« Alors, il fallait bien que ce précieux parfum fût confié à quelqu'un, pour que l'on continue de rêver dans la nuit des temps, avec les vraies odeurs de la Résurrection, avec les vraies couleurs de l'aurore pascale. Et c'est de ce parfum pascal que sont remplis les vases de toutes nos cantilènes grégoriennes, aux sonorités d'un autre monde, que l'Église porte avec fierté depuis des siècles, parce qu'il sent le Christ, parce que c'est lui qui était là au moment de cueillir les toutes premières sensations de la Résurrection, celles qui fusèrent dans les poitrines, là où les cœurs, incandescents, pressentaient le divin, juste au seuil de la foi. »

Plus communément, les historiens en attribuent la paternité au pape Grégoire le Grand, qu'une enluminure représente en train de composer l'*Introït* du premier dimanche de l'avent, avec la colombe de l'Esprit saint perchée sur l'épaule. Bien que son rôle dût se limiter à ordonner le répertoire existant, cette image dit bien la spécificité de ce chant, qui est de se développer organiquement à partir des paroles divines qui le composent, de la sonorité et de l'accent de ses mots en latin, des rimes et du mouvement de ses phrases, saisis de l'intérieur par le mélode et redéployés à l'extérieur, sous l'action de l'Esprit saint. Leur temps n'est pas un temps mesuré, imposé arbitrairement, mais un temps vivant. À la fin de l'époque romane, les lignes pleines et pures de l'architecture des églises étaient conçues pour lui faire écho.

C'est en écoutant chanter Damien Poisblaud, à l'abbaye du Thoronet, que j'en ai pris conscience : à une époque où l'on accordait plus d'importance à l'ouïe qu'à la vue dans l'appréhension des réalités divines et où l'oralité jouait un plus grand rôle que l'écrit dans la transmission du chant, l'architecture de pierre était conçue pour magnifier celle du Verbe. Quand il voulut retrouver les accents perdus du chant grégorien, Damien Poisblaud prit d'ailleurs pour maître l'abbatiale elle-même. Lorsqu'on y chante, au départ, c'est toute une ascèse : il faut rassembler en soi son esprit et ses sens, faire corps avec la pierre et trouver le juste rapport entre l'intensité et la durée pour donner à une mélodie la résonance qu'elle appelle. Un plain-chant sobre y libère en plénitude les harmoniques de chaque note et laisse entendre les principaux degrés du chant pendant sa durée. Par le simple fait de respecter les lois fondamentales des corps sonores, les voix s'accordent à l'harmonie cosmique et manifestent non seulement la présence du Verbe venu racheter le temps, mais aussi celle de Celui qui de toute éternité l'engendre.

Ce chant génère naturellement des effets polyphoniques, qui furent de plus en plus recherchés à partir du IXe et surtout du XIIe siècle. À Saint-Martial de Limoges, Saint-Jacques de Compostelle, Notre-Dame de Chartres, Saint-Étienne de Sens, Notre-Dame de Noyon, Notre-Dame d'Amiens, Notre-Dame de Cambrai et Saint-Étienne de Beauvais, on développa l'art de combiner des sons simultanés appelé « organum ». Il fut jugé si séduisant qu'il fut adopté, de la chapelle pontificale à la chapelle royale d'Angleterre, pour donner plus de faste à certaines cérémonies. Mais c'est surtout à Notre-Dame de Paris qu'il frappa par la virtuosité de ses interprètes, la splendeur de ses compositions et l'audace de ses scribes, qui les consignèrent pour la première fois dans une notation mesurée.

Le cas de l'école de Notre-Dame est d'autant plus frappant, rétrospectivement, qu'il montre comment le chant polyphonique se développa à mesure que la cathédrale s'élevait : la construction du chœur débuta en 1163, date à laquelle officiait maître Albert. Léonin lui succéda, puis Pérotin, qui développèrent l'organum, le déchant et le motet. Leur travail de complexification du chant trouva un vecteur formidable dans l'écriture musicale. La naissance de la polyphonie fit apparaître la nécessité de soumettre les chanteurs, qui entonnaient des mélodies, voire des textes différents, à une même mesure de temps. Quand fut inventée la notation musicale sur des portées de quatre ou cinq lignes, elle remplaça les neumes, qui se contentaient d'indiquer le mouvement ondulatoire de la voix. La notation proportionnelle était née, et avec elle le temps mesuré.

Eugène Viollet-le-Duc souligna la parenté entre la musique de cette époque, qui s'appuyait sur le développement de l'arithmétique et de l'écriture musicale, et celle de l'architecture, stimulée par le développement de la géométrie et du dessin : « S'il est deux arts qui peuvent être comparés, ce sont certainement la musique et l'architecture ; ils s'expliquent l'un par l'autre ; ils ne procèdent ni l'un ni l'autre de l'imitation de la nature ; ils créent. Pour créer, il faut calculer, prévoir, construire. Le musicien qui seul, sans instruments, sans articuler un son, entend, la plume à la main et le papier réglé devant lui, la composition harmonique la plus compliquée, qui calcule et combine l'effet des sons simultanés ; l'architecte qui, à l'aide d'un compas et d'un crayon, trace des projections sur sa planchette, et voit, dans ces tracés géométriques et dans des chiffres, tout un monument, les effets des pleins et des vides, de la lumière et des ombres ; qui prévoit, sans avoir besoin de les peindre, les mille moyens d'élever ce qu'il conçoit ; tous deux, musicien et architecte, sont bien forcés de soumettre l'inspiration au calcul. Les peuples primitifs trouvent tous des mélodies ; c'est la création d'instinct, l'épanchement extérieur par les sons d'un sentiment ; mais à notre civilisation moderne seule appartient l'harmonie ; c'est la création voulue, préméditée, calculée, raisonnée de l'homme qui est tourmenté par l'éternel “Pourquoi ?” qui cherche, travaille, et veut, en produisant un effet, en obtenant un résultat, que son labeur paraisse, qu'on apprécie les efforts de sa raison et la science qu'il lui a fallu déployer pour créer... Vanité !... Soit ; mais plus l'homme mordra au fruit de l'arbre de la science, plus sa vanité croîtra. »

Erwin Panofsky prolongea sa réflexion en expliquant que, comme en architecture « était réconcilié l'idéal d'une progression uniforme d'Est en Ouest avec les idéaux de transparence et de verticalité, les polyphonies à trois et quatre voix concilient l'ancien dessin mélodique et les nouvelles exigences de clarté et de verticalité ». Il s'attacha à montrer comment l'organisation tripartite des compositions musicales était un principe constructif de l'architecture gothique qui prévoyait « une nef tripartite, un transept également tripartite qui se fond dans l'avant-chœur quinquepartite [...] avec, en plan, pour la nef, des voûtes barlongues et quadripartites et, en élévation, la succession triadique des grandes arcades du triforium et des fenêtres – et de nombreuses tours ».

Mais au-delà de ces assertions séduisantes, une étude resterait à mener sur la nature exacte de ces correspondances. Prenant le cas de Guillaume de Machaut, chanoine de Notre-Dame de Reims après avoir été poète à la cour de plusieurs rois, Anne Walters Robertson écrit dans *Reims, la grâce d'une cathédrale*, que « toutes les compositions polyphoniques basées sur le chant grégorien – vingt-trois motets à trois ou quatre voix, un hoquet à quatre voix et la mise en musique de l'Ordinaire de la messe pour quatre voix – portent l'empreinte rémoise, de même que son rondeau *Ma fin est mon commencement* ». La composition de ce dernier s'inspirerait du labyrinthe de la cathédrale : « Le morceau se présente comme une double construction rétrograde, reproduisant le caractère récursif du labyrinthe. La partition de la voix la plus haute, chantée à rebours, donne la voix du milieu, tandis que la voix la plus basse avance vers le centre puis revient en arrière jusqu'à la fin. »

À propos de sa *Messe de Notre-Dame*, première messe polyphonique à avoir été composée par un auteur unique et identifié vers 1360, Émile Vuillermoz affirme : « Les audacieuses superpositions de sons qu'elle nous propose ne sont pas toujours créées par les points de contact de plusieurs mélodies entrelacées, comme dans le motet ou le conduit, mais par la volonté très nette d'édifier des piliers sonores, des accords déterminés. L'analyse verticale cherche à se substituer à l'horizontale dans la grammaire des sons. C'est un événement considérable. Les lois de l'harmonie tendent à se dégager de l'écriture contrapuntique et à conquérir leur indépendance. » Y aurait-il un lien entre la verticalité des cathédrales gothiques et celle de l'écriture polyphonique ? La réponse est moins évidente qu'il n'y paraît.

Si l'on étudie le cas de Guillaume Dufay, l'écriture polyphonique se prête aussi bien aux formes des basiliques de la Renaissance italienne. Attaché à la chapelle pontificale de 1428 à 1437, il composa pour l'inauguration du dôme de Florence le *Nuper rosarum flores*. Selon David Fallows, cette pièce est construite « sur deux voix inférieures exposées quatre fois à des vitesses différentes et selon des longueurs proportionnelles : 6 : 4 : 2 : 3 – ce qui correspond aux proportions de la nef, de la croisée, de l'abside et de la hauteur de la coupole de la cathédrale. Le fait que ces deux voix utilisent la même mélodie – l'*Introït* pour la dédicace d'une église – à deux niveaux de tonalité et avec des rythmes s'interpénétrant symbolise l'exploit architectural de Brunelleschi : une calotte intérieure encastrée sur une calotte supérieure. Ainsi, de la même façon que nous sommes séduits par la beauté des formes extérieures du dôme, l'effet musical du motet parvient à son effet musical maximum dans les lignes des voies supérieures ».

Portes et portails

Qu'elles introduisent dans une ville, un palais ou un temple, les portes sont considérées, depuis la plus haute antiquité, comme des lieux de passage d'un monde à un autre. En Égypte, le dieu solaire Râ traversait, chaque soir, sur sa barque, douze portes correspondant aux douze heures de la nuit, avant de reparaître au matin. Le Livre des Portes décrivait le cheminement des morts de la terre à l'au-delà. À Babylone, la porte d'Ishtar était gardée par une armée de lions et de taureaux, et celle de Jérusalem était d'or. Avec l'avènement du christianisme, les portes devinrent le symbole d'une personne : « Moi, je suis la porte. Si quelqu'un entre en passant par moi, il sera sauvé » (Jn, X, 9), dit Jésus dans l'Évangile de Jean. Comment, après une telle assertion, les chrétiens n'auraient-ils pas cherché à orner, avec tout l'art dont ils étaient capables, les portes de leurs églises ?

Constantinople garda longtemps le secret des panneaux d'airain niellés d'argent ou couverts de scènes en relief, qui s'ouvrent comme des évangéliaires. Il en subsiste à Amalfi et à Salerne, qui datent du XIe siècle. Les scènes bibliques qui y figurent ont pris une couleur vert-de-gris avec le temps. Elles n'étincellent plus comme le voulaient leurs commanditaires, mais elles miroitent comme la surface de la mer au soleil et font affleurer à l'extérieur la présence qui se trouve à l'intérieur. À la même époque, l'évêque Bernward de Hildesheim, voulant imiter les portes constantiniennes de Saint-Pierre de Rome, fit couler dans le bronze l'histoire du salut, en s'inspirant de manuscrits ottoniens.

Au XIIe siècle, Bonanno Pisano conçut pour les cathédrales de Pise et de Monreale, des portes en bronze ornées de scènes de l'Ancien et du Nouveau Testament.

Encadrées d'or, elles s'ouvrent sur une vision du Christ pantocrator qui s'élève dans l'abside. Au XIIIe siècle, maître Buvina, à Split, s'inspira d'ivoires byzantins et de manuscrits romans pour orner de scènes de la vie de Jésus, de rinceaux, d'animaux et de personnages picorant des grains de raisin les portes de Saint-Domnius. De tels modèles inspirèrent encore Andrea Pisano et Lorenzo Ghiberti pour les portes du baptistère de Florence, aux XIVe et XVe siècles.

En France, l'intérêt nouveau porté à l'éducation des laïcs par les prélats de la réforme grégorienne entraîna le développement de programmes sculptés au-delà des portes. À Saint-Denis, en 1140, Suger fit graver sur les portes en bronze dorées de sa basilique huit vers appelant à ne pas s'arrêter à leur beauté, mais à se laisser conduire par elles vers la « vraie lumière dont le Christ est la vraie porte ». Tout en reprenant l'antique tradition des portes en bronze, il étendit leur décor aux voussures et au tympan. Dans les ébrasements, les rois, les reines et les prophètes de l'Ancien Testament, qui avaient prié avec ardeur pour voir s'ouvrir « les portes de justice », côtoyaient les apôtres, qui les avaient vues s'ouvrir de leur vivant. De Notre-Dame de Chartres à Notre-Dame de Reims, la statuaire ne cessa de s'étendre pour illustrer la vie du Dieu fait homme pour que l'homme devienne Dieu.

C'est pendant la messe du dimanche des Rameaux que la symbolique des portes apparaît dans toute sa force. Sur le parvis, le prêtre invite à accompagner Jésus lors de son entrée en gloire à Jérusalem. À Saint-Trophime d'Arles et Notre-Dame de Reims, où les vestiges antiques étaient nombreux, les architectes empruntèrent aux arcs triomphaux des Romains pour traduire cette atmosphère glorieuse. Mais dès que la porte se referme, c'est la pierre de son tombeau qu'on roule. « Les étendards du roi s'avancent, qu'il resplendisse le mystère de la Croix », dit la *Vexilla Regis* chantée pendant la procession dans la nef.

Il faudra attendre le troisième jour pour que Jésus brise la porte de la mort. En chemin, il foulera celle de l'enfer et en délivrera Adam et Ève. Puis leur ouvrira les portes du paradis. Sur une fresque de Santa Maria Novella, à Florence, les élus cheminent parallèlement aux fidèles, au-dessus de la cathédrale.

Dans un jeu de miroirs qui vous est désormais familier, la porte désigne également le cœur de chacun : « De même que tu entres dans cette église, Dieu veut entrer dans ton âme », dit saint Césaire d'Arles ; et Dieu lui-même, dans le Livre de l'Apocalypse : « Voici que je me tiens à la porte, et je frappe. Si quelqu'un entend ma voix et ouvre la porte, j'entrerai chez lui ; je prendrai mon repas avec lui, et lui avec moi. » (Ap., III, 20.)

Proust, Marcel (1871-1922)

Le 16 août 1904, Marcel Proust publie dans *Le Figaro* un article sur « la mort des cathédrales ». À la veille du vote de la loi sur la séparation de l'Église et de l'État, Aristide Briand vient de proposer de désaffecter certaines cathédrales pour les transformer en musées. « On peut dire aux églises ce que Jésus disait à ses disciples : "Excepté si l'on continue à manger la chair du fils de l'homme et à boire son sang. Il n'y a plus de vie en vous" (Jn, VI, 55), ces paroles un peu mystérieuses, mais si profondes du Sauveur devenant, dans cette acception nouvelle, un axiome d'esthétique et d'architecture. Quand le sacrifice de la chair et du sang du Christ, le sacrifice de la messe, ne sera plus célébré dans les églises, il n'y aura plus de vie en elles. La liturgie catholique ne fait qu'un avec l'architecture et la sculpture de nos cathédrales. [...] On peut dire que grâce à la persistance dans l'Église catholique des mêmes rites et, d'autre part, de la croyance catholique dans le cœur des Français, les cathédrales ne sont pas seulement les plus beaux monuments de notre art, mais les seuls qui vivent encore leur vie intégrale, qui soient restés en rapport avec le but pour lequel ils furent construits. »

De telles paroles ne surprendront guère ceux qui savent que Marcel Proust a envisagé, entre sa quinzième et sa vingt-deuxième année, d'entrer au séminaire. S'il finit par y renoncer, son regard sur les cathédrales ne sera jamais celui d'un esthète. « On peut dire qu'une représentation de Wagner à Bayreuth est peu de chose auprès de la célébration de la grand-messe dans la cathédrale de Chartres. [...] Devant cette réalisation artistique, la plus complète qui fût jamais puisque tous les arts y collaborèrent, du plus grand rêve auquel se soit jamais élevée l'humanité, on peut rêver de bien des manières, et la demeure est assez grande pour que nous y puissions tous trouver place. [...] Ce qui importe, c'est qu'elle reste vivante et que du jour au lendemain la France ne soit pas transformée en une grève desséchée où de géants coquillages ciselés sembleraient comme échoués, vidés de la vie qui les habita, et n'apportant même plus à l'oreille qui se pencherait sur eux la vague rumeur d'autrefois, simples pièces de musée, musées glacés elles-mêmes. »

Il a trente-trois ans, soit l'âge d'une mort et d'une résurrection, celle-ci dût-elle passer par une perte de la foi, après la mort de sa mère, en 1905. Connu jusque-là comme chroniqueur mondain, Marcel Proust se veut plus que cela. En traduisant *La Bible d'Amiens* de John Ruskin, il a pris conscience qu'il avait perdu beaucoup de temps.

« Travaillez pendant que vous avez encore la lumière », écrit le critique d'art en citant saint Jean. L'injonction l'a tellement frappé qu'il a décidé d'entreprendre son cycle : *À la recherche du temps perdu.*

La cathédrale est alors pour lui un symbole et un modèle de construction. Enfant, quand il passait ses vacances à Illiers, Notre-Dame de Chartres se profilait à l'horizon. Sa grand-tante lui avait offert une reproduction de sa peinture par Corot. Dès le premier volume de son « œuvre-cathédrale », comme la qualifie Jean-Yves Tadié, il la cite nommément. Combinée à d'autres cathédrales, visitées dans les pas de John Ruskin, sur les conseils d'Émile Mâle ou à travers les pages d'Eugène Viollet-le-Duc, elle donne naissance à l'église imaginaire de Saint-André-des-Champs, dans *Du côté de chez Swann.* « Sur la droite, on apercevait par-delà les blés les deux clochers ciselés et rustiques de Saint-André-des-Champs, eux-mêmes effilés, écailleux, imbriqués d'alvéoles, guillochés, jaunissants et grumeleux, comme deux épis. [...] Souvent aussi nous allions nous abriter, pêle-mêle avec les saints et les patriarches de pierre sous le porche de Saint-André-des-Champs. Que cette église était française ! Au-dessus de la porte, les saints, les rois-chevaliers une fleur de lys à la main, des scènes de noces et de funérailles, étaient représentés comme ils pouvaient l'être dans l'âme de Françoise. »

Choqué par la destruction de Notre-Dame de Reims par les Allemands en 1914, Marcel Proust rapproche Illiers-Combray de la ligne de front et rebaptise la ville de Chartres, Laon ou Reims, dans sa réédition de 1919. La même année, il écrit à Jean de Gaigneron : « Quand vous me parlez de cathédrales, je ne peux pas ne pas être ému d'une intuition qui vous permet de deviner ce que je n'ai jamais dit à personne et que j'écris ici pour la première fois : c'est que j'avais voulu donner à chaque partie de mon livre le titre : Porche I, Vitraux de l'abside, etc., pour répondre d'avance à la critique stupide qu'on me fait du manque de construction dans des livres où je vous montrerai que le seul mérite est dans la solidité des moindres parties. J'ai renoncé tout de suite à ces titres d'architecture parce que je les trouvais trop prétentieux. »

Qui a déjà entrepris une œuvre romanesque sait que son sens s'élucide à mesure qu'elle se crée autant qu'il lui préexiste. Comme les cathédrales qui accumulent les styles, *À la recherche du temps perdu* accumule les strates d'écriture. Une fois franchi le parvis du sommeil, dans le premier volume, on découvre les lieux et les personnages sur les portails. L'action du cycle se déroule principalement quand le narrateur a entre quinze et vingt-deux ans, l'âge de l'auteur quand il cherchait sa vocation. On le suit dans la nef où, souhaitant devenir écrivain, il se fraye un chemin dans les milieux du faubourg Saint-Germain. Une série de vitraux brosse le portrait d'une société où la bourgeoisie mime les us et coutumes de la noblesse, alors que celle-ci renonce à sa supériorité pour s'embourgeoiser. De chapelle en chapelle, il découvre l'amour ou croit le découvrir, puis le perd avec Albertine.

Dans *Le Temps retrouvé*, que Marcel Proust songe à intituler *L'Adoration perpétuelle*, on débouche dans l'abside : le narrateur traverse une crise et renonce à l'écriture, comme l'auteur lorsqu'il avait renoncé à la prêtrise. Mais en butant sur un pavé, il comprend par une réminiscence que la mémoire peut faire revivre un instant du passé « débarrassé de ce qu'il y a d'imparfait ». Convaincu que l'écriture est un moyen de l'éterniser, il est prêt à créer une œuvre, comme Marcel Proust vient de le faire en mettant un point final à son cycle.

Quand il meurt, quelques semaines plus tard, le 18 novembre 1922, sa vie s'achève sur une première résurrection, celle des instants de sa vie qui méritaient d'être éternisés. « Les paroles du génie peuvent aussi bien que le ciseau donner aux choses une forme immortelle », écrit-il de John Ruskin, et dans sa préface à *La Bible d'Amiens*, il donne la clef de sa démarche en racontant une visite à Notre-Dame de Rouen, en quête d'une figure sculptée décrite par le critique d'art, le 21 janvier 1900 : « Elle ne mesure pas dix centimètres. Elle est effritée, et pourtant c'est son regard encore, la pierre garde le trou qui relève la pupille et lui donne cette expression qui me l'a fait reconnaître. L'artiste mort depuis des siècles a laissé là, entre des milliers d'autres, cette petite personne qui meurt un peu chaque jour, et qui était morte depuis bien longtemps, perdue au milieu de la foule des autres, à jamais.

« Mais il l'avait mise là. Un jour, un homme pour qui il n'y a pas de mort, pour qui il n'y a pas d'infini matériel, pas d'oubli, un homme qui, jetant loin de lui ce néant qui nous opprime pour aller à des buts qui dominent sa vie, si nombreux qu'il ne pourra pas tous les atteindre alors que nous paraissions en manquer, cet homme est venu, et, dans ces vagues de pierre où chaque écume dentelée paraissait ressembler aux autres, voyant là toutes les lois de la vie, toutes les pensées de l'âme, les nommant de leur nom, il dit : "Voyez, c'est ceci, c'est cela." Tel qu'au jour du Jugement, qui non loin de là est figuré, il fait entendre en ses paroles comme la trompette de l'archange et il dit : "Ceux qui ont vécu vivront, la matière n'est rien."

« Et, en effet, telle que les morts que non loin le tympan figure réveillés à la trompette de l'archange, soulevés, ayant repris leur forme, reconnaissables, vivants, voici que la petite figure a revécu et retrouvé son regard, et le Juge a dit : "Tu as vécu, tu vivras." Pour lui, il n'est pas un juge immortel, son corps mourra ; mais qu'importe ! comme s'il ne devait pas mourir, il accomplit sa tâche immortelle, ne s'occupant pas de la grandeur de la chose qui occupe son temps et, n'ayant qu'une vie humaine à vivre, il passe plusieurs jours devant l'une des dix mille figures d'une église. Il l'a dessinée.

« Elle correspondait pour lui à ces idées qui agitaient sa cervelle, insoucieuse de la vieillesse prochaine. Il l'a dessinée, il en a parlé. Et la petite figure inoffensive et monstrueuse aura ressuscité, contre toute espérance, de cette mort qui semble plus totale que les autres, qui est la disparition au sein de l'infini du nombre et sous le nivellement des ressemblances, mais d'où le génie a tôt fait de nous tirer aussi. En la retrouvant là, on ne peut s'empêcher d'être touché. Elle semble vivre et regarder, ou plutôt avoir été prise par la mort dans son regard même, comme les Pompéiens dont le geste demeure interrompu. Et c'est une pensée du sculpteur, en effet, qui a été saisie ici dans son geste par l'immobilité de la pierre. J'ai été touché en la retrouvant là ; rien ne meurt donc de ce qui a vécu, pas plus la pensée du sculpteur que la pensée de Ruskin. »

Ce qu'il écrit de son œuvre vaut désormais pour la sienne. Après l'avoir vu sur son lit de mort, Jean Cocteau racontera en 1938 dans « La leçon des cathédrales » : « Peu à peu la chambre s'évanouissait, la pile mouvante des feuilles, seule, grandissait, grandissait ; ses barbes dentelées, ses angles, ses cornes devenaient une dentelle innombrable de murailles, d'arches, de rosaces, de voûtes, de niches, de flèches, de toitures. Une cathédrale de papier (et je me souviens d'avoir vu la cathédrale de Reims s'effondrant, tonnant, flambant, couronnant la cathédrale morte d'une cathédrale fantôme de fumée) d'où la recherche du temps perdu s'élevait et bâtissait en l'air une nef dont Albertine serait l'ange au sourire détruit, et les autres, les saints, les damnés et les gargouilles. »

Dans les rudes montagnes du Velay, dominant la ville de sa silhouette en pierre de lave, Notre-Dame du Puy est un des monuments les plus singuliers du monde chrétien. Avec ses mâchicoulis, sa polychromie carolingienne et ses coupoles byzantines qui flottent sur des masses romanes, elle semble venue d'un pays de rêve se poser sur un volcan assoupi, mais c'est en lui qu'elle puise sa puissance tellurique. En gravissant l'escalier qui y mène, surnommé « l'escalier du ventre », car il débouche dans une nef obscure, gris sombre tendant au rouge sang, où baigne une lumière mystérieuse, on a le sentiment d'entreprendre un long voyage au cours duquel montée au ciel et descente dans les entrailles de la Terre se confondent.

Les cathédrales furent souvent construites à l'emplacement d'anciens temples dédiés à d'autres cultes auxquels ils empruntaient des formes et des matériaux. L'exemple le plus célèbre est celui de la cathédrale de Cordoue, venue se fondre, après la Reconquista, dans une mosquée construite à partir de colonnes ayant appartenu à une église wisigothique, et avant elle à un temple romain. On peut regretter avec Charles Quint que des réaménagements gothico-baroques soient venus rompre la perspective d'ensemble de ce joyau de l'art omeyyade. Ils n'en traduisent pas moins une idée puissante : en prenant chair, Dieu a épousé le temps et la matière pour les ramener à l'éternité. Des semences de sa présence peuvent résider dans toutes les civilisations, antérieures ou postérieures à la Révélation et, ressaisies en lui, toutes peuvent lui rendre gloire.

Certaines cathédrales nous font voyager loin dans l'espace et le temps. À Mexico, elle fut construite, au XVIe siècle, à l'emplacement d'un temple aztèque. À Syracuse, derrière sa façade baroque, elle arbore les colonnes doriques d'un temple grec dédié à Athéna. À Notre-Dame de Paris, des fouilles entreprises à l'occasion de la réalisation du Vœu de Louis XIII révélèrent la présence d'un pilier offert par les bateliers de la Seine à l'empereur Tibère, où se mêlent représentations des dieux celtiques et romains. À l'angle de la façade occidentale de Saint-Julien du Mans se dresse une pierre druidique, surnommée la « pierre au lait » – la pierre lée ou la pierre levée –, où les fidèles plaçaient leur pouce dans une cavité pour se concilier la faveur divine. À Notre-Dame de Chartres, un puits de la même époque fut retrouvé dans la crypte, et l'on disait qu'une figure de jeune femme ou de déesse-mère y était vénérée dans une grotte, sous le nom de « Vierge devant enfanter ».

À Notre-Dame du Puy, la légende fait si bien corps avec la pierre qu'on a le sentiment de remonter plus loin encore et d'assister à la gestation du Divin dans les entrailles de la Terre. Sur le mont Anis, au centre d'un immense cratère, se trouvait une pierre basaltique, noire comme la nuit, vénérée depuis des temps immémoriaux. Sa puissance d'attraction était telle que les premiers chrétiens la sanctifièrent. À la fin du IIIe siècle, une vieille femme souffrant de fièvres malignes eut une apparition de la Mère de Dieu. Celle-ci lui dit : « Lève-toi, ma fille, de ce lit où tu ne saurais retrouver la santé, et va la chercher sur le mont Anis où elle te sera rendue. » Après s'être fait porter jusqu'au sommet du mont Anis, la vieille femme s'allongea sur la pierre et, quand elle s'en releva, elle était guérie. « La Reine du Ciel a choisi ce lieu pour en faire son domaine, y recevoir des prières et les exaucer », lui dit alors un ange. Averti de cette requête, l'évêque de Saint-Paulien, où se trouvait le siège du diocèse, se rendit sur place. En plein mois de juillet, le sol était recouvert de neige. Un cerf y traça en courant les limites du futur sanctuaire. L'évêque le fit délimiter par des branches d'épineux qui fleurirent le lendemain.

La Mère de Dieu dut cependant attendre un siècle et une nouvelle guérison miraculeuse avant de voir son sanctuaire bâti. L'évêque Évode y fit transférer le siège de son diocèse, et quand il prit le chemin de Rome pour demander sa consécration au pape, deux vieillards l'arrêtèrent : « Nous vous précéderons et vaquerons à tout. » De retour dans sa cathédrale, la lumière brillait et les cloches sonnaient à toute volée : des anges étaient en train de la consacrer. Il n'en fallait pas moins pour faire de Notre-Dame du Puy non seulement le plus ancien lieu de culte marial en France – ce en quoi Notre-Dame de Chartres pouvait encore rivaliser avec elle –, mais un lieu saint depuis l'origine.

Des légendes du XIe et du XVIe siècle s'entrelacent dans ce récit, et qu'importe si les rares documents dont nous disposons ne mentionnent pas Évode, mais Scutaire, comme bâtisseur de la cathédrale, entre 415 et 430 : à Notre-Dame du Puy, la légende et l'histoire se façonnent mutuellement pour faire accoucher les cœurs d'un mystère qui les transcende. Ce qui compte, si l'on s'attache au fil invisible des événements, c'est que la pierre noire, appelée désormais « pierre des fièvres » ou « des apparitions », fut placée au pied du maître-autel, à côté d'une statue de la Vierge, et que le pouvoir de l'une devint indissociable de celui de l'autre.

Toutes deux firent l'objet d'un pèlerinage, si bien qu'au début du XIIe siècle il fallut agrandir la nef pour accueillir les foules. C'est alors que Notre-Dame du Puy prit les formes que nous lui connaissons. Des formes d'autant plus singulières qu'à la même époque, dans le nord de la France, on lançait les premières cathédrales gothiques à l'assaut du ciel. Répondant à sa vocation et puisant librement dans le répertoire des formes du passé, maître d'ouvrage et maître d'œuvre se surpassèrent pour traduire dans la pierre l'assimilation des entrailles de la Terre au sein maternel de la Vierge. Le défi n'en était pas moins technique : le roc étant trop étroit pour accueillir une nef plus grande, il fallait lancer quatre travées au-dessus du vide. Mais à l'arrivée, les piliers de la porte céleste soutiennent une nef si large qu'elle en paraît basse, et si obscure, avec ses murs en pierre de lave et ses baies étroites, que la lumière y conserve tout son mystère. Il m'a fallu y rester longtemps et abandonner tout esprit de curiosité pour le comprendre : jamais, dans cette cathédrale, le mystère ne s'éclaircit. Il grandit à l'intérieur de chacun à mesure que les yeux de son cœur se dilatent.

« Comment un homme peut-il naître quand il est vieux ? Peut-il entrer une seconde fois dans le sein de sa mère et renaître ? », demandait Nicodème à Jésus. Celui-ci lui répondit : « Amen, amen, je te le dis : personne, à moins de naître de l'eau et de l'Esprit, ne peut entrer dans le royaume de Dieu. [...] Ne sois pas étonné si je t'ai dit : il vous faut naître d'en haut. » (Jn, III, 4-6.) Bède le Vénérable et Raban Maur associèrent le Saint-Sépulcre à l'utérus de la Vierge, établissant un lien entre la mise au monde virginale de Jésus et sa sortie du tombeau inviolé. Pierre Damien fit un parallèle entre l'autel de la Vierge et celui de la Croix, la naissance à la vie d'en bas et la naissance à la vie d'en haut. Les sermons du XIIIe siècle se font l'écho de telles considérations, et c'est encore elles qui inspirèrent l'institution d'un jubilé chaque 25 mars, jour de l'Annonciation, qui coïncidait avec le Vendredi saint. Tout le génie des architectes de Notre-Dame du Puy fut de prédisposer les cœurs à de telles profondeurs spirituelles.

On ne compte plus les pèlerins qui s'y rendirent. Jusqu'à la Révolution, on pouvait voir, à côté des béquilles de miraculés qui jonchaient le sol de la nef, des reliquaires offerts par les grands de ce monde. Charlemagne s'y rendit deux fois et, la seconde, en repartit avec son évêque, Rorice, pour réduire les musulmans des Pyrénées. Eudes confia à Notre-Dame du Puy son royaume menacé par les Normands, en 892, Louis VII avant de partir pour la deuxième croisade, en 1146, Philippe Auguste avant de partir pour la troisième, en 1183, et Charles VII quand les Anglais menaçaient de franchir la Loire, en 1420. Le douzième jubilé du Puy, en 1429, fut un véritable pèlerinage national. Jeanne d'Arc y accordait tant d'importance que, retenue à Poitiers avec le roi, elle y envoya sa mère et ses frères. Quelques semaines plus tard, elle délivrait Orléans. Si Charles VII fut ingrat envers elle, il n'oublia pas la Vierge du Puy, à qui il revint rendre grâce en 1434. Prisonnier après la défaite de Pavie, François Ier s'engagea à faire le pèlerinage s'il retrouvait la liberté, ce qui fut chose faite en 1533.

On vénérait au-dessus du maître-autel une Vierge noire dont la couleur, faisant écho à celle de la pierre noire, ainsi que l'origine lointaine ajoutaient à l'aura du lieu. Avait-elle été rapportée d'Égypte par Saint Louis, au retour de la septième croisade ? Elle ne ressemblait, en tout cas, à aucune Vierge noire présente dans le Velay à l'époque romane. Lorsqu'il fut autorisé à l'examiner, en 1778, le géologue Barthélemy Faujas de Saint-Fond la décrivit ainsi : « La statue est en cèdre et paraît très ancienne, mais voici ce qu'il y a de remarquable : toute la statue est entièrement enveloppée de plusieurs bandes d'une toile assez fine très fortement collée sur le bois. [...] Sur ces toiles collées, on a d'abord jeté une couche de blanc à gouache sur laquelle on a peint à la détrempe les draperies accompagnées d'ornements, de différentes couleurs. [...] La face de la Mère et celle de l'enfant sont d'un noir foncé imitant l'ébène, mais les mains sont peintes en blanc. [...] La forme du visage présente un ovale extrêmement allongé. Les yeux sont constitués de deux portions demi-sphériques d'un verre très commun, ce qui donne à la statue une allure étonnante. [...] Le nez est d'une grosseur et d'une longueur démesurée. La couronne de cuivre qui a la forme d'un casque à oreillettes mobiles est ornée de plusieurs camées antiques. » Des croix qui l'ornaient, semblables aux croix coptes, il conclut à une origine égyptienne. Il penchait même pour une ancienne figure d'Isis, déesse de la Fécondité, souvent représentée avec son fils Horus sur les genoux.

La ferveur qu'elle suscitait était telle que, pendant la Révolution, elle ne fut pas jetée au rebut, comme un vulgaire objet de superstition, mais exécutée en place publique. Arrachée de son autel et dépouillée de ses richesses, elle fut envoyée aux Archives, en janvier 1794. Puis, le 8 juin, jour de la Pentecôte devenu fête de l'Être suprême, le maire, le conseil municipal et les membres du directoire local revinrent la chercher, sous bonne escorte. Ils l'exhibèrent sur une charrette d'éboueurs, à travers les rues de la ville, et arrivés sur la place du Martouret, ils lui tranchèrent le nez et la placèrent sur un bûcher. C'est alors que, comme dans une nouvelle d'Edgar Poe ou de Théophile Gautier, nous eussions pu connaître son secret : tandis qu'un soldat la retournait avec une barre de fer pour qu'elle brûlât bien des deux côtés, les bandelettes qui l'entouraient se consumèrent. Une porte s'ouvrit dans son dos. Il en sortit un parchemin. Contenait-il le secret de son origine ? Nous ne le saurons jamais : personne n'ayant osé s'en saisir, il partit en fumée.

La Vierge noire qui trône, aujourd'hui, somptueusement parée et entourée de cierges, au-dessus du maître-autel, est une réplique du XVIIe siècle réalisée à partir de documents du XIIIe. Provenant du couvent Saint-Maurice-du-Refuge, elle fut couronnée place du Breuil, au nom du pape Pie IX, et amenée en grande pompe à la cathédrale, le 8 juin 1856, jour anniversaire de la destruction de l'originale. Il faut avoir assisté à la procession de l'Assomption au Puy-en-Velay pour voir la ferveur qu'elle continue de susciter. Partant de la cathédrale, le clergé et les fidèles suivent un groupe de pénitents revêtus de blanc qui la portent parée d'un manteau bleu – elle en possède trente-deux, tous des ex-voto, de couleurs différentes selon le temps liturgique. À mesure que la procession s'avance dans la ville, c'est comme si une coulée de lave blanche ou un sang de lumière pure s'écoulait dans les rues de la ville, préfigurant la vie céleste que connaîtra l'Église dans le sillage de Marie.

Parmi les chants qui s'élèvent alors, le *Salve Regina* fut composé par Adhémar de Monteil. Cet évêque passa à la postérité pour un prélat croisé, mais il ne faut pas oublier qu'avant de quitter le Puy pour l'Orient et de mourir au siège d'Antioche, en 1098, il composa ce chant qui conquit toute la chrétienté. Chaque matin, à l'aube, il accompagne aussi les pèlerins qui se lancent sur le chemin de Compostelle. C'est en effet un des plus grands charmes de cette cathédrale que d'être un point de départ autant qu'un point d'arrivée, depuis que son évêque Godescalc, au milieu du Xe siècle, prit, le premier, la route du tombeau de saint Jacques. Ancrée dans les profondeurs de la Terre et élevée au-dessus du vide comme un navire en partance, elle dit l'enracinement et la condition pérégrinante de chacun.

Et la pierre noire, dans cette histoire ? Elle subit, elle aussi, bien des vicissitudes. Longtemps vénérée au pied du maître-autel, elle fut brisée par la foudre à la suite d'une profanation grave : un adultère commis à même sa surface sacrée. Il en subsiste un fragment, déposé dans la chapelle du Saint-Crucifix sur lequel certains viennent encore allonger leurs peines dans l'espoir de s'en relever guéris.

R

Reims

Tu marches devant toi sur la route des princes
Avenir à qui rien n'est lointain paradis
Tu construiras ta vie aussi belle que
Reims
Quand
Jeanne y vint un samedi

J'aime me répéter ces vers de Louis Aragon aux abords de Notre-Dame de Reims et, chaque fois que je franchis son porche, je songe que Jeanne d'Arc la vit comme moi le jour du sacre de Charles VII, le 17 juillet 1429. La cathédrale attendait encore ses flèches, mais elle les attend toujours. Sa seconde galerie des Rois, au nord, était en construction, mais elle se dressait déjà avec ses tours et ses contreforts soulevés par des anges, ses prismes aériens et son peuple de saints. Entreprise par Albéric de Humbert en 1211, elle succédait à celle d'Hincmar, qui en avait fait l'église du sacre des rois de France en donnant l'onction à Charles le Chauve avec le baume de la sainte ampoule, ayant servi à baptiser Clovis, et à celle de Samson, qui l'avait rendue digne de rivaliser avec Saint-Étienne de

Sens et la basilique Saint-Denis. Avec les moyens les plus novateurs, elle magnifiait le rôle de l'Église de Reims dans l'Église universelle et tendait au roi sa feuille de route dans la conduite du royaume.

Son décor de pierre, de verre et de lumière était toujours prêt à accueillir un sacre, si bien que, même organisé à la hâte, celui de Charles VII ne souffrit pas d'un manque de faste. En arrivant sur le parvis, le « gentil dauphin », comme le nommait encore Jeanne d'Arc, put voir se dresser devant lui un triple arc de triomphe et une galerie de rois. En son centre, dans une symbolique baptismale qui renvoyait à celle du Christ, Clovis était plongé à mi-corps dans une cuve tandis qu'une colombe apportait la sainte ampoule à saint Remi. En contrebas, l'onction de David par Samuel et de Salomon par Nathan, la victoire de David contre Goliath, Salomon rendant la justice et bâtissant le Temple de Jérusalem faisaient écho aux qualités attendues d'un roi chrétien dans l'*ordo* du sacre : la piété, la force et la sagesse. Le vrai roi siégeait cependant sur le gâble du portail central. Celui qui marchait sur le parvis n'était que son lieutenant sur terre.

Dans la nef, des guirlandes de fleurs perpétuellement fraîches étaient suspendues aux chapiteaux. Des rois flanqués des prélats qui les avaient oints accompagnaient le dauphin dans les fenêtres hautes, jusqu'à la croisée du transept. C'est là que l'attendait l'archevêque, entouré du Christ, des apôtres et des évêques, qui étincelaient dans les fenêtres hautes du chœur. Celui-ci lui désignait un siège, puis le chant du *Veni Creator* appelait sur lui la venue de l'Esprit saint. Après l'office de Tierce, l'archevêque allait à la rencontre de l'abbé de Saint-Remi, qui lui apportait la sainte ampoule. Entouré des Évangiles et d'un morceau de la Vraie Croix, le futur roi promettait de garder les privilèges de l'Église et de maintenir la paix et la justice dans le royaume. Il s'allongeait face contre terre pendant qu'on chantait un *Te Deum*. Puis, toujours dans une symbolique baptismale, il retirait une partie de ses vêtements pour ne conserver qu'une tunique et une chemise ouverte aux endroits où l'archevêque allait lui administrer l'onction.

Les *regalia* : l'anneau, les chausses fleurdelisées, le sceptre, la main de justice, l'épée et les éperons d'or ne purent être apportés de la basilique Saint-Denis pour Charles VII, mais Georges de La Trémoille et le duc d'Alençon lui remirent ses insignes de chevalier, et Regnault de Chartres son épée. Charles VII en fit don à Dieu en la posant sur l'autel, puis la reprit en tenant sa pointe en l'air, en signe que son pouvoir lui venait du ciel. Tous deux se prosternèrent pendant la litanie des saints, associant l'Église du ciel à celle de la terre pour protéger le roi. L'archevêque pria pour qu'il apprenne à se commander lui-même et gouverne avec modération, pour qu'il soit le secours de ses amis et la perte de ses ennemis et pour que, sous son règne, adviennent la paix et la justice. Il l'oignit sur la tête, les épaules, les bras et les mains afin que la grâce divine ruisselle sur tout son être et fasse de lui un homme nouveau.

Georges de La Trémoille le revêtit d'une tunique bleue fleurdelisée, puis l'archevêque lui passa au doigt l'anneau qui symbolisait la foi, la dignité royale et la puissance. Il lui posa sur la tête une couronne portée par douze pairs, rappelant les douze preux de Charlemagne. On ne sait pas quel *ordo* fut utilisé pour cette cérémonie, mais Regnault de Chartres dut prononcer une prière proche de celle-ci : « Accordez-lui Seigneur, les richesses de votre gloire. Que son désir éclate en œuvres. Couronnez-le dans sa misère et dans votre miséricorde, et qu'il vous serve avec un empressement qui ne se démente jamais. » Le roi monta sur son trône, placé entre terre et ciel sur le jubé, puis l'archevêque pria encore : « Que le médiateur de Dieu et des hommes vous établisse médiateur du clergé et du peuple. »

Les cloches sonnèrent. La foule l'acclama jusqu'aux portes de la ville et fut invitée à entrer dans la nef, pour assister à la messe. Au cours de l'offertoire, le roi apporta le pain et le vin destinés à l'eucharistie, accompagnés de treize pièces d'or symbolisant l'union avec son peuple, par analogie avec celles offertes par l'époux à l'épouse, le jour de ses noces. Le calice dans lequel il communia est toujours visible au palais du Tau. Avant de sortir de la cathédrale, il put voir, au revers de la façade, « la communion du chevalier ». Pour actualiser cet épisode du Livre de la Genèse où Abraham, de retour de la guerre, recevait des mains de Melchisédech, le mystérieux grand prêtre et roi de Salem, le pain et le vin qui préfiguraient l'eucharistie, les sculpteurs figurèrent Abraham en chevalier.

Le roi y prit-il garde en franchissant la porte qui le menait sur le parvis, sous les acclamations de la foule ? La figure centrale de son linteau était saint Nicaise, évêque du Ve siècle décapité par les Vandales. S'il se retournait sur la façade, il pouvait encore voir que la puissance du roi du ciel était celle de la Croix : la gloire dans laquelle il apparaissait sur le gâble du portail de droite passait par la mort qu'il subissait sur le portail de gauche. Telle était l'ultime leçon de Notre-Dame de Reims aux rois de France : si le royaume terrestre devait tendre vers le royaume céleste, il ne serait jamais entièrement de ce monde.

C'est ce dont Jeanne d'Arc fit l'expérience. Quand Charles VII fut oint et couronné, elle fondit en larmes : sa mission était accomplie, mais son calvaire allait commencer. C'est là que son chemin diverge de celui de Louis Aragon. N'en déplaise au militant du Parti communiste, le paradis demeurera toujours « lointain », ce qui ne signifie pas que nous ne devions pas y tendre, mais que nous ne pouvons prétendre l'atteindre par des moyens purement humains et dans le cadre d'une vie terrestre. On insiste souvent sur le surcroît de puissance que conférait le sacre à un roi, mais il imposait aussi des limites à son pouvoir et aux prétentions qu'il pouvait avoir dans l'absolu.

Jeanne d'Arc fut la dernière à croire à sa dimension sacrale. Là où elle voyait un signe d'élection divine mettant en devoir de servir, Charles VII ne voyait qu'un nouvel attribut de son pouvoir. Ses successeurs se sentirent suffisamment sûrs d'eux-mêmes pour ne plus se sentir redevables envers Dieu ni envers elle. « L'Onction sacrée n'est pas aujourd'hui ce qui donne aux rois de France le caractère de Souverain et l'autorité sur leurs peuples, comme on se le persuadait autrefois, puisque nous respectons même avant leur naissance ceux qui par les lois du sang sont destinés à nous gouverner », écrit Nicolas Menin en 1720.

À partir du XVIe siècle, ils prirent l'habitude de surimposer au décor des imagiers gothiques des tentures qui théâtralisaient leur pouvoir, dans un goût moins

« barbare ». Des gravures du sacre de Louis XIV, en 1654, montrent des tentures des Gobelins qui donnent un air grandiose et frivole à la cérémonie. Pour le sacre de Louis XV, en 1722, une galerie reliant le palais du Tau à la cathédrale cachait au roi et à son cortège le décor sculpté de la façade. En 1755, pour celui de Louis XVI, la nef était méconnaissable sous son décor néoclassique. Louis XVIII, qui ne croyait pas beaucoup à l'huile qu'apportent les pigeons, eut le bon goût de ne pas chausser les éperons de Saint Louis, mais Charles X, voulant renouer avec la tradition, exigea un décor néogothique, qui fit écrire à François-René de Chateaubriand, en 1825 : « Je n'aurais voulu aujourd'hui aucune pompe : le roi à cheval, l'église nue, ornée seulement de ses vieilles voûtes et de ses vieux tombeaux. »

Victor Hugo trouva dans son onction, avec ce qu'il restait du baume de la sainte ampoule, matière à une ode :

Peuples ! au même autel elle est redescendue !
Elle vient, échappée aux profanations,
Comme elle a de Clovis fléchi l'âme éperdue,
Vaincre l'orgueil des nations.
Que le siècle à son tour comme un roi s'humilie.
De la voix qui réconcilie
L'oracle est enfin entendu ;
La royauté, longtemps veuve de ses couronnes,
De la chaîne d'airain qui lie au ciel les trônes
A retrouvé l'anneau perdu.

Mais comme le montre son propre revirement, la lame de fond révolutionnaire était si forte qu'elle finit par emporter la monarchie et laisser la cathédrale emblématique de son union avec l'Église échouée sur la grève. Le baume de la sainte ampoule ne servit plus qu'en 1937, pour la consécration de l'autel, restauré après la Grande

Guerre. C'est alors que fut scellée l'union de Notre-Dame de Reims avec la nation, mais à quel prix ?

Le 19 septembre 1914, un incendie provoqué par des bombardements allemands ne laissa d'elle qu'une carcasse calcinée. Albert Londres évoque un « soldat qu'on aurait jugé de loin sur sa silhouette toujours haute mais qui, une fois approché, ouvrant sa capote, vous montrerait sa poitrine déchirée ». Trois cents obus la criblèrent, ce qui en fit un emblème du génie français écrasé par la barbarie allemande. Mais n'était-elle pas plus largement martyre d'une idéologie qui ne voyait plus dans la patrie un chemin vers le ciel, mais un absolu pouvant justifier la mort de millions d'hommes ? Saint Nicaise décapité eût pu en être la figure emblématique, mais son air gracieux lui fit préférer l'Ange au sourire. Ensemble, ils témoignent d'un amour plus fort que la mort et que la mort même fait triompher. Ils désignent le contre-pouvoir que pourront toujours opposer les martyrs à ceux qui usurpent à Dieu sa royauté.

Reliques

L'écrivain Edmond Jaloux rapporte un dialogue imaginé par Oscar Wilde lors d'un dîner : deux ombres, celles d'une sainte et d'un saint, se racontent leurs souvenirs d'une rive à l'autre du Nil. « À la fin, après avoir révélé une existence de renoncements et de sacrifices que le martyre avait couronné, le saint dit : et ce corps à qui j'ai refusé toutes ses joies naturelles, ce corps que j'ai mortifié, que les lanières ont flagellé, que les bourreaux ont brûlé et rompu, ce corps misérable que j'ai toujours traité en ennemi, après ma mort, ils l'ont embaumé ! » Avec le goût du paradoxe qui était le sien, Oscar Wilde soulignait la spécificité du culte du corps chez les chrétiens : méprisé pour autant qu'il ne renvoie qu'à lui-même, mais exalté en tant que temple de l'Esprit saint.

La plupart des châsses furent fondues au gré des guerres, des révolutions et des nécessités du moment, mais pendant des siècles, qu'elles fussent en forme de sarcophages, d'églises, anthropomorphiques ou « parlantes », c'est-à-dire évoquant le membre qu'elles contenaient, les plus belles œuvres d'orfèvrerie naquirent de la foi en la puissance de l'Esprit, toujours agissant à travers les saints, et en la gloire promise à leurs restes mortels.

En 1144, Suger évoquait le « devoir de recouvrir les cendres très sacrées de ceux dont les esprits vénérables se tiennent, brillant comme le soleil, auprès de Dieu tout-puissant, de la matière la plus précieuse possible, à savoir de l'or très pur et une profusion d'hyacinthes, d'émeraudes et d'autres pierres précieuses ». Il ne faisait que matérialiser la pensée des premiers chrétiens, qui voyaient en eux leurs plus grands trésors. En 155, des fidèles n'écrivaient-ils pas de saint Polycarpe, l'évêque de Smyrne : « Nous avons enlevé ses ossements, plus chers que les pierres précieuses, plus estimables que l'or ; nous les avons placés dans un lieu convenable. Que le Seigneur nous donne de nous retrouver là, quand nous le pourrons, pour célébrer le jour anniversaire de son martyre » ?

Après l'édit de tolérance de 313, ils construisirent des églises au-dessus de leurs tombeaux. La persévérance dans la foi de ces « athlètes de Dieu » jusqu'au sacrifice ultime attestait de la présence en eux d'énergies divines qui continuaient d'agir après leur mort. « Les corps des martyrs ont le même pouvoir que leurs saintes âmes, soit qu'on les touche, soit qu'on les vénère », affirme saint Grégoire de Nazianze ; et saint Victrice de Rouen : « L'Esprit divin anime les saints dans le ciel et leurs corps sur la terre. » Depuis la découverte du tombeau de saint Nazaire, à Milan, en 395, on insistait volontiers sur le fait que leur corps n'avait pas été corrompu par la mort, en signe avant-coureur de la résurrection finale.

La présence sur terre de corps déjà engagés dans la vie céleste ouvrait la porte d'un monde qui transcendait les lois de la nature. Au XIIIe siècle, la frise végétale de la nef de Notre-Dame d'Amiens fut peinte en vert, pour évoquer le miracle des reliques de saint Firmin. Le corps de ce martyr décapité vers 303 fut retrouvé trois siècles plus tard grâce à l'indication d'un rayon de soleil. Une odeur suave s'en dégagea, et lors de son transfert dans la cathédrale, en plein mois de janvier, une chaleur inusitée fit reverdir les arbres. On célébra longtemps sa fête par une procession menée par un « homme vert », revêtu d'une tunique de feuilles, tandis que du lierre était répandu dans le chœur, en mémoire de son pouvoir vivifiant.

Saint Ambroise de Milan fut le premier, en 386, à placer des reliques sous l'autel de sa cathédrale. « Et quand il ouvrit le cinquième sceau, je vis sous l'autel les âmes de ceux qui furent égorgés à cause de la parole de Dieu et du témoignage qu'ils avaient porté » (Ap., VI, 9), dit le Livre de l'Apocalypse. Les corps des martyrs, qui s'étaient assimilés au Christ par leur sacrifice, avaient un sens eucharistique. L'usage en fut rendu obligatoire par le concile de Carthage, en 401. Mais si en Orient, on n'éprouva aucune répugnance à démembrer les corps des saints pour multiplier les reliques, en Occident, il fallut attendre les invasions barbares pour mettre fin à l'inviolabilité des sépultures.

À Rome, les papes rapatrièrent les restes des saints, enterrés à la périphérie de la ville. Ailleurs, les clercs, qui fuyaient avec leurs reliques, en laissèrent une partie aux communautés qui les accueillirent. En l'absence de pouvoir laïc fort, les populations virent souvent en elles leur dernier rempart, et l'ordre politique renaissant se fonda en grande partie sur elles. À partir du IXe siècle, l'alliance entre les empereurs carolingiens et les papes favorisa un transfert sans précédent de reliques : les papes en distribuèrent largement pour restaurer leur autorité, et les souverains s'en servirent pour sacraliser leur pouvoir. L'éclatement de l'empire, en 843, amplifia le mouvement. L'église franque en fut particulièrement demandeuse, pour affirmer son prestige et son indépendance par rapport au pouvoir impérial.

On a du mal, aujourd'hui, à concevoir l'importance des reliques dans la vie des hommes du Moyen Âge. Partout, ils prêtaient serment sur elles. Les chevaliers en faisaient sertir dans la garde de leurs épées. Chaque ville et chaque corporation voulait en posséder. « Garantes de la prospérité matérielle et du bonheur céleste des habitants », selon la Geste des évêques de Cambrai, elles étaient emmenées en procession pour apaiser les éléments, favoriser les récoltes, mettre un terme à une épidémie ou lutter contre l'ennemi.

En 892, les Vikings menés par Rollon furent mis en fuite par la sainte Chemise de la Vierge, brandie par l'évêque Gantelme, à Chartres. Après s'être converti au christianisme, Rollon organisa le retour des reliques de l'évêque de Rouen, saint Ouen, dans sa nouvelle capitale, et des sources hagiographiques racontent le transfert miraculeux du toit-relique de l'ermitage de saint Marcoul, à Fécamp, à l'initiative de son fils, Guillaume Longue-Épée.

En Espagne, le roi Alphonse II des Asturies gratifia sa capitale, Oviedo, d'une collection de reliques. Parmi elles, une arche en bois de cèdre, faite par des disciples des apôtres, faisait référence à l'Arche d'alliance. Elle le posait en nouveau Salomon et faisait de la cathédrale un nouveau Temple de Jérusalem. On peut encore la voir, couverte de plaques d'or ouvragées au XIe siècle, dans la Chambre sainte. Surtout, Alphonse II fit construire, vers 830, une église sur le tombeau de saint Jacques, dont il voulait faire la base arrière de la reconquête du pays sur les musulmans.

L'apothéose de la sacralisation du pouvoir par l'acquisition de reliques fut le rachat de la couronne d'épines par Saint Louis à l'empereur latin de Constantinople, Baudoin II. Quand il entra, pieds nus et en tunique, à Notre-Dame de Paris pour y déposer cet insigne de la royauté du Christ, le 19 août 1239, il se donnait pour son héritier et celui des empereurs byzantins et des rois sacrés de l'Ancien Testament. Dans un contexte où le pape et l'empereur germanique étaient affaiblis par leur querelle, il apparaissait comme le chef incontesté de la chrétienté. Il accrut encore son rayonnement en donnant des épines de cette couronne aux cathédrales de Senlis, Cambrai, Chartres, Beauvais, Clermont-Ferrand, Sens et Le Puy, et en rachetant un morceau de la Vraie Croix, un saint Clou, la sainte Lance et la sainte Éponge. On sait qu'il paya pour ces reliques 235 000 livres tournois, soit près de six fois le prix de la Sainte-Chapelle qu'il fit construire pour leur servir d'écrin.

Les reliques étaient la plus grande source de richesses non seulement spirituelles, mais aussi matérielles de ceux qui les détenaient. Sur elles, s'accumulaient les aumônes des fidèles et les matières précieuses des châsses, qui constituaient de véritables réserves monétaires. D'où la convoitise qu'elles suscitaient. Eginhard, proche de Charlemagne et de Louis le Pieux, raconte dans les *Vies des saints Pierre et Marcellin* comment Deusdona, diacre de l'Église romaine, écumait les cimetières de Rome, l'hiver, et franchissait les Alpes, au printemps, pour fournir la cour carolingienne. Tout en minimisant son rôle dans l'acquisition de ses propres reliques – désireux de quitter la solitude où on les avait laissés à Rome, Pierre et Marcellin auraient désigné l'endroit où ils reposaient pour le suivre –, il rapporte comment ses envoyés fracturèrent nuitamment leurs tombeaux et transportèrent leurs corps jusqu'à Aix-la-Chapelle. Dans ce récit qui tient du *road trip*, du roman picaresque et de la comédie avant l'heure, on apprend qu'en chemin ses hommes prirent soin d'éviter les émissaires du pape Grégoire IV auprès de l'empereur Louis le Pieux. Et leur aventure ne s'arrêta pas là, puisque, entre une apparition et un miracle, ils se firent voler, puis restituer les corps.

Au XIIe siècle, Guibert de Nogent raconte comment l'évêque Odon de Bayeux « désirait très vivement posséder le corps de saint Exupère, son prédécesseur, qui était l'objet d'un grand culte à Corbeil. Il gratifia d'une somme de 100 livres de deniers le sacristain de cette église pour obtenir le saint en question, mais ce gardien qui était une fine mouche déterra le corps d'un paysan qui portait également ce nom et l'apporta à l'évêque. Le prélat lui demanda alors de déclarer sous serment que c'était bien le corps de saint Exupère et il répondit : “Je puis bien te jurer que c'est là le corps d'Exupère, mais je ne dirai rien de sa sainteté, car beaucoup de gens portant ce nom ont laissé une réputation bien éloignée de la sainteté.” L'évêque fut ainsi rassuré par la déclaration équivoque d'un voleur ».

Mais le « pieux larcin » le plus célèbre est celui qui eut lieu à Venise, en 827. Profitant du sac des églises d'Alexandrie par les musulmans, le doge Giustiniano Participazio soudoya deux marchands pour subtiliser les reliques de saint Marc aux Coptes. N'étant affilié ni à Rome ni à Byzance, le corps de cet apôtre assurerait mieux que des pilotis enfoncés dans la lagune la puissance naissante de la ville. Les deux marchands mirent le cap sur l'Égypte. Bravant l'interdit de l'empereur byzantin de commercer avec les musulmans et prenant le risque d'être capturés par eux, ils parvinrent au port de Bucoles. Là, ils se saisirent des reliques, au nez et à la barbe des Coptes, puis ils les glissèrent dans un récipient contenant du porc. Ainsi échappèrent-elles au contrôle des douaniers et rejoignirent-elles la chapelle des Doges, en attendant un écrin plus digne d'elles et de la grandeur de Venise : la future basilique Saint-Marc.

Dans l'Empire germanique, furieux d'avoir été excommunié par le pape, Frédéric Barberousse pilla Milan en 1162 et remit à son chancelier, l'archevêque de Cologne, Renaud de Dassel, les reliques des Rois mages. Une légende voulait que Jésus lui-même ait certifié leur titre de rois. L'empereur pouvait donc en attendre un surcroît de légitimité, et l'archevêque un renforcement de son droit de sacre. Quant à la cathédrale, elle pouvait ambitionner de devenir un centre de pèlerinage aussi réputé que Rome, Jérusalem ou Constantinople.

C'est surtout le pillage de cette dernière ville par les croisés, en 1204, qui enrichit les trésors de cathédrales. « Nouvelle Rome » devenue « nouvelle Jérusalem » après la conquête de la Terre sainte par les musulmans, elle rassemblait l'essentiel des reliques de Jésus, de Marie, des apôtres et des saints d'Orient. Les moines grecs les ayant cachées pendant le siège, les croisés sondèrent les murs, soulevèrent les dalles et retournèrent les jardins, pendant des semaines, dans une chasse effrénée au trésor. Leur butin fut centralisé, pour être redistribué, dans la maison de l'évêque de Troyes, Garnier de Trainel, auquel succéda après sa mort l'évêque de Soissons, Nivelon de Chérizy. À Saint-Pierre-et-Saint-Paul de Troyes, une verrière du chœur exalte les reliques reçues à cette occasion : un fragment de la Croix, le plat de la Cène, la tunique du Christ, le chef de saint Philippe et le pied de sainte Marguerite.

D'autres prirent des chemins plus détournés. Pendant le pillage de Constantinople, Wallon de Sarton fit main basse sur le chef de saint Christophe et le bras de saint Éleuthère. Frustré de devoir les remettre à l'évêque de Troyes, il se mit en quête de nouveaux trésors. Après avoir été fait chanoine de l'église Saint-Georges, il trouva dans un mur les chefs de saint Georges et de saint Jean-Baptiste. Il revint les chercher pendant la nuit, puis s'embarqua pour Venise. À son arrivée en France, il fut attaqué par des brigands, mais il parvint sain et sauf, avec son butin, à Maresmoutier. De là, il prévint son oncle, chanoine à Notre-Dame d'Amiens, qui lui ménagea un accueil triomphal dans la ville. Dix ans plus tard, une nouvelle cathédrale était construite.

Quel rôle jouèrent les reliques dans l'essor des cathédrales gothiques ? À Amiens, le projet de reconstruction était dans l'air bien avant l'arrivée du chef de saint Jean-Baptiste. La Sainte-Chapelle est un cas unique d'église entièrement conçue comme un reliquaire, mais beaucoup se dotèrent d'un chœur avec déambulatoire et chapelles rayonnantes pour mieux les mettre en valeur et accueillir les pèlerins. La statuaire de leurs portails reflète la présence des reliques qui se trouvent à l'intérieur : celles de saint Nicaise et saint Calixte, à Notre-Dame de Reims, celles de saint Denis, saint Étienne et saint Jean-Baptiste, à Notre-Dame de Paris, celles de saint Firmin, saint Fuscien, sainte Ulphe, saint Ache et saint Acheul, à Notre-Dame d'Amiens, celles de saint Théodore, sainte Anne, saint Vincent, saint Laurent et saint Thomas Becket, à Notre-Dame de Chartres. Mais c'est surtout par les tournées organisées par les chanoines pour récolter des fonds qu'elles contribuèrent à la construction des cathédrales.

Celles-ci n'étaient pas toujours de tout repos, comme en témoigne le périple des chanoines de Notre-Dame de Laon à travers l'Angleterre, en 1113. Herman de Tournai raconte qu'ils commencèrent par échapper de peu à des pirates pendant leur traversée de la Manche, puis qu'ils eurent à affronter l'hostilité de la population, les tracasseries des autorités locales et d'autres avanies, dont celle des filous de Totnes : trois jeunes gens assoiffés cherchaient de l'argent pour boire dans une taverne. L'un d'eux, avisant les chanoines, imagina un subterfuge. « Tu n'as pas vu ces clercs qui ramassent un tas d'argent avec leurs sots mensonges et leurs sorcelleries, eh bien, je vais me faire une provision de leur argent. Il dit et, descendant de cheval, il entra dans l'église, s'approcha du reposoir où étaient les reliques et, simulant de vouloir les vénérer en les embrassant, il posa sa bouche sur les deniers qui avaient été offerts et les lapa de ses lèvres avides. » Les joues gonflées, il s'en alla boire son larcin, mais il ne l'emporta pas en paradis puisqu'en rentrant à cheval à travers la forêt, une branche s'enroula autour de son cou.

Ce récit laisse percer une dérision, pouvant tourner à l'indignation, devant les ostensions de reliques dont on escomptait des fonds. Une exploitation aussi avantageuse devait forcément générer des abus, et la liste des fausses reliques en circulation en dit long sur l'inventivité humaine dès qu'il s'agit de berner son prochain : les soixante-douze épines de la couronne du Christ se multiplièrent si miraculeusement que l'on en comptait cinq cents. Pour pallier le manque de reliques corporelles de Jésus, certains lui trouvèrent des cheveux, des poils de barbe, des ongles et des langes, une ribambelle de cordons ombilicaux et une collection de prépuces – Calvin eut beau jeu d'en dénombrer treize. L'Assomption de Marie ayant causé, elle aussi, un grand manque à gagner, on lui inventa des ceintures en si grand nombre qu'on l'eût prise pour une coquette.

Dans la farce du Pardonneur, un moine présente à une foule ébahie la crête du coq qui chanta lors du reniement de saint Pierre. Parmi les reliques les plus cocasses, nous pourrions citer aussi la queue de l'âne qui porta Jésus et Marie lors de la fuite en Égypte, des plumes de l'Esprit saint quand il se changea en colombe, des brindilles du Buisson ardent, l'échelle de Jacob, des rayons de l'étoile des Rois mages, les pantoufles de saint Joseph et une fiole avec la sueur de l'archange Michel quand il combattit Lucifer. Agrippa d'Aubigné rapporte l'existence d'un éternuement du Saint-Esprit dans une fiole détruite par les huguenots. Et il ne faut pas oublier que c'est à Wittemberg, où Frédéric le Sage avait rassemblé plus de dix-sept mille reliques, que Luther afficha ses thèses. Cela dit, on ne l'avait pas attendu pour critiquer ces abus.

Dès le ve siècle, Maxime de Turin ne disait-il pas que « la sainteté des reliques ne peut sauver que ceux qui imitent les saints » ? En 804, Alcuin appelait à « suivre dans son cœur les exemples des saints plutôt que de porter sur soi leurs ossements ». Vers 1100, Guibert de Nogent se demandait s'il ne valait pas mieux laisser les saints jouir d'un repos bien mérité plutôt que de rendre des honneurs indus à des objets douteux. Comme son maître Anselme de Laon, il voulait purifier le culte des saints pour favoriser l'épanouissement de « l'homme intérieur », mais il n'allait pas jusqu'à prôner leur destruction. Qu'importe si les petites gens prient un faux saint, concluait-il, Dieu voit au fond des cœurs. C'est peu ou prou la ligne qui fut suivie après le concile de Trente.

La Révolution interdit le culte des reliques. Beaucoup furent détruites en vertu de la loi du 10 septembre 1792 ordonnant d'apporter les objets du culte à l'hôtel des Monnaies le plus proche. L'objectif affiché était économique, mais aussi symbolique. D'où le fait que certaines destructions s'apparentèrent à des exécutions publiques. À Paris, le 3 décembre 1793, on brûla les reliques de sainte Geneviève en place de Grève. À Reims, le 6 octobre de la même année, le conventionnel Rühl monta sur le piédestal d'une statue détruite de Louis XV, sur la « ci-devant place Royale », et brisa la sainte ampoule qui servait au sacre des rois de France.

Combien de fragments de paradis disparurent alors, et combien d'objets poétiques, sinon authentiques ? Où est la sainte larme de Vendôme versée par Jésus à la mort de Lazare et recueillie par un ange ? Où sont les empreintes de ses pas ? Certaines échappèrent au massacre, comme le chef de saint Jean-Baptiste, sauvé par… un perruquier. Louis-Alexandre Lescouvé était maire d'Amiens quand un délégué de la Convention le somma de lui remettre « l'or et l'argenterie » de la cathédrale. Faisant mine de jeter le crâne du saint au rebut, il lui livra son reliquaire et revint chercher le soir la précieuse relique. On peut aujourd'hui la voir le jour de sa fête, le 24 juin, ou de son martyre, le 29 août, dans un reliquaire fabriqué par Placide Poussielgue-Rusand. Ce dernier refit également ceux de la couronne d'épines, à Paris, de la sainte Coiffe, à Cahors, et du voile de la Vierge, à Chartres.

Le XIXe siècle connut un renouveau du culte des reliques et leur vénération ne cessa pas depuis. Jean Guitton raconte comment François Mitterrand lui demanda de faire dévier la voiture ramenant de Lyon à Lisieux le reliquaire de la petite Thérèse, en 1995. Depuis, celle qui écrivit « Je voudrais parcourir la Terre, prêcher ton nom, mais ô mon Bien-Aimé, une seule mission ne me suffirait pas, je voudrais en même temps annoncer l'Évangile dans les cinq parties du monde et jusque dans les îles les plus reculées » ne cesse de voyager. À Tréguier, le pardon de saint Yves attire chaque année des milliers de fidèles. Et que dire du tombeau de saint Jacques à Compostelle ? En 2019, le pape François offrit au patriarcat œcuménique de Constantinople des reliques de saint Pierre en signe d'unité. Mais l'Église copte attend toujours le retour des reliques de saint Marc. Sous les pontificats de Cyrille VI, à Alexandrie, et Paul VI, à Rome, en 1968, des reliques leur furent restituées, mais il s'agissait seulement de reliques de contact : les Vénitiens n'étaient pas prêts à lâcher une parcelle de leur saint.

Retable

« L'essentiel se passe dans ce cadre. Dans une église, il prend place au-dessus de l'autel. Quand le prêtre transsubstantie le pain et le vin en corps et sang du Christ, le peintre transfigure le monde en lignes et en couleurs. Le salut à l'œuvre à travers les mains de l'un, l'autre le montre et en donne faim », dit un maître florentin à son apprenti dans mon roman *L'Or du chemin*. Menant le regard derrière la table, *retro tabula*, en direction du Christ, les retables se multiplièrent à partir du XIe siècle. Remplacèrent-ils les devants d'autel ou *antependia* ? On ne sait pas si les retables d'or de Milan, Venise, Aix-la-Chapelle et Bâle étaient posés devant l'autel, au-dessus ou successivement dans l'une et l'autre position, mais tous avaient vocation à magnifier la présence réelle du Christ.

Avec l'aura attachée aux métaux précieux, l'orfèvrerie fut longtemps sollicitée. Quelle puissance émane des personnages en or repoussé qui entourent le Christ en gloire des retables de Bâle et Aix-la-Chapelle ! La vie divine semble y palpiter de l'intérieur et donner aux formes terrestres leur future vie de lumière. Mais si l'on continua d'en user à Monza, Florence, Pistoia, Vérone et Gérone, la peinture et la sculpture supplantèrent l'orfèvrerie à partir du XIIe siècle. De la *Maestà* de Duccio, à l'*Adoration des mages* de Philippe de Champaigne, en passant par le triptyque du maître de Moulins, les plus grands chefs-d'œuvre de l'art occidental naquirent de la nécessité d'évoquer le mystère de l'Incarnation et de la Rédemption.

En Espagne, aux XIVe et XVe siècles, certains retables atteignaient le plafond. À Salamanque, Oviedo, Tolède et Saragosse, ils déversent l'histoire du salut en une cataracte d'or. À Séville, où se trouve le plus grand du monde, il engloutirait presque le maître-autel. Mais ceux que je préfère ne sont pas les plus spectaculaires.

On peut encore voir, au musée de l'Œuvre de la cathédrale de Sienne, le panneau central de la *Maestà* de Duccio. Commandée par la municipalité, des documents racontent comment elle fut accompagnée en procession, le 9 juin 1311, au son des trompettes, des chalumeaux et des castagnettes, par les habitants de la ville, de l'atelier du peintre jusqu'au maître-autel. Combien de fois me la suis-je imaginée sous la coupole de la croisée du transept, éclairée par la lueur des cierges et enveloppée d'un nuage d'encens ? Pendant l'eucharistie, les fidèles devaient avoir le sentiment de participer au chœur des anges et des saints qui entouraient le « pain du ciel ». Sa mère nous l'offre avec une tendresse mêlée de tristesse. Tristesse à la pensée du destin tragique qui attend son fils et à celle que nous perpétuons son sacrifice par le mal que nous commettons. Déjà, cependant, les teintes délicates et fraîches des carnations et des vêtements, le mouvement gracieux des silhouettes et la joie des visages des anges et des saints font souffler un vent de printemps sur la scène. La Résurrection est là en germe, pourvu que nous fassions naître en nous cet enfant à la robe pétale de rose et à la chair ardente comme un soleil.

Rarement tendresse et solennité avaient été unies à ce point dans une œuvre peinte. Alliant grandeur de l'art byzantin et sensibilité de l'art gothique, Duccio atteint un point où les sentiments humains se fondent dans l'amour divin. « Sainte Mère, sois la paix pour Sienne et la vie pour Duccio qui t'a ainsi peinte », peut-on lire à la base du trône de Marie. Tous attendaient de ce retable son intercession : non seulement les citoyens de la ville, mais aussi le peintre, dont on disait, sans plus de détails, qu'il avait une vie agitée. La paix qui émane de son œuvre semble dire qu'il a été exaucé, et elle continue d'agir en nous, longtemps après l'avoir quittée. Démantelée en 1771 et éparpillée dans des musées du monde entier, cette *Maestà* ressemble à la tunique du Christ que les soldats romains se partagèrent après la Crucifixion. J'ai toujours été frappée par le destin christique des plus grands retables. Comme si par leur puissance d'évocation, ils s'attiraient les mêmes haines et les mêmes convoitises.

L'exemple le plus flagrant est celui de *L'Agneau mystique*. Commandé à Hubert Van Eyck par Joost Vijdt pour la chapelle privée de sa femme, Lysbette Borluut, à Saint-Bavon de Gand, il fut le plus volé de l'histoire, et on ne compte pas le nombre de fois où il échappa à la destruction. Une restauration récente permet de le voir à nouveau dans sa fraîcheur originelle, débarrassé des repeints qui l'avaient *défiguré* pendant des siècles. C'est à dessein que j'emploie ce mot : pour permettre d'identifier plus clairement l'Agneau au Christ, il fut peint avec des traits humanisés.

Achevé par Jan Van Eyck en 1432, il n'était pas accessible aux regards à toute heure de la journée, mais fermé les jours de la semaine et ouvert le dimanche pendant la messe. Fermé, il montre une Annonciation en grisaille encadrée de fausses statues de saint Jean et saint Jean-Baptiste ainsi que de portraits des donateurs en prière. Ouvert, il donne une vision de la liturgie céleste décrite dans le Livre de l'Apocalypse : « Alors j'ai vu : et j'entendis la voix d'une multitude d'anges qui entouraient le Trône, les Vivants et les Anciens ; ils étaient des myriades de myriades, par milliers de milliers. Ils disaient d'une voix forte : « Il est digne, l'Agneau immolé, de recevoir puissance et richesse, sagesse et force, honneur, gloire et louange. » Toute créature dans le ciel et sur la terre, sous la terre et sur la mer, et tous les êtres qui s'y trouvent, je les entendis proclamer : « À celui qui siège sur le Trône, et à l'Agneau, la louange et l'honneur, la gloire et la souveraineté pour les siècles des siècles. » (Ap., V, 11-13.)

Des cortèges de prophètes, de philosophes et d'écrivains païens ayant annoncé le Christ, de martyrs, de confesseurs, de saints et de chevaliers, de juges, d'ermites et de pèlerins convergent vers l'Agneau immolé et glorifié. Au-dessus de lui s'élève un Christ en majesté – et non Dieu le Père, comme on le dit souvent : l'inscription en latin qui figure sur son manteau, « Roi des rois et seigneur des seigneurs », ainsi que les symboles du pélican et de la vigne, représentés sur la tenture, le disent clairement. Marie et Jean-Baptiste intercèdent pour l'humanité. Sainte Cécile et des anges musiciens chantent la gloire de Dieu. Et Adam et Ève, premiers pécheurs et premiers libérés de l'enfer, lui rendent grâce pour son œuvre rédemptrice. Quand le retable est fermé, remarque Paul Claudel, « l'homme et la femme se sont rejoints, et, idée incroyablement hardie, ils adhèrent maintenant tous deux à la Trinité ».

Dans cette scène, la profondeur est rendue par des jeux de lumière peinte à coups de glacis très fin, allant du plus clair au plus foncé. Elle est d'un réalisme confondant. Miniaturiste de formation, Jan Van Eyck y porta le goût du détail jusqu'à peindre les reflets des vitraux de la chapelle, où prenait place le retable, sur la broche d'un ange. La couronne de Marie semble décrire la beauté indescriptible de ses privilèges évoquée par saint Bernard : « Sur la tête, douze étoiles en couronne. Ce front est bien digne d'être ceint d'étoiles, d'autant qu'il brille d'un éclat plus vif qu'elles, et qu'ainsi c'est lui qui est leur parure. Pourquoi les étoiles ne couronneraient-elles pas la femme que le soleil a vêtue ? Comme au jour du printemps, les roses et les lys des vallées l'entouraient. Le bras gauche de l'époux soutient sa tête et du bras droit il l'étreint. Nul ne peut estimer ces joyaux, dire le nom de ces étoiles qui sont serties dans le diadème de Marie. Déchiffrer les signes et la composition de cette couronne dépasse l'entendement humain. »

Chacune des créatures qui participent à l'adoration de l'Agneau – homme, femme, fleur, cheval ou nuage – semble avoir été peinte avec le même amour que leur porte leur Créateur, si bien que la matière du retable semble habitée comme le pain et le vin transsubstantiés. Rares sont les œuvres qui nourrissent autant la contemplation, et qui sait si cela n'explique pas ses tribulations ?

En 1566, *L'Agneau mystique* excita la vindicte des calvinistes qui enfoncèrent les portes de la cathédrale. Des gardes catholiques le hissèrent dans le clocher, puis le cachèrent à l'hôtel de ville, où il demeura jusqu'à la restauration du culte catholique, en 1584. De Charles Quint à Hitler, tous les souverains d'Europe voulurent se l'approprier. En 1794, les armées révolutionnaires emportèrent son panneau central à Paris, où il resta jusqu'à la défaite de Napoléon à Waterloo. En 1816, six de ses panneaux furent mis en gage par la fabrique de la cathédrale afin de financer sa restauration. Vendus à un antiquaire bruxellois, puis à un collectionneur anglais, ils furent rachetés par le roi de Prusse, qui les confia au Bode-Museum de Berlin. Ceux qui étaient restés à Gand échappèrent de peu à un incendie, en 1822. Parmi eux, les panneaux d'Adam et Ève furent relégués dans la salle des archives pour avoir été jugés impudiques par l'empereur Joseph II. Vendus, en 1861, à l'État belge, ils furent déposés aux musées royaux des Beaux-Arts de Bruxelles.

Pendant la Première Guerre mondiale, le chanoine Gabriel Van den Gheyn emmura et cacha sous des lames de parquet les panneaux gantois. Après le traité de Versailles, les Allemands durent restituer, au titre des réparations de guerre, les panneaux acquis par le roi de Prusse. Mais la reconstitution du retable fut de courte durée : en 1934, un ancien sacristain de la cathédrale, devenu agent de change, vola les panneaux de saint Jean-Baptiste et des Juges intègres. Le premier fut retrouvé dans une consigne de gare, mais le voleur mourut sans avoir indiqué la cache du second. Celui que nous voyons aujourd'hui est une copie d'après copie de Jef Vanderveken.

En 1940, pour prévenir la rapacité des Allemands, le retable fut envoyé en camion au Vatican, mais, alors qu'il transitait en France, l'Italie entra en guerre aux côtés de l'Allemagne. Il fut entreposé dans le château de Pau, en attendant que toutes les parties statuent sur son sort, mais Hitler le fit saisir, en 1942, et envoyer dans le château de Neuschwanstein. Enterré ensuite dans la mine de sel d'Altaussee, il faillit exploser avec elle lors des premiers raids aériens alliés. Seul un désaccord au sein de l'état-major allemand l'en empêcha. Puis les *Monuments Men* le restituèrent à l'État belge.

Aujourd'hui, après la surcharge baroque et la banalisation des images de Dieu, de la Vierge et des saints, le dépouillement règne dans les cathédrales. À la Résurrection-Saint-Corbinien d'Évry, c'est à peine si l'on trouve un Christ sculpté du XIXe siècle, une Vierge du XVIe et une statue contemporaine de saint Corbinien. Les vitraux sont abstraits, et la peinture absente. « Il n'y a plus de bons artistes aujourd'hui », prétend Mario Botta, mais je pourrais lui en présenter plusieurs. Et notre civilisation submergée d'images qui in-forment ou dé-forment n'aurait-elle pas besoin d'images qui re-forment ?

Parmi les peintres qui œuvrent en ce sens, Augustin Frison-Roche réalisa plusieurs retables pour la cathédrale de Saint-Malo. Quand je lui ai demandé ce que pouvait apporter un peintre dans un monde saturé d'images, il m'a répondu : « Il y a autant de différence entre une peinture et les images qui saturent notre œil au quotidien qu'entre la musique et le bruit. Dans le silence d'une cathédrale, il est possible de *voir* une image. Un retable offre d'abord cette possibilité rare de donner à la peinture toute sa mesure, toute sa puissance, et d'aller au-delà du divertissement ou de la recherche esthétique. Le thème du passage – d'un motif à un autre, d'une couleur à une autre ou d'un monde à un autre – est au centre de ma démarche. Il lui donne sa forme particulière pour en faire un lieu intermédiaire, de transition vers un ailleurs où une présence se fait. »

Révolution

« Les petits enfants se sont joués avec les os des puissants monarques : Saint-Denis est désert. Au lieu de l'éternel cantique de la mort, qui retentissait sous ces dômes, on n'entend plus que les gouttes de pluie, qui tombent par son toit découvert, ou le son de son horloge, qui va roulant dans les tombeaux vides et les souterrains dévastés », écrit François-René de Chateaubriand en 1802. De retour en France après son exil à Londres, il décrit le paysage dévasté laissé par le reflux de la vague révolutionnaire. Pendant plus de dix ans, les sans-culottes avaient essayé de purger la mémoire de tout un peuple des éléments susceptibles de lui rappeler ses origines monarchiques et chrétiennes. Ils s'en étaient pris aux monuments et même aux cadavres de ceux qui les avaient incarnées.

Tout commença le 10 octobre 1789, quand Talleyrand proposa à l'Assemblée constituante de nationaliser les biens du clergé. Évêque d'Autun et neveu de l'archevêque de Reims, il avait si peu pratiqué son sacerdoce que quand Lafayette lui demanda de célébrer la messe, pendant la fête de la Fédération, le 14 juillet 1790, il lui lança : « Par pitié, ne me faites pas rire. » Il avait dû répéter la scène la veille avec Mirabeau, qui y avait assisté plus souvent que lui dans sa prison de Vincennes. Le 2 novembre 1789, sur une motion du même Mirabeau, sa proposition fut adoptée. Sous couvert de renflouer les caisses de l'État, c'était donner le signal de la curée.

Ventes, pillages et destructions touchèrent d'abord les abbayes, dont les communautés avaient été dissoutes après le vote de la Constitution civile du clergé, le 12 juillet 1790. Mais les cathédrales ne furent pas épargnées. Certaines comme celles de Cambrai, Arras, Boulogne-sur-Mer, Agen, Mâcon, Tulle et Avranches furent entièrement détruites, après avoir été vendues comme biens nationaux et transformées en magasins ou en carrières de pierre. D'autres subsistèrent, soit qu'elles eussent des affectations paroissiales, soit que leur masse eût fait de la résistance. On ne détruit pas en quelques jours ce qu'il fallut des siècles pour construire, malgré les prétentions de quelques architectes ratés. Louis François Petit-Radel, dont la plus grande œuvre fut un abattoir rue de Miromesnil, se fit fort de « mettre par terre une église gothique en dix minutes », mais il faut croire que ce n'était pas la panacée : à Bourges, en 1791, l'idée de raser la cathédrale fut émise, puis repoussée, en raison de la difficulté d'évacuer ses gravats. De même à Chartres et à Clermont-Ferrand, deux ans plus tard. À Liège, où les révolutionnaires étaient plus motivés, ils mirent quinze ans à raser la cathédrale.

À défaut de pouvoir détruire ces « monuments élevés à la tyrannie et la superstition », on les mutila et on les profana. Deux décrets du 29 septembre 1789 et du 3 mars 1791 invitèrent le clergé à faire porter à l'hôtel des Monnaies le plus proche l'argenterie des églises qui n'était pas indispensable à la décence du culte divin. Le 10 septembre 1792, ces décrets s'étendirent à tous les objets du culte. Les trésors furent alors pillés. Un prêtre de Notre-Dame de Paris compara le dépouillement de sa cathédrale à celui du Christ avant sa Passion, et effectivement, après la journée du 10 août 1792, qui mena à la chute de la monarchie, le vandalisme se déchaîna. Le 14 août, l'Assemblée législative proscrivit les emblèmes de l'Ancien Régime, ce qui revenait à inciter les représentants en mission, les membres des sociétés populaires et les agents nationaux à bûcher les clefs de voûtes, les façades et les stalles.

À Noyon, la municipalité fit effacer jusqu'aux médaillons figurant les vertus et les saisons. À Paris, on s'empara des chandeliers, des lutrins et des crucifix pour en faire des canons. On démantela la flèche pour en récupérer le plomb. Dans les cimetières, on déterra les cercueils pour en faire des munitions. Des charrettes remplies de cadavres étaient conduites par des poissardes qui portaient à leurs seins les organes génitaux de leurs victimes et chantaient *La Carmagnole* en passant devant Notre-Dame. Puis, le 23 octobre 1793, la Commune ordonna la destruction des « gothiques simulacres des rois de France ».

La même année, à Laon, le directoire départemental décida que « toutes les effigies des ci-devant anges, ci-devant Christs, saints et saintes seraient enlevées dans les trois jours ». Il fit détruire la flèche de la tour sud-ouest et le beffroi. Leur hauteur, jugée attentatoire au « sentiment d'égalité de la République », déchaîna les passions. À Clermont-Ferrand, trois d'entre elles furent rasées au niveau du transept et, à Rodez, le clocher ne dut son salut qu'à Hippolyte de Monseignat, qui proposa de le dédier à la Révolution, en remplaçant la « ci-devant reine des cieux » par une statue de la Liberté entourée de martyrs de la Révolution. La litanie des destructions eût été fastidieuse sans ce genre d'interludes.

À Strasbourg, le serrurier et conseiller municipal Jean-Michel Sulzer insista tant et si bien sur l'intérêt qu'il y aurait à coiffer la flèche d'un bonnet phrygien pour manifester au-delà du Rhin les vertus de la République qu'on lui confectionna un bonnet en tôle de dix mètres de haut. Les Strasbourgeois le surnommèrent la « chaufferette à café ». Un bonnet phrygien sauva aussi d'un second martyre le saint Étienne du trumeau de la cathédrale de Sens et le saint Michel du pignon de la façade de Saint-Sauveur d'Aix. Pour ajouter à ses chances de survie, ce dernier fut transformé en dieu Mars. À Angoulême, Charles de Montalembert rapporte que la façade ne fut épargnée que parce qu'on crut y reconnaître dans le Christ une représentation de Jupiter. À Chartres, « les sans-culottes avaient eu l'idée d'enlever ce bloc de l'Assomption, et un malencontreux imbécile avait sauvé l'œuvre de Bridan, en lui couvrant le chef d'une carmagnole, regrette Joris-Karl Huysmans. Quand on songe que l'on avait détruit d'admirables vitraux pour mieux éclairer cette masse de saindoux ! si seulement on pouvait susciter l'espoir d'en être un jour débarrassé, mais hélas ! tous ces souhaits sont vains... il faudra subir à jamais la sacrilège laideur de cette Assomption ».

En matière de sacrilège, les cathédrales connurent pourtant pire. Le 1er août 1793, sur une proposition de Barrère, qui souhaitait fêter ainsi le premier anniversaire de la République, la Convention décréta que « les tombeaux et mausolées des ci-devant rois, élevés dans l'église de Saint-Denis, dans les temples et autres lieux, dans toute l'étendue de la république, seront détruits ». D'août à janvier 1793, les corps de quarante-six rois, trente-deux reines, soixante-trois princes du sang, dix serviteurs de France et deux douzaines d'abbés furent déterrés et profanés. Celui d'Henri IV, en bon état de conservation, fut exposé au public pendant deux jours. D'autres furent mutilés pour en faire des reliques ou des onguents. Le « brun de momie » était très prisé de certains artistes pour l'effet de profondeur qu'il donnait. Louis François Petit-Radel s'empara, dans l'église du Val-de-Grâce, des urnes contenant les cœurs de treize rois, reines ou princesses dont ceux d'Anne d'Autriche, Marie-Thérèse d'Espagne et Anne-Marie-Louise d'Orléans qu'il revendit. À Reims, le 23 octobre 1793, on força la châsse de saint Remi. On se passa ses membres de main en main, puis on les jeta dans une fosse commune. Avec elle, c'était la France issue du baptême de Clovis qu'on jetait aux ordures.

Le 22 septembre 1793, à Saint-Cyr-et-Sainte-Julitte de Nevers, Fouché appela à combattre pour le salut de la République et remplaça le maître-autel par un buste de Brutus. Ce fut le début d'une violente politique de déchristianisation, menée par la frange la plus athée des révolutionnaires. Le 10 novembre 1793, à Notre-Dame de Paris, Chaumette, Hébert et Lhuillier organisèrent une fête de la Raison. Au milieu de la nef, des jeunes filles vêtues de blanc et de rubans tricolores défilèrent de part et d'autre d'une montagne au sommet de laquelle s'élevait un temple de la philosophie. Sa porte s'ouvrit pour laisser paraître la Raison en la personne d'une ex-danseuse, Marie-Thérèse Davoux. Sur un banc de gazon, elle reçut les hommages de ses adorateurs au son des hymnes interprétés par l'école de musique de la garde nationale et la troupe de l'Opéra. « Ciboires et crucifix, saint sacrement, chasubles : tout est pillé, profané », dit une caricature allemande publiée quelques jours plus tard ; et l'ambassadeur américain, Gouverneur Morris, dans une lettre à Jefferson : « Ce culte expire maintenant sous les coups redoublés de l'âme particulière aux Français, le ridicule. »

De telles fêtes furent organisées un peu partout en France. À Lyon, les tombes des archevêques furent profanées et le dallage retourné pour permettre aux bœufs enguirlandés qui traînaient le char de la Raison de processionner. À Poitiers, on forniqua derrière les piliers. On maria des prêtres. On emmena des ânes vêtus d'habits sacerdotaux en procession et, chaque semaine, une prostituée eut l'honneur d'incarner la nouvelle divinité de la République.

Hostile à cet athéisme qu'il jugeait dévastateur, Robespierre tenta, par un décret du 7 mai 1794, d'instaurer un culte de l'Être suprême dérivé du déisme de Voltaire et de Rousseau. Sur un tympan de Notre-Dame de Clermont-Ferrand, on peut encore lire : « Le peuple français reconnaît l'Être suprême et l'immortalité de l'âme. » Mais s'il causa sa chute, ce culte n'eut pas plus de succès que le nouveau calendrier où il voulut remplacer les saints par les valeurs de la République : la liberté du monde, la haine des tyrans, le bonheur… À Amiens, le procès-verbal de la cérémonie du deuxième anniversaire de la « juste punition du roi des Français », le 21 janvier 1795, déplore qu'elle n'eût pas « l'éclat et l'appareil qu'on attendait des patriotes » et qu'elle eût été « célébrée plutôt avec l'air de la contrainte et du regret qu'avec l'allégresse qu'elle devait inspirer aux amis de la liberté ». Comme l'écrit Jules Michelet : « La Révolution ferma un moment l'église et ne créa pas le temple. »

Pendant toutes ces années, les destructions furent rarement spontanées. Certains s'y opposèrent même avec courage. Outre le chef de saint Jean-Baptiste, Louis-Alexandre Lescouvé sauva, à Notre-Dame d'Amiens, les reliques de saint Firmin et les statues du portail occidental. Bruno Vasseur, couvreur de la cathédrale, poursuivit à ses frais sa mission d'assurer l'étanchéité de la toiture et la stabilité de la charpente. À Strasbourg, où le conventionnel Téterel, faute d'avoir obtenu la tête de la flèche, exigea celle des statues, Antoine Klotz, architecte de la cathédrale, et les ouvriers de l'Œuvre Notre-Dame sauvèrent celles qu'ils purent du massacre. Deux cent trente-cinq disparurent, mais l'Église et la Synagogue et les statues des ébrasements de la façade occidentale survécurent grâce à eux et au professeur Jean-Frédéric Hermann, qui les enterra dans le Jardin botanique.

À Quimper, douze terroristes organisèrent un « brûlis des saints » le 12 décembre 1793, jour de la Saint-Corentin, mais une femme sauva la statue du *Santig Du*, moine franciscain vénéré comme le patron des pauvres, tombée d'une charrette à la faveur d'un cahot. À Nantes, en 1795, l'ingénieur Julien Grolleau fut chargé d'instruire la pétition d'un citoyen demandant la destruction de la cathédrale pour prolonger la rue du Département jusqu'à la rue Brutus. Il obtint qu'elle fût conservée au motif que sa tour sud pouvait servir de poste d'observation et être dotée d'un système de télégraphe Chappe. À Luçon, en 1797, le maire Benjamin Chauveau obtint la conservation de la cathédrale au titre d'amer pouvant guider les navires et de « monument utile aux arts ».

Ce dernier argument commençait à faire son chemin. En août 1794, l'abbé Grégoire dénonça le vandalisme révolutionnaire. Oubliant qu'il avait lui-même encouragé la destruction des inscriptions « contraires aux principes de l'égalité et de la liberté », il voulait en faire porter la responsabilité aux Montagnards. Nous avons vu que ce vandalisme avait débuté avec la Révolution, mais dans le même temps, il avait suscité des oppositions au nom de la sauvegarde de l'art et de l'intérêt historique. Écoutons Barère de Vieuzac à l'Assemblée nationale, le 26 mai 1791 : « Les révolutions des peuples barbares détruisent tous les monuments et la trace des arts semble effacée. Les révolutions des peuples éclairés les conservent, les embellissent et les regards féconds du législateur font renaître les arts qui deviennent l'ornement de l'empire dont les bonnes lois font la véritable gloire. »

Pour faire face à l'afflux d'œuvres, après la nationalisation des biens du clergé, une Commission des monuments fut chargée, le 8 novembre 1790, d'élaborer des instructions concernant leur inventaire et leur conservation.

Souvent impuissante, comme le montre la profanation des tombeaux de Saint-Denis, en dépit de ses préconisations, elle fut remplacée, le 1er septembre 1793, par une Commission temporaire des arts. L'instruction qu'elle rédigea sur la manière d'inventorier et de conserver, dans toute l'étendue de la République, les objets qui peuvent servir aux arts, aux sciences et à l'enseignement fut adoptée par la Convention le 25 novembre 1794 et envoyée à tous les départements. L'idée moderne de protection du patrimoine était née, même si elle allait tarder à s'imposer : le 23 février 1794, la broderie de Bayeux, qui avait déjà failli servir de bâche à un chariot de soldats deux ans plus tôt, fut sauvée *in extremis* des mains de révolutionnaires voulant la tailler en lanières pour orner leurs chars, lors d'une fête de la Raison.

La création de dépôts destinés à recevoir les œuvres d'art contribua à la naissance des musées. Le Muséum central des arts, futur musée du Louvre, ouvrit ses portes le 10 août 1793, jour anniversaire de la chute de la monarchie. D'autres furent le fait de personnalités voulant faire servir l'art à l'instruction du peuple, comme François Devosges, à Dijon, et Alexandre Lenoir, à Paris. Mais si ces musées contribuèrent à sauver un nombre d'œuvres considérable, ils achevèrent aussi de les dévitaliser, en les extrayant de leur cadre et en les coupant de l'esprit qui les avait vues naître. Sans doute fallait-il, pour les rendre acceptables, les désolidariser d'un passé dont on voulait faire table rase, mais comme l'écrit Dominique Poulot dans *Les Lieux de mémoire* : « Ces restes, privés des liens du sens, ne sont plus que des signes mutilés que l'institution organise différemment dans un discours étranger, celui de l'histoire ou de l'art. »

Le concordat du 15 juillet 1801 rendit aux cathédrales quelques-uns de leurs trésors, mais beaucoup restèrent dans les musées, où leur qualification de biens culturels, détachés de toute vocation cultuelle, n'en finit pas de leur ôter la vie. À l'inverse, c'est tout le charme des cathédrales italiennes et même espagnoles, après la guerre civile, d'avoir su conserver l'essentiel de leurs œuvres d'art *in situ*.

Rilke, Rainer Maria (1875-1926)

Depuis Saint-Guy de Prague dont la silhouette se profile dans un recueil de poèmes consacré à sa ville natale jusqu'aux statues d'Adam et Ève perchées sur Notre-Dame de Paris qui lui inspirent deux sonnets, en passant par les bâtisseurs du Moyen Âge qui structurent sa vie intérieure dans son *Livre d'heures*, les cathédrales traversent toute l'œuvre de Rainer Maria Rilke.

Dans ses *Nouveaux Poèmes* (1907), il leur consacre un cycle où les thèmes se répondent et la plastique des mots évoque celle de l'architecture gothique. Son « Portail » est bâti en trois parties, comme les trois entrées d'une façade harmonique. Sa « Cathédrale » nous entraîne dans son élan vers le ciel, avant de se briser net, comme pour assumer sa finitude. Sa « Rosace », qui s'ouvre comme l'œil d'un chat, absorbe un Dieu qui le contemple. Son « Chapiteau » grouille de chimères dont les nervures s'élèvent comme une aube nouvelle. « Dieu au Moyen Âge » est irréductible à toutes les formes poétiques. Et « L'Ange du méridien » veille sur l'ensemble du cycle :

Dans la tempête qui assaille la puissante cathédrale
ainsi qu'un négateur qui tourne et retourne sa pensée,
on se sent soudain, par ton sourire
plus tendrement conduit vers toi :

Ange souriant, sensible figure,
bouche faite de cent autres bouches :
ne remarques-tu pas comment nos heures
glissent et tombent du plein cadran solaire

où le nombre entier du jour tient en profond équilibre
parfaitement réel
comme si toutes les heures étaient pleines et mûres ?

Que sais-tu, pierre, de notre être ?
Et ton visage est-il encore plus ravi
lorsque tu présentes ton cadran à la nuit ?

Rainer Maria Rilke compose ces poèmes sous le coup d'un voyage à Chartres avec Auguste Rodin. Les deux hommes s'étaient rencontrés en 1902 grâce à l'épouse du poète, Clara Westhoff, sculptrice et élève de l'artiste. Rainer Maria Rilke lui servira d'éphémère secrétaire, en 1906, avant de reprendre sa vie pérégrinante. Auguste Rodin évoquera le même ange dans ses *Cathédrales de France* : « Quelle est cette ligne archaïque ? L'Ange ! L'Ange de Chartres. [...] Toujours le miracle m'éblouit. Cette fierté ! Cette noblesse ! L'Ange de Chartres est comme un oiseau perché sur l'angle de quelque haut promontoire, comme un astre vivant dans une solitude, rayonnant sur ces grandes assises de pierre. [...] L'heure se marque sur lui comme une sentence sur un livre. [...] Le cadran solaire, c'est le régulateur : Dieu nous dirige ainsi, intervient sans cesse dans notre vie par l'intermédiaire du soleil. »

Rodin, Auguste (1840-1917)

« À étudier une cathédrale, on a toutes les surprises, toutes les joies d'un beau voyage. Elles sont infinies », écrit Auguste Rodin. Dès qu'il a un moment, il part seul ou en compagnie d'élèves, de maîtresses ou d'amis visiter une cathédrale. Plus encore, il se ressource à leur contact. « Ces vieux monuments recèlent tant d'ardeur ! Ils sont réellement si jeunes ! En les étudiant, j'ai retrouvé la jeunesse », s'écrie-t-il au soir de sa vie. Après avoir passé une partie de son enfance à l'ombre de Saint-Pierre de Beauvais, c'est à Notre-Dame de Reims, sur le chemin de l'Italie, qu'il a la révélation de l'art gothique, en 1876 : « Tout à coup, la cathédrale se laissa voir ! La merveille des merveilles m'avait attendu pour me remplir le cœur, et l'âme, et le cerveau de sa splendeur, pour me frapper de sa divine foudre et de ses magnifiques orages. J'étais seul devant le colosse... Minutes d'anéantissement et, tout à la fois, de vie extraordinaire ! »

Chaque fois, il prend des notes et griffonne des croquis. De ses carnets naîtront, grâce à la persévérance éclairée de Charles Morice qui les remettra en forme, les *Cathédrales de France* en 1914. « Toute notre France est dans les cathédrales, comme toute la Grèce est en raccourci dans le Parthénon, affirme-t-il. Le tempérament français a réalisé la perfection et il l'a recouverte d'un voile de modestie. L'historien n'a rien vu : il faut que l'artiste témoigne. » Page après page, il nous fait redécouvrir, à travers ses yeux émerveillés, les chefs-d'œuvre de notre passé. « Je n'ai jamais vu le soleil se modeler avec autant de gloire que dans les voussures du portail de Reims. [...] Senlis : pureté de la foi, pureté du goût. Les fleurs qui montent aux voûtes ! L'arc qui s'élance du chapiteau sans rompre avec lui ! Quel art suprême dans un seul trait !

Pour réaliser cela sans maigreur, il fallait tout le génie de ces incomparables artistes. [...] Les trois tours de Laon, vues à distance, sont comme des étendards qui portent au loin le juste orgueil de l'homme. [...] Les voussures sont des ailes d'oiseau. Je regarde cette voûte depuis longtemps, et je ne sens plus la fatigue. Il me semble que j'ai, moi aussi, des ailes. »

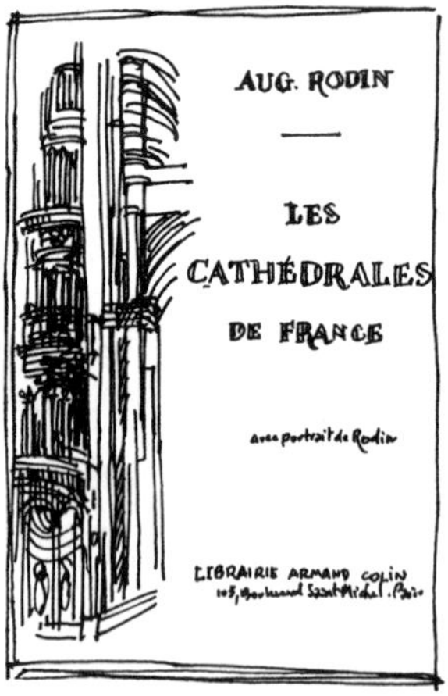

Ode aux cathédrales, son livre se veut aussi un appel : « Est-il historique, est-il mythique, le temps où la cathédrale, ramant de ses contreforts l'espace, toutes voiles dehors, nef française, victoire française, belle comme pour l'éternité, ouvrait à son abside les ailes d'un groupe d'anges agenouillés ? [...] Nous nous sommes reniés nous-mêmes, en refusant notre amour aux merveilles de notre passé, et ce reniement est un suicide. [...] Je voudrais vous faire aimer cet art grandiose, concourir à sauver ce qu'il en reste encore d'intact, réserver pour nos enfants la grande leçon de ce passé que le présent méconnaît. »

Souvent, il déplore l'ignorance de ses contemporains, « aveugles environnés de splendeur », mais lui-même, que comprend-il à cet art ? Ses interprétations sont toutes personnelles et sa symbolique lui échappe. Ainsi quand il évoque le saint Denis ou le saint Nicaise des ébrasements de Notre-Dame de Reims : « Il porte sa tête dans ses mains, et deux anges, à la place de la tête, soutiennent une couronne. – Y puis-je voir un symbole ? Celui-ci : les idées, coupées, interrompues dans leur essor, se rejoindront, régneront, plus tard, tout un jour qui n'aura pas de fin. » Il ne faut pas chercher dans son livre des propos d'historien de l'art et encore moins de théologien, mais les élans d'un sourcier sachant déceler la vie à travers les formes du passé et la communiquer. « Quel pays, celui qui posséda cette vitalité ! Ce merveilleux courage qui fait douter du mal. [...] Comme je sens en moi la joie de ces artistes d'il y a des siècles, et leur naïveté féconde ! Cœurs sensibles, qui trouvaient dans l'art, non pas un luxe, mais le principe même de leur vie. »

« Le roman est le père des styles français. Plein de réserve et d'énergie, il a produit toute notre architecture », affirme-t-il, mais l'art qu'il admire le plus est le gothique. « Dans ses maîtresses œuvres, le gothique a fait entrer les jardins, les vergers, les espaliers, après la forêt et le rocher, et tous les légumes amis de la chaumière, et toutes les légendes aimées aussi des plus pauvres, et tous les plus délicats détails comme les plus sublimes épisodes de la vie. Et il ne s'est pas contenté d'emprunter partout à la nature, par un labeur constant, humble et passionné, des beautés pour en composer la fête des jours : il s'est assimilé aussi, pour renouveler cette fête, pour l'entretenir en la variant, les lois qui président aux créations naturelles... On suit l'ordre, comme le fait la nature elle-même pour tirer un fruit d'une fleur. C'est une transmission de vie. »

Les cathédrales gothiques sont pour lui filles de la nature et du génie français. « Nos ancêtres ont réalisé là leur œuvre maîtresse, en un temps où le génie de la race connaissait une période de toute-puissance comparable à celle que connut la Grèce à son apothéose. Frêles ombres de ceux qui furent alors, nous venons nous abreuver aux sources qui jaillirent de leur génie et de leur foi : sources de lumière ! [...] Les artistes qui ont fait cela ont jeté dans le monde un reflet de la divinité ; ils y ont ajouté leur âme à nos âmes, pour nous grandir, et leur âme est à nous, elle est notre âme en tout ce qu'elle a de meilleur. »

Il les compare aussi à des femmes aimées dont le corps est médiation vers la beauté. « Vue de trois quarts, la cathédrale de Reims évoque une grande figure de femme agenouillée, en prière. [...] C'est une femme adorable, cette cathédrale [d'Amiens], c'est une Vierge... C'est l'empire absolu de l'élégance suprême. Dire qu'on attribue ce monument à des temps barbares ! Cette Vierge s'est levée ici, à une époque de sincérité, pour entretenir dans le cœur des hommes l'amour de la beauté. [...] Je veux célébrer ces pierres si tendrement amenées au chef-d'œuvre par d'humbles et savants artisans, ces moulures amoureusement modelées comme des lèvres de femme, ces séjours des belles ombres, où la douceur sommeille dans la force, ces nervures fines et puissantes qui jaillissent vers la voûte et s'y inclinent sur l'intersection d'une fleur, ces rosaces de vitraux dont l'appareil est pris au soleil couchant ou à l'aube... Pour comprendre ces lignes tendrement modelées, suivies et caressées, il faut avoir la chance d'être amoureux. »

Alors pourquoi s'oppose-t-il à leur restauration, même après le bombardement de Notre-Dame de Reims ? Précisément au nom de la vie qu'il y puise. « Un art qui a la vie ne restaure pas les œuvres du passé, il les continue. [...] Ce qui subsiste encore intact garde toute la vie de l'œuvre entière, et nous garde notre âme. C'est dans ces débris que nous avons notre dernier asile. » De tels propos peuvent choquer, à une époque où les cathédrales ont été figées dans un état passé qu'on se borne à restaurer, mais aucun artisan, depuis l'âge gothique jusqu'à la Révolution, ne les renierait, et comment lui reprocher une pensée héroïque qu'il ne cessa d'illustrer ?

Plus que dans ses écrits, c'est dans ses œuvres qu'il faut chercher ses affinités avec l'art des cathédrales. « Leur influence a pénétré jusque dans mon sang et s'est déployée au sein même de mon être », affirme-t-il. On pensera immédiatement à la *Cathédrale* sculptée en 1908 non seulement en raison de son titre, mais aussi de l'analogie qu'il fait entre les voûtes d'ogives et des mains en prière. Mais en y regardant de plus près, on voit qu'il ne s'agit pas de mains en prière, mais de deux mains droites qui s'effleurent. Et le titre de cette œuvre lui fut donné *a posteriori*.

S'il ne travaille pas comme les sculpteurs gothiques à même le bloc de pierre, mais à partir de petits formats modelés dans de la terre glaise ou du plâtre, Rodin cherche, comme eux, à donner vie à ses sculptures en y captant les variations de la lumière. « Les gothiques étaient de si grands sculpteurs qu'ils ont communiqué l'illusion du mouvement à la pierre [...] Ils ont sculpté l'ombre, comme les Grecs avaient sculpté la lumière. » Plus qu'en sculpteur, c'est en architecte qu'il conçoit ses œuvres et, comme ceux du Moyen Âge, il soumet « tout le détail à la puissance d'effet de l'ensemble ». Voyant « leur cathédrale à chaque heure, [ils] la modifiaient sous l'influence de ces heures [car ils modelaient] le monument dans l'atmosphère ».

Cette manière de travailler se ressent dans la *Porte de l'Enfer* à laquelle il travaille à partir de 1879. Pour traduire les scènes de l'*Enfer* de Dante dans le bronze, il pense d'abord s'inspirer de la *Porte du Paradis* de Lorenzo Ghiberti à Florence. Une première maquette en cire et quelques esquisses montrent les deux vantaux de sa porte, divisés en cinq panneaux, mais très vite, ils éclatent devant la profusion de figures en ronde-bosse et de statues inspirées des portails des cathédrales gothiques. Au linteau où se trouve le *Penseur*, Auguste Rodin songe à faire siéger Minos, le juge des enfers, à la place du Christ-Juge. Des croquis et des photos montrent les différentes manières dont il s'y prend pour modeler l'ombre et la lumière. Ses lettres témoignent qu'il n'est jamais satisfait des moulures qui doivent servir de cadre aux scènes et de transition avec l'atmosphère. Comme s'il cherchait à montrer une architecture dans la lumière et à l'animer comme le portail d'une cathédrale d'une « vie sans cesse renouvelée sous le ciel changeant ».

En visitant son atelier, le critique d'art Gustave Geffroy voit les figures de cette porte, éparpillées « sur les étagères, sur le canapé, sur les chaises, sur le sol ». Certaines s'en échappent le temps d'une exposition : *Le Baiser*, *Les Ombres* et *Ugolin*, mais Auguste Rodin n'en donnera jamais un état définitif. À ceux qui le lui reprocheront, il répliquera : « Et les cathédrales, est-ce qu'elles sont finies ? Je ne suis pas pour le fini, mais pour l'infini. » À défaut de s'ouvrir – « on s'y serait crevé un œil », plaisante Antoine Bourdelle –, cette porte sera la matrice non seulement des sculptures célèbres que je viens de nommer, mais d'autres, comme le *Balzac* où il porte au plus haut son art de modeler en architecte et de composer avec l'atmosphère.

Roses et rosaces

A-t-on jamais fini d'épuiser les sortilèges de ces fleurs où la lumière s'épanouit en pétales, de ces roues de flammes où l'histoire portée à incandescence découvre son sens éternel, de ces yeux qui engendrent des mondes et les résorbent en un clignement de paupières ? On les nomme « rosaces » pour désigner les remplages de pierre qui ajourent les façades, et « roses » lorsqu'il s'agit des vitraux qui les ornent. Elles sont les héritières des églantines, des anémones et des colchiques que l'on semait sur les sols des édifices antiques. On sait que la rose symbolisait le paradis chez les premiers chrétiens, la Passion du Christ pour saint Ambroise, et Marie aux yeux des cisterciens et des franciscains. Mais si Marie nous tend une rose, dans la rose orientale de Notre-Dame de Laon, cette appellation est assez tardive, puisqu'elle ne date que du XVIIe siècle.

Au XIIIe, Villard de Honnecourt qualifie la rose de Notre-Dame de Lausanne de « ronde verrière », et Bernard de Soissons décrit celle de Notre-Dame de Reims comme un « O ». Leur forme circulaire, symbole de perfection divine où se récapitule l'Univers, tient des roues à moyeux qui ornent les pignons des églises carolingiennes et romanes : roues solaires, roues de la Fortune ou roues du char divin entrevu par Ézéchiel, mais aussi des *oculi* qui versent la lumière dans les coupoles romaines et les églises paléochrétiennes.

Dans la cathédrale de Lincoln, les roses du transept, aux XIIIe et XIVe siècles, sont surnommées « l'œil du doyen » et « l'œil de l'évêque ». « Le nord représente le Malin, et le sud le Saint-Esprit, et c'est dans ces deux directions que regardent les yeux. L'évêque au sud est accueillant et le doyen au nord repoussant ; le premier s'enquiert d'être sauvé et le second de ne pas périr. Avec ses yeux, la cathédrale surveille le candélabre du paradis et les ténèbres de Léthé », dit la *Vie versifiée de saint Hugues*. « Elles sont grandes en elles-mêmes mais signifient de plus grandes choses encore. »

Ces yeux étaient surtout ceux qui permettaient d'entrer dans la vision de Dieu. À Notre-Dame de Strasbourg, la rose rayonnante de maître Erwin évoque l'explosion primordiale qui donna naissance à l'Univers. « Que la lumière soit », croit-on entendre, en la voyant, en écho à cet instant où l'éternité engendra le temps et l'immatériel la matière, décrit dans le Livre de la Genèse et la théorie du Big Bang. La Création tout entière semble émaner de son centre incandescent et se développer dans une pyrotechnie de formes et de couleurs avant de s'y résorber. L'extase divine y appelle celle du cosmos, comme dans le poème où Jean Scot Érigène raconte comment le multiple sort de l'Un pour se consumer à nouveau en lui.

Bien qu'elle soit la plus abstraite de toutes, ses épis de blé qui se confondent avec les rayons du soleil et ses grappes de raisin blanches sur fond lie de vin lui donnent une dimension eucharistique. La lumière y transfigure le verre comme Dieu le pain et le vin à travers les mains du prêtre. Sur la façade de la cathédrale d'Ostuni, un oculus solaire aveugle, mais sculpté, donne un visage humain à son centre lumineux : le Fils est « le rayonnement de la gloire du Père et l'empreinte de sa personne », écrit saint Paul, celui « par qui il a créé les mondes » et « qui porte l'Univers de sa parole puissante » (Hé., I, 2-3).

À Notre-Dame de Lausanne, la rose de Pierre d'Arras détaille cette extase : le Créateur est entouré de scènes de la Genèse qui décrivent la séparation de la lumière et des ténèbres, la création de la terre et des eaux, du soleil, de la lune, des poissons et des oiseaux, des animaux de la terre, de l'homme et de la femme. Fruit d'une restauration du XIXe siècle, sa figure centrale était peut-être différente à l'origine, mais l'idée n'en demeure pas moins que la Création s'ordonne autour du Créateur : directions cardinales, mois, saisons et signes du zodiaque, éléments, vents et fleuves du paradis confluent en lui. Tous s'inscrivent dans des carrés et des cercles qui s'interpénètrent comme le ciel et la terre et évoquent par leur géométrie la sagesse divine.

Dans son *Traité des noms divins*, Denys l'Aréopagite écrit : « Dans la nature qui embrasse la totalité de l'Univers, c'est ainsi également que les raisons de chaque nature sont rassemblées dans une seule unité, sans confusion. Et dans l'âme aussi, de façon unitaire, les puissances providentielles correspondent à chaque partie du corps entier. Il n'est donc pas absurde de prendre appui sur ces images affaiblies pour remonter jusqu'à la Cause universelle, et de contempler avec des yeux qui ne sont pas de ce monde la totalité des choses, y compris celles qui s'opposent entre elles, dans la Cause universelle sous la forme de l'unité et de l'union. Car cette Cause est le principe des êtres. »

À Notre-Dame de Paris, on découvre jusqu'où est allé l'amour de Dieu pour les hommes : jusqu'à prendre chair en eux pour leur donner de contempler à nouveau son image parfaite et les aider à la rétablir en eux. Dans la rose nord, les bleus violacés évoquent le temps de l'attente qui précéda la venue du Messie. « Assis dans la région de l'ombre de la mort » (Mt., IV, 16), les prophètes de l'Ancien Testament convergent vers la Vierge à l'Enfant. Jean de Chelles inclina ses pétales de manière qu'ils semblent se mouvoir autour d'elle, mais ce mouvement n'est que pour rejoindre l'immuable : cette rose, faite de huit cercles concentriques entourés de seize images circulaires et deux fois trente-deux médaillons, est une méditation sur le chiffre 8, symbole de vie éternelle.

Dans la rose sud, achevée par Pierre de Montreuil, les tonalités sont plus chaudes. L'ordre de ses médaillons fut modifié au cours de restaurations et sa figure centrale refaite par Eugène Viollet-le-Duc et Alfred Gérente, mais sa composition s'ordonne autour du chiffre 4, symbole de l'Unité qui contient le tout. Les apôtres et les saints entourent le Christ en gloire. Des étoiles brillent dans ses plaies et, quand le soleil de midi l'exalte, son trône resplendit « tels le jaspe et la sardoine » décrits dans le Livre de l'Apocalypse. Des anges célèbrent la liturgie céleste, tenant des chandeliers et des encensoirs comme des servants de messe.

Ces roses font mémoire de l'accomplissement de la Nouvelle Alliance entre Dieu et son peuple lors de sa Passion et de sa Résurrection. Entre les deux, la rose ouest est une méditation sur le mystère de l'Incarnation. Les scènes qui y figurent ne sont pas toujours lisibles de loin, et leur signification se fond dans un rayonnement multicolore, mais c'est par là qu'elle donne une avant-vision de la richesse inépuisable de Dieu. Saint Thomas d'Aquin la vit-il lorsqu'il enseignait à l'université de Paris ? Elle a, en tout cas, toutes les qualités de la beauté telles qu'il les définit : l'intégrité – complétude et unicité –, l'harmonie – proportion et accord – et la clarté – éclat et rayonnement.

Ruskin, Morris et le mouvement *Arts and Crafts*

Au plus noir de la révolution industrielle en Angleterre, tout un mouvement, alliant préoccupations esthétiques, sociales et environnementales, vit dans l'art gothique un remède à la décadence d'une civilisation minée par le matérialisme et le machinisme. John Ruskin en fut le prophète, dans deux essais qui tiennent du sermon et de la poésie autant que de l'histoire de l'art : *Les Sept lampes de l'architecture* (1849) et *Les Pierres de Venise* (1853).

« C'est précisément la dégradation de l'ouvrier en machine qui, plus que tout autre mal de notre époque, entraîne, de tous côtés, la masse des nations dans des luttes vaines, incohérentes et destructrices en faveur d'une liberté dont elles ne sauraient elles-mêmes expliquer la nature. [...] Ce n'est pas que les hommes soient mal nourris, mais c'est qu'ils ne trouvent aucun plaisir dans le travail qui leur assure du pain ; et c'est pourquoi ils regardent la richesse comme l'unique source de plaisir. [...] À vrai dire, ce n'est pas le travail qui est divisé, ce sont les hommes, divisés en portions d'hommes, en petits fragments, en miettes vivantes, de telle sorte que la parcelle d'intelligence qu'on leur laisse ne suffit même pas à former la pointe d'une épingle. [...] Et le grand cri qui sort de nos villes manufacturières, plus bruyant que le souffle de la fournaise, vient fondamentalement de ce que nous fabriquons de tout, excepté des hommes. »

Dans l'art, il ne voyait pas qu'un divertissement d'esthète, mais le principal mode d'expression d'un peuple libre et heureux. Alors que le christianisme avait su reconnaître « dans les petites comme dans les grandes choses la valeur individuelle de chaque âme », l'architecture gothique leur donna les moyens de s'accomplir à travers une œuvre commune. Si elle n'était pas sortie de la végétation, comme le prétendaient les romantiques, son ornementation s'était développée en cherchant à reproduire sa ressemblance : « La plus fière architecture que l'homme puisse élever n'a pas de plus grande gloire que de reproduire et de perpétuer l'image de cette herbe de la prairie qui est à la fois le type et le soutien de son existence ; un beau monument n'est jamais plus glorieux que lorsqu'il est orné de sculptures ressemblant aux feuillages du paradis. »

Son appel à redonner à l'homme, dans un monde qui n'eût pas l'argent pour seule fin, la possibilité de s'accomplir par son travail, en rapprochant l'art de l'artisanat, fut à l'origine du mouvement *Arts and Crafts*.

William Morris s'en fit l'apôtre après un voyage dans le nord de la France avec son ami Edward Burne-Jones, pendant l'été 1855. « Les églises du nord de la France sont les plus grandioses, les plus belles, les plus aimables et les plus aimantes de tous les édifices que la terre ait jamais portés ; et, en pensant à leurs bâtisseurs passés, j'entrevois à travers eux, quoique très faiblement, quelque chose des temps médiévaux. [...] Ah ! n'ai-je pas raison de les aimer, eux qui m'aimaient et pensaient à moi à travers leurs coups de ciseaux, et pour cet amour de tous les hommes qu'ils avaient, et pour le grand amour de Dieu qu'ils avaient aussi sûrement ; pour cela, et pour cette œuvre qui est la leur, le soulèvement de la grande façade de la cathédrale avec son cœur battant des pensées des hommes, forgé dans les feuilles et les fleurs de la belle terre. »

Tous deux étaient étudiants en théologie à l'Exeter College d'Oxford. À leur retour, ils décidèrent de renoncer à la prêtrise pour se vouer à l'art, mais quand Edward Burne-Jones aspirait à respiritualiser la société par ses œuvres, William Morris entendait transformer ses structures en recréant les conditions d'un art par et pour le peuple, ce qui l'amena à flirter avec le marxisme.

Dans les cathédrales gothiques, il voyait « une expression spontanée et populaire de l'instinct de la beauté », le fruit du travail heureux d'ouvriers organisés en guildes. « Là se dresse au-dessus de la mesquinerie de la rue et de son mercantilisme étroit une masse de pierre grise tracée, sculptée et moulée en un triple portique assailli de pinacles et de flèches, si ordonné dans sa complexité, si élégant au milieu de son immensité, que même sans aucune pensée de son histoire ou de sa signification, il remplit votre âme de satisfaction, écrit-il de la cathédrale de Peterborough. S'élevant solennellement au milieu de la ville, ce signe des "âges obscurs" exprime l'espoir [des ouvriers] dans le passé, devenu maintenant un avertissement pour notre avenir. »

Comme au XIVe siècle, l'art devait se répandre dans toutes les sphères de la société et s'étendre des maisons aux objets utilitaires. « Ce n'était pas une grande tâche d'élever un bâtiment qui devrait remplir l'esprit des hommes de crainte et d'admiration quand les gens s'y mettaient délibérément, à une époque où chaque tasse, chaque assiette et chaque manche de couteau était beau. [...] Il n'est plus si difficile maintenant de se représenter ces masses grises de pierre que nos aïeux élevaient dans leur espérance, ne se tenant plus perdus et mélancoliques devant l'horrible misère des champs et des villes, mais souriant à leurs nouvelles sœurs : les maisons et les halles des citoyens libres des nouvelles communes, et les champs en forme de jardins autour d'eux où il y aura encore du travail, mais le travail de gens heureux ayant secoué la malédiction pour ne garder que la bénédiction. »

En 1860, après avoir étudié l'architecture et la peinture, William Morris fit l'apprentissage des arts décoratifs, pour concevoir et réaliser la décoration et le mobilier d'une maison qu'il se faisait construire, près de Londres, par l'architecte Philip Webb. Il fit appel à des artisans de tous les corps de métier qui vinrent travailler sur place dans des conditions privilégiées. Pas une chaise, ni même une cruche, ne devait participer de la laideur ambiante. Ce fut le laboratoire de la société Morris, Marshall, Faulkner & Co., qu'il fonda avec Peter Paul Marshall, Charles Joseph Faulkner et ses amis préraphaélites Dante Gabriel Rossetti, Edward Burne-Jones et Ford Madox Brown. Vouée à vendre de beaux objets au grand public, William Morris l'organisa sur le modèle des guildes médiévales. Il donna aux artisans la maîtrise de leurs œuvres, de leur conception à leur réalisation, et favorisa le réapprentissage des méthodes traditionnelles.

Dans le contexte de renouveau chrétien que connaissait l'Angleterre, ses premières commandes lui vinrent d'ecclésiastiques. Edward Burne-Jones conçut avec son atelier quatre verrières pour la chapelle de l'Épiphanie de la cathédrale de Winchester. William Morris dessina le feuillage qui encadre chaque panneau et prêta le visage de sa femme et muse, Jane, à l'un de ces personnages. Dans la cathédrale de Birmingham, où il avait été baptisé, Edward Burne-Jones réalisa trois verrières sur le thème de la Nativité, la Crucifixion, l'Ascension et le Jugement dernier. Dans cette ville noircie par la fumée des usines, leurs couleurs diaprées étaient un havre de lumière. William Morris créa avec Dante Gabriel Rossetti des verrières figurant le sacrifice d'Abraham et Joseph tiré du puits, pour le transept de la cathédrale de Peterborough. Et tous trois, aidés de Peter Marshall, Philip Webb et Ford Madox Brown, œuvrèrent à la grande verrière du chœur de la cathédrale de Bradford.

En 1874, leurs chemins divergèrent. William Morris rebaptisa sa société Morris & Co., continua d'étendre ses activités dans le domaine de la tapisserie et du papier mural et s'engagea en politique. D'abord en militant dans une société pour la protection des bâtiments anciens, puis en adhérant, en 1883, à la Fédération sociale-démocrate marxiste et en cofondant, en 1885, la Ligue socialiste. Bien qu'il détestât qu'on le traitât de « poète-tapissier » – car parmi ses multiples talents, il cultivait aussi celui de l'écriture –, il dut convenir, quatre ans plus tard, de sa naïveté.

Comment une idéologie aussi matérialiste eût-elle pu engendrer des constructions telles que les cathédrales gothiques ? Seule une subordination de l'ordre matériel à l'ordre spirituel avait pu le faire au XIIIe siècle. En régime capitaliste comme en régime marxiste, de telles constructions ne peuvent être qu'utopiques. Les maisons mêmes et les objets utilitaires créés par la firme Morris & Co. avaient des coûts de production si élevés qu'ils étaient réservés à une élite. Dans « Nouvelles de nulle part », dernier texte qu'il donna à la revue socialiste *Commonweal*, William Morris décrivit son socialisme pour ce qu'il était : l'utopie d'une société agreste et artisanale formée à partir d'une image idéalisée du passé.

En 1891, il se consacra à l'art typographique et à l'enluminure, puis il fonda un atelier d'imprimerie, la Kelmscott Press. C'est finalement dans ce domaine qu'il parvint le mieux à unir ses passions pour la littérature et l'architecture, en faisant des volumes qu'il publiait des cathédrales de papier.

S

Sacrements

Un triptyque de Roger Van der Weyden, exécuté vers 1440 à la demande de l'évêque de Tournai et conservé au musée royal des Beaux-Arts d'Anvers, représente *Les Sept sacrements*. À l'intérieur d'une cathédrale peinte sur le modèle de Sainte-Gudule de Bruxelles se trouvent, sur le panneau de gauche, le baptême, la confirmation et la réconciliation ou la confession, sur le panneau de droite, l'ordination, le mariage et l'onction des malades. Chacun est conféré dans une chapelle différente en présence d'un ange revêtu d'une tunique de la couleur correspondante. Situés dans l'axe des fenêtres, ces anges manifestent la rencontre qui s'opère entre le monde visible et le monde invisible.

Les sacrements sont les points d'entrée de la vie divine en chaque fidèle : le baptême lui donne de participer à la mort et à la résurrection du Christ et d'entrer dès ici-bas dans la vie éternelle. L'onction qu'il reçoit lors de la confirmation ouvre ses facultés à l'Esprit saint et les oriente vers l'accomplissement de sa vocation divine. La confession le purifie de ses péchés et le renouvelle comme au jour de son baptême. L'ordination et le mariage sanctifient l'état de vie qu'il s'est choisi pour s'unir au Christ. Et l'onction des malades lui donne la force de vivre sa Passion avec lui.

Le plus important est l'eucharistie : au premier plan, une Crucifixion emplit l'espace de la nef, tandis qu'en arrière-plan un fidèle tend les yeux vers une hostie élevée par un prêtre. La lumière de la scène semble émaner du corps du Christ situé au niveau des fenêtres hautes. Comment mieux rendre visible ce qui s'opère invisiblement pendant l'eucharistie ? Au-delà, ce sont tous les sacrements représentés sur les panneaux latéraux qui s'originent dans ce soleil de justice et s'écoulent de ses plaies comme à travers des baies ouvertes.

Saint-Malo

« On ne sait plus ce que c'est que ces solennités de religion et de famille où la patrie entière et le Dieu de cette patrie avaient l'air de se réjouir ; Noël, le premier de l'An, les Rois, Pâques, la Pentecôte, la Saint-Jean étaient pour moi-même des jours de prospérité. Peut-être l'influence de mon rocher natal a-t-elle agi sur mes sentiments et sur mes études. Dès l'année 1015, les Malouins firent vœu d'aller aider à bâtir de leurs mains et de leurs moyens les clochers de la cathédrale de Chartres : n'ai-je pas aussi travaillé de mes mains à relever la flèche abattue de la vieille basilique chrétienne ? "Le soleil, dit le père Maunoir, n'a jamais éclairé canton où ait paru une plus constante et invariable fidélité dans la vraie foi que la Bretagne. Il y a treize siècles qu'aucune infidélité n'a souillé la langue qui a servi d'organe pour prêcher Jésus-Christ, et il est à naître qui ait vu Breton bretonnant prêcher autre religion que la catholique."

« Durant les jours de fête que je viens de rappeler, j'étais conduit en station avec mes sœurs aux divers sanctuaires de la ville, à la chapelle de Saint-Aaron, au couvent de la Victoire ; mon oreille était frappée de la douce voix de quelques femmes invisibles : l'harmonie de leurs cantiques se mêlait aux mugissements des flots. Lorsque, dans l'hiver, à l'heure du salut, la cathédrale se remplissait de la foule ; que de vieux matelots à genoux, de jeunes femmes et des enfants lisaient, avec de petites bougies dans leurs Heures ; que la multitude, au moment de la bénédiction, répétait en chœur le *Tantum ergo* ; que dans l'intervalle de ces chants, les rafales de Noël frôlaient les vitraux de la basilique, ébranlaient les voûtes de cette nef que fit résonner la mâle poitrine de Jacques Cartier et de Duguay-Trouin, j'éprouvais un sentiment extraordinaire de religion. Je n'avais pas besoin que la Villeneuve me dît de joindre les mains pour invoquer Dieu par tous les noms que ma mère m'avait appris ; je voyais les cieux ouverts, les anges offrant notre encens et nos vœux, je courbais mon front : il n'était point encore chargé de ces ennuis qui pèsent si horriblement sur nous, qu'on est tenté de ne plus relever la tête lorsqu'on l'a inclinée au pied des autels. » (François-René de Chateaubriand.)

Saint suaire

Guerres, inondations et tremblements de terre, voyages périlleux, tentatives de vol et incendies : le saint suaire a vécu mille péripéties et en est toujours sorti indemne. Une main invisible l'aurait-elle protégé pour le mener jusqu'à nous et nous confronter à son mystère ? En visite à Saint-Jean-Baptiste de Turin, après l'incendie de 1997, Jean-Paul II le qualifia de « provocation à l'intelligence ». Plus que d'un suaire à proprement parler, il s'agit d'un linceul composé d'une pièce de lin de 4,42 mètres de long sur 1,13 mètre de large, dont la spécificité est de porter imprimée, de dos et de face, l'image d'un homme ayant subi tous les supplices décrits comme ceux du Christ lors de sa Passion.

Jean-Christian Petitfils a retracé son chemin depuis son apparition à Édesse, en 387-388. Négocié en 944 au nom de l'empereur byzantin Romain Lacépumène auprès de l'émir qui occupait la ville, il fut rapporté à Constantinople et versé dans le trésor de l'église Sainte-Marie du Pharos. Cédé entre 1241 et 1247 par l'empereur latin Baudouin II à Saint Louis avec d'autres reliques de la Passion, il fut offert par Philippe VI à son porte-oriflamme Geoffroy de Charny en remerciement de ses services pendant le siège des Anglais à Calais, en 1347.

Ce dernier fonda une collégiale à Lirey, où plusieurs ostensions furent organisées à partir de 1354. Mais les chanoines se heurtèrent aux évêques de Troyes, Henri II de Poitiers et Pierre II d'Arcis, qui dénoncèrent une « peinture » exhibée aux foules pour leur extorquer de l'argent. Appelé à statuer sur son cas, le pape Clément VII n'accepta qu'il fût vénéré qu'à condition de préciser qu'il ne s'agissait pas d'une relique, mais d'une « figuration ou représentation » du linceul du Christ. C'est sur leur correspondance que se fondent aujourd'hui encore les détracteurs de son authenticité. Vendu en 1453 par la petite-fille de Geoffroy de Charny, il suivit les ducs de Savoie, en passant par Chambéry, jusqu'à Turin, où une chapelle fut commandée pour l'abriter en 1568. C'est seulement en 1983 qu'il fut cédé au Saint-Siège par le dernier roi d'Italie, Humbert II.

Son histoire est bien documentée, mais elle ne saurait, à elle seule, prouver son authenticité : nul ne sait où se trouvait ce linceul entre la découverte du tombeau vide de Jésus, à Jérusalem, en l'an 33, et son apparition à Édesse, en 387 ou 388. L'Église ne prit d'ailleurs jamais de décret qui en fît officiellement une relique. D'autant que, pour un croyant, il n'est nul besoin de vestiges matériels pour croire à la résurrection du Christ. Elle laissa toujours le soin à la science de se prononcer. Mais c'est justement quand on se place sur le plan purement scientifique qu'apparaissent les faits les plus troublants.

Tout se passe comme si cet objet avait attendu des siècles que les hommes fussent capables d'acquérir les connaissances susceptibles de leur révéler sa singularité, tout en les laissant dans l'incapacité de l'expliquer. Jusqu'à l'invention de la photographie, on pouvait penser avoir affaire à une relique ou à une peinture, selon la foi qu'on y mettait, mais quand Secondo Pia fut autorisé à le photographier, en 1898, il faillit tomber à la renverse : sur son négatif, il vit apparaître, en positif, le visage d'un homme que l'on ne pouvait voir à l'œil nu. Le saint suaire était donc une sorte de négatif photographique, venu d'une époque où on ne pouvait pas même concevoir une telle technique. Secondo Pia étant un photographe amateur, on l'accusa de faux ou d'erreur, mais lorsqu'un vrai professionnel, Giuseppe Enrie, prit de nouveaux clichés, en 1931, il obtint le même résultat.

Médecins et criminologues dressèrent, à partir d'eux, le portrait d'un homme de type juif, âgé de trente à trente-cinq ans, ayant été frappé de nombreux coups de bâton, flagellé et couronné d'épines, ayant porté la poutre horizontale de sa croix sur les épaules et ayant été crucifié, puis percé *post mortem* au côté. Non seulement ce portrait correspondait en tout point à celui de Jésus dans les Évangiles, mais les clichés de Giuseppe Enrie révélaient des détails qui n'y figuraient pas et qui les rendaient plus criants : le corps de l'homme au linceul portait les traces d'un *flagrum* romain, identifiable aux marques en forme d'haltères qu'il laisse dans la chair. Il aurait été cloué par les poignets, et non par les mains, comme le voulait la tradition iconographique, et casqué d'épines plutôt que couronné, pour accroître sa douleur.

« C'est Lui !, s'exclama Paul Claudel, en 1935. C'est Son visage ! Ce visage que tant de saints et de prophètes ont été consumés du désir de contempler, suivant cette parole du psaume : *Ma face t'a recherché. Seigneur, je rechercherai Ta face*. Il est à nous ! Dès cette vie, il nous est permis tant que nous voulons de considérer le Fils de Dieu face à face ! Car une photographie, ce n'est pas un portrait fait de main d'homme. Entre ce visage et nous, il n'y a pas eu d'intermédiaire humain. C'est lui matériellement qui a imprégné cette plaque, et c'est cette plaque à son tour qui vient prendre possession de notre esprit. Quel visage ! On comprend ces bourreaux qui ne pouvaient le supporter et qui, pour en venir à bout, essayent encore aujourd'hui, comme ils peuvent, de le cacher. »

Mais le plus surprenant était encore à venir. En 1976, un docteur en astrophysique et capitaine de l'US Air Force Academy Sandia Laboratory, John P. Jackson, remarqua que la luminosité de l'image dépendait de la distance entre le corps et le tissu et ne subissait aucune déformation, une fois le linceul posé à plat. Il eut l'idée de placer les clichés de Giuseppe Enrie dans un analyseur d'images de la NASA. Résultat : le corps de l'homme au linceul apparut en relief. Il contenait une information tridimensionnelle codée qu'aucun tableau ne possédait et que personne ne pourrait fabriquer.

En 1978, trente-trois chercheurs américains, italiens et suisses, chrétiens, juifs et non croyants furent autorisés à procéder à une batterie de tests chimiques, biochimiques, radiométriques, spectrographiques et photographiques. Ils débarquèrent à Turin avec six tonnes de matériel prêté par la NASA, le Pentagone, l'industrie aéronautique et aérospatiale ainsi que des instituts de recherche américains. Ils découvrirent que les taches rose carminé que l'on observait sur le linceul étaient des taches de sang du groupe AB – le même que celui du suaire d'Oviedo et de la tunique d'Argenteuil. Ce sang contenait de la bilirubine, produit dégradé de l'hémoglobine présent dans le corps de personnes ayant subi un traumatisme violent, et s'accompagnait d'un liquide séreux, rappelant « l'eau » évoquée par l'évangéliste Jean.

L'image formée sur le linceul était postérieure à ces dépôts et, contrairement à eux, elle n'avait affecté que la surface du tissu. Il ne s'y trouvait aucune trace de pigments pouvant entrer dans la composition de la peinture, et elle était d'une résistance hors normes à la chaleur et à l'eau. Pour l'expliquer, les chercheurs du Shroud of Turin Research Project émirent l'hypothèse d'un rayonnement orthogonal à partir d'un corps en apesanteur. Mais de quelle nature ? « Les connaissances actuelles ne permettent aucune explication plausible et rationnelle », conclurent-ils.

En 1988, nouveau rebondissement : trois laboratoires scientifiques réalisèrent une datation du linceul de Turin au carbone 14 et en conclurent à un artefact du Moyen Âge. Ils donnèrent une fourchette de dates comprises entre 1290 et 1360. Les détracteurs de son authenticité crièrent victoire, et l'archevêque-custode Anastasio Ballestero se chargea lui-même d'annoncer le résultat. Mais sans parler du fait que ces tests avaient été conçus comme une machine de guerre contre l'Église catholique, une datation au carbone 14 était difficilement réalisable sur un tissu ayant connu plusieurs incendies et expositions à l'eau. Il avait été reprisé au Moyen Âge et, en 2004, Raymond Rogers, chimiste au laboratoire de Los Alamos, montra que les échantillons prélevés provenaient d'une zone reprisée. Non seulement le protocole de recherches n'avait pas été respecté, mais les résultats complets des laboratoires n'avaient pas été publiés. Quand ils le furent, en 2017, à la demande de chercheurs français, les écarts apparurent si grands entre laboratoires qu'ils invalidaient la fourchette de dates donnée. En réalité, ils avaient éliminé les résultats qui leur paraissaient anormaux pour faire une simple moyenne leur permettant de tomber sur le moment où le linceul était apparu à Lirey. Quand on découvre ce qu'on est venu chercher…

En 2022, le chercheur à l'Institut de cristallographie de Bari Liberato De Caro établit, grâce à une nouvelle technique de datation aux rayons X, que le linceul remontait bien à l'époque du Christ. Toutes sortes d'indices allaient déjà en ce sens, comme la présence dans ses fibres de tissu de pollens et de fleurs qu'on trouvait au bord de la mer Morte, dans le désert de Judée et aux portes de Jérusalem, à la fin de l'hiver et au début du printemps.

À ce jour, personne n'a été capable de reproduire son image avec ses caractéristiques chimiques et physiques. Et personne n'a été en mesure d'expliquer comment le corps qui l'avait formée s'était extrait du linceul : celui-ci ne compte aucune trace de putréfaction ni d'arrachement des fibres de tissu et des caillots de sang.

Jean-Paul II, s'adressant aux scientifiques, préconisa de l'« étudier sans préjugés qui considéreraient comme une évidence des résultats qui ne le sont pas ». Aux croyants, il suggéra de méditer sur cette « icône de la souffrance de l'innocent de tous les temps, des innombrables tragédies qui ont marqué l'histoire du passé, et des drames qui continuent de se consumer dans le monde. [...] Le saint suaire nous pousse non seulement à sortir de notre égoïsme, mais également à découvrir le mystère de la douleur qui, sanctifiée par le sacrifice du Christ, engendre le salut pour l'humanité entière ».

Comment ne pas voir une icône de la souffrance dans ce visage ? Mais ce qui me frappe, en le contemplant, c'est son charisme hors normes. Quelle puissance dans son impuissance et quelle majesté dans son humiliation ! Du plus profond de la mort, il semble animé d'une vie qui la transcende, et je veux bien croire qu'une telle vie soit capable d'engendrer des mondes et de ressusciter des morts. Gisant en silence, au cœur d'un siècle dominé par le bruit et la volonté de puissance, il attend que nous nous laissions librement impressionner par sa lumière. Négatif d'un Dieu vainqueur des ténèbres, il s'offre à nous comme la matrice d'une vie infinie. À nous d'en être les positifs.

Saints céphalophores

Au portail de la Vierge de Notre-Dame de Paris, saint Denis, au-dessus de son bourreau et de la hache de son supplice, porte sa tête entre ses mains. Il semble si maître de lui qu'on s'attendrait presque à l'entendre parler. Sa légende raconte que, décapité sur ordre de Valérien, il aurait miraculeusement prêché ainsi, de Montmartre à Saint-Denis, où il aurait désigné sa sépulture. Au portail nord de Notre-Dame de Reims, deux anges couronnent les épaules vides de saint Nicaise. Après avoir dit à la population de se réfugier dans sa cathédrale, l'évêque se serait porté au-devant des Vandales, qu'il aurait mis en fuite en ramassant sa tête, une fois décapité.

Émile Nourry dénombra cent trente-quatre saints céphalophores. Je pourrais donc multiplier les exemples. Mais si tous se ressemblent, c'est que, par-delà la réalité de leur légende, ils nous disent la même chose, à la suite de Jésus : « Je donne ma vie, pour la recevoir de nouveau. Nul ne peut me l'enlever : je la donne de moi-même. » (Jn, X, 17-18.) À rebours de la sensiblerie, de la lâcheté et de l'impuissance ambiantes, ils sont déjà vainqueurs, dans l'amour de Dieu, de la haine de leurs persécuteurs.

« Les pagodes hindoues les plus effrénées et les plus monstrueusement prodigieuses n'approchent pas de la cathédrale de Séville. C'est une montagne creuse, une vallée renversée ; Notre-Dame de Paris se promènerait la tête haute dans la nef du milieu, qui est d'une élévation épouvantable ; des piliers gros comme des tours, et qui paraissent frêles à faire frémir, s'élancent du sol ou retombent des voûtes comme les stalactites d'une grotte de géants. Les quatre nefs latérales, quoique moins hautes, pourraient abriter des églises avec leur clocher. Le retablo, ou maître-autel, avec ses escaliers, ses superpositions d'architectures, ses files de statues entassées par étage, est à lui seul un édifice immense : il monte presque jusqu'à la voûte. Le cierge pascal, grand comme un mât de vaisseau, pèse deux mille cinquante livres. Le chandelier de bronze qui le supporte est une espèce de colonne de la place Vendôme ; il est copié sur le chandelier du Temple de Jérusalem, ainsi qu'on le voit figuré sur les bas-reliefs de l'arc de Titus ; tout est dans cette proportion grandiose. Il se brûle par an dans la cathédrale vingt mille livres de cire et autant d'huile ; le vin qui sert à la consommation du saint sacrifice s'élève à la quantité effrayante de dix-huit mille sept cent cinquante litres. Il est vrai que l'on dit chaque jour cinq cents messes aux quatre-vingts autels !

« Le catafalque qui sert pendant la semaine sainte, et qu'on appelle le monument, a près de cent pieds de haut. Les orgues, d'une proportion gigantesque, ont l'air des colonnades basaltiques de la caverne de Fingal, et pourtant les ouragans et les tonnerres qui s'échappent de leurs tuyaux, gros comme des canons de siège, semblent des murmures mélodieux, des gazouillements d'oiseaux et de séraphins sous ces ogives colossales. On compte quatre-vingt-trois fenêtres à vitraux de couleur peints d'après des cartons de Michel-Ange, de Raphaël, de Dürer, de Pérégrino, de Tibaldi et de Lucas Cambiaso ; les plus anciens et les plus beaux ont été exécutés par Arnold de Flandre, célèbre peintre verrier. Les derniers, qui datent de 1819, montrent combien l'art a dégénéré depuis ce glorieux XVIe siècle, époque climatérique du monde, où la plante-homme a porté ses plus belles fleurs et ses fruits les plus savoureux. Le chœur, de style gothique, est enjolivé de tourelles, de flèches, de niches découpées à jour, de figurines, de feuillages, immense et minutieux travail qui confond l'imagination et ne peut plus se comprendre de nos jours. L'on reste vraiment atterré en présence de pareilles œuvres, et l'on se demande avec inquiétude si la vitalité se retire chaque siècle du monde vieillissant. » (Théophile Gautier.)

Stalles

Les stalles sont les compartiments réservés aux chanoines dans les chœurs et le plus haut lieu d'expression de la verve des huchiers. Les plus anciennes conservées en France sont celles de Saint-Pierre de Poitiers. Datant des années 1240, elles sont célèbres pour les sculptures de leurs écoinçons : des anges qui tiennent des couronnes y alternent avec des masques, des animaux fantastiques et familiers, des motifs moralisateurs, comme la femme assise devant un coffre bourré à craquer, et des scènes de la vie quotidienne : un homme qui joue avec son chien dans un verger, un boulanger sortant son pain du four, un architecte prenant des mesures avec un compas. À travers eux, ce sont toutes les créatures de la terre et du ciel qui participent à la louange divine avec les chanoines.

À Notre-Dame de Rouen, la société du XVe siècle défile sur les miséricordes. Sous le ciseau des sculpteurs, le bois s'anime de la vie de cordonniers découpant du cuir dans leur atelier, de maçons construisant un mur, de marchands vantant leur marchandise, d'un barbier qui s'apprête à faire une saignée. Des serviteurs lavant de la vaisselle côtoient des musiciens jouant de la flûte, des cymbales et du tambourin, des femmes qui récoltent du blé, un mendiant qui tient une sébile, des écoliers penchés sur leurs livres et des hommes qui se battent au couteau. Il n'est pas jusqu'aux proverbes, comme « jeter des roses aux pourceaux » ou « bâiller aussi fort qu'un four », dont on n'entende l'écho. Et comment ne pas sourire à l'évocation de scènes de la vie conjugale, comme la dispute pour savoir qui tiendra la culotte ? Toute l'humanité y jaillit telle qu'en elle-même, avec ses qualités et ses vices, ses traits de caractère et ses habitudes de travail, saisis par un regard tendre et drôle. Aux chanoines de prier pour elle, et à Dieu seul de la juger.

En dessous se tapissent des monstres, des hybrides d'hommes et de serpents, d'oiseaux, de lions et de chevaux. Explorant toutes les combinaisons possibles et toutes les manières de plier leurs formes à un cadre, elles sont un jeu de l'esprit autant qu'une figuration de l'animalité qui nous guette. Le péché est omniprésent, nous disent-elles, mais l'humour et la prière permettent de le vaincre. Aujourd'hui, les stalles retiennent l'attention par la quantité de scènes profanes, voire triviales, qu'elles introduisent dans le chœur, mais y voir de l'irrévérence serait un contresens : il s'agit d'abord de faire rire de ses vices et de ses travers. Et où prennent-elles place ? Sur les miséricordes, c'est-à-dire là où les chanoines posaient leurs fesses.

À Tréguier, des documents témoignent que, quand les chanoines se rendirent à l'atelier du huchier Philippot Viard, en 1458, ils se montrèrent fort satisfaits des bas-reliefs qu'il avait imaginés : joueurs de tambourin, monstres et hommes qui se contorsionnaient pour montrer leurs fesses. Quand ils passèrent commande, en 1508, d'un nouvel ensemble à Gérard Dru et Tugdual Kergus, il fut stipulé dans le contrat que, pour la partie supérieure, « douze anges porteront la représentation des mystères de la Passion de Notre-Seigneur », et que, pour remplir les vides, « y aura des bouillons pendants, taillés à feuillages et grimaces jusqu'à remplissement de l'œuvre ». Sur l'ouvrage achevé, du glouton prêt à régurgiter le pied de porc qu'il vient d'avaler à l'homme déculotté qui lâche un vent, les « grimaces » sont légion. Mais à considérer les émoluments accordés aux huchiers : quinze livres chacun et le privilège d'être enterrés *ad sanctos*, à quoi vinrent s'ajouter quatre-vingt-huit livres quelques années plus tard, les chanoines n'eurent qu'à s'en louer.

Le décor sculpté dans les stalles obéissait à une hiérarchie bien définie. Dans celles de Saint-Bertrand-de-Comminges, commandées par Jean de Mauléon vers 1525, les parties basses – miséricordes et appuie-main – sont le domaine des chevaux affrontés, des visages grimaçants, des scènes de dispute et des chimères, tandis que les parties hautes – les panneaux dorsaux – accueillent les vertus, les sibylles, les prophètes et les saints.

Les chanoines, occupant une position intermédiaire entre la terre et le ciel, étaient appelés à intercéder pour le salut de tous et, si leur psalmodie était un acte de louange, elle était aussi un combat. Dans les stalles de Sainte-Marie d'Auch, les sibylles, les prophètes et les saints, sculptés d'après des cartons d'Arnaud de Moles, faisaient écho à ceux des vitraux de la nef, si bien qu'ils semblaient descendre du ciel pour aider les chanoines à terrasser les serpents qui rampaient à leurs pieds.

« Dans tout ce que je connais, je n'ai jamais rien vu d'aussi merveilleux qui ait été taillé dans les arbres de quelque pays que ce soit, écrit John Ruskin des stalles de Notre-Dame d'Amiens ; c'est un bois doux, à jeunes grains ; du chêne choisi et façonné pour un tel travail et qui résonne maintenant de la même manière qu'il y a quatre cents ans. Sous la main du sculpteur, il semble s'être modelé comme de l'argile, s'être plié comme de la soie, avoir poussé comme des branches vivantes, avoir jailli comme de la flamme vivante… et s'élance, s'entrelace et se ramifie en une clairière enchantée, inextricable, impérissable, plus pleine de feuillage qu'aucune forêt et plus pleine d'histoire qu'aucun livre. »

Sculptées au début du XVIe siècle, plus de quatre mille personnages s'y activent. Sur les appuie-main, un menuisier, un monnayeur et un apothicaire côtoient un boulanger, un vigneron et un garde champêtre. Un boucher voisine avec un fauconnier, un ménestrel, une hortillonne et une nourrice. Des religieux entonnent les psaumes, un enfant se balance sur un cheval de bois, un sot fait la grimace, une femme prend son bain, des fous agitent leurs grelots et un vieux couple converse. Rompant la hiérarchie traditionnelle, c'est sur les pendentifs et les culs-de-lampe des dais que prennent place les scènes les plus osées : des hommes nus qui se livrent à des jeux impudiques et d'autres qui boivent de manière outrancière. Était-ce pour montrer que le mal est toujours mêlé au bien, ici-bas, et qu'il suffit d'un moment d'inattention pour le faire surgir dans l'enceinte sacrée ? Ils se mêlent aux anges, aux musiciens et aux Atlantes.

Le même humour, la même tendresse et la même fantaisie se retrouvent dans les scènes de l'Ancien Testament sculptées sur les miséricordes et les scènes de la vie de la Vierge qui ornent les jouées et les dossiers des stalles d'honneur. La stalle du doyen porte des scènes de la Genèse et du début de la vie de la Vierge, celle du roi, une théorie du Bon et du Mauvais Gouvernement, illustrée par Joseph recevant les marques de confiance du Pharaon et Hérode assistant au massacre des Innocents. Ces personnages bibliques sont habillés à la mode picarde de l'époque et environnés d'objets qui formaient le quotidien des Amiénois. Marie accouche dans un intérieur bourgeois où ne manquent ni l'oreiller ni le miroir. Pour construire son arche, Noé manie la doloire et la hache à manche court. Son aide perce une planche à l'aide d'une tarière, et l'art de la meunerie s'illustre dans les travaux agricoles de l'Égypte : en haut des jouées, on distingue des petits moulins à vent sur pioche.

Ceux qui travaillaient se trouvaient ainsi unis à ceux qui priaient et chacun prenait sa part dans l'œuvre de salut. Mais le plus grand art de ces stalles est là où il ne se voit pas : de loin, on ne distingue aucune trace d'assemblage – ni cheville, ni clou, ni vis. Seuls des tenons et des mortaises apparaissent lorsqu'on s'en rapproche, révélés par le fil du bois.

Statues-colonnes

Je pourrais passer des heures à contempler les statues-colonnes de Notre-Dame de Chartres ou de Saint-Julien du Mans. Le temps passe et leurs silhouettes longilignes restent, les yeux grands ouverts sur la lumière, qu'elles annoncent et qu'elles attendent. L'idée en revient à Suger, entre 1135 et 1140. « Vous êtes édifiés sur le fondement des apôtres et des prophètes » (Ép., II, 20), dit saint Paul. Quand l'Antiquité s'en tenait à des variations sur le thème de la colonne comparée à un homme ou une femme, l'abbé de Saint-Denis et le sculpteur qui interpréta sa pensée les firent chair pour annoncer le Dieu fait homme. La qualité de rois et de reines de l'Ancien Testament de certaines d'entre elles fit nommer « royal » le portail au seuil duquel elles se dressaient. Brisées par Soufflot en 1771, il n'en reste que deux têtes conservées au musée de Cluny, mais leurs traits farouches et leurs yeux dilatés suffisent à nous faire comprendre la fascination qu'elles purent exercer.

Sous les plis cannelés de leurs vêtements et leurs bijoux ciselés avec une précision d'orfèvres, celles de Notre-Dame de Chartres et de Saint-Julien du Mans, sculptées quelques années plus tard, sont d'un réalisme surnaturel. Leurs reines de Saba, surtout, sont sublimes, avec leur sourire qui semble dire « la joie du Seigneur est notre force » (Né., VIII, 10). Elles n'ont pas encore vu la lumière, mais elles s'avancent vers elle avec une confiance telle qu'elles en sont déjà illuminées. À la fin des années 1160, à Notre-Dame de Senlis, elles sont plus libres de leurs mouvements, moins déformées, diront certains. Merveilleuses de naturel dans leur sainte conversation, elles préfigurent les statues qui s'émanciperont de leur support et se multiplieront jusqu'au vertige sur les cathédrales de Reims, Amiens et Strasbourg. Mais elles n'égalent pas en puissance contenue leurs aînées.

« Cet art ne vous cherche pas, il vous attend », écrit Auguste Rodin du portail de Saint-Julien du Mans. Plus encore, ces statues sont l'attente même, qui dilate l'être aux dimensions de celui-là seul qui pourra le combler.

« Cette église pourrait abriter toute une génération d'hommes et de femmes, et elle constitue un modèle héroïque en ce que, à jamais trop grande pour les aspirations humaines, éternellement elle dépassera tous les possibles et sera toujours un symbole de l'Infini. Ils voulurent simplement immortaliser leur foi, ceux qui édifièrent cette cathédrale au beau milieu de ce plat pays, façonnant la pierre pour préserver par-delà le temps leur piété. Plein de respect, on sent ici l'esprit du gothique, ce siècle de foi et de patience, un siècle définitivement révolu. Car jamais plus de telles œuvres ne verront le jour dans notre monde, qui mesure différemment les heures et qui vit à une autre vitesse : les hommes ne construisent plus de cathédrales », écrit Stefan Zweig après une visite de Notre-Dame de Chartres.

Il poursuit ainsi dans *Pays, villes, paysages* : « C'est une impression d'indigence que l'on éprouve d'abord en retrouvant notre époque après avoir quitté ce monument impérissable. Nos projets doivent aboutir rapidement, notre rythme est devenu plus pressé, il n'existe plus d'œuvres qui survivent à toute une lignée, et rares sont celles qui dépassent le cadre d'une simple existence. Nous qui, grâce à une étincelle, sommes capables de communiquer en une seconde avec d'autres continents, nous ne savons plus exprimer notre être à travers la lenteur des pierres, l'infini des années. Nos miracles, dorénavant à portée de la main, ne sont plus que des créations de notre esprit, nos rêves sont plus modestes. L'âme a pris congé d'une vision aussi imposante comme de quelque chose qui lui est devenu étranger, au même titre que le Parthénon ou les Pyramides, et, nous en sommes parfaitement conscients, le monde a beau ne plus connaître de limites, nous avons perdu la faculté d'incarner de façon aussi grandiose l'esprit de tout un peuple, le génie d'une époque dans une œuvre unique. »

Les hommes ne construisent plus de cathédrales ? Si, évidemment, et il en sera ainsi tant que le culte catholique sera autorisé. Sa perte de vitesse en Europe ne doit d'ailleurs pas masquer sa vitalité ailleurs : il n'est pas jusqu'au Bahreïn où une nouvelle cathédrale n'ait été inaugurée pour les travailleurs étrangers en 2022. Mais il est évident que celles qui sont construites depuis les années 1960 n'ont rien à voir avec leurs aînées.

Entre style international et traditions locales, celles des pays les plus récemment christianisés cherchent encore leur identité. À Abidjan, la cathédrale en béton, fer et verre construite en 1983 par l'architecte italien Aldo Spirito évoque un éléphant assis dont la trompe se lève vers le ciel. En Europe, après avoir fait du néogothique, du néo-roman, du néo-byzantin, et parfois même les trois à la fois, comme à Marseille en 1852, toutes les références historiques ont été congédiées. Au motif de purifier le culte et de mieux mettre en valeur l'assemblée, le style international règne en maître, au risque d'un culte autoréférentiel et désincarné.

Comment un style qui formate dans les bureaux, les centres commerciaux, les palais des congrès et les musées des hommes sans personnalité, sans histoire et sans visée transcendantale pourrait-il évoquer un Dieu qui a épousé leur chair pour les transfigurer ? « Une ville du futur serait une société horizontale où chaque individu serait égal à l'autre, où l'homme ne se préoccuperait pas des honneurs, où les gens seraient plus simples, plus compréhensifs, plus humbles, sachant réellement qu'ils sont insignifiants », avance Oscar Niemeyer, architecte de la cathédrale de Brasília et du siège du Parti communiste français à Paris dans les années 1960.

Trente ans plus tôt, Le Corbusier avait refusé de construire une église au motif que « si l'on veut respecter le culte catholique et ses traditions, on ne peut avec le béton que moderniser une tradition préexistante. Et cela nous est pénible, car nous aurions à créer des organismes neufs basés sur des problèmes d'esprit vieux. La seconde, c'est que, si nous suivons la voie qui nous est chère, nous pensons à créer un lieu de méditation. Et nous avons établi une étude de principe sur ce thème, et nous avons une solution qui nous satisfait. Or, dans un tel cadre, les objets de culte catholique apparaissent paradoxaux ». Que penser alors des églises que lui et ses émules finirent par élever après la guerre ?

La cathédrale catholique de Liverpool est emblématique. Élevée non loin de la cathédrale anglicane construite dans le style néogothique par Giles Gilbert Scott en 1905, ses plans devaient être d'Edward Pugin dans les années 1850, mais le manque de moyens, puis les deux guerres mondiales reportèrent sa construction aux années 1970. C'est à Frederick Gibberd, architecte de logements sociaux, de centres commerciaux et de complexes sportifs dans la veine du Corbusier, de Mies van der Rohe et de F. R. S. Yorke, qu'il revint de la concevoir. En forme de cône tronqué en béton, aluminium et verre, ses pics sont censés évoquer, à l'extérieur, la couronne du Christ et, à l'intérieur, ses bancs disposés en cercle autour d'une scène où officie le prêtre sont éclairés par des projecteurs, comme dans une salle de concert. Elle a beau être située au bout de la rue de l'Espoir, les internautes l'ont déjà classée parmi les plus laides du monde, et il n'est pas certain que l'adjonction d'une cafétéria et d'un magasin de souvenirs y change quoi que ce soit.

À Évry, la construction, en 1988, de la première cathédrale française depuis l'adoption de la loi de 1905 aurait pu être une formidable occasion de renouveau, mais quand les fidèles découvrirent le projet de Mario Botta, ils furent si peu enthousiastes qu'il fallut lancer une nouvelle campagne de souscription, avec un vitrail de Notre-Dame de Chartres en icône et un spot publicitaire appelant à redevenir, « comme nos ancêtres », des « bâtisseurs de cathédrales ». Dans son livre d'or, certains la comparent à un crématorium, une discothèque ou un hôtel. Quoi qu'en dise son auteur, entre une profession de foi écologique, une allusion aux jardins suspendus de Babylone et une référence au Modulor du Corbusier, il est difficile de voir une filiation byzantine dans son cylindre en briques taillé en biseau – qui est surtout sa signature –, et comment reconnaître la couronne d'épines du Christ – décidément un alibi de choix – dans les arbres plantés sur son toit ? À l'extérieur, seule une petite croix signale qu'il s'agit d'une église et, à l'intérieur, les œuvres d'art prennent place dans un centre culturel.

Sa construction fut d'abord portée par la municipalité et le ministère de la Culture. En remettant une église au centre de cette ville, construite selon un urbanisme purement rationnel, ils voulaient remédier à l'atomisation et au déracinement de ses habitants, d'origines très différentes. « La cathédrale d'Évry n'est pas seulement un édifice religieux, elle a été conçue comme une manière de faire évoluer le tissu urbain en cours de façonnage », écrit

Claude Mollard, conseiller de Jack Lang et consultant de l'association diocésaine chargée du projet. Certains parlèrent de lui redonner un « supplément d'âme », mais celui-ci était si vague qu'on pouvait se demander à quoi il correspondait. Mario Botta évoqua un « lieu de satisfaction du désir d'immensité présent dans l'humanité », « un lieu de pause et de silence ». Dans l'esprit des conseillers ministériels, il s'agissait surtout d'un substitut patrimonial à l'usage d'habitants qui n'en avaient pas.

De son côté, l'évêque Mgr Herbulot appartenait à une mouvance qui, depuis le concile de Vatican II, promouvait la construction d'une Église des hommes qui se passe d'églises de pierres. C'est sans conviction qu'il accepta le projet d'un édifice à forte visibilité. Et le choix d'un architecte œuvrant dans le même style rationnel qui avait présidé à la construction de cette ville nouvelle ne pouvait en faire qu'une coquille vide. Il faut aujourd'hui aux fidèles qui y prient une foi digne des plus grands spirituels pour lui insuffler de la vie. Mais saint Bernard n'écrivait-il pas : « Tout le monde ne peut pas renoncer à une moindre perfection pour aspirer plus haut sans s'exposer à quelque chute » ; et avant Pascal : « Qui veut faire l'ange fait la bête » ?

« Cédant à la tentation angéliste – car le diable n'est qu'un ange –, on efface et supprime les formes sacrales dans lesquelles on ne voit plus qu'un obstacle – qu'elles sont aussi inévitablement – afin de rejoindre directement la signification spirituelle qu'elles exprimaient. Mais brisées les formes, la réalité spirituelle s'évapore comme un parfum répandu. Notre époque se croit réaliste. Jamais elle n'a été plus idéaliste, jamais elle n'a moins eu le sens du charnel », résume Jean Borella. Alors que notre monde tend à se dissoudre dans le virtuel, notre plus grand défi est de retrouver le sens de l'incarnation. Sur cette voie, les cathédrales sans corps et sans visage construites dans le style international ne peuvent être que des salles d'attente. Attente que notre soif de Dieu redevienne suffisamment forte pour que son Esprit vienne à nouveau féconder nos cœurs et nos traditions.

Suger (1081-1151)

Suger n'était pas évêque, mais abbé et, pourtant, impossible d'aborder l'art des cathédrales sans l'évoquer. Longtemps tenu pour l'initiateur de l'art gothique, les historiens tendent, aujourd'hui, à relativiser son rôle, mais s'il ne fut pas l'inventeur de cet art, né d'une série d'expérimentations en Normandie, en Bourgogne et en Île-de-France, la formulation qu'il en donna, reprise par les rois capétiens et les prélats du domaine royal, devint emblématique de l'alliance française entre le Trône et l'Autel qui se noua à partir du XIIe siècle, et ses écrits sont primordiaux pour comprendre l'esprit de cet art.

Fils de paysans, Suger entre comme oblat à l'abbaye bénédictine de Saint-Denis à l'âge de dix ans. Il fait ses études au prieuré de l'Estrée avec les fils de la noblesse et les princes du sang. C'est là qu'il se lie avec le futur Louis VI et conçoit son rêve de faire de la basilique Saint-Denis « la tête du royaume ». Un acte qui porte son empreinte y établit, en 1119, l'institution des sépultures royales, le legs de la couronne et des insignes du pouvoir. Travailleur infatigable, bon gestionnaire et habile diplomate, il se voit confier de nombreuses missions par l'abbé Adam et est élu pour lui succéder après sa mort, en 1122. Devenu conseiller de Louis VI, historiographe et régent du royaume pendant le départ de Louis VII à la croisade, il passera surtout à la postérité pour son œuvre de bâtisseur. C'est qu'il s'y projettera tout entier et y incarnera toutes ses idées.

À peine élu abbé, pour ne pas encourir les foudres de saint Bernard, il s'astreint à un train de vie moins fastueux. Il ramène ses moines à une observance plus stricte de la règle. Mais pour reconstruire son abbatiale, il n'épargne ni ses efforts ni son or. Il réorganise l'administration de ses domaines de manière à dégager les ressources suffisantes pour financer son chantier sur la durée. Et après une ultime mission pour le compte de Louis VI : accompagner le futur Louis VII à la rencontre de son épouse, Aliénor d'Aquitaine, il s'attelle à en faire la plus somptueuse de la chrétienté.

Dans son écrit *Sur la consécration de la basilique Saint-Denis*, il raconte comment « les jours de fête, remplie à l'excès, elle rejetait par toutes ses portes le trop-plein des foules qui y accouraient et non seulement elle empêchait les arrivants d'entrer mais forçait ceux qui y étaient entrés à sortir sous la pression de leurs devanciers. [...] La détresse des femmes était telle et si intolérable qu'on aurait pu les voir avec horreur écrasées comme par une presse dans la mêlée d'hommes robustes, présenter une face livide, telle l'image de la mort, pousser des cris terribles comme des parturientes, plusieurs d'entre elles, misérablement blêmes, soulevées par le pieux secours d'hommes au-dessus des têtes des gens, avancer ainsi comme sur un pavement, et beaucoup d'entre elles haleter dans le pré des frères, rendant leur dernier soupir au désespoir de tous. En outre les frères qui présentaient les insignes de la Passion du Seigneur aux arrivants succombaient à leurs agitations et à leurs querelles, et, n'ayant d'autre issue, s'enfuirent bien des fois par les fenêtres avec les reliques ».

Outre les ossements de saint Denis, évangélisateur des Gaules et premier évêque de Paris, décapité vers 250 avec Rustique et Éleuthère, la basilique possède un clou de la Passion et une épine de la couronne du Christ. Mais il ne s'agit pas seulement d'accueillir les pèlerins dans de meilleures conditions. « Le souvenir des temps passés est une représentation des temps futurs », avance Suger. Arguant du fait que la basilique fondée par Dagobert et consacrée, selon la légende, par le Christ, sert de nécropole royale depuis l'époque mérovingienne, il souhaite en faire l'église protectrice du royaume et la représentante du Saint-Siège en France, dans une perspective où le roi, placé au sommet de la hiérarchie féodale, sera le serviteur de Dieu sur terre.

C'est dans les Pouilles, en Italie, où il a été envoyé auprès du pape Calixte II pour resserrer les liens entre la papauté et la monarchie capétienne, qu'il a appris son élection, en 1122. L'année suivante, il est retourné auprès de Calixte II à Rome et dans le sud de l'Italie, ce qui lui a permis de s'imprégner de l'art des grandes basiliques romaines, remises à l'honneur par les papes de la réforme grégorienne, et des églises de Campanie et des Pouilles, construites par les prélats normands. Il a surtout découvert l'œuvre de l'abbé Didier au Mont-Cassin. Cet homme, si impliqué dans les affaires spirituelles et temporelles de son temps qu'il a fini sur le siège de saint Pierre sous le nom de Victor III, a fait reconstruire, en 1066, l'abbaye de Saint-Benoît. Son église se compose de trois nefs séparées par des colonnes antiques, un chœur surélevé et une abside ornée de mosaïques, un narthex voûté d'ogives et un portail en bronze qui porte le nom de son donateur. L'ensemble a été achevé en trois ans et trois mois et inauguré en présence des plus grands prélats.

De retour à Saint-Denis, ce sont ces modèles que Suger a à l'esprit. Il ne fait en cela que s'inscrire dans la continuité de ses prédécesseurs carolingiens, qui avaient aussi les basiliques de la Rome antique pour modèles, mais, en choisissant un maître d'œuvre à la pointe de l'innovation technologique de son époque et de sa région, il formule un art inédit. Le chantier débute vers 1135 par la construction d'un avant-corps imposant. Voûté d'ogives, surmonté de chapelles hautes et encadré par deux tours, il évoque l'ancien massif carolingien, mais en s'inspirant des grandes abbayes normandes, qu'il a pu voir au cours de missions pour l'abbé Adam, Suger donne à voir la première façade harmonique aboutie. Ses créneaux en font un nouveau temple de Salomon, et ses trois portails une image de la Jérusalem Céleste.

Sans attendre l'achèvement des tours, il entreprend, aussitôt après sa consécration, en 1140, de reconstruire le chevet. Envisage-t-il, à terme, de reconstruire la nef ? Rien n'est moins sûr, car il vise d'abord à incarner dans les formes architecturales de son abbatiale la continuité des dynasties mérovingienne, carolingienne et capétienne. Tout en conservant les murs de l'ancienne crypte, construite autour des tombeaux des martyrs, il la fait agrandir en remployant certaines pierres « comme autant de reliques ». Il y appuie un chœur surélevé dont les colonnes, au nombre de deux fois douze, comme les prophètes et les apôtres, sont calibrées de manière à faire écho à celles de la nef. Et il veille « à faire coïncider à l'aide d'instruments géométriques et arithmétiques le milieu du bâtiment de l'ancienne église avec le milieu de la nouvelle ».

S'inspirant de la double colonnade du déambulatoire de la basilique Saint-Pierre, du plan circulaire de certaines églises de Campanie et du chevet récemment achevé de Saint-Martin-des-Champs, à Paris, il fait couronner son chœur d'un déambulatoire et de chapelles rayonnantes entièrement voûtées d'ogives. Associé à des contreforts ou à des arcs-boutants, ce procédé lui permet d'alléger les murs et de remplacer les mosaïques des basiliques romaines par d'immenses verrières. Il fait placer le trône de Dagobert derrière le maître-autel. Puis il commande un nouveau tombeau pour les reliques des saints, dans une abside transformée en écrin de lumière.

Son nom éclipsera celui de son maître d'œuvre, mais ce dernier est parvenu à construire un espace décloisonné où la lumière unifie toutes les parties de l'édifice, le passé, le présent et l'avenir, le matériel et l'immatériel, dans la pensée même de Denys l'Aréopagite, que l'on confond, à Saint-Denis, avec le premier évêque et martyr de Paris.

Ce chœur est achevé en trois ans et onze mois – sinon trois comme le voulait Suger. Sa consécration a lieu le 11 juin 1144, qui coïncide avec l'ouverture de la foire du Lendit. Outre la foule qui s'y presse, l'abbé a invité le roi Louis VII et la reine Aliénor d'Aquitaine, les grands dignitaires du royaume, dont vingt-quatre évêques, venus de Chartres, Lisieux, Coutances, Reims, Châlons-en-Champagne, Rouen, Soissons, Noyon, Auxerre, Orléans, Évreux, Meaux, Senlis, Beauvais, Canterbury… Il raconte comment « le chœur de tant et si grands pontifes, dans la beauté de leurs habits blancs et la riche parure des mitres pontificales cerclées de précieux orfrois, tenant en leur main la crosse pastorale » célèbre « si pieusement les noces de l'Époux éternel qu'ils [semblent] aux yeux du roi et de la noblesse présente un chœur céleste plutôt que terrestre, une œuvre divine plutôt qu'humaine ».

Sur l'autel, tous peuvent contempler la croix d'or et d'émail et les vases liturgiques qu'il a commandés à des orfèvres mosans. Dans cette harmonie de matières, de couleurs et de formes sur lesquelles se reflète la lumière, ils doivent se sentir, comme lui, transportés dans un autre monde : « Quand sous le charme de la beauté de la maison de Dieu, la splendeur des gemmes multicolores m'arrache aux soucis extérieurs, la méditation m'amène à réfléchir à la diversité des saintes vertus, en transposant ce qui est matériel en ce qui est immatériel. Alors, il me semble résider, comme en réalité, en quelque région étrange de l'Univers, qui n'existe entièrement ni dans le limon de la terre ni dans la pureté du ciel. »

On a souvent évoqué l'orgueil de cet abbé qui s'est fait représenter quatre fois et nommer neuf fois sur tous les supports possibles de son abbatiale. Erwin Panofsky y voit une « logique de l'affirmation de soi au travers de l'effacement de soi », mais qui a lu son testament connaît son sentiment d'indignité et son anxiété pour son salut et celui du royaume. Sur le tympan du portail du Jugement dernier, il apparaît en donateur suppliant, tout en se rangeant déjà parmi les élus. Sa tête empiète sur la mandorle du Christ : en échange de la construction de son abbatiale, il ne demande rien de moins que le paradis, pour lui et pour ceux qui ont œuvré avec lui.

Dans ses écrits, il affirme que les opérations nécessaires à la construction d'une église ont également le pouvoir d'édifier leurs auteurs : non seulement lui-même, qui l'a conçue et a rassemblé les fonds nécessaires au chantier, mais aussi sa communauté monastique, les ouvriers qui ont extrait ses matériaux de la terre et les ont transformés par leur travail, les paysans qui y ont contribué par leurs dîmes, et les fidèles par leurs aumônes. Conçue comme une action de grâces par laquelle tous offrent à Dieu les dons qu'ils ont su faire fructifier, son église trouve sa justification et sa fin dans sa consécration. Alors, le Christ, à travers les mains du prêtre, unit « harmonieusement les choses matérielles aux immatérielles, les corporelles aux spirituelles, les humaines aux divines ». Il transforme « miraculeusement l'Église présente en royaume céleste » et fait « du ciel et de la terre une seule république ». En y inscrivant son nom, d'ouest en est, sur la pierre, le métal et le verre, Suger aspire à se fondre en elle pour être consacré avec elle, et il espère que, plongés dans sa chair ardente et translucide, tous pourront y avoir un avant-goût du ciel.

Le chantier s'arrêta à sa mort, en 1151, mais lorsqu'il reprit, en 1231, ce fut pour surpasser ses espérances. On ne sait même plus quelle était l'élévation du chœur de son premier maître d'œuvre, tant ses parties hautes furent remaniées par le second, mais Suger n'eût pu imaginer meilleur continuateur de sa pensée que ce maître grâce auquel la pierre perdait ses dernières opacités. Quant à la série de gisants des rois de France commandéepar Saint Louis pour le transept, elle parachevait sa volonté de raconter l'histoire de France dans une perspective ouverte sur le ciel.

Sully, Maurice de (v. 1010-1196)

Un jour où je passais devant le portail Sainte-Anne de Notre-Dame de Paris, j'entendis un guide touristique présenter l'évêque debout qui encadre la Vierge en majesté, avec un roi agenouillé, comme Maurice de Sully. Ce portail fut en réalité sculpté une vingtaine d'années avant son accession à l'épiscopat, et par-delà les personnalités qu'il représente, il rappelle le rituel au cours duquel le roi promettait de défendre les droits de l'Église, après son sacre. Mais quelle meilleure image donner de l'ascension de ce fils de bûcherons devenu l'artisan d'une des plus belles cathédrales du royaume ?

Comme Suger avec qui il veut rivaliser, Maurice de Sully est un pur produit de la méritocratie cléricale. La même qui, à l'instar d'Adalbéron, considère que « le fils de l'artisan n'est pas inférieur à l'héritier du royaume » et qui a fait de Guillaume de Champeaux un évêque de Châlons-sur-Marne, de Gilbert d'Auxerre un évêque de Londres, de Gilbert de La Porrée un évêque de Poitiers, et de Pierre Lombard un évêque de Paris. Né à Sully-sur-Loire vers 1110 ou 1120, on pense qu'il fait ses études à l'abbaye de Fleury, sur les terres de laquelle travaillent ses parents, mais on sait très peu de choses de lui avant son élection comme évêque, en 1160. Tout au plus peut-on affirmer qu'il mendie son pain et fait le ménage de compagnons plus fortunés pour étudier la théologie à Paris, qu'il y rencontre Hugues et Richard de Saint-Victor, dont la spiritualité l'inspirera toute sa vie, et le futur Louis VII, qui favorisera son élection, une fois devenu chanoine et professeur de théologie.

Sollicité par les chanoines de Notre-Dame de Paris pour les aider à choisir entre deux candidats pour succéder à Pierre Lombard – Maurice de Sully ou Pierre le Mangeur de livres –, Louis VII aurait demandé « lequel se mêlait le plus de prédications et d'autres œuvres de charité » : « Les chanoines lui répondirent que Maurice était plus ardent pour la prédication, plus rempli de sollicitude pour ce qui regardait la vie pratique, plus digne d'éloges pour ce qui touchait au bien des âmes ; quant à Pierre le Mangeur, il était plus appliqué à la science de l'Écriture. Sur quoi le roi leur dit : "Choisissez le plus zélé pour le gouvernement des âmes. Réservez le plus instruit pour la direction des écoles." Ainsi firent les chanoines, et de cette manière, chacun de ces deux personnages rendit de bien grands services dans les fonctions qu'il remplit. »

Les sermons qu'il compose sur les temps forts de l'année liturgique sont d'un esprit clair et robuste, qui ne se perd pas en raisonnements abstraits ni en envolées mystiques, mais transmet les vérités de la foi en termes simples et pratiques. Au plus fort de l'hérésie albigeoise, il rédige un traité sur le Canon de la messe où il défend la présence réelle du Christ dans l'eucharistie et le rôle de l'Église dans l'obtention du salut. Cette clarté et cette robustesse d'esprit se retrouvent dans les lignes de sa cathédrale, mais celle-ci ne serait pas la merveille que nous admirons aujourd'hui si Maurice de Sully n'était animé par une autre ambition.

Prélat bâtisseur, il construit deux ponts sur la Seine, lotit l'île Saint-Louis et rebâtit l'Hôtel-Dieu. C'est lui qui suggère à Philippe Auguste de paver les rues de Paris. Mais pourquoi construire une nouvelle cathédrale, alors qu'il en existe déjà une qui vient d'être rénovée. Certes, elle ne suffit plus à accueillir une population en forte croissance, mais, surtout, Maurice de Sully veut qu'elle surpasse les abbayes royales de Sainte-Geneviève, Saint-Germain-des-Prés et Saint-Denis et la cathédrale de Sens, qui viennent d'être reconstruites dans un style grandiose. Sa cathédrale n'est qu'une simple suffragante de celle de Sens, mais à l'heure où le roi s'apprête à établir définitivement sa capitale à Paris, l'évêque supporte de moins en moins cette sujétion et veut en faire la tête du royaume à la place de la basilique Saint-Denis.

Comme Suger, il commence par rationaliser la gestion de sa mense épiscopale de manière à en augmenter le revenu et s'assurer d'un financement régulier. Il fait valoir aux chanoines le prestige qu'ils gagneraient à faire de même. Pour ménager les plus critiques, il ne touche pas à leur enclos et leur offre des objets liturgiques. Puis il s'emploie à convaincre les donateurs de contribuer au chantier, que ce soit en nature, en argent, en concessions de droits ou de revenus. Pour faciliter l'accès des matériaux et relier la cathédrale au palais du roi, il fait creuser la rue

Neuve-Notre-Dame. L'ancienne église, située plus à l'ouest, est maintenue le temps que la nouvelle devienne propre au culte, ce qui est chose faite en 1177. En 1188, le légat du pape, Henri de Château-Marçay, consacre son maître-autel.

Est-ce la fatigue liée à l'âge ou l'usure provoquée par les critiques dont il fait l'objet ? Maurice de Sully se retire de plus en plus à l'abbaye de Saint-Victor et y reste pour mourir, en 1196, en récitant son *Credo*. Le transept est alors achevé ainsi que les premières travées de la nef. L'évêque a légué 100 livres pour sa couverture et demandé à emporter dans sa tombe un texte où il défend la résurrection de la chair. Dans son épitaphe, Étienne de Tournai résume ainsi sa vie : « Ayant édifié un temple magnifique et de nombreux monuments en demeurant pauvre lui-même, et ayant gardé sa main ouverte à tous, [...] il est devenu pierre vivante de la Cité éternelle. »

Sylvestre, Anne (1934-2020)

Avec Georges Brassens et Jacques Brel, Anne Sylvestre a fait partie de ces chansonniers qui, en marge de la culture yé-yé sous influence anglo-saxonne, ont continué de faire vivre la tradition des troubadours. « Étudiante, j'étais passionnée de Moyen Âge, confiait-elle. Je révisais mes cours en haut des tours de Notre-Dame. » En 1960, elle a rendu cet hommage aux bâtisseurs de cathédrales :

Ô bâtisseur de cathédrales
D'il y a tellement d'années
Tu créais avec des étoiles
Des vitraux hallucinés
Flammes vives tes ogives

S'envolaient au ciel léger
Et j'écoute sous tes voûtes
L'écho de pas inchangés
Mais toujours à tes côtés
Un gars à la tête un peu folle
N'arrêtait pas de chanter
En jouant sur sa mandole

Sans le chant des troubadours
N'aurions point de cathédrales
Dans leurs cryptes, sur leurs dalles
On l'entend sonner toujours

Combien de fous, combien de sages
Ont donné leur sang, leur cœur
Pour élever devers les nuages
Une maison de splendeur
Dans la pierre leurs prières
Comme autant de mains levées
Ont fait chapelle plus belle
Que l'on ait jamais rêvée
Le jongleur à deux genoux
A bercé de sa complainte
Les gisants à l'air très doux
Une épée dans leurs mains jointes

Sans le chant des troubadours
N'aurions point de cathédrales
Dans leurs cryptes, sur leurs dalles
On l'entend sonner toujours

Toi qui jonglais avec les étoiles
Ô bâtisseur de beauté
Ô bâtisseur de cathédrales
Oh puissions-nous t'imiter !
Mille roses sont écloses
Au cœur des plus beaux vitraux
Mille encore vont éclore
Si nous ne tardons pas trop

Et si nous avions perdu
Nos jongleurs et nos poètes
D'autres nous seraient rendus
Rien qu'en élevant la tête

Sans le chant des troubadours
N'aurions point de cathédrales
Dans leurs cryptes, sur leurs dalles
On l'entend sonner toujours.

T

Tapisseries

En laine, en coton, en soie ou en lin, teintées de pigments végétaux et organiques, les tapisseries ont plus souffert des outrages des hommes et des éléments que la pierre, qu'elles réchauffent et ornent, mais celles qui subsistent illustrent le sommet de savoir-faire atteint par les lissiers du nord de la France, du Hainaut, du Brabant et des Flandres, à la fin du Moyen Âge.

J'aimerais pouvoir les décrire toutes, de la broderie de Bayeux qui nous livre un récit haut en couleur de la conquête normande de l'Angleterre, au XIe siècle, à la tenture de l'histoire de saint Étienne, qui atteint au même réalisme mystique que certains tableaux de primitifs flamands, à Auxerre, au XVIe. « Ces admirables dessins, ces couleurs, réservées comme celles des fresques, cette touchante histoire de la Vierge, est-ce que tout cela ne met pas l'âme en fleur ? », demande Auguste Rodin à propos de la tenture de la Vie de la Vierge de Notre-Dame de Reims. « Tous les fonds et les intervalles sont remplis de fleurettes qui, sur la tapisserie, ne se rattachent à rien, – qu'à notre âme. Ces tapisseries sont des œuvres d'un art suprême. Et c'est à nous ! Les Égyptiens, les Grecs

– du moins, je le crois – n’ont pas eu cela. Ce sont, tissés, des grains multicolores de poussière, la poussière de notre passé ! Et ce sont des fresques de primitifs, et des estampes japonaises, et des vases de Chine : tout y est pressenti. »

Mais s’il me fallait n’en choisir qu’une, ce serait la tenture de l’Apocalypse d’Angers. Commandée en 1373 par Louis Ier d’Anjou au promoteur Nicolas Bataille, ses dessins furent confiés à Jean de Bruges, peintre attitré de Charles V, et sa confection à l’atelier du lissier parisien Robert Poinçon. Comment parvinrent-ils à rendre une vision au lyrisme aussi puissant et au chromatisme aussi éblouissant, avec quelques fils de laine teintés à la gaude, à la garance et au pastel ? Les lissiers du XIVe siècle ne disposaient pas, comme ceux du XVIIe, d’autant de couleurs que les peintres sur leur palette, et si l’on parle beaucoup, aujourd’hui, de réalité augmentée, quel écran ou quelle paire de lunettes 3D pourrait donner à voir le fil invisible des événements comme le fait cette tenture de plus de cent mètres de large sur six mètres de haut ? Déployée sur fond de pénombre, sur les murs du château d’Angers, son symbolisme lui donne un accès direct à l’invisible et sa matérialité lui confère tout le poids de la réalité.

Contrairement à ce qu’on croit trop souvent, l’Apocalypse, qui signifie « révélation » en grec, évoque moins le futur que le présent, le présent de tous les temps jusqu’à la fin des temps. La tenture d’Angers compte une foule de détails historiques qui évoquent le contexte de la guerre de Cent Ans : ne reconnaît-on pas Édouard III dans l’ange de l’abîme doté d’ailes de chauve-souris et Jean le Bon parmi les vingt-quatre vieillards qui se prosternent devant Dieu ? Le Prince Noir mène une myriade de cavaliers maléfiques, vêtus « de cuirasses de feu, d’hyacinthe et de soufre ». Des soldats anglais figurent en bonne place parmi les bêtes combattues par le Verbe de

Dieu, et le monstre de la mer porte sept têtes de léopard, leur animal emblématique.

Pour Louis Ier d'Anjou, qui luttait aux côtés de son frère, Charles V, contre les Anglais, il s'agissait d'un manifeste politique. Tout en faisant écho aux malheurs de son temps : épidémies, famine, révoltes et guerres, elle exhortait au bien et à l'espoir dans l'espérance même portée par la vision de saint Jean. La grande Babylone finirait renversée, et un bon gouvernement serait instauré. Les bêtes sanguinaires seraient précipitées dans l'étang de feu, et les élus régneraient aux côtés de Dieu. Mais ce qui fait sa force, par-delà l'époque qui l'a vue naître, c'est de s'adresser aux hommes de tous les temps.

Des anges sonnent de la trompette pour nous réveiller, et un archer monté sur un cheval blanc nous appelle à combattre le flot des ennemis qui déferlent en nous et autour de nous. D'autres anges sortent leurs épées de leur fourreau dans une polyphonie de couleurs aux accents épiques qui évoque ces mots d'Hildegarde de Bingen : « Dieu de toutes les créatures, les esprits angéliques se sont dressés dans ton zèle, ils ont bandé leurs énergies, tels des fleuves, pour noyer tes ennemis. Leurs armées ont redoublé de courage, ils ont offert à Dieu le concert de leurs chants et de leurs louanges, car les colonnes angéliques ressemblent aux fleuves d'eau vive, que les vents de l'Esprit de Dieu incitent à la célébration de sa louange : ces mêmes voix ont engagé le combat contre le dragon noir. »

Certains maux que nous croisons en chemin reviennent à intervalles réguliers : l'adoration des idoles et la persécution de ceux qui s'y refusent, les faux prophètes qui brouillent l'esprit des gens et les font se haïr et se battre sont de tous les temps. Un cavalier monté sur un cheval noir nous apprend que ces maux ne nous sont pas infligés par Dieu, mais par les hommes : le visage bouffi, comme jamais rassasié, il pèse la nourriture, alors que les arbres croulent sous les fruits autour de lui. Il représente la famine, mais c'est sa convoitise, excitée par le diable que l'on voit ramper sous la forme d'un serpent, qui la crée. Un autre cavalier monté sur un cheval livide représente la mort. Il nous appelle à nous tourner vers la vie éternelle, comme saint Jean dont le doigt tendu vers un aigle symbolisant la clairvoyance et l'élévation spirituelle.

Les scènes les plus violentes sont entrecoupées de scènes d'une paix inouïe. Toutes semblent se succéder, alors qu'elles se déroulent simultanément. La cuve du sang versé par les méchants déborde, mais Dieu fait la moisson des élus et des réprouvés. Ses témoins se font égorger, mais il les ressuscite. Satan et ses dévots assiègent une ville, mais il les précipite dans l'abîme. L'horizon ultime n'est pas la souffrance, mais la Jérusalem céleste où il n'y aura plus ni deuils ni pleurs pour ceux qui auront suivi l'Agneau. Celui-ci s'élève sur un arc-en-ciel, dans une mandorle ourlée de nuages, et il s'en écoule un fleuve d'eau vive. Comme les hommes qui sortent de l'anfractuosité d'un rocher pour entrer dans cette vision avec saint Jean, nous devons savoir qu'au milieu des souffrances que nous traversons il est un lieu où nous sommes déjà sauvés : le Christ mort et ressuscité. Pour qui demeure en lui, la paix et la joie l'emporteront au dernier jour, et elles seront infinies, comme le chromatisme des anges qui en sont les messagers.

Quelle époque où les artistes étaient capables de telles visions, et des mécènes, au plus haut niveau, de les financer ! C'est essentiellement à l'influence de Jean le Bon et de ses fils, Charles V et les ducs d'Anjou, de Berry et de Bourgogne, que l'on doit le développement des ateliers de lisse parisiens. « Il est évident que l'appellation d'âge obscur ne convient pas au Moyen Âge, remarque John Ruskin. Dans l'ensemble, notre siècle est bien plus triste que les précédents ; triste non pas dans un sens noble et profond, mais au sens de terne et las, traduisant l'ennui, la fatigue de l'esprit, le malaise du corps et de l'âme. Le Moyen Âge a connu des guerres et des souffrances mais également d'intenses plaisirs. Leur or était taché de sang mais le nôtre est recouvert de poussière. Leur vie était tissée de fils blancs et pourpres ; la nôtre est d'une étoffe sombre et monotone. »

Louis Ier d'Anjou ne profita guère de sa tenture puisqu'il mourut à Naples en y défendant un héritage, en 1384. Elle servit ensuite à orner la cour de l'archevêché d'Arles, lors du mariage de son fils, Louis II, avec Yolande d'Aragon, en 1400. Puis elle fut exposée dans la cathédrale d'Angers où elle revint définitivement en 1474, quand René d'Anjou, fils de Louis II, la lui légua pour la soustraire à la convoitise de Louis XI. Suspendue aux galeries du triforium pour les fêtes de Pâques, la Pentecôte, la Toussaint et Noël, elle fut probablement exposée à l'extérieur de la cathédrale pour la venue dans la ville de François Ier, puis elle passa de mode et fut mise au rebut. En 1782, les chanoines ne trouvèrent pas même preneur quand ils voulurent la vendre. Après la Révolution, quarante des cent quarante mètres qu'elle comptait à l'origine furent débités pour servir de rideaux, de paillassons, de couvertures pour les orangers ou de garniture pour les écuries.

Il fallut attendre 1848 pour que le chanoine Joubert la redécouvrît dans un recoin du palais épiscopal. Après en avoir rassemblé les fragments, il les lava dans le Maine et tenta d'en refaire le puzzle. En 1870, Louis de Farcy en retissa certaines scènes manquantes et la doubla. C'est en reprenant cette doublure que l'on s'avisa, en 1981, qu'elle était une broderie sans envers : les fils de sa trame avaient été rentrés à l'intérieur, si bien qu'elle était lisible des deux côtés. Le moins exposé à la lumière avait conservé, presque intacte, la vivacité de ses couleurs. Et cette tenture n'était pas au bout de ses révélations, puisqu'en 2020 une trentaine de nouveaux fragments furent redécouverts dans le stock d'une galerie parisienne, acquis un siècle plus tôt auprès d'un marchand d'art allemand.

Thomas, saint

Les images de sa statue volant dans les airs, suspendue au filin d'une grue, au-dessus de Notre-Dame de Paris, ont fait le tour du monde. Emmenée dans un atelier de la Socra pour être restaurée, quatre jours avant l'incendie de 2019, elle fait figure de rescapée. Mais pourquoi Eugène Viollet-le-Duc choisit-il de prêter ses traits à saint Thomas plutôt qu'à un autre apôtre, sur les rampants de sa flèche ? C'est qu'il était l'éternel incrédule et le saint patron des architectes. Jean-Baptiste Lassus en fit de même, au pied de la flèche de la Sainte-Chapelle, et c'est le même sculpteur, Adolphe-Victor Geoffroy-Dechaume, qui réalisa les deux statues.

La Légende dorée raconte qu'à Césarée, Thomas rencontra un dénommé Abbanes, qui cherchait un architecte capable de construire un palais à la romaine pour son roi en Inde. L'apôtre le suivit, et à son arrivée, le roi lui montra les plans du palais qu'il souhaitait. Mais à peine fut-il parti pour une autre province, Thomas distribua l'argent qu'il lui avait laissé aux pauvres et prêcha tant et si bien qu'il convertit une grande partie de la ville. À son retour, le roi le jeta en prison. Il voulait le faire écorcher vif, quand son frère, mort depuis peu, lui apparut en songe pour lui dire qu'il avait vu le palais que le saint lui destinait. À son réveil, le roi le délivra et le supplia de construire son palais, mais Thomas lui répondit : « Il y a dans le ciel d'innombrables palais préparés depuis l'origine des temps et qui s'acquièrent par la foi et l'aumône. Quant à vos richesses, elles peuvent bien vous y précéder, mais elles ne peuvent vous y suivre. » Il serait mort transpercé par une lance, au pied de la croix devant laquelle il priait.

Tombeaux

C'est dans le souvenir de ma première visite de la nécropole des rois de France, à Saint-Denis, que j'évoquerai les tombeaux présents dans les cathédrales. J'avais alors huit ans. Visite lugubre pour un enfant, penserez-vous peut-être, or rien ne m'a donné le sentiment d'une plus grande vie que la contemplation des gisants aux yeux éblouis du temps de Saint Louis.

Les chrétiens vivaient familièrement avec leurs morts depuis que Jésus était apparu à ses disciples, après sa résurrection. Dans la persécution, ils priaient sur les tombeaux des martyrs, puis Constantin, enfreignant la loi romaine de séparation des vivants et des morts, fit construire des églises autour d'eux. Dès lors, elles se muèrent en nécropoles. Chacun voulut être enterré au plus près des saints pour bénéficier de leur intercession. Les plus puissants occupèrent les premières places, à l'intérieur. Les autres se massèrent à leurs portes, en attendant le retour du Christ.

Cet horizon eschatologique était si puissant que ses représentations symboliques saturaient les sarcophages et les dalles funéraires, jusqu'à faire oublier les noms de ceux qu'ils abritaient. À l'aube du XIe siècle, seuls les saints sortaient de l'anonymat. Mais les sociétés ne se construisent pas sur du sable. Hormis les anachorètes du désert, les hommes ont besoin de perpétuer la mémoire de leur passé pour se projeter dans l'avenir et d'avoir sur terre des miroirs du ciel où voir se refléter leur vocation divine. C'est à ces besoins que répondirent les gisants, et ce n'est pas par hasard qu'ils apparurent sur les terres de l'ancien empire de Charlemagne, où prélats, princes, empereurs et rois rivalisaient pour reconstruire un ordre stable.

Le plus ancien est celui de Rodolphe de Souabe, dans la cathédrale Magdebourg, à la fin du XIe siècle, mais bien que coulé dans le bronze, il se distingue encore mal de la peinture. C'est surtout dans le royaume de France, à partir du milieu du XIIe siècle, qu'ils se diffusèrent, avant de servir de modèle un peu partout en Europe. Si les plus beaux se trouvent dans la basilique Saint-Denis, c'est que Saint Louis voulut en faire la nécropole des rois de France et qu'elle servit de refuge aux rescapés de la rage profanatoire des révolutionnaires. Le premier en date est celui de Childebert Ier, commandé par les moines de Saint-Germain-des-Prés. Portant le sceptre et la couronne ainsi que l'abbaye qu'il a fondée, il a les yeux grands ouverts, comme le gisant de son père, Clovis Ier, sculpté à la demande des moines de Sainte-Geneviève. Aux plis de leurs vêtements, on les croirait debout, comme des statues de saints. Seul leur oreiller indique qu'ils sont en repos. On n'avait pas de goût pour la charogne, les exhibitions macabres et les festins de vers rongeurs, mais on anticipait avec une audace inouïe sur le « sublime travail de Dieu ».

Les quatorze gisants qui subsistent de la commande de Saint Louis sont un hymne à la monarchie et à la vie éternelle. Inutile d'y chercher des portraits : il s'agit de gisants rétrospectifs, destinés à illustrer la continuité dynastique des Mérovingiens aux Capétiens, la grandeur de la fonction royale et la gloire promise à ceux qui l'exercent sous le regard de Dieu. Leurs corps ne sont ni de morts ni de vivants, mais de bienheureux à l'âge du Christ quand il ressuscita. Le visage de Carloman II est d'une beauté sans ombres, comme transfiguré par la lumière qu'il contemple. Les femmes, surtout, sont sublimes : un sourire affleure sur le visage d'Ermentrude d'Orléans et de Constance d'Arles. Avec elles, la mort n'est pas un sommeil : elle est une aurore. Les traits de leurs visages, lavés de ce qu'ils avaient de périssable, semblent avoir été saisis au moment où elles ouvraient les yeux sur le jour qui n'aura pas de nuit.

Le marbre blanc leur confère une aura surnaturelle, et l'effet est encore plus saisissant avec les gisants d'orfèvrerie. Peu ont survécu aux fontes révolutionnaires, mais ceux de Blanche de France et Jean, enfants morts en bas âge de Saint Louis et Marguerite de Provence, anticipent si bien sur la vie éternelle qu'on ne ressent aucune mélancolie à les voir : leurs corps dorés reposent, les yeux ouverts, sur un lit d'émail couleur de ciel. Ils rayonnent d'une vie nouvelle qui emporte sans peine l'ancienne. La balle que tient la petite Blanche à la main évoque moins une partie de jeu quittée prématurément qu'un attribut, devenu superflu, de son âge dans une patrie où la jeunesse se renouvelle à mesure que l'on grandit en Dieu.

Ces gisants pourraient évoquer les masques égyptiens, à ceci près qu'ils ne sont pas des substituts aux corps destinés à accueillir les morts dans leur nouvelle vie par magie anticipée, avec les jarres de vin, la vaisselle, les bijoux et les meubles réels ou peints que leur ont laissés les vivants. Loin aussi des statues allongées sur le côté des Étrusques et des Romains, qui prennent modèle sur les cadavres embaumés, laissés tout habillés pour continuer de jouir des plaisirs de la vie, comme s'ils ne l'avaient jamais quittée, ils font signe vers un au-delà qui n'a rien à voir avec l'ici-bas, en même temps qu'ils témoignent d'une foi inégalée en la résurrection de la chair.

Leur fonction mémorielle les fit adopter tous par ceux qui voulaient installer leur légitimité aux yeux des hommes. Lorsqu'elle dut faire face à une contestation des nobles de son comté, après la mort de son père, en 1302, Mahaut d'Artois lui commanda, pour rappeler leur parenté, un gisant en argent imitant celui de Saint Louis. Pour son mari et ses fils, elle fit appel à l'un des plus grands sculpteurs : Jean Pépin de Huy. Le gisant de Robert l'enfant montre un chevalier en armure, avec un écu semé de fleurs de lys. Il émane de son visage noble et doux une si grande paix qu'elle n'est déjà pas de ce monde, et si ses mains sont encore en prière, celle-ci semble avoir été exaucée.

Même lorsqu'on chercha à mieux retenir les traits de chacun, à la fin du XIVe siècle, cela donna une galerie de portraits comme passés à travers le filtre du souvenir, dont seules les grandes lignes sont conservées, dans l'attente de l'ultime métamorphose. Hennequin de Liège donna au gisant de Jeanne d'Évreux une allure altière et pure. Son âme a quitté son corps, mais elle flotte partout autour d'elle. Même son voile et sa mentonnière sont l'occasion d'ourler des plis qui lui donnent plus de vie. Certains emportent leurs défauts dans leur tombe, tel Charles V à qui André Beauneveu n'omit pas de sculpter les rides au front et les veines des mains. Thomas Privé et Robert Loisel firent le grand du Guesclin, petit et trapu, avec des jambes épaisses, un cou absorbé par le menton, un front proéminent et dégarni, et l'auteur anonyme du gisant de son compagnon d'armes, Louis de Sancerre, laissa à Dieu le soin de corriger son strabisme légendaire.

À Saint-Gatien de Tours, l'émotion m'étreint toujours devant les petits gisants des enfants d'Anne de Bretagne. Avec leurs joues d'enfants qui n'ont pas fini de boire leur lait, ils attendent sagement, engoncés dans leurs habits princiers, que Jésus vienne les chercher. Leur auteur, Michel Colombe, sculpta aussi, en 1507, les gisants des parents d'Anne de Bretagne : François II et Marguerite de Foix, pour Saint-Pierre-et-Saint-Paul de Nantes. Une année à peine s'est écoulée entre les deux, mais quand ses enfants ouvrent les yeux, ses parents les ferment.

Les anges eux-mêmes semblent déplorer leur perte plus qu'ils n'expriment de joie à les emporter au ciel. Bien que toujours idéalisés, ils sont clairement morts. Comme les ducs d'Orléans des tombeaux commandés par Louis XII pour la basilique Saint-Denis. Les traits de Valentine Visconti sont sublimes et apaisés, mais ils semblent avoir été saisis au moment où la détente succède aux crispations de l'agonie.

Un tournant fut définitivement pris avec les tombeaux doubles de Louis XII et Anne de Bretagne. Commandés en 1515 par François Ier à Antonio et Giovanni Giusti, ils figurent, au niveau inférieur, les corps du couple royal dans les derniers spasmes de l'agonie. Ce ne sont plus des gisants, mais des transis, dont aucun détail des corps éviscérés ne nous est épargné. Fallait-il que les hommes de cette époque aiment la vie pour représenter ainsi l'horreur de la mort ? Louis XII esquisse un rictus dérisoire et si des priants expriment, à l'étage supérieur, leur espérance, la structure de ces tombeaux doubles exprime un déchirement. Déchirement de quitter la terre et déchirement de la pensée, qui doit faire effort pour que sa foi dans la résurrection de la chair l'emporte sur l'évidence apparente du néant.

Tout se passe ensuite comme si la volonté de survivre dans la mémoire des hommes l'avait emporté sur celle de revivre en Christ. Sur le tombeau en forme d'arc de triomphe de François Ier, les campagnes militaires sculptées à la base éclipsent la Résurrection, visible de lui seul, sous les priants. À partir d'Henri IV, les rois se contentèrent de cercueils en bois et en plomb placés dans la crypte et firent élever des statues équestres sur les places publiques.

Transept

Le transept est le vaisseau transversal qui coupe, en angle droit, la nef principale. Appartenant, à l'origine, à l'architecture aulique, il permettait de séparer l'espace réservé aux dignitaires de celui dévolu aux simples citoyens. Sa présence est attestée depuis l'époque romaine dans certaines basiliques, comme la Nativité de Bethléem ou Saint-Jean-de-Latran, mais c'est surtout à partir de l'époque carolingienne qu'elle se généralisa. Fonctionnellement, le transept permettait de séparer le sanctuaire et le chœur, réservés aux clercs, de la nef, dévolue aux laïcs, et d'organiser la circulation entre ces espaces, le cloître, le palais épiscopal ou le parvis. Techniquement, sa masse contribuait à stabiliser l'édifice, et ses baies lui apportaient un surcroît de lumière. Symboliquement, il lui conférait sa forme de croix ou de corps humain qui évoquait le corps du Christ.

Plus ou moins largement ouverts, ses bras rassemblent, dans leur offrande, les quatre coins de l'Univers. « Le Logos Dieu tout-puissant nous pénètre à chaque instant de sa présence invisible. C'est pourquoi il embrasse le monde entier selon sa largeur et selon sa longueur, écrit saint Irénée. Le Fils de Dieu est crucifié en toutes choses dans la mesure où il s'imprime en chacune d'elles sous la forme de la Croix. Il était juste et équitable qu'à travers sa propre apparence sensible il exprimât clairement son appartenance commune, par la Croix, au règne visible. Car son action devrait prouver sous une forme visible et au contact des choses visibles elles-mêmes qu'il est celui qui illumine les hauteurs, c'est-à-dire le ciel, qui atteint les profondeurs, les fondements de la terre, qui étend les surfaces depuis l'aube jusqu'à la nuit, qui conduit le monde entier depuis le septentrion jusqu'au midi, qui prononce le rassemblement de tout ce qui est dispersé afin de faire connaître le Père. »

Romans, ces bras assument pleinement toutes les pesanteurs de la terre. Gothiques, ils irradient de lumière. Certains présentent des roses à la place des plaies : à Senlis, Paris, Metz, Tours ou Clermont-Ferrand, ils invitent à communier à leur corps de gloire sous les espèces d'une pierre irisée et de verre incandescent. À la charnière entre ces deux styles, le transept sud de la cathédrale de Soissons allie si bien la puissance et la grâce que je regrette parfois que l'architecte du chœur n'ait pas suivi son inspiration : de forme arrondie, tout en arcades et en verrières, il prend à bras-le-corps les réalités terrestres pour les transfigurer à mesure qu'il s'élève. Quand la croisée est surmontée d'une coupole, comme à Strasbourg et à Angoulême, ou d'une tour-lanterne, comme à Coutances, Lincoln, Ely, Canterbury et Burgos, elle offre une belle échappée vers le ciel et donne un avant-goût de la rencontre qui nous attend à l'autel.

Trésors

Ce seul mot, scintillant de richesses et auréolé de secret, fait rêver les grands comme les petits. Encore ne pouvons-nous nous faire qu'une faible idée de ce que recelaient les trésors de cathédrales jusqu'au XVIIIe siècle. Beaucoup furent volés ou détruits pendant les invasions barbares, les raids musulmans, les guerres de Religion, les guerres de Louis XIV et la Révolution. D'autres furent fondus pour faire face aux nécessités du moment : la nourriture des pauvres, le rachat de prisonniers ou les chantiers de construction. Les trésors que l'on voit aujourd'hui en France furent recomposés après la Révolution. Mais si les objets pouvaient parler, ceux qui restent pourraient encore nous raconter les Très Riches Heures de notre histoire.

On savait déjà, au Moyen Âge, que le secret entretenait le désir et, si l'on cachait les trésors, c'était autant pour les soustraire à la convoitise des voleurs que pour entretenir la ferveur des fidèles. À Notre-Dame de Reims, les objets les plus précieux étaient placés dans une salle entresolée et grillagée du transept nord. À Notre-Dame de Chartres, ils étaient répartis en plusieurs endroits du chœur et gardés par un chanoine qui logeait dans le jubé. Leur accès était parfois rendu compliqué. À Notre-Dame de Bayeux, il fallait grimper sur une échelle et se glisser par un oculus pour accéder à une salle voûtée, située au-dessus du revestiaire des chanoines. Dans la basilique Saint-Denis, les armoires fermaient avec quatre clefs, confiées à quatre personnes différentes, qui devaient toutes être présentes lors de son ouverture.

De passage à Aix-la-Chapelle, Victor Hugo livra cette description du trésor : « Une armoire de bois peinte en gris avec filets d'or, ornée à son sommet de quelques-uns de ces anges pareils à des amours dont je parlais tout à l'heure, voilà aujourd'hui le tombeau de ce Charles qui rayonne jusqu'à nous à travers dix siècles, et qui n'est sorti de ce monde qu'après avoir enveloppé son nom, pour une double immortalité, de ces deux mots, sanctus, magnus, saint et grand, les deux plus augustes épithètes dont le ciel et la terre puissent couronner une tête humaine !

« […] L'ouverture de cette armoire cause du reste une sorte d'éblouissement, tant elle est resplendissante d'orfèvreries. Les battants en sont couverts à l'intérieur de peintures sur fond d'or, parmi lesquelles j'ai remarqué huit admirables panneaux qui sont évidemment d'Albert Dürer. Outre le crâne et le bras, l'armoire contient : le cor de Charlemagne, énorme dent d'éléphant évidée et sculptée curieusement vers le gros bout ; la croix de Charlemagne, bijou où est enchâssé un morceau de la Vraie Croix et que l'empereur avait à son cou dans son tombeau ; un charmant ostensoir de la renaissance donné par Charles Quint, et gâté au siècle dernier par un surcroît d'ornements sans goût ; les quatorze plaques d'or couvertes de sculptures byzantines qui ornaient le fauteuil de marbre du grand empereur ; un ostensoir donné par Philippe II, qui reproduit le profil du dôme de Milan ; la corde dont fut lié Jésus-Christ pendant la flagellation ; un morceau de l'éponge imbibée de fiel dont on l'abreuva sur la Croix ; enfin, la ceinture de la sainte Vierge, en tricot, et la ceinture de Jésus-Christ, en cuir. Cette petite lanière, tordue et roulée sur elle-même comme un fouet d'écolier, a occupé trois empereurs ; de Constantin, lequel apposa dessus son sigillum, qui y est encore et que j'y ai vu, elle est tombée à Haroun-al-Rashid, qui l'a donnée à Charlemagne.

« Tous ces objets vénérables sont enfermés dans d'étincelants reliquaires gothiques et byzantins, qui sont autant de chapelles, de flèches et de cathédrales microscopiques en or massif, auxquelles les saphirs, les émeraudes et les diamants tiennent lieu de vitraux.

« Au milieu de ces innombrables joyaux entassés sur les deux étages de l'armoire s'élèvent, comme deux montagnes d'or et de pierreries, deux grosses châsses d'une valeur immense et d'une beauté miraculeuse. La première, la plus ancienne, qui est byzantine, entourée de niches où sont assis, la couronne en tête, seize empereurs, contient le reste des os de Charlemagne et ne s'ouvre jamais. La seconde, qui est du XIIe siècle, et que Frédéric Barberousse a donnée à l'église, renferme les fameuses grandes reliques dont je vous ai parlé au commencement de cette lettre, et ne s'ouvre que tous les sept ans. Une seule ouverture de cette châsse, en 1496, attira cent quarante-deux mille pèlerins, et rapporta en quinze jours quatre-vingt mille florins d'or.

« Cette châsse n'a qu'une clef. Cette clef est cassée en deux morceaux dont l'un est gardé par le chapitre, l'autre par le magistrat de la ville. On l'ouvre quelquefois par extraordinaire, mais seulement pour les têtes couronnées. Le roi actuel de Prusse, n'étant encore que prince royal, en demanda l'ouverture. Elle lui fut refusée. »

L'aura particulière des trésors d'église tient au fait qu'ils renferment des œuvres qui sont des objets de culte avant d'être des objets d'art et dont la valeur est transcendantale avant d'être esthétique ou marchande. Si les châsses et les objets liturgiques sont faits des matières les plus précieuses et les mieux ouvragées, c'est d'abord pour manifester la splendeur de la présence qu'ils recèlent. Jésus, Marie et les saints sont les plus grands trésors de l'Église. C'est sur eux que se fonde sa richesse matérielle ; et celle-ci n'est pas une fin, mais un moyen.

Les évêques n'hésitaient d'ailleurs pas à vendre certaines pièces de leurs trésors, quand les circonstances l'exigeaient. Saint Ambroise de Milan racheta des prisonniers après la défaite d'Andrinople face aux tribus germaniques, en 378. « L'Église a de l'or, non pour le garder, mais pour le dépenser afin de porter secours dans les nécessités », estimait-il. S'il y eut parfois des tensions entre partisans du luxe pour Dieu et du secours aux indigents, l'Église, qui ordonnait l'économie humaine à l'économie divine, sut longtemps satisfaire aux deux. À Notre-Dame de Rouen, en 1179, la châsse de saint Romain fut fondue pour en faire faire une plus petite et affecter le surplus de métal à la nourriture des pauvres.

C'est Constantin qui inaugura la tradition des trésors d'église en dotant celles qu'il fondait des objets nécessaires à la célébration du culte. À Saint-Jean-de-Latran, le *Liber Pontificalis* recense une statue du Sauveur d'un mètre et demi de haut et 54,4 kilos, des statues des douze apôtres de 40,8 kilos, un ciborium pour le maître-autel et sept autels en argent, à quoi s'ajoutaient, dans le baptistère, une piscine en porphyre recouverte d'argent, un agneau d'or de 13,6 kilos, un Sauveur de 77,1 kilos et un saint Jean-Baptiste de 56,7 kilos en argent.

Les évêques les enrichirent pour l'honneur de Dieu et le salut de leur âme. Saint Victor, au VIe siècle, offrit à la cathédrale de Ravenne un ciborium en argent de 900 kilos ainsi que des vases liturgiques et une étoffe précieuse. Egbert, au Xe siècle, donna à la cathédrale de Trèves un évangéliaire et un psautier enluminés, l'autel-reliquaire du pied de saint André et le reliquaire de la férule pétrinienne. À la basilique Saint-Denis, Suger offrit une aiguière de sardoine, un aigle en porphyre et en argent doré, un calice formé par une ancienne coupe de sardonyx sertie de montures d'or, un vase dit « d'Aliénor », du nom de sa donatrice, en argent et cristal de roche, émail champlevé, filigrane d'or, perles et pierres précieuses, un autel d'orfèvrerie et un pied en émail pour la grande croix d'or du maître-autel. Cette croix fut offerte à la basilique par Charles le Chauve, comme la patène en serpentine à serpents d'or et le vase antique transformé en calice conservés au musée du Louvre.

Les souverains, dont le pouvoir venait de Dieu, furent de grands donateurs, surtout à l'époque carolingienne et ottonienne, où ils s'appuyaient sur les évêques pour gouverner. J'ai évoqué ailleurs le devant d'autel ou le retable d'or offert par l'empereur Henri II à la cathédrale de Bâle, en 1019. À la chapelle palatine d'Aix, il donna un ambon en cuivre repoussé et ivoire sculpté, orné de pierres précieuses, de coupes et de bols en agate et cristal de roche, d'origine orientale ; et à la cathédrale de Bamberg, des reliures de livres et une chape constellée d'astres dont il se revêtit, lors de son couronnement, en 1002. Saint-Étienne de Metz possède une chape, dite « de Charlemagne », en soie rouge ornée d'aigles aux ailes déployées, offerte en 1215 par l'empereur Frédéric II à son chancelier, l'évêque Conrad de Scharfenberg.

Son grand-père, Frédéric Barberousse, commanda une châsse pour les reliques de Charlemagne, à Aix-la-Chapelle, et une couronne de lumière en cuivre doré portant cette inscription : « Frédéric, empereur catholique du Saint Empire romain, a juré de veiller à ce que le nombre et la forme s'harmonisent et se complètent avec les dimensions du temple sublime : cette couronne octogonale de lumières comme un cadeau princier. » La châsse qu'il commanda, en 1180, pour les reliques des Rois mages se trouve encore à Saint-Pierre de Cologne. Avec ses deux sarcophages miniatures surmontés d'un troisième, elle ressemble à une église dans l'église. En 2004, un nouveau dispositif d'éclairage recréa la luminosité de la couronne de chandelles qui la surmontait à l'origine, si bien qu'à peine entré dans la cathédrale on est aimanté par la lueur surnaturelle qui semble émaner d'elle. Toute l'histoire du salut resplendit sur ses parois d'or et d'argent, de cuivre repoussé et doré, d'émaux champlevés et cloisonnés, de pierres précieuses et de camées. Vingt-quatre prophètes et apôtres s'avancent dans la gloire de ses arcades, et Otton IV s'y fit représenter, sur le pignon, dans le cortège des mages.

Les pains d'or, objets et ornements liturgiques offerts par les rois de France à Notre-Dame de Reims, après leur sacre, ont quasiment tous disparu, mais le palais du Tau conserve le reliquaire de la Résurrection, offert par Henri II en 1547. Le Christ qui sort de son tombeau en sardonyx, surmonté d'anges en argent, ressemble à une apparition surnaturelle, au-dessus des soldats en cuivre doré qui dorment sur son sol émaillé. Henri III offrit, en 1575, la nef de sainte Ursule « pour qu'il plaise à la puissance divine de conduire les affaires de Gaules agitées en tant de flots de sédition, au port de la tranquillité ». En cornaline, calcédoine et vermeil, cette nef qui s'élance sur une onde en émail translucide était une nef de table offerte par les Tourangeaux à Anne de Bretagne et transformée en reliquaire pour sainte Ursule.

Le palais du Tau conserve aussi le calice du XIIIe siècle qui servait à la communion des rois de France pendant la messe du sacre. En or, émaux, perles et pierres précieuses, il fut soustrait au trésor, avec sa patène, en 1792, puis transporté à l'hôtel des Monnaies pour y être fondu, mais est-ce l'inscription qui déclarait l'anathème « Quiconque s'emparerait de ce calice et le ferait sortir par quelque moyen que ce soit de l'église de Reims » ? Il fut envoyé au Cabinet des médailles de la Bibliothèque nationale et « oublié » jusqu'à ce que Napoléon III le restitue à la cathédrale. Objet liturgique et non muséal, il est encore utilisé en certaines occasions, comme la messe du 500e anniversaire de la mort de Clovis, en 1996, ou celle du 800e anniversaire de la cathédrale, en 2011.

En Espagne, la cathédrale de Valence possède un calice encore plus précieux, puisqu'il s'agirait de celui de la Cène.

Certains y voient même le Graal, qui aurait recueilli le sang du Christ lors de sa Passion. Datant du Ier siècle avant notre ère, il aurait été envoyé de Rome à Huesca par saint Laurent avant son martyre, en 258. Fuyant les musulmans, l'évêque Acisclo, en 713, l'aurait emporté de monastère en monastère. On le retrouve dans la cathédrale de Valence en 1437, mais il doit encore fuir à Alicante, Ibiza et Palma, devant les troupes napoléoniennes, et être caché dans la maison d'une fidèle, pendant la guerre civile.

Jusqu'à la Révolution, la cathédrale de Troyes possédait un plat ovale donné aussi pour celui de la Cène. Pillé par les croisés à Constantinople en 1204, un vitrail en fait mémoire dans le chœur. « Un butin aussi important n'avait jamais été accumulé dans aucune ville depuis la création du monde », déclare Geoffroi de Villehardouin, figure clef de cette sinistre équipée. De la part de butin envoyée par l'évêque Garnier de Trainiel à sa cathédrale subsistent encore une croix en argent du trésor des empereurs byzantins et un coffret en ivoire pourpré du XIe siècle, où figurent une chasse au sanglier, une chasse au lion et deux empereurs à cheval, de part et d'autre d'une église.

« À Sens, dans le Trésor de la cathédrale, on voit des tapisseries, des étoffes brodées d'une beauté incroyable, quelques tissus, lins ou brocarts, et quelques objets du VIIe ou XIIe qui sont la perfection du goût et de l'harmonie ; ils vous rendraient tellement voleur, si aisément et si vite, que je ne vous mènerai jamais à Sens que les mains liées derrière le dos », écrit André Suarès. La cathédrale comptait parmi les plus dotées en reliques, et celles-ci étaient emballées dans des étoffes précieuses. Après le concordat de 1801, elle hérita en outre des collections des abbayes de Saint-Pierre-le-Vif et Sainte-Colombe. Certaines étoffes proviennent de Constantinople. Sur d'autres, on reconnaît des motifs coptes : ibis affrontés ou oiseaux d'eau entourés de guirlandes. Le suaire de saint Victor est d'origine sassanide. Il montre un homme qui saisit deux fauves à la gorge, où l'on peut reconnaître Gilgamesh converti en Daniel dans la fosse aux lions.

Avec le temps, la distinction entre objets liturgiques et œuvres d'art s'atténua. Les trésors prirent des allures de cabinets de curiosités. Des ongles de griffon ou cornes de bison de la basilique Saint-Denis aux cornes de licornes ou dents de narval de Saint-Bertrand-de-Comminges, en passant par les œufs d'autruches dits « de griffons » de Notre-Dame de Rouen, on pourrait y dresser un inventaire du fantastique chrétien. Vinrent s'y ajouter des objets exotiques, comme les ceintures de coquillages ornées d'inscriptions dédiées à Marie, offertes par les Hurons-Wendats et les Abénaquis d'Amérique du Nord à Notre-Dame de Chartres.

Tous les objets des trésors de Notre-Dame de Paris, Saint-Jean-Baptiste de Lyon, Saint-André de Bordeaux et Notre-Dame de Rodez furent pillés, fondus ou détruits pendant la Révolution. Ceux que nous voyons aujourd'hui furent rassemblés après le concordat de 1801. À Lyon, la cathédrale bénéficia des collections des cardinaux Fesch et de Bonald. À Paris, de nouveaux reliquaires furent commandés à Eugène Viollet-le-Duc, Placide Poussielgue-Rusand et Jean-Alexandre Chertier pour les reliques de la Passion, remises à la cathédrale par Napoléon. Le trésor fut à nouveau pillé en 1831, mais il ne cessa de s'enrichir ensuite de nouvelles commandes d'évêques et de dons de personnalités.

Les cathédrales devinrent le refuge des objets rescapés du vandalisme révolutionnaire. À Nancy, Notre-Dame-de-l'Annonciation hérita de l'évangéliaire, du calice, de la patène et du peigne liturgique de saint Gauzelin, évêque de Toul du Xe siècle. À Notre-Dame d'Amiens, les héritières de la dernière abbesse de l'abbaye du Paraclet, fondée par l'évêque Évrard de Fouilloy, offrirent une couronne et une croix d'orfèvrerie du XIIIe siècle. Saint-Pierre-et-Saint-Paul de Troyes hérita des crânes de saint Bernard et saint Malachie, déposés dans une châsse du XIIe siècle provenant de l'abbaye de Nesle-la-Reposte.

Notre-Dame de Reims reçut le talisman de Charlemagne, composé de pierres précieuses enchâssées dans une monture d'or filigrané, sertie d'incrustations de perles, de grenats et d'émeraudes, qui renferme des reliques de la Terre sainte. Trouvé lors de l'exhumation du corps de Charlemagne par Frédéric Barberousse, à Aix-la-Chapelle, ce mystérieux bijou-reliquaire fut offert par Mgr Berdolet à l'impératrice Joséphine pour remercier Napoléon d'avoir rendu à la cathédrale les reliques confisquées pendant la Révolution. Louis-Napoléon Bonaparte lui vouait un attachement superstitieux, et c'est seulement en 1919 que l'impératrice Eugénie, émue par l'incendie de Notre-Dame de Reims et au seuil de la mort, consentit à s'en séparer.

Mais si vous voulez voir le plus grand trésor jamais accumulé sur des reliques, un trésor à faire pâlir les joyaux des couronnes du monde entier, qu'aucun peuple, ni aucun souverain, n'osa piller, c'est à Naples qu'il faut aller. En 1285, le roi Charles II d'Anjou commanda un buste reliquaire en or et en argent pour recueillir le doigt et la tête de saint Janvier. Son fils, Robert de Naples, fit sertir les ampoules contenant son sang, réputé se liquéfier trois fois par an, dans une châsse couronnée d'argent massif. À partir du XVIe siècle, pour le remercier de les avoir préservés d'une éruption du Vésuve et d'une épidémie de choléra, les Napolitains et des têtes couronnées de toute l'Europe lui offrirent la plus grande collection de pierres précieuses au monde : 3 890 diamants, 198 émeraudes et 168 rubis ornent sa mitre d'or et d'argent ; 700 diamants, 276 rubis et 92 émeraudes composent son collier. « Voltaire et Lavoisier ont voulu mordre à cette fiole, écrit Alexandre Dumas, et, comme le serpent de la fable, ils y ont usé leurs dents. Maintenant, est-ce un secret gardé par les chanoines du trésor et conservé de génération en génération depuis le IVe siècle ? Cela est possible ; mais alors cette fidélité est plus miraculeuse encore que le miracle. J'aime donc mieux croire tout bonnement. »

U

Uta de Naumburg

« Si vous me demandez avec quelle femme de l'histoire de l'art j'irais dîner et passer une soirée, ce serait d'abord Uta de la cathédrale de Naumburg », écrit Umberto Eco, dans son *Histoire de la beauté*. Son visage ovale, dégagé par des cheveux resserrés sous une coiffe de femme mariée et une couronne, où se détachent des yeux bleus en amande, un nez fin et une bouche vermeille firent d'Uta de Ballenstedt la plus belle femme du Moyen Âge.

Œuvre du maître de Naumburg, architecte-sculpteur passé par les chantiers de Noyon, Paris et Reims, avant de travailler pour la cathédrale, à partir de 1249, sa statue étonne par sa position dans le chœur occidental, à une place habituellement réservée aux saints. Son élégance froide et le geste dont elle s'enveloppe de son manteau font comprendre qu'elle ait pu servir de modèle à Walt Disney pour créer la méchante reine de *Blanche-Neige*, en 1937. Mais en suivant les gestes et expressions des personnages qui l'entourent, on se dit qu'elle avait de bonnes raisons de se garder, dans le monde instable et violent qui était le sien : tous communiquent entre eux et racontent une histoire assez obscure, sinon assez sombre, que j'ai tenté de retracer.

Il faut d'abord préciser qu'il ne s'agit pas de portraits, mais de figures rétrospectives de comtes et de comtesses ayant fondé la cathédrale deux siècles plus tôt. Hermann et Ekkehard de Meissen étaient deux frères, fils d'un puissant comte de l'Empire germanique, candidat malheureux à la succession d'Otton III. Leur comté de Misnie se situait aux marches où l'empereur se disputait le territoire avec les Slaves. La statue d'Hermann donne l'image d'un homme sensible et un peu triste, derrière son épouse Reglindis, rieuse et bien en chair. Le père de cette dernière, Boleslas Ier, duc et roi de Pologne, profita de la mort d'Otton III pour envahir son comté et l'en déposséder au profit de son oncle. Hermann dut se battre aux côtés de l'empereur Henri II pour le récupérer, en 1009, mais la guerre se poursuivit jusqu'à la paix signée avec l'empereur Conrad II, en 1031. Ekkehard lui succéda en 1038. Campé en guerrier à côté de son épouse Uta, l'empereur Henri III comptait sur lui pour défendre la région. Thimo, le comte de Lusace, le regarde avec un air haineux et sournois. C'est qu'il a fait assassiner son père. Lui-même regarde Dietmar, le comte de Brehna, auteur d'un attentat contre l'empereur, qui tremble de peur, derrière son bouclier, en regardant Syzzo, le comte de Thuringe, en train de rendre la justice. Tous avaient grand besoin que l'on priât pour leur âme, mais telle n'était pas la principale raison de leur présence dans le chœur.

En 1029, l'empereur Conrad II, habitué à remanier la carte des diocèses à sa guise, demanda à Hermann et Ekkehard de transférer le siège épiscopal de Zeitz à Naumburg. À la mort d'Ekkehard, sans héritier de son union avec Uta, la seigneurie de la ville revint à l'évêque. Le commanditaire de leurs statues était un descendant de leur famille qui voulait la reprendre : en 1244, Henri l'Illustre imposa aux chanoines son demi-frère, Dietrich, comme évêque, puis il envahit la ville et obligea Dietrich, en 1259, à renoncer à son indépendance. Entretemps, la création des statues du maître de Naumburg, placées au-dessus des stalles, lui permit de rappeler aux chanoines qu'ils se trouvaient dans la même situation que lors de la fondation de la cathédrale par Ekkehard, Uta, Hermann et Reglindis.

Leur présence dans le chœur illustre l'intrication entre pouvoirs temporel et spirituel et la pression exercée par les laïcs sur les clercs, dans l'Empire germanique. Sur fond de guerres féodales où comtes, évêques, empereurs, papes, Germaniques et Slaves s'affrontaient sans répit, le maître de Naumburg créa des types idéaux où la noblesse locale pouvait se projeter. Si Uta ne se regardait pas dans un miroir, comme la méchante reine de *Blanche-Neige*, elle était elle-même un miroir. Avec ce paradoxe qu'il reflétait un idéal courtois né dans le royaume de France au temps de Saint Louis. Hitler n'hésita pas à s'en servir contre l'URSS pendant la Seconde Guerre mondiale. Aujourd'hui encore, des milliers d'Allemandes portent le prénom d'Uta en hommage à sa beauté.

V

Verlaine, Paul (1844-1896)

Né à Metz, « par un hasard de garnison », le 30 janvier 1844, Paul Verlaine n'y vit que quelques mois, avant que son père, capitaine adjudant du Génie, ne soit muté à Nîmes, puis de juin 1849 à septembre 1851, mais cela suffit à faire de « la lanterne du Bon Dieu », comme on nomme la cathédrale, un guide pour la vie. Dans *Bonheur*, il écrit :

La cathédrale est majestueuse
Que j'imagine en pleine campagne
Sur quelque affluent de quelque Meuse
Non loin de l'Océan qu'il regagne,

L'Océan pas vu que je devine
Par l'air chargé de sels et d'arômes.
La croix est d'or dans la nuit divine
D'entre l'envol des tours et des dômes.

Des Angélus font aux campaniles
Une couronne d'argent qui chante ;
De blancs hiboux, aux longs cris graciles,
Tournent sans fin de sorte charmante ;

Des processions jeunes et claires
Vont et viennent de porches sans nombre,
Soie et perles de vivants rosaires,
Rogations pour de chers fruits d'ombre.

Ce n'est pas un rêve ni la vie,
C'est ma belle et ma chaste pensée,
Si vous voulez ma philosophie,
Ma mort choisie ainsi déguisée.

Bouleversé par l'occupation de l'Alsace-Moselle par les Prussiens, il lui consacre une strophe dans *Invectives* :

Metz aux campagnes magnifiques,
Rivière aux ondes prolifiques,
Coteaux boisés, vignes de feu,
Cathédrale tout en volute,
Où le vent chante sur le flûte,
Et qui lui répond par la Mute,
Cette grosse voix du bon Dieu !

La cathédrale est pour lui une figure tutélaire capable de l'aider à porter au plus haut, malgré ses rechutes, ses aspirations à la sainteté :

C'est vers le Moyen Âge énorme et délicat
Qu'il faudrait que mon cœur en panne naviguât,
Loin de nos jours d'esprit charnel et de chair triste.

Roi, politicien, moine, artisan, chimiste,
Architecte, soldat, médecin, avocat,
Quel temps ! Oui, que mon cœur naufragé rembarquât
Pour toute cette force ardente, souple, artiste !

Et là que j'eusse part – quelconque, chez les rois
Ou bien ailleurs, n'importe, – à la chose vitale,
Et que je fusse un saint, actes bons, pensers droits,

Haute théologie et solide morale,
Guidé par la folie unique de la Croix
Sur tes ailes de pierre, ô folle Cathédrale !

Vêtements liturgiques

En 2021, la cathédrale de Tournai organisait un défilé de mode un peu particulier : sur un podium, des mannequins faisaient découvrir au grand public des vêtements liturgiques remontant au XVIIe siècle. Ils ne représentaient qu'une infime partie de sa collection de paramentique : neuf cents chasubles, chapes, dalmatiques, aubes, surplis, rochets, mozettes, étoles et manipules, dont certains dataient du XIIe siècle. Mais quand les milieux de la mode s'inspiraient du faste des vêtements liturgiques – Dior en 2000-2001, Christian Lacroix en 2009-2010 et Dolce & Gabbana en 2013-2014 –, ne convenait-il pas d'en sortir quelques-uns de ses chapiers ?

En 2007, autre événement singulier, Benoît XVI était classé parmi les personnalités du monde les mieux habillées par le magazine américain *Esquire*. Lui qui avait remis au goût du jour les chasubles brodées du XIXe siècle, les surplis en dentelles et les chapeaux médiévaux se retrouvait soudain hype. Ses mules rouges, surtout, avaient fait sensation, au point que la presse internationale s'interrogea : le pape s'habille-t-il en Prada ? Pour clore le débat, *L'Osservatore Romano* répondit : « Le pape n'est pas habillé par Prada, mais par le Christ. »

Sur les mosaïques de Ravenne, Milan ou Rome, les évêques sont vêtus de blanc et d'or, mais si leurs vêtements rayonnent plus que ceux des autres, c'est moins pour attirer l'attention sur eux que pour magnifier le mystère qu'ils célèbrent. Lors de la consécration, ils n'agissent pas d'eux-mêmes, mais dans la personne du Christ. Les prières récitées au moment de passer leurs vêtements visent d'ailleurs à les dépouiller de leur personnalité pour en faire d'autres Christ.

À part le choix d'étoffes luxueuses, leur habit différait peu de celui des patriciens romains. Au-dessus d'une tunique blanche, ils portaient un grand manteau d'une seule pièce, percé d'un trou pour passer la tête : la *paenula* ou *casula*, qui donnera la « chasuble » et la « chape ». À quoi ils pouvaient ajouter une tunique plus riche, la dalmatique, portée par le pape avant d'être attribuée aux diacres, un mouchoir de cérémonie, qui deviendra le manipule, et une écharpe de lin oblongue, où nous reconnaîtrons l'étole.

Ces vêtements « n'ont acquis que par accroissements successifs cette beauté qu'ils ont maintenant », écrit Walafrid Strabon. À l'époque carolingienne, la chape, également appelée « pluvial », car sa capuche servait à protéger de la pluie, se différencia de la chasuble quand les processions prirent de l'importance et qu'il devint nécessaire d'ouvrir le manteau du célébrant pour lui permettre de porter une châsse ou de donner la bénédiction. Elle pouvait être attribuée comme marque d'honneur aux évêques, aux rois et aux empereurs. La chasuble, commune à tous les prêtres, perdit progressivement ses manches pour leur donner plus d'aisance, notamment lors de l'élévation de l'hostie, au XIIIe siècle. Elle devint ovale, puis rectangulaire ou en forme de violon. Quant à la mitre qui distingue l'évêque, elle n'était, au départ, qu'un bandeau porté sur la tête, orné d'un mouchoir et de plaques d'or.

Dès l'époque carolingienne, mais surtout aux XIIe et XIIIe siècles, les liturgistes leur donnèrent un sens symbolique. L'étole représentait le vêtement d'immortalité perdu par Adam et retrouvé grâce au Christ. La chasuble signifiait par son ampleur l'infinité de l'amour divin, et par sa longueur, le poids du joug du Seigneur. La chape symbolisait l'infinité de son amour, l'immortalité dont sont revêtus les saints, la splendeur du Ciel et la gloire de la Résurrection.

En 1195, le cardinal Lothaire, futur pape Innocent III, définit leurs couleurs en fonction du temps liturgique : le blanc, couleur de l'innocence, de la lumière et de la joie, pour les fêtes liées au Christ – sauf celles de la Passion –, les fêtes de la Vierge et les offices des confesseurs et des vierges ; le rouge, couleur du sang de la Passion et des langues de feu du Saint-Esprit, pour le dimanche des Rameaux, le Vendredi saint et la Pentecôte, les offices des martyrs et des apôtres ; le vert, couleur du renouveau et de l'espérance, pour les jours du temps ordinaire ; le noir, couleur de deuil, pour les temps de pénitence et les offices des morts. Guillaume Durand de Mende y ajouta le violet, qui pouvait remplacer le noir pour les temps de pénitence. Mais si le concile de Trente confirma ces usages, il subsista longtemps des pratiques locales tolérées, et beaucoup de prêtres utilisaient l'or en tout temps.

L'ornementation était aussi libre, même si de grandes tendances se dessinent. À partir du XIIIe siècle, pour contrer les hérésies qui remettaient en cause les sacrements et la médiation du clergé dans l'obtention du salut, la chasuble eut pour fonction de refléter le rôle sacré du prêtre et la splendeur de Celui qui agissait à travers lui. Sa partie dorsale, offerte à la vue de tous quand ils se tournaient en direction du soleil levant, se couvrit de cycles historiés. À Troyes, sur la chape de Montiéramey, offerte par un prince de l'entourage des comtes de Champagne, si ce n'est le comte Thibaut V ou le roi Louis X, au XIVe siècle, des scènes de la vie de la Vierge et des saints se déploient dans les quadrilobes brodés en fil d'or sur fond de soie rouge. À Saint-Bertrand-de-Comminges, sur une chape offerte par le pape Clément V à son ancien évêché, des scènes de la Passion s'entrelacent dans un décor végétal brodé en fil d'or et de soie, où tout proclame la gloire de la Croix.

À Liège, les orfrois de la chasuble de David de Bourgogne, fils bâtard de Philippe le Bon et évêque d'Utrecht, puis de Liège, à la fin du XVe siècle, racontent l'histoire de la Passion à partir de cartons de Memling. Ses motifs végétaux sur fond de soie rouge piquetée d'or évoquent la flore paradisiaque, les flammes et le rayonnement solaires. Elle rappelle que la chasuble portait aussi le beau nom de « planète » non seulement en raison de sa forme arrondie, mais aussi de son symbolisme cosmique : le prêtre n'était-il pas un intermédiaire entre le ciel et la terre, et ne priait-il pas pour le cosmos tout entier ?

Aux XVIIe et XVIIIe siècles, les scènes narratives s'effacèrent devant une profusion de motifs végétaux. À Saint-Pierre de Beauvais, une des plus belles chasubles est ornée de lys et de tulipes, de pavots, de grenades, de symboles christiques comme le cœur, la flamme, le soleil et les instruments de la Passion, des monogrammes du Christ et de la Vierge. Parfois, les motifs sont purement décoratifs, comme à Embrun où des chasubles en satin tissé de décors floraux polychromes voisinent avec des chasubles en soie à rayures portant une croix rapportée, bordée d'un galon d'or. À Gap, la croix se détache sur fond de chinoiseries, d'architectures extrême-orientales, de fleurs où l'ailleurs évoque merveilleusement l'Ailleurs.

Les liturgistes tridentins considéraient moins le vêtement liturgique comme un support d'images saintes que comme un moyen de suggérer par le choix d'étoffes luxueuses et chatoyantes la splendeur divine. Satin, soie, velours, argent et or devaient refléter la sacralité du prêtre et donner à pressentir la beauté du Ciel. Sur une chasuble du XVIIIe siècle de la cathédrale d'Avignon, les fleurs répandent leurs couleurs comme des parfums et des papillons font tinter l'air de leurs ailes argentées. Sur fond de soie vert vif, à la douceur presque palpable, elles forment un jardin de paradis où tous les sens sont conviés à participer à la joie divine. Jalousement gardée dans la sacristie de Notre-Dame-des-Doms, une autre chasuble fut taillée dans la dernière robe de Marie-Antoinette. Rosalie Lamorlière, sa servante à la Conciergerie, la conserva après son exécution et la confia à l'abbé Véran, qui la fit transformer en vêtement liturgique. Par-delà le caractère de quasi-relique de cette chasuble, il était courant de remployer des robes ou des manteaux portés par des personnalités de la cour.

En 1614, Mgr Camus, évêque de Belley et ami de saint François de Sales, écrivait : « Nos habits propres nous doivent être tellement inhérents [...] que ce soit pareil crime d'en être déserteurs qu'au soldat d'avoir perdu ou abandonné ses armes. Au plumage on reconnaît l'oiseau, à l'habit on reconnaît l'ecclésiastique. » Ce caractère emblématique désigna les vêtements liturgiques à la vindicte des révolutionnaires. Objet de messes sacrilèges, beaucoup furent détruits après avoir été dépouillés de leurs galons et de leurs fils d'or. Ceux que nous voyons aujourd'hui dans les trésors sont pour la plupart rapportés d'autres églises après le concordat de 1801, extraits de tombes médiévales lors de fouilles archéologiques ou confectionnés au XIXe siècle.

Ce siècle vit un formidable renouveau de la paramentique. Soucieux de réaffirmer la grandeur de la foi catholique, les évêques multiplièrent les commandes. Napoléon relança la production des soieries de Lyon, et les maisons spécialisées dans la broderie-chasublerie connurent de nouvelles heures de gloire. Après avoir dû cacher ses chasubles sous des cocardes, la maison Biais fournit les cathédrales de Meaux, Soissons, Beauvais, Bourges, Versailles, Saint-Flour, Le Puy… À Lyon, le cardinal de Bonald laissa un pontifical, ensemble formé d'une chape, d'une chasuble, d'une étole, d'un manipule et d'un corporalier en drap d'or et broderies, dessiné par Pierre Bossan et confectionné par la maison Barban et Masson. La chape se présente comme un manteau de fleurs et de feuillages criblés de lumière. Sur le chaperon figure l'Agneau mystique adoré par deux anges et, sur les orfrois, les évêques saint Irénée et saint Pothin qui escortent l'archevêque. La chasuble est tout un programme : au dos, dans un ruissellement de lumière, Dieu le Père trône entouré d'anges, de Marie et de Jean-Baptiste. Côté face, il soutient son Fils mort avec un archange. Le monde est à leurs pieds et la Jérusalem céleste les prolonge.

Charles X, Louis-Philippe et Napoléon III dotèrent largement les cathédrales, comme en témoignent les trois ensembles en drap d'or offerts par Charles X à Notre-Dame de Paris. Mais si les feuillages, les fleurs et l'or y abondent, les vêtements liturgiques répondaient à une codification plus stricte : les tissus profanes étaient écartés au profit d'une symbolique religieuse et la palette de couleurs restreinte pour correspondre au temps liturgique.

Certains vêtements acquirent le statut de reliques après la béatification de ceux qui les portaient. Tels la chasuble de Thomas Becket à Saint-Étienne de Sens et le pallium de Césaire à Saint-Trophime d'Arles. Je n'ai pas encore évoqué cet ornement en laine blanche, frappé de croix noires, qui rappelle le Bon Pasteur. À l'époque paléochrétienne, il distinguait l'évêque plus encore que la mitre. Puis le pape prit l'habitude de poser le sien sur le tombeau de saint Pierre, ce qui en faisait une relique.

À partir du VIIᵉ siècle, il en distribua aux évêques avec lesquels il voulait resserrer des liens : les futurs archevêques, à qui il est désormais réservé.

Vierge Marie

Les cathédrales gothiques ont pris leur essor en même temps que le culte de « la douce dame glorieuse », la « gent reine » ou « dame de toute courtoisie » célébrée par les troubadours. Avant eux, les moines cisterciens s'étaient mis à parler de Marie avec des accents de tendresse inédits. Cinquante-six cathédrales lui furent dédiées en France, à partir du XIIᵉ siècle, sous le vocable de Notre-Dame, remplaçant celui de Sainte-Marie. Alors que son image flottait, hiératique, dans l'abside comme dans une conque matricielle où la lumière naissait perpétuellement dans les ténèbres, elle apparut en pleine lumière sur les portails, les trumeaux et les gâbles, en faisant assaut de grâces inconnues. Plus encore, toutes les cathédrales pouvaient s'assimiler à elle par leurs formes architecturales : « Sveltes avec de douces plénitudes qui vont s'effilant vers le sommet des clochers, comme souriantes toutes, et plusieurs toutes blanches, elles sont elles-mêmes des femmes, intercédant, les bras levés au ciel, pour le monde qui prie à leurs pieds », écrit Charles Morice dans sa préface aux *Cathédrales de France* d'Auguste Rodin.

Si à Saint-Lazare d'Autun, le Christ de l'Apocalypse dominait encore, au milieu du XIIᵉ siècle, le tympan du portail principal, un quart de siècle plus tard, à Senlis, elle trônait, gracieusement couronnée, à ses côtés. « Elle l'a couronné et mérité qu'il la couronnât », écrit saint Bernard, signifiant par là qu'en lui donnant la vie sur terre, elle avait mérité qu'il la lui donnât au ciel. Dans un bruissement d'ailes empressées et un mouvement de lignes pleines de vie, on assistait avec des anges-oiseaux ou des enfants à sa mort, son Assomption et son couronnement. Ce dernier thème était nouveau. Quand les autres prenaient leur source dans l'art byzantin, il était une pure création du XIIe siècle. Et alors, la couronne de Marie était un signe de consécration humaine autant que divine.

On assistait à l'éclosion d'un culte né au pied de la Croix, quand Jésus demanda à Jean de considérer Marie comme sa mère et à cette dernière de considérer son disciple bien-aimé comme son fils. Le concile d'Éphèse en posa les bases en la déclarant Mère de Dieu en 431. Une mosaïque de l'abside de la cathédrale de Parenzo, au début du VIe siècle, la montre pleine de ce grand mystère : comment Dieu, qui engendra toutes les créatures, a-t-il pu être engendré à son tour par une femme ? Après son Assomption, elle représentait également l'Église qui poursuivait sa mission d'enfantement de Dieu dans les âmes. Son culte se diffusa en Orient, où l'empereur fit d'elle la protectrice de l'Empire, puis en Occident, où il concerna d'abord les clercs, avant de gagner les laïcs sous l'impulsion des empereurs carolingiens, au IXe siècle, puis du pape réformateur Grégoire VII et de l'ordre de Cluny, au XIe, et enfin des cisterciens et des troubadours, au XIIe.

Saint Bernard présente Marie comme le meilleur chemin pour aller à Dieu, étant celui qu'il a emprunté pour venir à nous : « En la suivant, on ne dévie pas. En la priant, on ne désespère pas. En pensant à elle, on ne se trompe pas. Si elle te tient par la main, tu ne tomberas pas. Si elle te protège, tu ne craindras pas. Si elle est avec toi, tu es sûr d'arriver au but. »

Ses miracles étaient publiés dans de nombreux recueils, dont celui de Gautier de Coincy, entre 1218 et 1233. Celui-ci se présente comme le livre de la grâce : point de pécheur si endurci qu'il ne retrouve au contact de Marie le cœur d'un enfant, point de péché si grand qu'il ne résiste à sa prière. Elle est la clémence, la patience et l'espérance, celle que rien ne rebute et à qui son fils ne peut rien refuser. De Chartres à Clermont-Ferrand en passant par Paris et Beauvais, le miracle de Théophile est le plus représenté sur les cathédrales. Une verrière de Saint-Julien du Mans en représente d'autres comme celui du peintre renversé par le diable d'un échafaudage, mais retenu par Marie, qu'il venait de peindre sur un mur. J'aime également celui de l'architecte de Constantin qui ne trouvait pas d'ouvriers assez forts pour soulever les colonnes de son église et à qui Marie conseilla en songe de prendre trois enfants à la sortie de l'école : le lendemain, ceux-ci les posèrent sans effort.

En Castille-et-León, le roi Alphonse le Sage passa vingt-quatre des trente-six années de son règne à composer et superviser la composition de cantiques à Marie. Elle remplaça dans le cœur de nombreux poètes les dames auxquelles ils vouaient un culte. Bernart d'Auriac la nomme « Vierge de douceur », « douce dame du paradis ». « Elle a une beauté si grande que rien ne peut la diminuer ; rien n'y manque, elle resplendit nuit et jour », écrit Guiraut Riquier. Exaltée pour avoir donné naissance au Sauveur, elle est la mère de tous les croyants et leur intermédiaire privilégié devant Dieu auquel ils n'osent s'adresser directement. En adoptant devant elle l'attitude d'un enfant soumis mais confiant, Perdigon la rend plus accessible et autorise des rapports plus intimes avec elle. Sa « sainte et douce mère » est celle qui nous accueille au trumeau des cathédrales.

À Notre-Dame de Paris, au moment où Eudes de Sully promouvait le *Je vous salue Marie*, quatre portails lui furent consacrés. Sur le trumeau du portail de la Vierge, vers 1210, elle descend du tympan où elle trônait encore, vers 1140, sur le portail Sainte-Anne pour nous montrer de plus près le fruit de ses entrailles. Toujours représentée selon le type byzantin de la Hodigitria, « qui montre le chemin », portant l'enfant sur son bras gauche et le désignant de la main droite, son corps, légèrement déhanché et gracieusement drapé, laisse transparaître ses charmes féminins. Au portail nord, un quart de siècle plus tard, ses traits s'humanisent au point qu'on crut y reconnaître ceux de Marguerite de Provence, l'épouse bien-aimée de Saint Louis.

Son sourire à peine esquissé s'épanouit quelques années plus tard sur les lèvres de la Vierge du trumeau de Notre-Dame de Reims. Voilà la Dame par excellence des poètes courtois, celle qui nous communique le plus gracieusement du monde la tendresse divine. Thibaut IV de Champagne, surnommé « le Chansonnier », louait au même moment son « beau corps ». « Tel fut le corps, riche de toutes les vertus, de la dame qui se met en peine pour nous : beau, svelte, noble, sans tache et sans péché. Grâce à son doux cœur et pour briser l'Enfer, Dieu était en elle, quand elle l'enfanta. Il était beau et gracieux et elle eut une heureuse délivrance. [...] Nous le voyons chaque jour avec évidence, quand le prêtre le tient en son église : c'est le corps de Dieu qui nous jugera tous et que la Dame porta en son beau corps. »

Dans la nef de la cathédrale de Tolède se trouve une Vierge blanche en albâtre polychrome offerte, selon la tradition, par Saint Louis. Elle sourit plus largement encore, et l'enfant qui la tient par le menton lui rend son sourire. À les voir, on croirait entendre les paroles du diable, plein de dépit de perdre tous ses procès à cause d'elle, dans

La Plaidoirie de Notre-Dame : « Tu exposes à ton fils ton ventre, et il lui entre dans le cœur une telle pitié qu'il se sent tout ramolli. Il accepte de bon gré tes folies lorsque tu lui montres ta mamelle. Tu l'attires si bien à ton service qu'il en perd le pouvoir de t'éconduire. Lorsque tu lui souris, il lui faut sourire. Lorsque tu pleures, il ne peut que pleurer. »

Jamais on ne vit le divin s'épancher dans l'humain et l'humain dans le divin avec autant de grâce, mais sans attendre les Vierges de la Renaissance que Joris-Karl Huysmans rapprochera des Vénus, Auguste Rodin ne voyait déjà plus qu'une « belle plante française » dans la Vierge de Notre-Dame de Reims, et John Ruskin qu'une « soubrette picarde » dans la Vierge dorée du portail nord de Notre-Dame d'Amiens. Si l'on compare cette dernière, sculptée au milieu du XIIIe siècle, à son aînée de trente ans, absorbée par le mystère qu'elle nous présente sur le portail ouest, comme elle semble coquette et mièvre dans ses tendresses de mère ! Marie n'eût-elle eu que la tendresse maternelle, eût-elle été l'élue de Dieu ? Certainement pas. Il fallait qu'elle fût capable d'accueillir son mystère et de le laisser grandir en elle à mesure qu'il accomplirait son destin sur la terre. « Marie conservait toutes ces choses en son cœur » (Lc, II, 19-51), écrit saint Luc lors de la Nativité, et si elle garda le silence par la suite, ce n'est pas en raison d'une quelconque misogynie des évangélistes, mais parce que le mystère de la naissance divine qui s'était produite dans le monde grâce à elle ne cessait de grandir en elle.

Dans le trésor de la cathédrale de Tolède, non loin de la Vierge gothique que je viens de décrire, on peut voir une Vierge romane en Trône de la Sagesse. Elle n'a pas les mêmes charmes, avec ses traits lourds et son corps revêtu d'une coque d'argent, dont les plis diffusent par ondes la lumière qu'elle porte sur ses genoux, mais comme elle nous mène loin ! Ni elle ni son fils ne se regardent, pas plus qu'ils ne nous font de l'œil, mais en fixant l'horizon ils nous invitent à contempler le mystère du Dieu fait homme pour que l'homme devienne Dieu, et à le faire advenir à l'intérieur de nous.

« Viens, mon élue, et j'établirai en toi mon trône », dit le Cantique des cantiques ; et saint Bernard à qui ce poème inspira des sermons enflammés : « La sagesse céleste s'est élevée en elle une demeure ; elle remplit si bien son cœur que, de la plénitude de son âme, sa chair fut fécondée et que toute Vierge qu'elle fût, elle enfanta, par une grâce singulière, cette même Sagesse qui s'était revêtue de notre chair, et qu'elle avait commencé par concevoir auparavant dans son âme pleine de pureté. Et nous aussi, si nous voulons devenir la demeure de cette même Sagesse, il faut que nous lui élevions en nous une demeure qui repose sur les mêmes colonnes, c'est-à-dire que nous nous préparions à la recevoir par la foi et les mœurs. »

Le risque, en reportant sa curiosité sur les épisodes de la vie de Marie et en développant les sentiments qu'elle peut inspirer, est de perdre de vue qu'il s'agit d'abord de reproduire ses dispositions intérieures. Au terme du processus d'exaltation et d'humanisation de sa personne, amorcé au XIIe siècle, Louis-Marie Grignion de Montfort, au XVIIIe, préconisa de ne pas la regarder comme devant nous, mais de voir toute chose à travers elle. C'est aussi ce que devraient nous aider à faire ses images. À la fin du XIXe siècle, le culte marial connut un renouveau extraordinaire, mais sans traduction visible dans l'art. Dans *Le Miroir des limbes*, Malraux rapporte ce dialogue significatif avec Picasso :

« On vous a parlé de l'image de la Vierge apparue à Bernadette ?

— Quelle Bernadette ?

— Celle de Lourdes. Elle a vu la Vierge de la grotte. Elle entre au couvent. Des âmes pieuses lui envoient toutes sortes de statuettes de Saint-Sulpice. Elle les flanque dans un placard. Stupéfaction de la supérieure : “Ma fille, comment pouvez-vous mettre la Sainte Vierge dans un placard ? – Parce que ce n’est pas elle, ma Mère !” Restupéfaction. “Ah ?... et comment est-elle ? – Je ne peux pas vous expliquer...” La supérieure écrit à l’évêque, qui apporte les grands albums des principales images de la Vierge, ceux du Vatican. Il lui montre Raphaël, Murillo, etc. N’oubliez pas que ça se passe sous le Second Empire, qu’elle est une jeune paysanne, bergère je crois, qui n’a certainement vu, dans son bled, que des Vierges sulpiciennes, baroques à la rigueur. Elle fait non de la tête, toujours non. Au hasard des feuillets, passe la Vierge de Cambrai, une icône. Bernadette se lève, exorbitée, s’agenouille : “C’est elle, Monseigneur !”

« Je vous ai dit, la Vierge de Cambrai est une icône. Repeinte, ornée de vagues angelots ; mais ni mouvement ni profondeur, aucun illusionnisme. Le sacré. Et Bernadette n’avait jamais vu d’icône...

« Il réfléchit :

— Vous êtes sûr ?

— Les lettres de l’évêque ont été publiées. Et à qui aurait servi le mensonge ?

— Une intrigue des cubistes !... Tout de même, je voudrais bien la voir, sa Vierge... »

On peut toujours la voir dans la cathédrale de Cambrai. Il s’agit d’une Vierge de tendresse italo-byzantine des années 1340. L’abbé Laurentin raconta comment Bernadette Soubirous ne put reconnaître la Vierge qui lui était apparue dans la statue façonnée à partir de ses descriptions par Joseph Fabisch ni dans aucune autre image qu’on lui présenta. « D’ailleurs, on ne peut pas faire comme c’était », ajouta-t-elle. L’eût-elle reconnue sur la restitution en 3D donnée en 2017 par un designer brésilien, en combinant les données du saint suaire avec l'intelligence artificielle ? Rien n'est moins sûr. Et à qui cette jeune fille saine et souriante, typique du bassin méditerranéen, pourrait-elle donner la foi, affichée sur le tympan d'une église ? Il faut croire que certaines représentations ont une plus grande capacité de mise en présence, par-delà toute ressemblance physique. Comme si elles anticipaient, à travers un regard contemplatif, sur la transfiguration qui suivra la mort et où la chair obéira pleinement à l'esprit dans le corps.

Viollet-le-Duc, Eugène (1814-1879)

Étonnant destin que celui de cet architecte républicain et athée qui passa sa vie, choyé par un pouvoir monarchique et impérial, à restaurer des cathédrales gothiques. L'homme, il est vrai, n'était pas à un paradoxe près, mais c'est en grande partie à ces paradoxes que les cathédrales doivent d'avoir retrouvé un visage où tous les Français purent à nouveau se projeter après la Révolution. Avec Victor Hugo, Eugène Viollet-le-Duc fut celui qui contribua le plus à façonner notre vison des cathédrales. Non seulement par ses écrits, qui en faisaient des temples de la raison construits par des laïcs, comme je le montre à l'entrée « Arcs, voûtes et ogives », mais aussi par ses restaurations créatrices.

Jeune homme, déjà, ce fils de conservateur des résidences royales, sous les règnes de Charles X et de Louis-Philippe, montre sa singularité en refusant d'étudier à l'École des beaux-arts, où domine l'enseignement de l'art classique. Secouant la discipline d'un atelier, il se lance sur les routes à la rencontre des monuments et de « l'âme de notre pays ». En 1831, il parcourt, sac au dos et crayon en main, l'Auvergne et la Provence. En 1832, il repart pour la Normandie en passant par Chartres et, l'année suivante, il va des Pays de la Loire aux Pyrénées-Orientales en remontant par le Languedoc.

Il en rapporte des aquarelles et des dessins d'une précision qui atteint à l'onirisme. Le baron Taylor lui en commande pour illustrer ses *Voyages pittoresques et romantiques dans l'ancienne France*. Nourrissant une passion aussi grande pour l'architecture naturelle que pour l'architecture humaine, il n'hésite pas à sortir parfois de son sac un marteau pour étudier la nature des sous-sols. « Je marche dans une route non tracée, mais je creuse à force d'erreurs et d'observations, note-t-il dans son journal. Peut-être de tout cela surgira-t-il un rayon de lumière auquel j'aspire de toutes les forces de mon être. »

Très vite, il développe un goût pour l'art gothique : « Il n'y a plus de cathédrale après Chartres. Là j'ai vraiment senti ce que c'est que l'architecture ; il m'a semblé que tous mes rêves d'enfance se réalisaient », écrit-il en 1835.

Mais sa passion a peu à voir avec celle des romantiques, « ces rêveurs, amateurs de poésie nébuleuse, qui ne voient qu'ogives élancées vers le ciel, dentelles de pierre, sculpture mystérieuse ou fantastique, dans des monuments où tout est méthodique, raisonné, clair, ordonné et précis ». Positiviste en diable, il voit dans l'architecture gothique une œuvre d'ingénieurs avant la lettre, et les formes du passé ne l'intéressent que pour ce qu'elles ont encore de vie à lui transmettre : « Tant que je n'aurai pas trouvé une architecture à moi, de moi et appropriée aux monuments modernes, le Bon Dieu se mettrait à genoux que je ne pourrais pas faire mettre une pierre sur l'autre », écrit-il à son père, qui lui présente en vain tous les architectes de sa connaissance.

En 1836, il ramène d'Italie la conviction que l'art classique est étranger à l'esprit, aux mœurs et au climat français : « C'est précisément depuis que j'ai vu à quel point [les Italiens] soumettaient leurs arts au climat qu'ils habitaient et à leurs usages, que j'ai senti encore plus profondément qu'il fallait d'abord en les imitant commencer par imiter ce principe qui défend précisément de les imiter, puisque notre climat diffère du leur ainsi que nos mœurs et nos usages. » Mais alors qu'il s'efforce d'imaginer les formes de l'avenir, on lui confie la restauration de celles du passé.

En 1839, Prosper Mérimée, invité régulier du salon de son oncle, le critique d'art Étienne-Jean Delécluze, rue Chabanais, à Paris, lui fait part du projet de la Commission des monuments historiques de restaurer la Madeleine de Vézelay. Les candidats ne se bousculent guère au chevet de cette vieille abbatiale romane où « des arbres gros comme le bras » poussent entre les murs. Alors, pourquoi ne pas faire confiance à ce jeune homme qui dessine si bien, travaille avec acharnement et semble connaître l'architecture médiévale comme aucun autre ? Eugène

Viollet-le-Duc vient de lui présenter un projet de restauration pour Saint-Just de Narbonne. S'il le lui a refusé, c'est seulement parce qu'il estime que l'argent destiné à la conservation des monuments ne doit pas servir à leur achèvement.

Ce chantier marque le début d'une longue collaboration. Le jeune architecte montre d'emblée l'originalité de ses vues. Persuadé que pour obtenir les mêmes résultats que les sculpteurs romans, il faut employer les mêmes moyens, il astreint ses sculpteurs à user des mêmes outils. Bien que le système de rémunération ait changé, il impose à ses tailleurs de pierre d'inscrire des marques lapidaires sur leurs blocs, et lui-même se rend dans les carrières pour choisir ses pierres, de manière à conserver l'ambiance lumineuse de l'abbatiale, qui passe de l'ocre doré, dans la nef, au blanc éclatant, dans l'abside. Jamais chantier de restauration n'a été mené avec un tel souci archéologique. Pourtant, il n'hésite pas, quand cela se justifie, à employer des matériaux plus modernes au motif que s'ils les avaient connus, les artisans du Moyen Âge les auraient employés.

Sur le plan formel, il profite du fait que les voûtes gothiques de quatre travées de la nef se sont effondrées avant la croisée du transept pour les remplacer par des voûtes romanes, qui s'harmonisent mieux avec celles des travées précédentes. Il fait plus que restaurer ce qu'il reste de la tour nord-ouest : il la reconstruit en remplaçant l'ouverture cintrée du deuxième étage par des arcatures aveugles qui font écho à celles de la tour sud-ouest. Il conserve les ajouts gothiques de la façade, mais y fait sculpter de nouveaux décors qui s'inspirent de sculptures romanes existantes. Enfin, Prosper Mérimée lui reprochera d'avoir fait courir une frise sur l'ensemble des murs extérieurs, alors que seule une partie en portait la trace.

C'est déjà appliquer son célèbre adage : « Restaurer un édifice, ce n'est pas l'entretenir, le réparer ou le refaire, c'est le rétablir dans un état complet qui peut n'avoir jamais existé à un moment donné. » Restauration et création sont pour lui deux modalités d'une même science, à laquelle l'archéologie apporte des données que la raison peut interpréter pour atteindre l'état idéal d'un édifice. Celui-ci n'est pas un tas de pierres inanimées, mais un organisme vivant qu'il faut ressusciter en apprenant à connaître son anatomie et son tempérament. Dans cette optique, l'architecte contemporain a cette supériorité sur ceux du passé qu'il peut survoler leurs tâtonnements et supprimer les ajouts venus le dénaturer. « De même qu'en voyant la forme d'une plante on en déduit la plante entière ; de l'os d'un animal, l'animal entier ; en voyant un profil, on en déduit les membres de l'architecture, du membre d'architecture le monument », écrit-il en transposant dans son art les principes de la paléontologie posés par Georges Cuvier.

C'est à Notre-Dame de Paris qu'il lui est donné d'expérimenter ses idées à plus grande échelle. Négligée par les chanoines du XVIIe siècle, « embellie » par ceux du

XVIIIe et saccagée par les révolutionnaires, l'Empire et la Restauration se sont contentés de lui apposer des décors éphémères. Pour le sacre de Napoléon, en 1804, Charles Percier et Pierre Fontaine ont blanchi les murs de sa nef à la chaux, avant de les couvrir de tentures, et construit, à l'extérieur, un portique en bois, carton et stuc. Quand le Conseil des bâtiments civils organise un concours pour sa restauration, en 1842, Alexandre-Théodore Brongniart l'a encore amputée des pignons et des gargouilles du mur des chapelles nord, et Étienne-Hyppolite Godde a achevé de fragiliser sa maçonnerie en la rafistolant avec du mastic.

C'est sans doute à l'initiative de Jean-Baptiste Lassus, qui vient de l'associer à la restauration de la Sainte-Chapelle, qu'ils déposent ensemble un projet de restauration, en 1843. Celui-ci est adopté, avant même la réception de ceux de leurs concurrents, par le Conseil des bâtiments civils, sur recommandation de Prosper Mérimée, Charles Rohault de Fleury et Félix Duban. Pour désamorcer les critiques, les deux architectes s'engagent à faire preuve d'une « religieuse discrétion », d'une « abnégation complète de toute opinion personnelle » : « Une restauration peut être plus désastreuse pour un monument que les ravages des siècles et les fureurs populaires. Car le temps et les révolutions détruisent mais n'ajoutent rien. Au contraire, une restauration peut, en ajoutant de nouvelles formes, faire disparaître une foule de vestiges, dont la rareté et l'état de vétusté augmentent l'intérêt. »

Il n'en va pas seulement d'une précaution patrimoniale, mais du respect de la fonction cultuelle d'un édifice élevé « par une religion dont l'immuabilité est un des principes fondamentaux ». « Nous sommes loin de vouloir dire qu'il est nécessaire de faire disparaître toutes les additions postérieures à la construction primitive et de ramener le monument à sa première forme ; nous pensons, au contraire, que chaque partie ajoutée, à quelque époque que ce soit, doit, en principe, être conservée, consolidée et restaurée dans le style qui lui est propre. »

Ce sera peu ou prou la doctrine française en matière de restauration des monuments historiques jusqu'à nos jours, mais dans les faits, une fois les crédits votés par le Parlement, en 1845, Jean-Baptiste Lassus et Eugène Viollet-le-Duc iront aussi loin que possible dans la recréation de ce que Notre-Dame a d'expressif. Après avoir restauré les arcs-boutants du chœur, ils rétablissent, sur la base de vestiges d'*oculi* retrouvés au cours de leurs travaux, l'élévation à quatre niveaux, en faisant percer de nouvelles baies en forme de roses dans les tribunes de la nef et du chœur situées autour de la croisée.

À l'intérieur, tout en conservant des éléments baroques, comme la gloire de Slodtz, le maître-autel, la chaire, les grilles et les statues du vœu de Louis XIII, ils suppriment les placages en marbre de Robert de Cotte et créent un nouveau mobilier inspiré d'œuvres du XIIIe siècle : une cathèdre sur le modèle de celle de Notre-Dame de Bayeux, des sièges en bronze doré et velours, un maître-autel orné de chandeliers, une chaire à prêcher et des fonts baptismaux. Ils remplacent les vitres blanches par des vitraux historiés et rétablissent la polychromie dans les chapelles.

Sur la façade occidentale, ils refont le trumeau du portal central détruit par Soufflot, puis ils y placent un Christ enseignant inspiré de ceux de Notre-Dame d'Amiens et de Notre-Dame de Chartres et font sculpter sur son socle les arts libéraux de Notre-Dame de Laon. Dans les ébrasements, ils mettent des statues sculptées d'après des originaux retrouvés acéphales ou des statues de Saint-André de Bordeaux. Ils restaurent les rois dans leur galerie et remplacent l'avant-corps de la galerie de la Vierge, refait au XVe siècle, par un autre avant-corps dans le goût du XIIIe. Mais là où ils font le plus preuve d'imagination, c'est dans le foisonnement décoratif des parties latérales et des tours : crochets de pierre aux proportions calculées, fleurons, clochetons, pinacles et tabernacles sur les culées des arcs-boutants, gâbles au-dessus des baies de l'abside et damiers au-dessus de celles du chœur forment un décor vraisemblable et séduisant, mais entièrement inventé. Comme les chimères que beaucoup considèrent comme emblématiques du gothique.

Pour compléter l'ensemble, ils reconstruisent la sacristie de Soufflot, détruite en 1831, non pas dans le style néoclassique, mais gothique. Artiste complet, Eugène Viollet-le-Duc regarnit le trésor en dessinant des objets réalisés par l'orfèvre Placide Poussielgue-Rusand. Après la mort de Jean-Baptiste Lassus, en 1857, il achève seul de donner sa silhouette à la cathédrale en remplaçant sa flèche, démontée en 1792, par une autre plus élancée, inspirée de celle de Notre-Dame d'Amiens, via celle de Sainte-Croix d'Orléans. Le collège des apôtres qui gravit ses rampants constitue un parti inédit. Et pour trouver une statue d'architecte en pied tel qu'il se fait représenter en saint Thomas, il faut remonter à Imhotep, le constructeur de Saqqarah, glorifié par Djéser, le fondateur de l'empire d'ancienne Égypte.

Sur cette statue, Eugène Viollet-le-Duc contemple son œuvre. Son seul regret, à la fin du chantier : qu'on ne l'ait pas laissé reconstruire l'archevêché qu'il a vu saccager sous ses yeux alors qu'il était en faction, en uniforme de la garde nationale, devant la cathédrale, pendant les émeutes de 1831. J'imagine qu'une fois sa statue remontée sur son socle, à la fin du chantier de 2024, il rira sous cape d'avoir vu son œuvre reconstruite à l'identique au nom d'un principe qu'il ne cessa de bafouer. À moins qu'il n'y voie une juste reconnaissance de son génie, ce qui est le plus probable vu la haute idée qu'il se faisait de lui-même.

Avec moins de moyens et parfois moins de génie, il supervise la restauration des cathédrales de Reims, Amiens, Strasbourg, Clermont-Ferrand, Auxerre, Troyes, Sens, Carcassonne, Narbonne et Mirepoix, sans compter celles où œuvrent ses émules, à Autun, Chalons, Sées, Dijon, Évreux... soit une vingtaine au total. Connaissant son athéisme, l'évêque de Paris, Mgr Darboy, lui offre, pour le remercier, un vase chinois de l'époque Ming. Mais dans le Paris en ruine du lendemain de la Commune, il ne se voit pas même confier la construction d'une « niche à chien » par la IIIe République. Il est vrai qu'il estime que « le goût ne peut exister dans une société qui, ayant rompu avec les traditions, se trouve à l'état d'enfantement perpétuel ». Il passe les dernières années de sa vie en Suisse, où il se partage entre la restauration de Notre-Dame de Lausanne et celle du Mont-Blanc – il pensait pouvoir compenser son érosion par des procédés de cristallisation.

Vitraux

Le moment que je préfère, quand j'aborde une cathédrale gothique, est celui où, à travers un portail entrouvert, le Christ ou la Vierge à l'Enfant du trumeau s'auréolent d'une lumière versicolore. Entrer dans la nef est comme plonger dans leur corps de gloire. À Notre-Dame de Chartres, écrit Joris-Karl Huysmans, les maîtres verriers « réalisèrent presque sur cette terre la seule parure qui pût convenir aux corps glorieux, des robes variées de flammes ! ». Nous pourrions en dire de même des cathédrales de Troyes et Clermont-Ferrand, qui ont conservé la plupart de leurs verrières d'origine. Celles-ci font plus que créer une ambiance lumineuse : elles invitent à une transfiguration de l'être tout entier.

« Les fenêtres vitrées qui sont dans les églises et par lesquelles se transmet la clarté du soleil signifient les saintes Écritures, qui repoussent en nous le mal, tout en nous illuminant », écrit Pierre de Roissy, chancelier du chapitre de Chartres. « Les vitraux sont les écritures divines qui portent la clarté du soleil, c'est-à-dire de Dieu, dans l'église, c'est-à-dire dans le cœur des fidèles », lui fait écho Guillaume Durand de Mende. Comme les Écritures, ils pouvaient se prêter à quatre interprétations, pour reprendre les catégories de saint Augustin : esthétique, intellectuelle, émotionnelle et performative.

En franchissant le portail occidental de Notre-Dame de Chartres, nous sommes saisis par une atmosphère qui dissipe toutes les images qui nous polluaient à l'extérieur et à l'intérieur. Sa lumière a un caractère lustral qui nous dépouille du superflu et nous prédispose à l'essentiel. Guidés par les grandes figures de saints et de prophètes qui flottent dans les baies hautes, nous nous acheminons vers l'autel, puis au hasard de nos déambulations dans les collatéraux, les chapelles et le transept, nous nous livrons au déchiffrage de certaines scènes.

Selon l'heure de la journée, le soleil irise l'une et éteint l'autre, éclaire un sourire, un regard ou un geste, fait passer un personnage au premier plan ou le fait glisser dans l'ombre. Tous évoluent en apesanteur, à peine retenus par les plombs qui les déploient dans une calligraphie sacrée. Ils flottent dans un espace bidimensionnel qui les détache de toute réalité sensible. Chacun est une apparition, mais une apparition vivante, qui palpite au rythme de la lumière, comme dans les mosaïques auxquelles les pays méditerranéens, saturés de soleil, confièrent leurs visions. Il fallait les ciels changeants des pays septentrionaux pour créer une telle soif de lumière que seules des verrières pourraient l'étancher. Certaines scènes n'apparaissent qu'un bref instant, comme pour nous faire comprendre, par leur vision fugitive et filtrée, que ce monde n'est là que pour nous faire entrevoir la splendeur qui nous attend dans l'éternité.

Elles se prêtent à des interprétations infinies. A-t-on jamais fini de comprendre le sens des paraboles de l'enfant prodigue, du bon Samaritain, de Lazare et du mauvais riche ? Se lasse-t-on de méditer sur le mystère de l'Incarnation, de la Passion et de la Résurrection, sur le Jugement dernier et la vie du monde à venir ? N'a-t-on pas toujours quelque chose à découvrir dans les vies des saints ? Au bout d'un moment, le fourmillement des scènes, la multiplication des symboles, le scintillement des couleurs et la variété des formes générées par les méandres des plombs sont tels qu'ils nous ravissent les sens autant que l'intelligence. Toutes nos facultés sont saisies et orientées vers un autre monde, fait de la matière de celui-ci, mais transfigurée et transfigurante.

On a souvent comparé les cathédrales gothiques à des Jérusalem célestes, mais n'était-ce pas un lieu commun depuis l'origine ? La spécificité des hommes de l'âge gothique est leur impatience à faire, dès ici-bas, l'expérience du divin. Or le lieu de cette expérience est l'eucharistie. C'est elle qu'exaltent les chœurs changés en corps de gloire.

À Saint-Pierre de Poitiers, Aliénor d'Aquitaine et Henri II Plantagenêt offrirent, vers 1165, une verrière représentant la crucifixion de saint Pierre et celle du Christ. Surplombant le maître-autel, elle vibre à la lumière à l'heure où est célébrée la messe. À mesure que le soleil se lève, son bleu de cobalt et son rouge sang, où scintillent du jaune d'or et du vert prairie, se répandent sur nous comme le sang du Christ et la gloire du ciel. La vision dans laquelle nous sommes plongés dépasse ce que nous pouvons saisir du mystère de la Passion, comme le corps et le sang du Christ débordent ce que nous pouvons en saisir pendant la communion. En voyant son auréole blanche frappée d'une croix, comme une hostie, se confondre avec le soleil, je me dis qu'aucun art ne pouvait mieux traduire les mystères de la foi chrétienne. « La Verrerie ! n'est-elle pas l'art où Dieu intervient le plus, l'art que l'être humain ne peut jamais parachever, car seul le Ciel peut animer par un rayon de soleil les couleurs et insuffler la vie aux lignes », écrit Joris-Karl Huysmans.

Il en allait d'une incarnation du Verbe qui devait se reproduire en chacun comme elle s'était produite en Marie. Le verre qui ne se brise pas quand la lumière le traverse était une métaphore mariale depuis saint Athanase d'Alexandrie, mais c'est dans les écrits des cisterciens, des troubadours et des trouvères qu'elle connut la plus grande fortune aux XIIe et XIIIe siècles. « Comme la splendeur du soleil traverse le verre sans le briser et pénètre sa solidité de son impalpable subtilité sans le trouer quand elle entre et sans le briser quand elle sort, ainsi le Verbe de Dieu, lumière du Père, pénètre l'habitacle de la Vierge et sort de son sein intact », écrit saint Bernard. En 1445, Barthélemy d'Eyck en donna une illustration littérale dans son Annonciation d'Aix, où la rose d'une cathédrale gothique s'interpose entre l'ange et Marie.

La Belle Verrière de Notre-Dame de Chartres pourrait, à elle seule, incarner cette théologie, et le fait qu'elle eût échappé aux flammes, lors de l'incendie de 1194, fut interprété comme si Marie elle-même eût été épargnée, mais au-delà, toute verrière l'incarne par ses propriétés intrinsèques, les personnages ou les scènes qui y sont représentés. C'est l'intuition que j'avais eue, enfant, plongée dans l'aube rougeoyante du déambulatoire de Saint-Étienne de Bourges : chacun est appelé à faire de sa vie une légende dorée que la lumière transfigure, comme celles des saints qui scintillent sous ses yeux. Garnier de

Saint-Victor estimait d'ailleurs que les vitraux représentaient l'esprit des fidèles autant que le corps de Marie. Sur cette voie, quelque chose m'a toujours touchée dans les vitraux de la fin du XIIe et du début du XIIIe siècle : soufflés à la bouche, ils comptent de nombreuses bulles d'air, qui sont autant d'irrégularités, mais qui permettent à la lumière de mieux se diffracter.

Cet art visionnaire eut deux ennemis : la blancheur et la peinture qui, chassée des murs, revint par les fenêtres pour les plier aux nouvelles exigences illusionnistes de leurs commanditaires. Dès le XIVe siècle, les chanoines exigèrent des verrières plus claires. Avec de belles réussites, comme les architectures paradisiaques de la chapelle de la Vierge de Notre-Dame de Rouen, vers 1310. En agrandissant les dais qui surmontaient les saints et les évêques, les maîtres verriers doublèrent l'architecture de pierre d'une architecture de verre, dont la blancheur scintillante, peuplée d'oiseaux, de feuillages et d'anges, accentue le caractère immatériel de l'édifice.

Le verre lui-même tendit à se dématérialiser, et en devenant plus fin et plus égal, à acquérir des qualités picturales. Dans le chœur et les chapelles rayonnantes de Notre-Dame d'Évreux, les verrières se muèrent en tableaux suspendus. Fini l'impressionnisme des XIIe et XIIIe siècles : dans leur cadre de lumière, les figures se dessinent clairement. J'ai vanté le bleu de Chartres, mais le jaune d'Évreux mériterait son éloge. À base de sels d'argent et de crément – ocre ou argile calcinée –, il enrichit la palette des maîtres verriers de tons allant du jaune clair à l'or profond et leur permit de créer des verrières plus fines et plus lumineuses. Sur les lancettes offertes par Raoul de Ferrières, la robe et le manteau de la Vierge ne sont plus bleu et rouge, mais blanc et or vif, et il faut voir les anges musiciens, les plantes et les oiseaux des lancettes de la chapelle du Rosaire pour mesurer le raffinement atteint dans le rendu de la lumière au XIVe siècle.

D'autres progrès techniques permirent d'obtenir de grandes surfaces de verre coloré, damasquiné et doublé, de créer des effets de glacis, des chatoiements de couleurs et de matières d'une variété éblouissante. Les plombs devenant moins utiles, leur calligraphie s'effaça devant l'imitation des apparences. À Bourges, le vitrail de l'Annonciation de la chapelle Jacques Cœur est une transposition dans le verre de la peinture de Jan Van Eyck. À Nuremberg, Fribourg et Cologne, c'est Albrecht Dürer et Hans Baldung Grien que l'on chercha à imiter. À Florence, où cet art était plus marginal, on commanda des cartons à Andrea di Bonaiuto, Paolo Uccello, Donatello, Lorenzo Ghiberti et Andrea del Castagno.

La Renaissance consacra cette évolution, dans un ultime jaillissement de couleurs avant la Réforme. Valentin Bousch à Metz, André Robin à Angers, Engrand et Nicolas Le Prince à Beauvais illustrent la virtuosité et la somptuosité du vitrail de cette époque en France. Mais l'ensemble le plus spectaculaire est celui des dix-huit verrières d'Arnaud de Moles, dans le chœur et les chapelles rayonnantes de Sainte-Marie d'Auch. Alliant finesse dans le détail et puissance de la vision d'ensemble, plénitude des couleurs et variété dans le rendu des matières, ses patriarches, prophètes, sibylles et apôtres rejouent avec un naturel magnifique l'histoire du salut depuis la création d'Adam jusqu'à la résurrection de Jésus. Les scènes s'y ordonnent selon les lois de la perspective, mais est-ce en raison des architectures italianisantes qui paraissent si exotiques en France ? Elles continuent de nous transporter dans un autre ordre de réalités.

Le coup fatal vint de l'austérité de la Réforme et du didactisme du concile de Trente. Le vitrail connut un renouveau au XIXe siècle, mais limité dans ses ambitions et dans son esthétique. Le cycle historicisant commandé par

Mgr Dupanloup à Sainte-Croix Orléans pour « faire étinceler la merveilleuse histoire de Jeanne d'Arc », en 1878, est encore ce qui se fit de plus exaltant. Aujourd'hui, cet art connaît un retour en force, grâce aux commandes de l'État, mais il suit une voie si autonome et déconnectée de tout discours qu'il sert moins les cathédrales qu'il ne s'en sert.

Il y a évidemment des exceptions : dans leur « vitrail aux cent visages », installé en 2015 dans la chapelle Sainte-Catherine de Notre-Dame de Strasbourg, Véronique Ellena et Pierre-Alain Parot montrent un Christ bénissant, inspiré de celui de Hans Memling. Il surgit à mi-corps à travers la muraille, et son visage formé d'une centaine de photos d'anonymes nous rappelle que le visage de Dieu sur terre, c'est nous, et qu'il faut nous conformer à lui pour accomplir notre vocation divine. Françoise Bissara-Fréreau a mis au point une technique de moulage inspirée de Lalique, faisant du verre une matière ignée où la lumière prend corps – à moins que les corps n'y acquièrent leur vie lumineuse. Ses anges, ses Vierges et ses Christs ont parfois l'éclat du métal repoussé. Ils ne sont encore le privilège que de petites églises, mais je rêverais de les voir briller aux fenêtres de grandes cathédrales.

W

Welles, Orson (1915-1985)

Dans *Vérités et Mensonges* (1973), film en grande partie autobiographique, Orson Welles pose, face caméra, la question : que restera-t-il du nom des artistes ? La séquence est illustrée de vues de Notre-Dame de Chartres. Enveloppée d'une brume shakespearienne, la cathédrale est à l'image de son propos :

« Elle se tient là, debout, depuis des siècles, sans doute la première des œuvres faites de la main de l'homme dans le monde occidental. Elle est là et elle n'est pas signée... Chartres... Une célébration à la gloire de Dieu et à la dignité de l'homme. En définitive, tout ce qui demeure, au jour d'aujourd'hui, c'est l'homme, nu, misérable, écartelé, dérisoire. Il n'y a plus de célébration. Nos hommes de sciences nous parlent de l'Univers comme s'il était à jeter. Il est possible que ce soit justement, entre autres choses, cette gloire, anonyme, cette riche forêt de pierre, ce chant épique, cette allégresse, cet immense cri de foi lancé en chœur que nous choisirons, quand nos cités seront poussière, de garder intact, afin de laisser notre empreinte, afin de témoigner de notre puissance de création. Quelques-unes de nos œuvres sculptées, peintes, ou écrites seront épargnées pendant quelques décennies, ou un millénaire ou deux, mais tout doit finalement s'écrouler dans la guerre ou se fondre dans l'ultime et universel amas de cendre. Les triomphes et les impostures, les trésors et les faux. Un fait est certain, nous allons mourir. Gardez courage ! Arrachez les artistes morts à leur vivant passé ! Bientôt tous nos chants s'éteindront. Mais qu'importe ! Continuez à chanter ! »

Z

Zodiaque et travaux des mois

Le visiteur d'aujourd'hui sera peut-être surpris de voir les signes du zodiaque l'accueillir au portail de Saint-Lazare d'Autun, guider ses pas sur le pavement de Notre-Dame d'Aoste ou entraîner son regard dans la rose sud de Notre-Dame de Lausanne. Si l'Église se méfiait de l'astrologie associée à l'ésotérisme, à la divination et au déterminisme, elle faisait sien l'héritage antique en matière de connaissance des astres pourvu qu'il soit orienté vers leur Créateur. « Il compte le nombre des étoiles, il donne à chacun un nom » (Ps., CXLVII, 4), chante le psalmiste. « À voir ton ciel, ouvrage de tes doigts, la lune et les étoiles que tu fixas, qu'est-ce que l'homme pour que tu penses à lui, le fils d'un homme, que tu en prennes souci ? » (Ps., VIII, 4-5.)

Le soleil, la lune et les étoiles manifestent sa puissance, sa sagesse et sa magnificence. Certaines constellations illustreraient même son plan de rédemption. Celle du Lion fut interprétée comme une image céleste du lion de la tribu de Juda, c'est-à-dire du Christ, et celle de la Vierge comme un rappel qu'il est né d'une vierge. Quand l'Église cherchait à calculer le plus exactement possible la date de Pâques pour que tous puissent la fêter en même temps, le pape saint Léon le Grand expliqua qu'elle devait être fixée le dimanche suivant la première lune de printemps, quand le soleil traversait le signe du Bélier, car il était l'animal choisi pour préfigurer le Christ lors du sacrifice d'Isaac. La lune qui diminuait, disparaissait et croissait à nouveau, était associée à la mort et à la résurrection. Ainsi le jour de Pâques portait-il l'empreinte du soleil et de la lune. Il intégrait l'éphémère à l'éternel et manifestait la dimension cosmique du Christ.

Guides des hommes dans l'espace, les constellations jalonnaient aussi leur temps. Comme les Égyptiens et les Grecs, les chrétiens se servaient des signes du zodiaque « pour marquer les fêtes, les jours et les années » (Gn., I, 14). Aux portails des cathédrales, ils disaient à côté des travaux des mois : « Ici, vous entrez dans un lieu qui s'anime avec la course des astres, vit au même rythme que la Création et épouse les lois du Créateur. Apprenez à entrer ensemble dans l'éternité. » Au Dôme de Plaisance, ils confluent en Christ au sommet de l'archivolte, et à Saint-Lazare d'Autun, ils gravitent autour de lui sur le tympan du Jugement dernier.

C'est à la fin du XIIe et au début du XIIIe siècle que culminent ce type de représentations. Nulle époque n'eut plus conscience de l'appartenance de l'homme à un cosmos organisé où tout fait signe vers Dieu. Sous l'influence des cisterciens, on assistait également à une revalorisation du travail qui de châtiment divin se muait en instrument de salut. Avant d'être condamnés à gagner leur pain à la sueur de leur front, Adam et Ève n'avaient-ils pas été appelés à cultiver le jardin d'Éden ? Le Christ lui-même avait exercé, pendant sa vie cachée, le métier de charpentier. En épousant les lois du temps et de la matière auxquelles nous sommes tous soumis, il les avait sanctifiées.

Au portail de la Vierge de Notre-Dame de Paris, Janvier festoie devant une table bien servie. Février rentre harassé du travail et se chauffe dans l'âtre sans avoir enlevé son manteau. Mars taille la vigne. Avril voit pointer les premières pousses de blé. Mai tient à la main une fleur et un oiseau. Juin ploie sous le faix et rentre des bottes de foin. Juillet aiguise sa faux. Août fauche de lourds épis et Septembre foule le vin. Octobre sème le grain. Novembre mène des porcs à la glandée. Décembre sacrifie un cochon pour les fêtes de Noël et de l'Épiphanie.

Les historiens de l'art ont souligné l'atticisme de ces représentations, et il est vrai que rien n'égale en vigueur, en délicatesse et en pureté le style de ces scènes. Mais les Grecs avaient un si grand mépris pour le travail manuel que jamais on n'eût vu, sur leurs frontons, un faucheur aiguiser sa faux, le torse nu et la tête relevée sous son chapeau, avec autant de grâce que sur les piédroits de Notre-Dame de Paris. À Notre-Dame d'Amiens, dans les quatre-feuilles des soubassements du portail Saint-Firmin, la touche est plus populaire, plus anecdotique et plus familière, mais chaque scène dit la même joie profonde, la même sueur récompensée, la même sainteté du travail bien fait.

Seuls les travaux des champs sont représentés sur ces calendriers, alors que la bourgeoisie était en pleine ascension, et, parmi ces travaux, la culture de la vigne et du blé sont privilégiés. Pourquoi, sinon parce que le Christ les a choisis comme matières du sacrement de l'eucharistie ? Ceux qui les fournissaient pouvaient se dire que le fruit de leur travail se transformerait en son corps et son sang, et, au-delà, tous pouvaient concevoir leur travail comme une participation au sacrifice non sanglant du Christ, où seraient consacrés les dons qu'ils avaient su faire fructifier.

Dans le déambulatoire sud de Notre-Dame de Chartres, un vitrail offert vers 1220 par les vignerons représente les signes du zodiaque et les travaux des mois, à côté de scènes de la vie de la Vierge. En bas, au centre, un sonneur de cloches marque le passage des heures de la journée de travail, mais si l'on remonte le long de sa corde, on découvre qu'elle n'est pas reliée à une cloche, mais à un Christ bénissant. Comment mieux signifier que l'homme qui travaille, en épousant le rythme de la Création et en la cultivant selon sa vocation, participe au même titre que les contemplatifs et les clercs à l'avènement du royaume de Dieu ?

Le maître verrier qui assembla ces scènes, sans être forcément un grand mystique, devait partager ce goût pour le travail bien fait, où son effort se muait, sans y penser, en prière. Chaque fois que je vois ces travailleurs aux couleurs éclatantes qui évoluent en apesanteur dans l'azur, je songe à ces mots de Charles-Ferdinand Ramuz, imaginant la vie des hommes dans le ciel : « Ils ne travaillaient plus, comme autrefois, par nécessité et forcés, et seulement pour ne pas mourir ; – ils travaillaient pour le plaisir, ils travaillaient pour mieux se dire. Ils venaient avec leurs gestes dans l'air, comme quand à une note on ajoute une note ; à présent, tout était musique. »

Remerciements

À Sophie Charnavel et Grégory Berthier-Saudrais qui ont rendu ce livre possible.

Crédits

Livres, revues

La Bible. Traduction officielle liturgique, Mame, 2013.
Louis Aragon, « Sacre de l'avenir », in *Les Yeux et la Mémoire*, © Gallimard, 1954.
Honoré de Balzac, *L'Église*, © Droz, 1947.
Charles Baudelaire, *Les Fleurs du mal*, 1857.
Émile Baumann, *Intermèdes*, © Grasset, 1927.
Yves Bonnefoy, *Rome, 1630. L'horizon du premier baroque*, © Flammarion, 1970.
François-René de Chateaubriand, *Le Génie du christianisme*, 1802.
Paul Claudel, « Ma conversion », in *Œuvres en prose*, © Gallimard, 1965.
Jean Cocteau, « La leçon des cathédrales », revue *Fiat* n° 21, avril-mai, 1938.
Théophile Gautier, « Andalousie. Cordoue. Séville », *La Revue des Deux Mondes*, tome 32, 1842.
Victor Hugo, *En voyage*, tome 1, 1906.
—, « Guerre aux démolisseurs ! », pamphlet, 1832.
—, *Notre-Dame de Paris*, 1831.
—, *Odes et ballades*, 1828.
Joris-Karl Huysmans, *À rebours*, 1884.
—, *La Cathédrale*, 1898.
—, *Certains*, 1889.
Henry James, *La Scène américaine*, 1907.
Thierry Jordan (dir.), avec Patrick Demouy, Hervé Chabaud, Jean-Marie Guerlin, *Reims. La grâce d'une cathédrale*, © La Nuée bleue, 2013.
André Malraux, *Le Miroir des limbes*, in *Œuvres complètes*, t. III, © Gallimard, coll. « La Pléiade ».

Jules MICHELET, *Histoire de France*, 1893.
Marie NOËL *in* Philippe GUYOT, Patrice WAHLEN, *La Cathédrale de Saint-Étienne d'Auxerre*, Les Amis de la cathédrale Saint-Étienne d'Auxerre, 2000.
Germain NOUVEAU, « Les cathédrales », in *La Doctrine de l'amour*, 1880.
Charles PÉGUY, *Présentation de la Beauce à Notre-Dame de Chartres*, 1913.
—, *Quatre prières dans la cathédrale de Chartres*, 1913.
Marcel PROUST, *Du côté de chez Swann*, in *À la recherche du temps perdu*, 1913.
—, *Lettres (1879-1922)*, © Plon, 2022.
Rainer Maria RILKE, *Nouveaux poèmes*, 1907.
Auguste RODIN, *Les Cathédrales de France*, 1914.
John RUSKIN, *La Bible d'Amiens*, © Mercure de France, 1904.
—, *Les Pierres de Venise*, 1853.
—, *Les Sept Lampes de l'architecture*, 1849.
André SUARÈS, Jacques DOUCET, *Le Condottiere et le Magicien. Correspondance*, © Julliard, 1994.
Abbé SUGER, *Sur la consécration de la basilique Saint-Denis*, 1144.
Gustave THIBON, *Ce que Dieu a uni. Essai sur l'amour*, © Lardanchet, 1945.
Paul VERLAINE, *Bonheur*, 1891.
—, *Invectives*, 1896.
—, *Sagesse*, 1880.
François VILLON, « Ballade pour prier Notre-Dame », 1461.
Eugène VIOLLET-LE-DUC, *Dictionnaire raisonné de l'architecture française du XIe au XVIe siècle*, © B. Bance, 1854-1868.
Jacques DE VORAGINE, *La Légende dorée*, traduite du latin par Teodor de Wyzeva, © Perrin, 1910.
Stefan ZWEIG, *Pays, villes paysages, écrits de voyage*, © Belfond, 1996.

Chanson et film

« Les cathédrales », paroles et musique de Anne-Marie Beugras, © Warner Chappell Music France.
Vérités et Mensonges (*F for Fake*), réalisation d'Orson Welles et de François Reichenbach, scénario d'Orson Welles, Les Films de l'Astrophore, 1975.

Table

DANS LA MÊME COLLECTION

Ouvrages parus

Mohammed AÏSSAOUI
Dictionnaire amoureux d'Albert Camus

Philippe ALEXANDRE
Dictionnaire amoureux de la politique

Albert ALGOUD
Dictionnaire amoureux de Tintin

Claude ALLÈGRE
Dictionnaire amoureux de la science

Metin ARDITI
Dictionnaire amoureux de la Suisse
Dictionnaire amoureux de l'esprit français
Dictionnaire amoureux d'Istanbul

Pierre ASSOULINE
Dictionnaire amoureux des écrivains et de la littérature

Jacques ATTALI
Dictionnaire amoureux du judaïsme

Alain BARATON
Dictionnaire amoureux des jardins
Dictionnaire amoureux des arbres

Christophe BARBIER
Dictionnaire amoureux du théâtre

Jean-Baptiste BARONIAN
Dictionnaire amoureux de la Belgique

Alain BAUER
Dictionnaire amoureux de la franc-maçonnerie
Dictionnaire amoureux du crime

Anne-Laure BÉATRIX
Dictionnaire amoureux des musées

Frédéric BEIGBEDER
Dictionnaire amoureux des écrivains français d'aujourd'hui

Olivier BELLAMY
Dictionnaire amoureux du piano
Dictionnaire amoureux de Chopin

Tahar BEN JELLOUN
Dictionnaire amoureux du Maroc

Yves Berger
Dictionnaire amoureux de l'Amérique (épuisé)

Laurent Binet et Antoine Benneteau
Dictionnaire amoureux du tennis

Adam Biro
Dictionnaire amoureux de l'humour juif

Patrice Blanc-Francard
Dictionnaire amoureux du jazz

Denise Bombardier
Dictionnaire amoureux du Québec

Allain Bougrain Dubourg
Dictionnaire amoureux des oiseaux
Dictionnaire amoureux de la vie sauvage

Éric Bouhier
Dictionnaire amoureux de San-Antonio

Hervé Bourges
Dictionnaire amoureux de l'Afrique

Jean-Claude Carrière
Dictionnaire amoureux de l'Inde
Dictionnaire amoureux du Mexique

Jean des Cars
Dictionnaire amoureux des trains
Dictionnaire amoureux des monarchies

Michel del Castillo
Dictionnaire amoureux de l'Espagne

Antoine de Caunes
Dictionnaire amoureux du rock

Patrick Cauvin
Dictionnaire amoureux des héros (épuisé)

Jacques Chancel
Dictionnaire amoureux de la télévision

Malek Chebel
Dictionnaire amoureux de l'Algérie
Dictionnaire amoureux de l'islam
Dictionnaire amoureux des Mille et Une Nuits

Jean-Loup Chiflet
Dictionnaire amoureux de l'humour
Dictionnaire amoureux de la langue française

Catherine Clément
Dictionnaire amoureux des dieux et des déesses

Richard Collasse
Dictionnaire amoureux du Japon

André Comte-Sponville
Dictionnaire amoureux de Montaigne

Gérard de Cortanze
Dictionnaire amoureux des Sixties

Bruno Corty
Dictionnaire amoureux de la littérature américaine

Xavier Darcos
Dictionnaire amoureux de la Rome antique
Dictionnaire amoureux de l'école

Bernard Debré
Dictionnaire amoureux de la médecine

Jean-Louis Debré
Dictionnaire amoureux de la République

Alain Decaux
Dictionnaire amoureux d'Alexandre Dumas

Didier Decoin
Dictionnaire amoureux de la Bible
Dictionnaire amoureux des faits divers

André Deledicq et Mickaël Launay
Dictionnaire amoureux des mathématiques

Jean François Deniau
Dictionnaire amoureux de la mer et de l'aventure

Bertrand Dicale
Dictionnaire amoureux de la chanson française

Alain Duault
Dictionnaire amoureux de l'opéra

Alain Ducasse
Dictionnaire amoureux de la cuisine

Vincent Duluc
Dictionnaire amoureux de la Coupe du monde

Benoît Duteurtre
Dictionnaire amoureux de la Belle Époque et des Années folles

Jean-Paul et Raphaël Enthoven
Dictionnaire amoureux de Marcel Proust

Nicolas d'Estienne d'Orves
Dictionnaire amoureux de Paris
Dictionnaire amoureux du mauvais goût

Vladimir FÉDOROVSKI
Dictionnaire amoureux de Saint-Pétersbourg

Dominique FERNANDEZ
Dictionnaire amoureux de la Russie
Dictionnaire amoureux de l'Italie
(deux volumes sous coffret)
Dictionnaire amoureux de Stendhal

Franck FERRAND
Dictionnaire amoureux de Versailles

Luc FERRY
Dictionnaire amoureux de la philosophie

Élisabeth DE FEYDEAU
Dictionnaire amoureux du parfum

Éric FOTTORINO
Dictionnaire amoureux du vélo

Jean-Louis FOURNIER
Dictionnaire amoureux du Nord

Patrice FRANCESCHI
Dictionnaire amoureux de la Corse

José FRÈCHES
Dictionnaire amoureux de la Chine

Max GALLO
Dictionnaire amoureux de l'histoire de France

Alain GARDINIER
Dictionnaire amoureux du Pays basque

Adrien GOETZ
Dictionnaire amoureux de la Toscane

Jean-Marie GOURIO
Dictionnaire amoureux des cafés

René GUITTON
Dictionnaire amoureux de l'Orient

Claude HAGÈGE
Dictionnaire amoureux des langues

Hervé HAMON
Dictionnaire amoureux des îles
Dictionnaire amoureux du plaisir

Daniel HERRERO
Dictionnaire amoureux du rugby
Dictionnaire amoureux du rugby des temps modernes
Dictionnaire amoureux de l'Ovalie

Homeric
Dictionnaire amoureux du cheval

Francis Huster
Dictionnaire amoureux de Molière

Gilles Jacob
Dictionnaire amoureux du Festival de Cannes

Régis Jauffret
Dictionnaire amoureux de Flaubert

Vincent Jauvert
Dictionnaire amoureux de l'espionnage

Daniel Jouanneau
Dictionnaire amoureux de la diplomatie

Serge July
Dictionnaire amoureux du journalisme
Dictionnaire amoureux de New York

Alain Juppé
Dictionnaire amoureux de Bordeaux

Josée Kamoun
Dictionnaire amoureux de la traduction

Christian Laborde
Dictionnaire amoureux du Tour de France

Jacques Lacarrière
Dictionnaire amoureux de la Grèce
Dictionnaire amoureux de la mythologie (épuisé)

André-Jean Lafaurie
Dictionnaire amoureux du golf

Pierre et Olivier de Lagarde
Dictionnaire amoureux du patrimoine

Mathieu Laine
Dictionnaire amoureux de la liberté

Jack Lang
Dictionnaire amoureux de François Mitterrand

Gilles Lapouge
Dictionnaire amoureux du Brésil

François Laroque
Dictionnaire amoureux de Shakespeare

Michel Le Bris
Dictionnaire amoureux des explorateurs

Nicole Le Douarin
Dictionnaire amoureux de la vie

Bernard Lecomte
Dictionnaire amoureux des papes

Anne Lehoërff
Dictionnaire amoureux de l'archéologie

Jean-Yves Leloup
Dictionnaire amoureux de Jérusalem

Pierre Lemaitre
Dictionnaire amoureux du polar

Évelyne Lever
Dictionnaire amoureux des reines

Mathilde Levesque
Dictionnaire amoureux de l'éloquence

Paul Lombard
Dictionnaire amoureux de Marseille

Peter Mayle
Dictionnaire amoureux de la Provence

Luca de Meo
Dictionnaire amoureux de l'automobile

Michel Meyer
Dictionnaire amoureux de l'Allemagne

Christian Millau
Dictionnaire amoureux de la gastronomie

Richard Millet
Dictionnaire amoureux de la Méditerranée

Alain Minc
Dictionnaire amoureux du pouvoir

François et Valentin Morel
Dictionnaire amoureux de l'amitié
Dictionnaire amoureux de l'inutile

Pierre Nahon
Dictionnaire amoureux de l'art moderne et contemporain

Alexandre Najjar
Dictionnaire amoureux du Liban

Henri Pena-Ruiz
Dictionnaire amoureux de la laïcité

Gilles Perrault
Dictionnaire amoureux de la Résistance

Jean-Christian Petitfils
Dictionnaire amoureux de Jésus

Loïck Peyron
Dictionnaire amoureux de la voile

Jean-Robert Pitte
Dictionnaire amoureux de la Bourgogne

Bernard Pivot
Dictionnaire amoureux du vin

Pauline de Préval
Dictionnaire amoureux des cathédrales

Gilles Pudlowski
Dictionnaire amoureux de l'Alsace

Yann Queffélec
Dictionnaire amoureux de la Bretagne
Dictionnaire amoureux de la mer

Christiane Rancé
Dictionnaire amoureux des saints

Alain Rey
Dictionnaire amoureux des dictionnaires
Dictionnaire amoureux du diable

François Rollin
Dictionnaire amoureux de la bêtise

Pierre Rosenberg
Dictionnaire amoureux du Louvre

Jean-Marie Rouart
Dictionnaire amoureux de Jean d'Ormesson

Élisabeth Roudinesco
Dictionnaire amoureux de la psychanalyse

Marcel Rufo
Dictionnaire amoureux de l'enfance et de l'adolescence

Ève Ruggieri
Dictionnaire amoureux de Mozart

Danièle Sallenave
Dictionnaire amoureux de la Loire

Elias Sanbar
Dictionnaire amoureux de la Palestine

Jérôme Savary
Dictionnaire amoureux du spectacle (épuisé)

Jean-Noël Schifano
Dictionnaire amoureux de Naples

Alain Schifres
Dictionnaire amoureux des menus plaisirs (épuisé)
Dictionnaire amoureux du bonheur

Robert Solé
Dictionnaire amoureux de l'Égypte

Philippe Sollers
Dictionnaire amoureux de Venise

Sébastien Spitzer
Dictionnaire amoureux de Victor Hugo

Michel Tauriac
Dictionnaire amoureux de De Gaulle

Frédéric Thiriez
Dictionnaire amoureux de la montagne

Bernard Thomasson
Dictionnaire amoureux de la Maison de la radio et de la musique

Trinh Xuan Thuan
Dictionnaire amoureux du ciel et des étoiles

Denis Tillinac
Dictionnaire amoureux de la France
Dictionnaire amoureux du catholicisme
Dictionnaire amoureux du Général

André Tubeuf
Dictionnaire amoureux de la musique

Jean Tulard
Dictionnaire amoureux du cinéma
Dictionnaire amoureux de Napoléon

Mario Vargas Llosa
Dictionnaire amoureux de l'Amérique latine

Hubert Védrine
Dictionnaire amoureux de la géopolitique

Dominique Venner
Dictionnaire amoureux de la chasse

Jacques Vergès
Dictionnaire amoureux de la justice

Pascal Vernus
Dictionnaire amoureux de l'Égypte pharaonique

Frédéric Vitoux
Dictionnaire amoureux des chats

Olivier Weber
Dictionnaire amoureux de Joseph Kessel
Dictionnaire amoureux de l'aventure

Jean-Michel Wilmotte
Dictionnaire amoureux de l'architecture

Denis Zervudacki
(sous la direction de)
Dictionnaire amoureux de l'entreprise et des entrepreneurs

À paraître

Rokhaya Diallo
Dictionnaire amoureux du féminisme

Henri Pena-Ruiz
Dictionnaire amoureux de la sagesse

Hubert Védrine
Nouveau Dictionnaire amoureux de la géopolitique

Pour en savoir plus
sur les Éditions Plon
(catalogue, auteurs, vidéos, actualités...),
vous pouvez consulter
www.plon.fr
www.lisez.com

et nous suivre sur les réseaux sociaux

Editions Plon

@EditionsPlon

@editionsplon

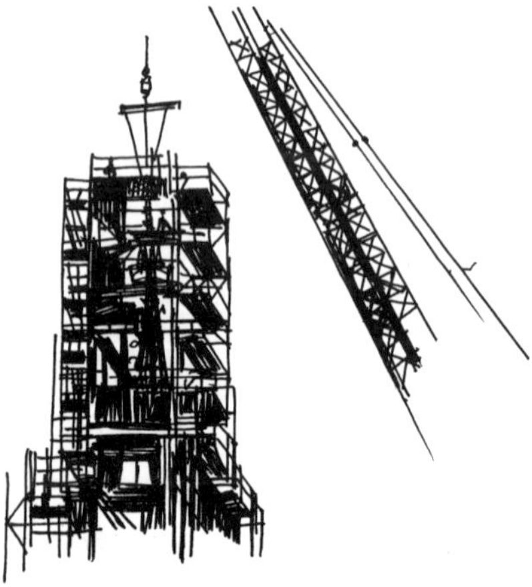

Achevé d'imprimer en octobre 2024
par Normandie Roto Impression s.a.s.
61250 Lonrai
N° d'impression : 2404445
P27918/01

Imprimé en France